U1004608

火过沙留痕

——隆美尔非洲军团的覆灭

潘学基 著

上海社会科学院出版社

图书在版编目（CIP）数据

火过沙留痕 ：隆美尔非洲军团的覆灭 / 潘学基著
. — 上海 ：上海社会科学院出版社，2020
ISBN 978-7-5520-3306-9

Ⅰ. ①火… Ⅱ. ①潘… Ⅲ. ①第二次世界大战战役—史料—北非 Ⅳ. ①E195.2

中国版本图书馆 CIP 数据核字（2020）第 175704 号

火过沙留痕——隆美尔非洲军团的覆灭

著　　者：潘学基
责任编辑：霍　覃
封面设计：舒正序
出版发行：上海社会科学院出版社
上海市顺昌路 622 号　邮编 200025
电话总机 021-63315947　销售热线 021-53063735
http://www.sassp.cn　E-mail:sassp@sassp.cn
印　　刷：上海普顺印刷包装有限公司
开　　本：720 毫米 ×1000 毫米　1/16
印　　张：17.5
字　　数：310 千字
版　　次：2020 年 11 月第 1 版　2020 年 11 月第 1 次印刷

ISBN 978-7-5520-3306-9/E · 031　　定价：69.80 元

版权所有　翻印必究

前 言

在阿拉曼一役之前，我们从未赢得一场真正的胜利，而在阿拉曼战役之后，我们便再也没有失败过。

——温斯顿·丘吉尔

从1942年下半年开始，北非战场成为英美盟军对德国作战的主要战场。随着美国加入了战争，越来越多的美军部队和美式装备进入战场。由于在欧洲大陆开辟第二战场在短时间里是不可能的，尽管苏联方面一再强烈要求，美国军方也希望尽早登上欧洲大陆，但经过慎重考虑并从现实出发，英美盟军还是统一了思想，将北非战场作为对德国作战的主要战场。

1942年6月下旬，坚守了九个月之久的托卜鲁克被德军攻占，英军在北非战场的战局进入了最低谷，这也是德军非洲军团最辉煌的时刻，德军的攻势达到了顶点，但同时也是走向衰败的开始。

因为英美盟军已经开始全面加强北非战场的作战准备，英军得到了越来越多的美式装备和补给物资，而且随着战线的缩短，后勤保障也能够得到充分保障。而在北非以沙漠为主要地形的战场上，后勤就是战争胜负的决定因素。

在联系北非和欧洲大陆之间的地中海，盟军的海空力量持续增强，马耳他岛也逐渐度过了危机，开始发挥越来越重要的作用，地中海的制海权制空权逐渐被盟军掌握，这就意味着北非战场的德意军队实际上已经成为一支孤悬在外的孤军，几乎得不到什么补充和增援。

在人事上，英军也进行了大变动，由亚历山大取代奥金莱克担任战区统帅，蒙哥马利接替因座机坠毁丧生的戈特出任第8集团军司令。

在经过了这些措施后，拥有兵力、装备优势，而且补给充裕的英军在1942年10月的阿拉曼战役中，终于击败了德军非洲军团，夺得了战场主动权。紧接着，1942年11月，美英联军又在北非登陆，和在阿拉曼方向的英军第8集团军形成了夹击态势，北非战场的德意军就此彻底陷入了被动。至1943年5月，北非的德意军被彻底肃清。

而在北非战场上的德军非洲军团，在德军名将隆美尔的率领下，多次以少胜多，创造了军事史上堪称经典的战例，成为第二次世界大战中最著名的王牌部队。

这支精锐部队，不但战术素养高超，战斗意志高昂，在战场上飘忽轻灵，令对手难以捉摸，即便是面对数倍于己的对手，也毫不畏惧，敢打敢拼，同时又极具骑士风度，给予对手应有的尊重，颇具绅士之风，所以数十年来一直为众多军事迷津津乐道。

而本书的主角，正是有着“沙漠之狐”之称的隆美尔所率领的非洲军团。它们在北非广袤的荒漠上，上演了一出出跌宕起伏的战争大剧。本书全景式地描述了1942年6月至1943年5月这将近一年时间里，纳粹德国的非洲军团是如何从盛到衰，最终走向覆灭的经过。

本书以历史为起点，从军事视角出发，通过数百张照片和数十幅作战地图，意图向读者展示盟军在北非战场上，从失败迈向胜利之路的漫长征程。

火过沙留痕，北非的沙漠依旧，曾经的战场硝烟已经远去，但回顾这段金戈铁马的岁月，依然让人心旌激荡无限向往。

CONTENTS

目录

第1章　英联邦军兵败利比亚（1942年6月至1942年7月）

釜形地区之战

从5月30日起，由于英军施加的压力不断增大，打通西部补给线已成为隆美尔的首要目标。30日上午，德军第15、第21装甲师和第90轻步兵师在尝试穿越釜形地区西面的雷区时中了埋伏，损失了11辆坦克。隆美尔由此发觉英军第150步兵旅集群与皇家坦克团第44营在西迪穆夫塔西南方的卡普佐小径和阿布德小径之间构筑了一处盒形防御阵地，只有突破这里，德军才能与意军第10军取得联系。为阻止轴心国军逃跑，英军第1装甲师从“骑士桥”路口出发，试图袭击殿后的意军第132“攻城锤”装甲师。殊不知，德意联军早已在釜形地区东面架设了88毫米高射炮和各种中小口径的反坦克炮。利用这批火炮，意军第132“攻城锤”装甲师在下午1点至3点先后击退英军的2个装甲团，并摧毁了英军半数以上的坦克。5月31日，德军第90轻步兵师和意军第101“的里雅斯特”摩托化步兵师又从东、南两个方向对英军第150步兵旅集群发动攻势，可进展依然十分缓慢。当天晚上，隆美尔连夜将德军第15、第21装甲师调往北面，黑克尔战斗群也在西面就位。英军对此毫无察觉，没能及时巩固脆弱的西北防线。6月1日清晨，4个轴心国师与黑克尔战斗群在大批俯冲轰炸机的支援下再次向盒形防御阵地展开强攻。这场激战整整持续进行了6个小时，第150步兵旅集群终于被德意联军击溃。除旅长塞西尔·威廉·海登（Cecil William Haydon）准将阵亡外，共有3 000多人被俘。装备损失包括30辆“瓦伦丁”步兵坦克、71辆运输车和124门各型火炮。

▲6月5日清晨，里奇命令英军第32集团军属坦克旅从釜形地区北面南下攻打西德拉岭。但由于印度第9、第10步兵旅集群配合不力，致使第32集团军属坦克旅在进攻德军第21装甲师的山脊防线时损失了50辆步兵坦克。图为4辆触雷后被德军反坦克炮击毁的“瓦伦丁”MK3步兵坦克。

6月1日晚，里奇仍然执意要求第8集团军尽快消灭釜形地区的轴心国部队。为此，英军第13军将派遣第151步兵旅集群南下夺取西德拉岭，英军第30军则需派遣印度第9、第

10 步兵旅集群从托卜鲁克和甘布特的驻地赶往釜形地区参战。可是由于通讯联络遇到干扰，当晚的行动刚开始不久就陷入了混乱状态。英军第 151 步兵旅集群无法按时抵达西德拉岭，印度第 9、第 10 步兵旅集群也因为收不到后续指令，在“骑士桥”路口待了一夜。直到次日天亮，里奇方才获悉第 150 步兵旅集群已被轴心国军歼灭，只好下令撤消行动。

6 月 2 日，隆美尔因顾虑到来自比尔哈凯姆方向的威胁，决定将德军第 90 轻步兵师和意军第 101“的里雅斯特”摩托化步兵师调去占领这座法军要塞。另一方面，他为了引诱英军装甲部队主动进攻釜形地区，于是指派德军第 21 装甲师再次北上袭击埃卢埃泰塔马尔。该师在这次战斗中总共击毁英军第 4 装甲旅集群的 12 辆坦克，并迅速撤回了驻地。

受到隆美尔的多次挑衅之后，里奇再也按捺不住了。6 月 3 日，里奇与第 8 集团军的参谋人员制定了围歼釜形地区轴心国军的“阿伯丁”行动（Operation Aberdeen）。该计划共分为 2 个阶段：在第一阶段，部署在“骑士桥”路口南面的印度第 9、第 10 步兵旅集群将向西迪穆夫塔一带进军，协助埃卢埃泰塔马尔西面的英军第 32 集团军属坦克旅（70 辆步兵坦克）南下肃清西德拉岭。在第二阶段，英军第 7 装甲师的第 22 装甲旅集群（156 辆巡洋坦克）将从正面突入釜形地区，一举摧毁隆美尔的部队。

6 月 4 日凌晨 2 点 50 分，印度第 9、第 10 步兵旅集群在密集炮火的掩护下朝着西迪穆夫塔方向扑去。至早上 6 点为止，2 个步兵旅集群仅仅遇到零星的象征性抵抗，似乎一切都显得相当顺利。可事实恰恰相反，隆美尔早就料到里奇会这么做，所以提前调整了布防。如今占据釜形地区中央的是意军第 132“攻城锤”装甲师，而在南北两翼的靠后位置上聚集着德军第 15、第 21 装甲师。先前被印度部队占领的不过是意军的前哨阵地，其主力此刻正在西南方的达哈尔埃尔阿斯拉格（Dahar el Aslagh）一线设防。毫不知情的印度第 9、第 10 步兵旅集群

▲ 西德拉岭的战斗尚未结束，英军第 22 装甲旅集群也从东面冲进了釜形地区。可隆美尔对此早有防备，意军第 132“攻城锤”装甲师在大量高射炮和反坦克炮掩护下，多次粉碎了英军坦克的突击。图为 6 月 5 日下午，由德意志非洲军团宣传连的弗里茨·莫斯米勒上士拍摄的 1 辆英军“十字军”MK2 巡洋坦克残骸。

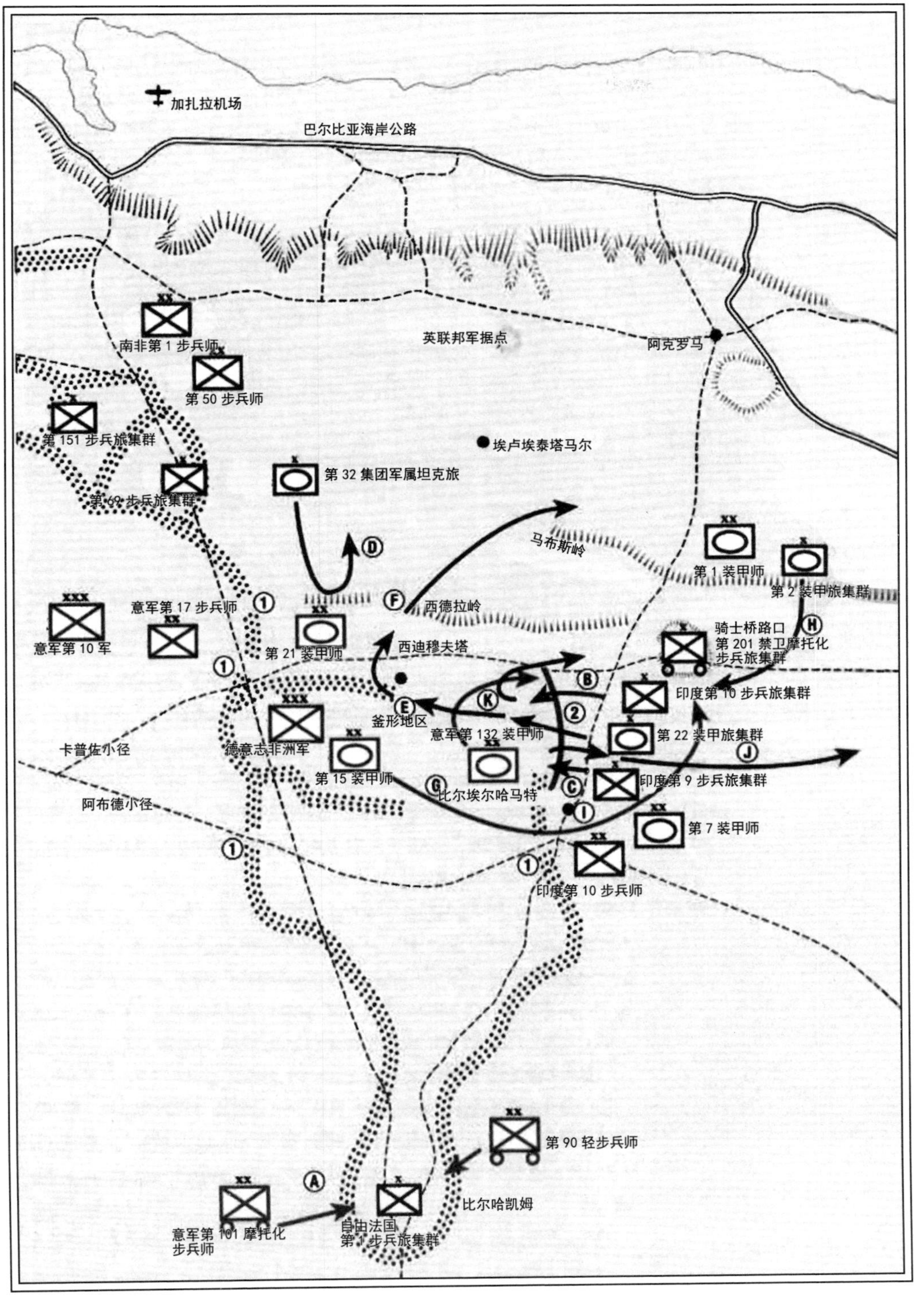

▲ 6 月 2 日至 6 月 6 日的釜形地区之战示意图。

1. 雷区之间的缺口
2. 英军推断的轴心国军主防线位置
A. 6月2日，隆美尔抽调德军第90轻步兵师和意军第101“的里雅斯特”摩托化步兵师前去围攻法军第1步兵旅集群驻守的比尔哈凯姆
B、C. 6月5日清晨，里奇下令发动旨在肃清釜形地区轴心国军的“阿伯丁”行动，印度第9、第10步兵旅集群将参与第一阶段的攻势，从南面掩护英军第32集团军属坦克旅占领西德拉岭
D. 由于隆美尔事先调整过布防，致使印度第9、第10步兵旅集群扑了个空，当印度部队忙着补充油料时，英军第32集团军属坦克旅却独自闯入德军第21装甲师位于西德拉岭山脚下的防区，损失了50辆步兵坦克
E、F. 尽管战况不利，英军第22装甲旅集群仍按时展开第二阶段攻势，结果在达哈尔埃尔阿斯拉格附近遭遇意军第132“攻城锤”装甲师和德军第135防空团的顽强阻击，被迫从西迪穆夫塔方向撤出了战场
G. 6月5日下午，德军第15、第21装甲师和意军第132“攻城锤”装甲师采用侧翼包抄战术逼退了英军第22装甲旅集群，并将印度第9、第10步兵旅集群团团包围起来
H. 6月5日傍晚，英军第1装甲师曾派遣第2装甲旅集群前去支援印度第9、第10步兵旅集群，但第2装甲旅集群却以“缺乏明确的指示”为由停在了“骑士桥”路口附近，没去救援印度部队
I. 受到德军威胁的英军第7装甲师和印度第10步兵师将师部人员从比尔埃尔哈马特附近撤离
J. 6月6日上午，印度第9步兵旅集群突围成功，随即从釜形地区撤离
K. 6月6日下午，印度第10步兵旅集群突围失败，被迫向德意联军投降

注：地图中的英联邦军旅级单位实际均为集群编制

以为任务已经完成，便干脆停下来重新补充油料。这一举措导致北面的英军第32集团军属坦克旅失去侧翼掩护，一头扎进位于西德拉岭山脚的第21装甲师防线，无论怎样都无法从雷区脱身。西德拉岭高地上的数十门德军反坦克炮急忙压低炮口展开齐射，第32集团军属坦克旅共有50辆步兵坦克被毁，基本丧失了战斗力。

然而灾难并未就此终止。西德拉岭的战斗结束前，英军第22装甲旅集群仍按照原计划攻入釜形地区内部。上午9点，第22装甲旅集群在印度步兵指引下冲向达哈尔埃尔阿斯拉格，却意外撞上了轴心国精心布置的主防线。意军第132“攻城锤”装甲师在德军第135防空团的全力配合下，一次次地瓦解了英军坦克发起的冲锋。临近中午，受到重创的第22装甲旅集群无力继续纠缠下去，从西迪穆夫塔方向撤出了战场。

▲6月5日下午，德意军采用侧翼包抄战术逼退了英军第22装甲旅集群，并将合围了釜形地区东北角的印度第9、第10步兵旅集群。到6月6日下午，印度第10步兵旅集群被击溃，印度第9步兵旅集群侥幸突围。据统计，德意联军在战斗中总共俘虏4 000多人，击毁和缴获110辆坦克。图为被德意军俘虏的印度士兵。

隆美尔见英军装甲部队陷

入疲惫状态，于是命令德军第 21 装甲师和意军第 132 装甲师即刻向东展开反攻。他同时还命令德军第 15 装甲师从南面快速迂回至釜形地区的东北角，意图将口袋收紧。6 月 5 日下午，英军第 7 装甲师和印度第 10 步兵师的师部人员赶在第 15 装甲师到达前，火速从比尔埃尔哈马特附近撤离。英军第 22 装甲旅集群差不多损失了 60 辆巡洋坦克，方才摆脱第 21 装甲师的追击退往阿克罗马地区。在这种不利局面下，能够继续坚守釜形地区出口的英联邦军就只剩下了印度第 9、第 10 步兵旅集群。虽然英军第 1 装甲师在 6 月 5 日傍晚受命实施解围，第 2 装甲旅集群却以“缺乏明确的指示”为由停在了“骑士桥”路口附近，没有继续前进。到 6 月 6 日中午，被围部队中只有印度第 9 步兵旅集群突围成功，印度第 10 步兵旅集群几乎全军覆没。通过这场战斗，隆美尔总共俘虏英军 4 000 多人，击毁和缴获 110 辆坦克。

当败报于 6 月 7 日传到英国伦敦，外务大臣安东尼·艾登爵士在他的日记里写道：“对于隆美尔再次率军入侵利比亚的消息，我和首相大人都深表忧虑。首相甚至私下表态说，恐怕是我军将领的能力不足，才会遭此败绩。”

加扎拉战役中的非洲装甲集团军

1941 年 11 月 18 日，奥金莱克指挥英军第 8 集团军发起代号“十字军”行动的大规模攻势，企图一举击溃隆美尔指挥的非洲装甲集群。在这场持续近 2 个月的拉锯战中，隆美尔先前的编制调整举措无疑发挥了巨大作用，使得非洲装甲群约三分之二的兵力和三分之一的装备能够安然退回阿杰达比亚，并在后撤过程中多次重创英军。1942 年 1 月 22 日，重新获得补充的非洲装甲集群再度杀回昔兰尼加，将第 8 集团军逼退至加扎拉。此后由于马来亚及缅甸战区吃紧，英军回师救援远东，双方便在加扎拉附近对峙直至 5 月中旬。利用这段难得的喘息时机，隆美尔赶紧对刚刚成立的非洲装甲集团军进行了新一轮改组：

第 5、第 8 装甲团于 1942 年 2 月正式扩编为 8 个连；

第 3、第 33 装甲侦察营的第 2 摩托车连于 1942 年 2 月中旬改编为轻型步兵侦察连，并增设第 4 炮兵连（装备缴获的 25 磅炮）；

第 90 轻步兵师开始换装苏制 76.2 毫米反坦克炮、76.2 毫米野战炮和法制 75 毫米反坦克炮，用于补充数量不足的 88 毫米高射炮和 105 毫米榴弹炮。根据德军记录，1942 年 1 月至 4 月间共有 32 门苏制 76.2 毫米反坦克炮，9 辆 Sdkfz. 6/3“迪安娜”半履带反坦克炮车、28 门苏制 76.2 毫米野战炮和 24 门法制 75 毫米反坦克炮被陆续运抵北非。其中仅 1 月 5 日当天就有 10 门苏制 76.2 毫米反坦克炮和 6 辆 Sdkfz. 6/3“迪安娜”半履带反坦克炮车在的黎波里完成卸载，且每门火炮的弹药定额为 500 发穿甲弹及高爆弹。

自 1942 年 4 月 1 日起，第 2 机枪营作为第 3 营转属第 115 步兵团，第 8 机枪营作为第 1

营转属第 104 步兵团，第 15 摩托车营作为第 3 营转属第 104 步兵团，第 200 特别步兵团转属第 90 轻步兵师，第 39 装甲歼击营第 3 连解散，第 15 步兵旅旅部作为独立单位负责指挥第 90 轻步兵师所有尚未实现摩托化的步兵团，第 104、第 115 步兵团增设第 13 步兵炮连和第 14 工兵连，第 90 轻步兵师的 3 个步兵团全部改为 2 营 4 连制的轻步兵团并增设 1 个步兵炮连。

第 33 防空团第 1 营于 1942 年 4 月加强给第 15 装甲师，第 18 防空团第 1 营于 1942 年 4 月加强给第 21 装甲师。

第 43 防空团第 1 营于 1942 年 5 月取代第 33 防空团第 1 营，第 33 防空团第 1 营于 1942 年 7 月被调往托卜鲁克执行防空任务。

第 361 炮兵营于 1942 年 5 月转属第 190 炮兵团，第 190 炮兵团第 1 营在德国开始组建。

第 90 师属补给总指挥部和第 190 补给连组建于 1942 年 5 月中旬，8 月加入。

第 605 装甲歼击营、第 606 防空营于 1942 年 5 月中旬加强给第 90 轻步兵师。

第 288 特战队于 1942 年 5 月中旬加强给第 90 轻步兵师，8 月改编为集团军属摩托化步兵团。

第 33 装甲歼击营第 1 连于 1942 年 5 月 10 日至 20 日被改编为第 190 装甲歼击营第 1 连。

第 8 机枪营第 4 连于 1942 年 5 月 10 日至 20 日被改编为第 190 装甲歼击营第 2 连。

非洲装甲集团军在加扎拉战役后进行的其他改组：

第 104 步兵团于 1942 年 7 月 15 日改名为第 104 装甲掷弹兵团。

第 104 装甲掷弹兵团自 1942 年 8 月起继续保留第 13 步兵炮连和第 14 工兵连的书面编制，第 708 步兵炮连（6 辆 2 号 150 毫米自行步兵炮）于 10 月 3 日成为新的第 13 步兵炮连，第 14 工兵连于 10 月重建。

第 115 掷弹兵团于 1942 年 7 月 5 日改名为第 115 装甲掷弹兵团。

第 115 装甲掷弹兵团自 1942 年 8 月起继续保留第 13 步兵炮连和第 14 工兵连的书面编制，并增设第 15 炮兵连（缴获的 25 磅炮），第 707 步兵炮连（6 辆 2 号 150 毫米自行步兵炮）于 10 月 3 日成为新的第 13 步兵炮连，第 14 工兵连于 10 月重建。

第 155、第 200、第 361 轻步兵团于 1942 年 7 月 26 日改名为第 155、第 200、第 361 装甲掷弹兵团。

第 155、第 200、第 361 装甲掷弹兵团于 1942 年 8 月实现摩托化。

第 33 炮兵团于 1942 年 7 月 15 日改名为第 33 装甲炮兵团。

第 33 装甲炮兵团于 1942 年 8 月 20 日增设第 10 连（12 辆 Sdkfz. 135/1 150 毫米自行榴弹炮）。

第 155 炮兵团于 1942 年 7 月 15 日改名为第 155 装甲炮兵团。

第 155 装甲炮兵团于 1941 年 8 月 20 日增设第 10 连（12 辆 Sdkfz. 135/1 150 毫米自行榴弹炮）。

第 361 炮兵营于 1942 年 8 月改名为第 190 炮兵团第 2 营。

第 900 工兵营于 1942 年 7 月 29 日扩编为 3 个连。

第 200 装甲工兵营于 1942 年 8 月减少为 2 个连。

第 580 侦察连于 1942 年 8 月扩编为第 580 侦察营。

第 90 轻步兵师于 1942 年 7 月 26 日再度改名为第 90 轻非洲师。

第 90 轻非洲师于 1942 年 8 月增设第 190 野战补充营。

第 90 师属补给总指挥部及其他后勤支援单位的番号于 1942 年 8 月 15 日全部改为 190 防空单位再整编：

第 33 防空团第 1 营（1941 年 2 月抵达北非）。

第 18 防空团第 1 营（1941 年 4 月抵达北非）。

第 25 防空团第 2 营（1941 年 6 月抵达北非）。

第 6 防空团第 1 营，第 43 防空团第 1 营，第 102、第 135 防空团团部（1941 年 12 月抵达北非）。

第 78 防空团团部（1942 年 6 月抵达北非）。

第 46 防空团第 1 营，第 53 防空团第 1 营，第 66 防空团团部（1942 年 8 月抵达北非）。

1942 年 8 月 15 日，上述部队全部被编入新组建的第 19 防空师，突尼斯战役后期曾实验性地装备了一批 Flak41 88 毫米高射炮用于实战。

拉姆克伞兵旅于 1942 年 8 月底抵达埃及，9 月 1 日改名为德国空军第 1 猎兵旅。

“克里特”要塞师于 1942 年 6 月至 8 月陆续抵达埃及，9 月 1 日改名为第 164 轻非洲师。

德意志 - 意大利装甲集团军于 1942 年 9 月 25 日抽调部分兵力组建德意志非洲军战斗队。

第 33、第 39 装甲歼击营，第 220 侦察营和德意志非洲军战斗队于 1942 年 7 月至 9 月先后接收了 28 辆“貂鼠”3 型坦克歼击车，11 月又接收了另外 11 辆，从而增强了部队的机动反坦克能力。

加扎拉战役中的北非意军

鉴于英军第 8 集团军于 1941 年 11 月突然发起“十字军”行动，北非意军的整编计划被打乱，大部分步兵师遭到重创，被迫放弃了全面实现摩托化的构想。然而意大利人并没有一蹶不振，相反他们在撤回的黎波里塔尼亚后立即开始重建军队，为 1942 年的夏季攻势做准备。经过不懈努力，到 1942 年 5 月为止意军已经基本恢复了战斗力。其部队概况如下：

第 17“帕维亚”、第 27“布雷西亚”和第 60“萨布拉塔”步兵师仍旧属于半摩托化师，除炮兵团、火力支援单位和反坦克单位外自身没有配备任何卡车，所有步兵团需要借助集团军级的汽车运输队才能实现摩托化。

第 102“特伦托”摩托化步兵师的运输车辆自 1941 年 12 月起全部被抽走用于重建机动军

（后改名为第 20 军），由此变成了一个徒步步兵师。

为防止类似“十字军”行动的灾难重演，意军统帅部于 1942 年 1 月下令所有意军步兵师取消团属支援营和师属支援营，把重机枪和反坦克炮下放到连，借以加强连级单位在被困或殿后状况下的独立作战能力。

第 31、第 32 突击工兵营各自配备了 16 辆 L3 喷火坦克，用于对付英军防御工事。

1942 年 8 月至 10 月意军的其他改编措施：

部分团级单位从 3 个营减少为 2 个营。

第 102“特伦托”摩托化步兵师的运输车辆仍然没有归建。

加扎拉战役中轴心国军的损失情况

5 月 25 日德军的总兵力为 42 210 人，共有 50 辆 2 号、223 辆 3 号、19 辆 3 号（长身管）、40 辆 4 号、9 辆指挥坦克，65 辆装甲作战车辆，160 门重型火炮，248 门反坦克炮，204 门轻型高射炮和 34 门重型高射炮。

5 月 10 日德国空军共有 87 架战斗机、28 架俯冲轰炸机、25 架轰炸机可用于支援地面攻势。

5 月 21 日至 6 月 30 日的德军伤亡为 1 119 人阵亡，4 320 人负伤，825 人失踪。

其中 6 月 14 日至 6 月 30 日的德军伤亡为 73 人阵亡，249 人负伤，15 人失踪。

5 月 25 日至 6 月 6 日，德军在加扎拉战役初期共损失 85 辆坦克和 5 辆坦克歼击车。

5 月 25 日至 7 月 20 日，德军在攻占托卜鲁克和埃及境内的追击作战行动中共损失 233 辆坦克，包括 25 辆 2 号、161 辆 3 号、14 辆 3 号（长身管）、29 辆 4 号、2 辆 4 号（长身管）坦克。

5 月 25 日意军总兵力为 49 166 人，共有 228 辆坦克、76 辆装甲作战车辆、53 门重型火炮、272 门轻型火炮、328 门反坦克炮、346 门轻型高射炮和 30 门重型高射炮。

1942 年第二季度意大利皇家空军共有 159 架战斗机、25 架攻击机、32 架轰炸机可投入加扎拉战役。

5 月 21 日至 6 月 30 日的意军伤亡为 415 人阵亡，1 716 人负伤，1 397 人失踪。

5 月 25 日至 6 月 30 日轴心国军共损失 35 门重型火炮、36 门轻型火炮、152 门反坦克炮和 29 门高射炮。

5 月 25 日至 6 月 6 日意军共损失 127 辆坦克。

6 月 11 日至 7 月 27 日，意军在攻占托卜鲁克和埃及境内的追击作战行动中损失了大约 100 辆坦克。

比尔哈凯姆和“骑士桥”路口争夺战

5 月 31 日晚至 6 月 7 日晚，英军第 7 摩托化步兵旅集群为 3 600 名坚守比尔哈凯姆的自由法国第 1 步兵旅集群官兵运来了宝贵的补给和淡水，法军指挥官皮埃尔·柯尼格（Pierre Koenig）上校为此表达了谢意。他的部队已经连续打了 12 天的防御战，就算之前击败了意军第 132“攻城锤”装甲师，可隆美尔又立刻调来德军第 90 轻步兵师和意军第 101“的里雅斯特”摩托化步兵师，从而令局面变得更加险恶。

轴心国方面，凯塞林元帅于 6 月 7 日飞抵前线，要求隆美尔向南部战场派出装甲部队，以便德国空军能够从繁重的对地支援任务中“解脱出来”。对于凯塞林的这道命令，隆美尔起初坚决表示反对。他在日记中写道：“我不能把数量有限的坦克全部投入到要塞攻坚中去，他们肯定会被法军的雷区缠住，然后被反坦克炮撕成碎片。”然而在凯塞林的再三施压之下，隆美尔被迫做出让步，承诺将会增派黑克尔战斗群、基尔战斗群以及第 115 步兵团和第 3、第 33 装甲侦察营的部分兵力前去攻占比尔哈凯姆。

6 月 8 日一大清早，德国空军出动 45 架“施图卡”俯冲轰炸机、10 架梅塞施密特 110 战斗机、3 架容克 88 轰炸机和 54 架梅塞施密特 109 战斗机前去空袭比尔哈凯姆。轴心国炮兵部队也不断猛轰法军阵地，掩护德军第 90 轻步兵师和黑克尔战斗群对要塞实施渗透。但到 6 月 9 日为止，柯尼格上校指挥自由法国军队多次挫败了德军的进攻，迫使第 90 轻步兵师和黑克尔战斗群暂时撤退。

6 月 10 日，德国空军再次出动 40 架“施图卡”俯冲轰炸机、20 架容克 88 轰炸机和 50 架梅塞施密特 109、110 战斗机，总共向比尔哈凯姆投下约 130 吨炸弹。11 日早上，德军巴德战斗群（下辖第 115 步兵团第 1、第 2 营）在第 288 特战队、基尔战斗群、装甲侦察部队和意军第 9 狙击兵团的

▲ 自由法国第 1 步兵旅于 1942 年 2 月抵达比尔哈凯姆，接替了原先在此驻防的英军第 150 步兵旅。在其后的 3 个月时间里，法军总共修建了方圆 4 平方英里的防御工事，并在工事周围布设了大量地雷。图为位于比尔哈凯姆近郊的旧土耳其要塞遗址，在意军地图上这处遗址被标记为“里多塔”。除此之外，比尔哈凯姆北面有座被法军戏称为“乳房”的比尔埃尔赫马特高地，同样严密设防。

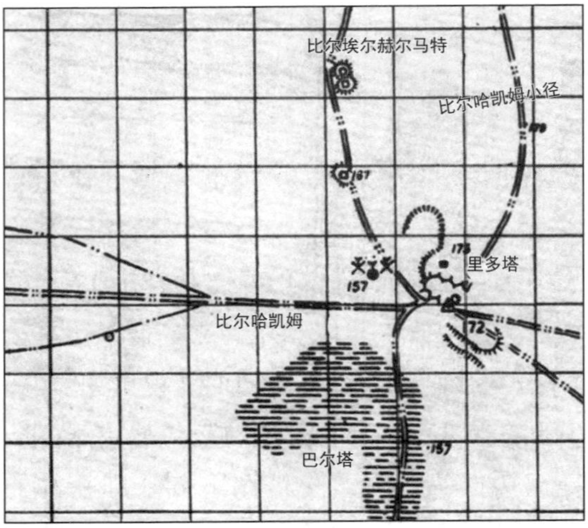

▲ 6月3日上午，隆美尔为了说服比尔哈凯姆守军放弃抵抗，向自由法国第1步兵旅集群递交了一封亲笔信：“我军至今已连续歼灭了2个步兵旅集群（指英军第150步兵旅集群和印度第3摩托化步兵旅集群），继续抵抗只会招致不必要的流血。如果你们现在竖起白旗并缴械投降，我军便会立即停火。”对此，柯尼格上校只是简单地回了句：“见你的鬼去吧！”图为比尔哈凯姆周边地形图。

协助下终于攻破了要塞的北部防线。不过令恩斯特－京特·巴德（Ernst-Gunther Baade）上校倍感失望的是，驻守比尔哈凯姆的法军主力已于10日晚放弃了要塞，留下的只有814名伤员和后勤人员。

战后曾有不少战史学者总喜欢过分夸大比尔哈凯姆之战所起的作用。他们认为英军第8集团军是依靠法军坚守比尔哈凯姆，才打乱了隆美尔的进攻计划。但真实的情况是，德军只不过多花了4天时间来拔除这根侧腹上的芒刺，德军装甲部队甚至没有为攻打比尔哈凯姆而大动干戈。至于奥金莱克，他又像几个月前那样过高估计了对手的损失情况。根据英军情报部门6月6日提供的报告，奥金莱克认为德军在过去的11天里至少有200辆坦克被毁，隆美尔或许已经到了“山穷水尽”的地步。在这种自信心的驱使下，奥金莱克敦促里奇尽快为第8集团军补充新的坦克，并为随时可能到来的决战做准备。

尽管主观判断出现失误，奥金莱克这回也算是说对了一半。隆美尔在比尔哈凯姆之战刚结束不久便决定恢复北进，希望借此继续削弱英军第8集团军。德军第15、第21装甲师到6月6日为止共损失85辆坦克和5辆坦克歼击车，6月7日起开始换装拥有长身管主炮的3号L型、4号F2型坦克，两师在6月11日还有156辆可用坦克。意军第132“攻城锤”装甲师和意军第101“的里雅斯特”摩托化步兵师到6月6日为止共损失127辆坦克，两师在6月11日还有70辆可用坦克。

▲ 得知法军拒绝投降后，德军第21装甲师师长格奥尔格·冯·俾斯麦少将应邀前来与隆美尔见面商议对策，拍摄者仍是茨维林上士。背景中为隆美尔的“狮鹫”号半履带指挥车。

6 月 12 日上午，英军第 30 军军长诺里中将致电第 1、第 7 装甲师，要他们各派 1 个装甲旅集群南下攻打釜形地区的轴心国军。但英军第 7 装甲师师长梅瑟维少将担心这么做会分散第 7 装甲师的兵力，于是搭车前往第 30 军军部找诺里进行协商。当梅瑟维的座车行驶至阿代姆附近，却发现那里有德军巡逻队活动的迹象。为了避开敌人，梅瑟维和随行人员在荒原的一口枯井里待了 1 天 1 夜，直到次日天亮才脱身回到师部。

▲ 自由法国第 1 步兵旅集群在 6 月 10 日晚的撤退行动中总共撤走了 2 500 人，留下的 1 200 名守军中共有 141 人阵亡，229 人负伤，814 人被俘。图为恩斯特・茨维林上士拍摄的法军战俘，其中只有约 10% 为法国人，剩下的都是来自喀麦隆、乍得、印度支那、新喀里多尼亚群岛和新赫布里底群岛的法属殖民地部队及志愿者。

在这决定命运的关键时刻，隆美尔果断地命令釜形地区和比尔哈凯姆的轴心国部队立即向英军第 8 集团军展开全面攻势。6 月 12 日中午，德军第 15 装甲师、第 90 轻步兵师和意军第 101“的里雅斯特”摩托化步兵师从南北两翼越过比尔埃尔哈马特，飞速迂回至“骑士桥”路口东南方。当消息传到英军第 30 军军部时，诺里中将因梅瑟维失踪，只能将第 2、第 4、第 22 装甲旅集群的 206 辆坦克全部托付给第 1 装甲师。为减轻师部的工作压力，第 1 装甲师师长赫伯特・拉姆斯登（Herbert Lumsden）少将提出让第 2、第 4 装甲旅集群靠前部署，并由第 22 装甲旅集群担任预备队。德军的进攻起初并不顺利，第 15 装甲师被第 2、第 4 装甲旅集群挡在了比尔莱法南面，第 90 轻步兵师则不断受到英军第 7 摩托化步兵旅集群的骚扰，始终无法占领阿代姆。下午 3 点，隆美尔为了加强攻势，又将西德拉岭的德军第 21 装甲师调来增援第 15 装甲师。在随后进行的战斗中，第 21 装甲师击溃了英军右翼的第 4 装甲旅集群，接着又成功逼退了前来救援的第 22 装甲旅集群。夜晚 7 点，仅剩 101 辆坦克的第 1 装甲师在夜幕掩护下向北退去，把战场主动权拱手让给了隆美尔。

6 月 12 日晚上，被逼入死胡同的里奇只剩下两条路可选：要么倾尽全力拼死一搏，要么赶在德意联军占领阿克罗马的道路枢纽之前尽早退往埃及边境。虽然奥金莱克批准了里奇的撤军方案，但英国首相丘吉尔却在一份匆忙发来的电报中称：“无论结果如何，我都会全力支持你们奋战到底。因为撤退不光会对装甲部队造成

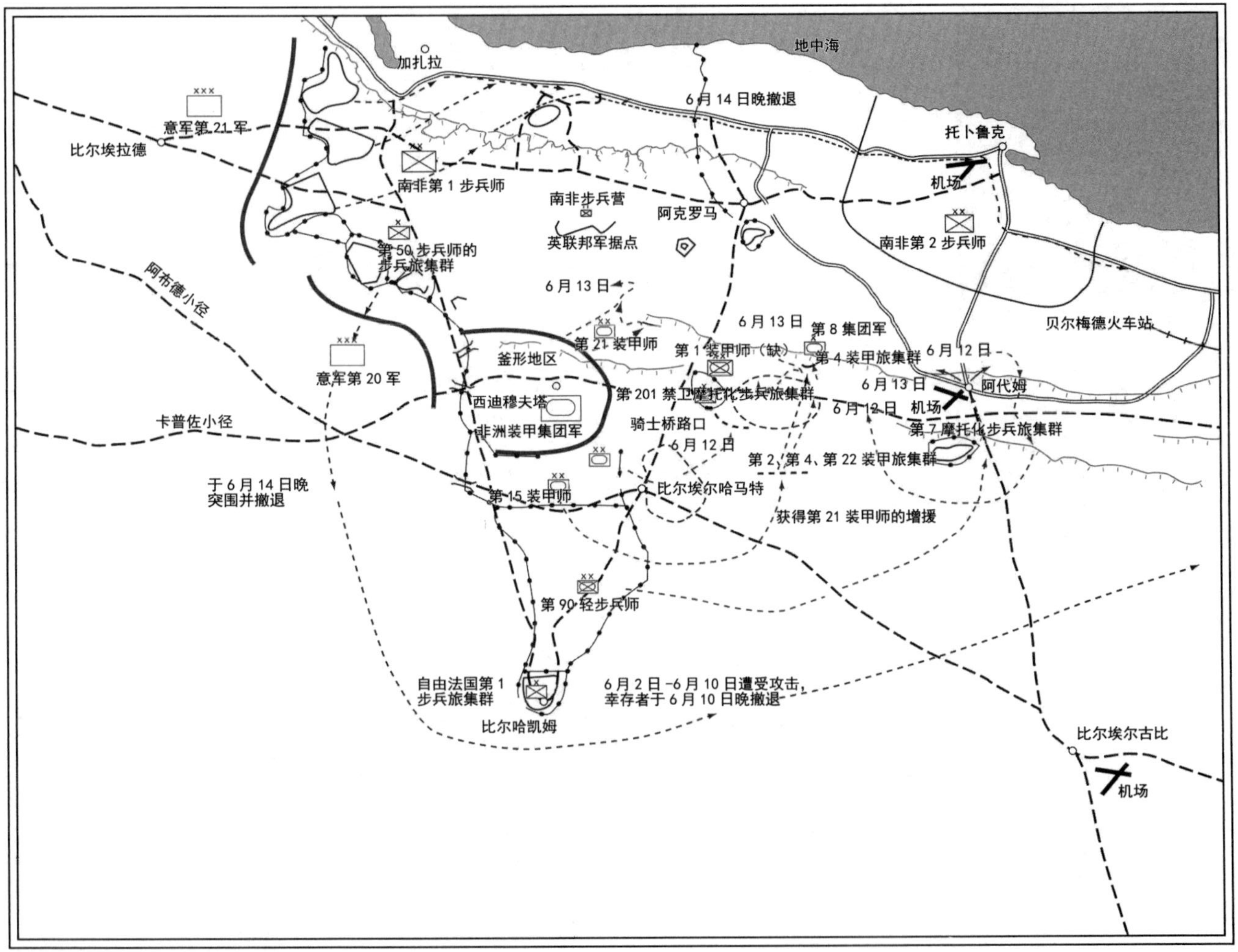

▲ 德军突破加扎拉防线（6 月 12 日至 6 月 13 日）示意图。

致命影响，更会削弱士兵的毅力和斗志。愿上帝与你们同在。”

英国首相的这份电报无疑是给奥金莱克和里奇浇了盆冷水。正当两人犹豫不决时，德军第 15、第 21 装甲师和第 90 轻步兵师于 6 月 13 日兵分三路直捣阿克罗马，从而彻底动摇了英军继续坚守的决心。6 月 14 日上午 7 点，里奇下令英军第 50 步兵师和南非第 1 步兵师放弃加扎拉防线，撤退时间定在当天深夜。6 月 15 日，隆美尔在给妻子的信中写道：“战斗已经获胜，敌人完全溃败。肃清敌军残部还得再多花一点时间。”英国官方的战史也不得不承认：“第 8 集团军已被赶出了加扎拉的预设阵地。如今在阿代姆和贝尔哈梅德，到处都是被打散的部队。他们需要足够的时间进行休整，才能应对敌人的下一波攻势。”

托卜鲁克陷落

英军撤离加扎拉防线后，如何处理托卜鲁克便成了中东地区司令部面临的首要议题。早在 6 月 12 日，里奇就曾请示奥金莱克，能否准许他投入更多力量来保卫托卜鲁克。6 月 14 日，英国首相丘吉尔在发给中东地区司令部的电报中明确表示，说他“根本不会考虑放弃托卜鲁克”。在首相的压力之下，奥金莱克命令里奇就地组织防御，并将部分受创严重的部队撤回埃及休整。

从 6 月 13 日起，英军第 30 军在阿代姆地区部署了英军第 7 摩托化步兵旅集群和印度第 29 步兵旅集群，在贝尔哈梅德地区部署了英军第 4 装甲旅集群和印度第 20 步兵旅。英军第 13 军在托卜鲁克地区部署了南非第 4、第 5 步兵旅集群，英军第 32 集团军属坦克旅、英军第 201 禁卫摩托化步兵旅集群和印度第 11 步兵旅集群。6 月 15 日，南非第 2 步兵师师长亨德里克·克洛普（Hendrik Klopper）少将被里奇任命为托卜鲁克城防司令。同日，英军第 2、第 22 装甲旅集群，第 1 集团军属坦克旅，印度第 9 步兵旅集群，南非第 1 步兵师，“海岸”纵队和“狙击”纵队沿着巴尔比亚海岸公路撤往埃及。英军第 50 步兵师

▲ 6 月 21 日上午，德军第 21 装甲师继门尼战斗群之后抵达了托卜鲁克港。照片拍摄者为德意志非洲军宣传连的多尔纳上士。

也从西迪穆夫塔南面绕过比尔哈凯姆，经比尔埃尔古比撤往埃及。“兽穴”纵队放弃加拉布绿洲，撤往库夫拉绿洲。为这次撤军行动提供掩护的是英军第1装甲旅集群和印度第10步兵师，他们几天前刚从埃及和伊拉克的驻地赶来支援第8集团军。

由于英军高层数个月来都把精力花在打造加扎拉防线上，他们也就没有仔细考虑过托卜鲁克该如何应对新一轮围城。相比1941年时的状况，托卜鲁克的防御设施如今已被大幅削弱。不少反坦克壕都被填平，铁丝网和地雷也被移作他用。南非第2步兵师算是做了些补救，但时间太短，来不及修完所有的工事。

隆美尔自然不可能耐心地坐等对手再次巩固防线。6月15日上午，德军第90轻步兵师从西南方向连续3次攻打阿代姆，均被印度第29步兵旅集群击退。15日下午，德军第21装甲师又从西北方向袭击阿代姆北面的英军第7摩托化步兵旅集群，夺取了至关重要的B650号据点。6月16日，英军第7装甲师师长梅瑟维少将命令第7摩托化步兵旅集群向西发起反击，结果却与北上的意军第132“攻城锤”装甲师遭遇。当天傍晚，德军第21装甲师抽调部分兵力前来支援意军，很快将第7摩托化步兵旅集群赶回了阿代姆。6月17日上午，里奇认为阿代姆已无法继续固守，下令第7摩托化步兵旅集群和印度第29步兵旅集群尽快向东撤退，以免遭到德意联军围歼。17日中午，德军第21装甲师（46辆坦克）在占领阿代姆后挥师北上，打算协助第15装甲师夺取巴尔比亚海岸公路。见状不妙的里奇赶紧通知梅瑟维少将，要他派出驻守贝尔哈梅德的英军第4装甲旅集群（40辆巡洋坦克），全力阻止德军封闭包围圈。下午2点左右，第4装甲旅集群与第21装甲师在杜达岭以西发生交战。德军最终凭借火力优势战胜了英军，总共击毁击伤30辆巡洋坦克。消息传到奥金莱克那里，他马上飞往里奇的司令部，让第8集团军着手接管托卜鲁克的防务工作。17日晚，英军第4装甲旅集群、印度第20步兵旅匆忙放弃贝尔哈梅德、西迪雷泽和甘布特，沿着卡普佐小径和阿布德小径撤往埃及。当天深夜，德军第21装甲师的先头部队与第15装甲师在巴尔比亚海岸公路附近胜利会师，致使托卜鲁克继“十字军”行动之后再度陷入重围。

▲ 留在托卜鲁克郊外等候消息的隆美尔。照片拍摄者为德意志非洲军宣传连的恩斯特·茨维林上士。

6月18日上午，隆美尔向国防军最高统帅部汇报了托卜鲁克的最新战况。在攻城战打

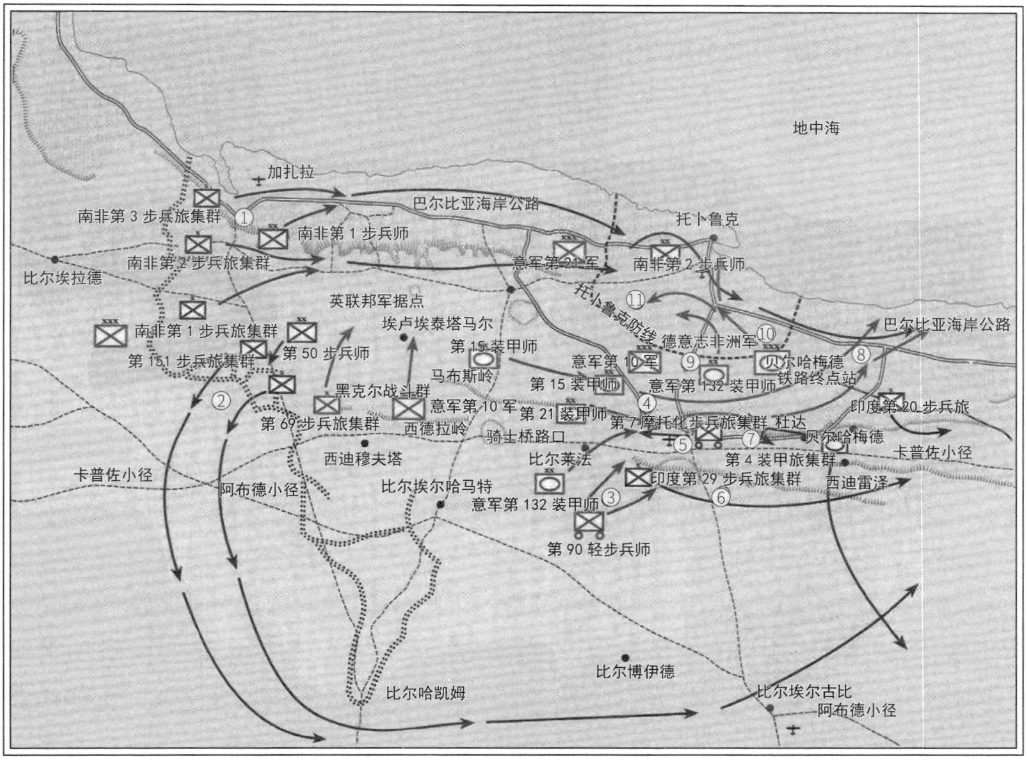

▲ 英军第 8 集团军放弃加扎拉防线及隆美尔围攻托卜鲁克的战况示意图。

1. 6 月 14 日晚，南非第 1 步兵师沿着巴尔比亚海岸公路撤往埃及
2. 6 月 14 日晚，英军第 50 步兵师从加扎拉防线南面绕过比尔哈凯姆撤往埃及
3. 6 月 15 日，德军第 90 轻步兵师 3 次进攻阿代姆，均被印度第 29 步兵旅集群击退
4. 6 月 15 日下午，德军第 21 装甲师进攻并夺取了 B650 据点
5. 6 月 16 日，英军第 7 摩托化步兵旅集群向意军第 132“攻城锤”装甲师发起反击，最后却因隆美尔派遣德军第 21 装甲师增援意军而被迫撤退
6. 6 月 17 日清晨，印度第 29 步兵旅集群放弃阿代姆撤往埃及
7. 6 月 17 日下午，德军第 21 装甲师在杜达岭以西击败英军第 4 装甲旅集群，迫使第 4 装甲旅集群向南撤往埃及。同日夜晚，印度第 20 步兵旅放弃贝尔哈梅德撤往埃及
8. 6 月 17 日晚，德军第 15、第 21 装甲师从阿代姆挥师北进，切断了托卜鲁克东面的巴尔比亚海岸公路
9. 6 月 19 日，托卜鲁克陷入重围
10. 6 月 20 日清晨，德军突破托卜鲁克东南防区，朝港口方向挺进
11. 6 月 21 日上午，托卜鲁克守军正式宣布投降

▲ 驶入托卜鲁克港的 Sdkfz.251/3 半履带指挥车及 1 号指挥坦克，拍摄者为德意志非洲军宣传连的雨果・坦能堡上士。图中坐在半履带指挥车上的德军军官是第 21 装甲师师长格奥尔格・冯・俾斯麦少将，而指挥坦克上的德军军官则是第 5 装甲团第 1 装甲营营长维尔纳・米尔德布拉特少校。

响前，他已将德军第 15、第 21 装甲师和门尼战斗群调往托卜鲁克东面，将意军第 132“攻城锤”装甲师、第 101“的里雅斯特”摩托化步兵师调往托卜鲁克东南面，将意军第 17“帕维亚”步兵师、第 27“布雷西亚”步兵师调往托卜鲁克南面，将意军第 60“萨布拉塔”步兵师、第 102“特伦托”摩托化步兵师调往托卜鲁克西面，把整座城市围了个水泄不通。除此之外，隆美尔还宣称德军在贝尔哈梅德、西迪雷泽和甘布特等地缴获了大量物资弹药，足以支持部队持续作战一个月。

6 月 18 日至 6 月 19 日，德军第 3、第 33 装甲侦察营对托卜鲁克展开了试探性攻势。根据部队提供的报告，隆美尔认为城市东南角是其防御的薄弱环节，应从那里实施突破。为谨慎起见，德军第 90 轻步兵师被部署在巴蒂亚和西迪阿柴兹方向，好让英国人觉得轴心国会随时出兵攻打埃及。最后的总攻日期定在 6 月 20 日，轴心国空军将出动 80 架轰炸机、21 架俯冲轰炸机、50 架战斗轰炸机和 150 架战斗机为地面部队提供空中支援。隆美尔在 6 月 20 日的家信中写道：“昨天夜里只睡了两个钟头。这是一个具有决定性的日子。希望我的运气不会变坏。我非常疲倦，不过身体却还好。”

▲ 从半履带指挥车上下来，对着镜头微笑的俾斯麦少将（左）及其副手。

6 月 20 日凌晨 4 点，承担攻坚任务的轴心国部队均已就位。5 点 20 分，大批德意战机开始猛烈轰炸托卜鲁克至阿代姆和巴蒂亚的公路枢纽。隆美尔曾对手下的情报处长冯·梅伦廷中校如此评价空袭效果："凯塞林没有食言，如约调来了上百架飞机参加这次行动。我能望见那些在空中盘旋的俯冲轰炸机，还有从远方地平线上腾起的浓密烟尘。等空军投弹完毕，我军的炮兵部队很快加入进来，以密集而精准的火力将英国人的前沿阵地成片成片地摧毁。"

早上 7 点 45 分，德军第 15 装甲师在隆美尔的授意下率先冲向英军第 13 军的东部防区。德军工兵总共花了 45 分钟清除地雷和铁丝网，并为坦克架好跨越反坦克壕用的简易桥梁。8 点 30 分，德军第 21 装甲师也开了过来，帮助第 15 装甲师建立起一座外围桥头堡。整个上午，只有位于东南方向的意军第 132"攻城锤"装甲师遇到了较强抵抗，暂时无法突破印度第 11 步兵旅集群布设的工事。

中午 12 点，德军第 21 装甲师受命改变进军路线，前去协助意军装甲部队。下午 1 点 30 分，第 21 装甲师击败英军第 201 禁卫摩托化步兵旅集群，夺取了距托卜鲁克以南约 7 英里的"国王"路口。大约 1 小时后，第 15 装甲师与第 21 装甲师合作包围了索拉罗堡。下午 5 点，英军第 32 集团军属坦克旅派来皇家坦克团第 7 营尝试为索拉罗堡解围，但被第 21 装甲师给赶了回去。隆美尔于傍晚 6 点左右下令炮兵部队停火，门尼战斗群同时从索拉罗堡往北直扑托卜鲁克。到夜晚 7 点为止，尽管南非第 6 步兵旅集群已经开始焚烧弹药库和仓库，德军仍迅速控制住港口的大部分区域，扑灭了大火。

6 月 21 日 5 点许，心灰意冷的南非第 2 步兵师师长亨德里克·克洛普少将向轴心国方面提出了停火建议并请求德军接受他的投降。隆美尔后来在日记中写道："21 日上午 9 点 40 分，我在托卜鲁克以西约 4 英里的巴尔比亚海岸公路上见到了南非第 2 步兵师师长兼城防司令克洛普少将。他对我宣布港口驻军已经放弃了抵抗。我请这位将军和他的参谋长坐上他自己的车，随我沿着海岸公路再回到托卜鲁克。沿途都是战俘，我于是命令南非将军负责照料这些人。"

▲ 6 月 21 日下午，隆美尔在弗里茨·拜尔莱因上校陪同下搭乘 1 辆 Kfz.15 指挥车驶入了托卜鲁克。原先担任非洲装甲集团军参谋长的高斯少将在 6 月 1 日的战斗中不幸被弹片击伤，隆美尔于是指派拜尔莱因继任参谋长一职。照片右侧的建筑物为 10 月 28 日咖啡馆（为纪念墨索里尼 1922 年 10 月 28 日上台而建）。

战后的统计数据表明，第 8

▲ 隆美尔和拜尔莱因步行离开 10 月 28 日咖啡馆对港口进行视察，很多人未料到这位小个子将军便是闻名遐迩的“沙漠之狐”。

集团军在托卜鲁克陷落时共有约 33 000 人被俘。除被围歼的英军第 32 集团军属坦克旅，英军第 201 禁卫摩托化步兵旅集群，南非第 4、第 6 步兵旅集群和印度第 11 步兵旅集群外，轴心国还缴获了 30 辆步兵坦克、2 000 辆运输车、2 000 吨汽油、5 000 吨口粮及成千上万的枪支弹药。

征服托卜鲁克无疑极大地改善了德军高层对隆美尔的看法，6 月 22 日，国防军最高统帅部在公报中宣布晋升他为陆军元帅。意大利外长加莱亚佐·齐亚诺在日记中评述：“希特勒把元帅头衔加封给隆美尔，其目的明显是要让德国逐步掌控北非战事的主导权，这对领袖来说实在不是个好消息。”为了给北非意军挽回颜面，意军最高统帅部于 7 月下旬相继任命卡瓦莱罗和巴斯蒂科为意大利元帅，使两人的军衔至少可与隆美尔持平。

在另一方面，托卜鲁克失守的消息同样撼动了大英帝国。丘吉尔当时正在华盛顿作国事访问，而英国众议院又恰好在这个时候对他提出了不信任案。罗斯福总统为了安抚丘吉尔，慷慨地向他许诺会为中东战区提供 300 辆 M4“谢尔曼”中型坦克、100 辆 M7“牧师”自行火炮、700 架轰炸机和 1 100 架战斗机。等英国首相返回伦敦并打赢艰苦的议席保卫战，都已是 7 月 2 日了。

▲ 遵照隆美尔的最新指示，德军第 21 装甲师于 6 月 22 日从托卜鲁克启程，开始追击已经撤入埃及境内的英军第 8 集团军。图为 1 辆被德军第 3 装甲侦察营临时征用的意大利 AB41 型装甲侦察车。

隆美尔充分利用了这段时间来筹划他的宏伟战略目标。根据德军第 621 无线电侦听连从美国驻开罗武官费勒斯上校那里获得的情报，英军目前的核心力量只剩下 2 个步兵师，他们的装甲部队还在埃及境内休整补

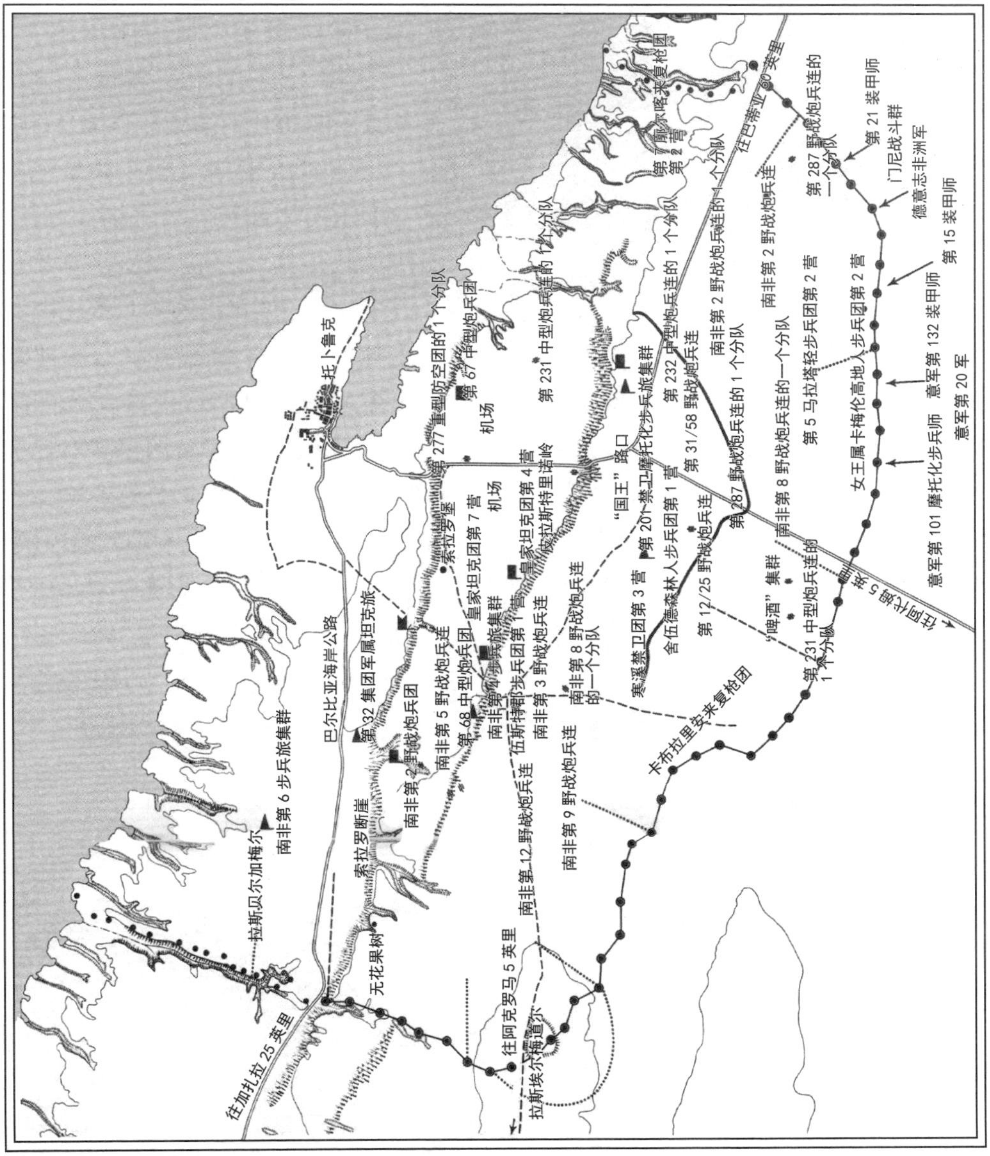

▲ 非洲装甲集团军围攻托卜鲁克的战况示意图（1942 年 6 月 20 日至 6 月 21 日）。

▲ 6 月 22 日，隆美尔和拜尔莱因在出发前最后一次眺望托卜鲁克港。坐在隆美尔前面的德军军官为纳粹德国宣传部驻非洲装甲集团军的特派员阿尔弗雷德－英格马·贝恩特中尉。他既是隆美尔与希特勒大本营之间的私人联络官，又经常替隆美尔撰写日志和宣传资料，为“沙漠之狐”的声名造势。

充，恐怕不会对非洲装甲集团军造成任何威胁。简言之，隆美尔准备趁对方尚未恢复实力之前就向埃及发起迅猛攻势，以求尽快地除掉第 8 集团军。为此，他极力反对德国海空军推崇的马耳他岛登陆作战。6 月 21 日，凯塞林飞抵非洲装甲集团军司令部与隆美尔进行协商，但他始终无法说服后者改变决策。6 月 22 日，隆美尔致电驻罗马的冯·林特伦少将，要他立刻向墨索里尼和国防军最高统帅部请示给予其充分的行动自由。不仅如此，隆美尔还特地联络了帝国总理府，向希特勒阐述了他的埃及进攻计划。

正如隆美尔所料，希特勒其实早已对夺取马耳他岛丧失了信心。6 月 23 日，墨索里尼收到希特勒的一封亲笔信，信中催促他为轴心国攻打埃及的作战行动开启绿灯。然而没等这位意大利独裁者及时作出答复，隆美尔便于 6 月 22 日提前率军进入了埃及。他在当天的家信中写道：“部队正在运动中，希望不久就可以发动一次大攻势了。对我来说，速度就是一切。”

6 月 24 日，墨索里尼不顾手下顾问们的反对，正式批准了隆美尔的埃及进攻战略。6 月 25 日，卡瓦莱罗作为意方特使重返北非战场。6 月 26 日，卡瓦莱罗、冯·林特伦和巴斯蒂科驱车前往设在西迪巴拉尼的非洲装甲集团军司令部。在那儿，隆美尔向众人宣布了他的作战计划。德意联军首先会攻打马特鲁，然后继续东进占领达巴（El Daba）。假如行动顺利的话，想要赶在 6 月 30 日前拿下开罗或亚历山大港都

▲ 1942 年 6 月至 8 月，德军第 15、第 21 装甲师总共接收了 76 辆 3 号 L 型坦克和 20 辆 4 号 F2 型坦克。尽管如此，这 2 个师仍保有少量的 1 号、2 号坦克。图为 6 月 22 日，第 21 装甲师第 5 装甲团的 2 辆 2 号 F 型坦克正准备离开托卜鲁克。

“不成问题”。

6 月 29 日，墨索里尼在大批意军官员的陪同下飞抵的黎波里南面的贝尼托堡，他此行的目的是为今后能在埃及首都开罗举行的入城仪式造势。在比利亚总督府内，墨索里尼高兴地得知隆美尔已经胜利攻占马特鲁。他于是马上转机飞往德尔纳东面的费泰亚机场（El Fetejah），包括卡瓦莱罗、巴斯蒂科和冯·林特伦在内的德意高级将领全都在机场恭候多时。29 日下午，墨索里尼参加了北非意军参谋长巴尔巴塞蒂·迪·普鲁恩中将主持的军事会议，然后驱车前往乔瓦尼贝尔塔的北非意军司令部过夜。6 月 30 日因托卜鲁克附近有沙暴出现，墨索里尼被迫临时改变行程，就近走访了位于德尔纳的一所战地医院和一所战俘营。

7 月 2 日，墨索里尼的座机在托卜鲁克机场安全着陆。当天中午由于天色变暗，团队匆匆结束驻港海军舰队的阅兵式，提早返回了乔瓦尼贝尔塔。7 月 3 日，墨索里尼感到身体极度不适，只能留在乔瓦尼贝尔塔，其间接受了意大利大使塞拉费诺·马佐里尼（Serafino Mazzolini）及多位外国使节的登门造访。7 月 9 日，尽管身体依然欠佳，墨索里尼仍执意前往巴斯进行视察。7 月 15 日，他又再次飞往托卜鲁克，为 32 名意军军官颁发勋章。直到 7 月 20 日返回罗马之前，墨索里尼都没有和隆美尔碰过面。

马特鲁之战和第一次阿拉曼战役

自从英军第 8 集团军将部分兵力撤回埃及后，奥金莱克曾考虑动用新西兰第 2 步兵师在埃及边境打一场迟滞战，但轴心国的进军速度实在太快，新西兰第 2 步兵师根本来不及从塞浦路斯返回埃及，边境线便于 6 月 23 日被德军攻破，卡普佐堡失守，约 500 吨汽油和 930 吨口粮落入德军手中。

从 6 月 23 日起，英军可以用来对付隆美尔的唯一手段就只有皇家空军了。整整 3 天时间，大批“飓风”式战斗轰炸机轮番扫射沿着巴尔比亚海岸公路行进的轴心国车队，致使许多补给物资滞留后方，无法按时运抵前线。6 月 26 日，意军第 20 军军长埃托雷·巴尔达萨雷（Ettore Baldassare）中将也被英军战机发射的火箭弹击成重伤，朱塞佩·德·斯特凡尼斯（Giuseppe de Stefanis）中将受命继任其职务。由于德国空军当时的主要基地仍在昔兰尼加，因而无法干预皇家空军的活动。要等 7 月甘布特和西迪阿柴兹的前进机场恢复使用，轴心国的后勤损失率才会降低。

6 月 24 日，德意联军顶着英军空袭，继续朝马特鲁方向挺进。意军第 133“利托里奥”装甲师从后方赶来，接替第132“攻城锤”装甲师担任意军前锋。6月25日，奥金莱克见形势紧迫，决定亲自指挥整个第8集团军。当晚7点，这位中东地区司令飞抵里奇的前线司令部，接管了部队指挥权。6月26日，奥金莱克宣布放弃里奇的严防死守策略，改而在马特鲁和阿拉曼之间打一场“机动防御战”。

按照奥金莱克的计划，第8集团军在马特鲁及其周边地区一共部署了2个军，即威廉·霍姆斯（William Holmes）中将的第10军和威廉·戈特中将的第13军。第10军军部刚从叙利亚调来，主要任务是指挥马特鲁的印度第10步兵师和杰罗拉（Gerawla）的英军第50步兵师。第13军下辖英军第1装甲师、新西兰第2步兵师和印度第29步兵旅集群，主要任务是防守马特鲁南面的西迪哈姆扎（Sidi Hamza）。至于第30军，奥金莱克认为该军需要更多时间补充坦克，故将它留在阿拉曼附近，没有参与马特鲁之战。

第8集团军的部署方式表明，奥金莱克生怕隆美尔会从西迪哈姆扎南面实施迂回，使马特鲁成为第二个托卜鲁克。尽管如此，奥金莱克实际上并不清楚轴心国目前只有50辆德军坦克和44辆意军坦克可用，比起英军第1装甲师的159辆坦克（包括60辆M3“格兰特”坦克）差不多要少40%。

只可惜，战争往往不能通过简单的数量对比决定胜负。如同过去一样，隆美尔这次完全没有依照英军统帅的预测行事。德意联军的主攻方向将是巴尔比亚海岸公路和西迪哈姆扎断崖（Sidi Hamza Escarpment）之间的防御缺口，那里只有印度第29步兵旅集群的2支“乔克”纵队，每个纵队只有2个排和1个25磅炮分队，力量十分薄弱。

▲ 托卜鲁克陷落后，隆美尔根据美国驻开罗大使馆的军事观察员邦纳·弗兰克·费勒斯上校向华盛顿所作的报告，认为当下进攻埃及是可行的，于是便于6月22日率军向埃及进军。图为6月23日，1辆跨越边境进入埃及的Sdkfz.251/1半履带车（隶属于德军第21装甲师）。

6月25日至6月26日，隆美尔已在马特鲁西面集结了6个师。在这批部队中，意军第17“帕维亚”步兵师将负责攻打马特鲁，德军第15装甲师和意军第101“的里雅斯特”摩托化步兵师将负责攻打西迪哈姆扎。当英军的南北两翼受到牵制，部署在中央的德军第21装甲师、第90轻步兵师和意军第133“利托里奥”装甲师将迅速东进，占领西迪哈姆扎断崖尽

▲ 6 月 26 日，隆美尔正与担任非洲装甲集团军参谋长的高斯少将（隆美尔右侧者）商讨该如何攻打马特鲁。高斯曾在 6 月 1 日的加扎拉战役中负伤，后于 6 月 23 日康复复职。

头的比尔萨拉纳（Bir Sarahna）和比尔欣奈纳（Bir Shineina），然后再北上切断巴尔比亚海岸公路。隆美尔确信，只要英国人的退路被截，他们是撑不了多久的。

6 月 26 日下午，德意工兵部队奉命清除了英军埋设的雷区，作战行动于下午 3 点左右正式开始。意军第 17“帕维亚”步兵师在重炮掩护下，沿着工兵开辟的道路率先抵达马特鲁外围。下午 4 点 30 分，德军第 15 装甲师和意军第 101“的里雅斯特”摩托化步兵师在南进途中遭遇英军第 1 装甲师的拦截，被挡在了西迪哈姆扎西面。与此同时，位于西迪哈姆扎断崖北面的德军第 21 装甲师和第 90 轻步兵师先后击溃“莱瑟”纵队（Leathercol）和“格利森”纵队（Gleecol），快速向东直插英军防御纵深。6 月 27 日凌晨，德军第 90 轻步兵师在马特鲁南面约 27 千米处歼灭了多汉姆轻步兵团第 9 营。该师随后继续向杰罗拉方向进军，但被英军第 151 步兵旅集群的另外 2 个营击退。意军第 133“利托里奥”装甲师同样运气欠佳，第 4 中型坦克营和第 12 狙击兵团受到英军第 50 步兵师的炮火压制，只能停在比尔萨拉纳郊外，无法继续前进。隆美尔见中路攻势受阻，于是指派比尔欣奈纳附近的德军第 21 装甲师掉头朝西迪哈姆扎断崖南面迂回，试图从背后袭击英军第 1 装甲师，为第 15 装甲师的进攻开道。

▲ 马特鲁之战爆发前，饱受皇家空军袭扰的德意志非洲军仅剩 50 辆坦克可用。图为抵达马特鲁近郊待命行动的德军 4 号 F 型坦克（隶属第 15 装甲师第 8 装甲团）。

面对轴心国的闪电攻势，原本一贯以坚忍著称的奥金莱克突然对坚守马特鲁丧失了信心，他于 27 日中午电告全军，要他们尽快放弃战斗向富卡（Fuka）撤退。不幸的是，只有

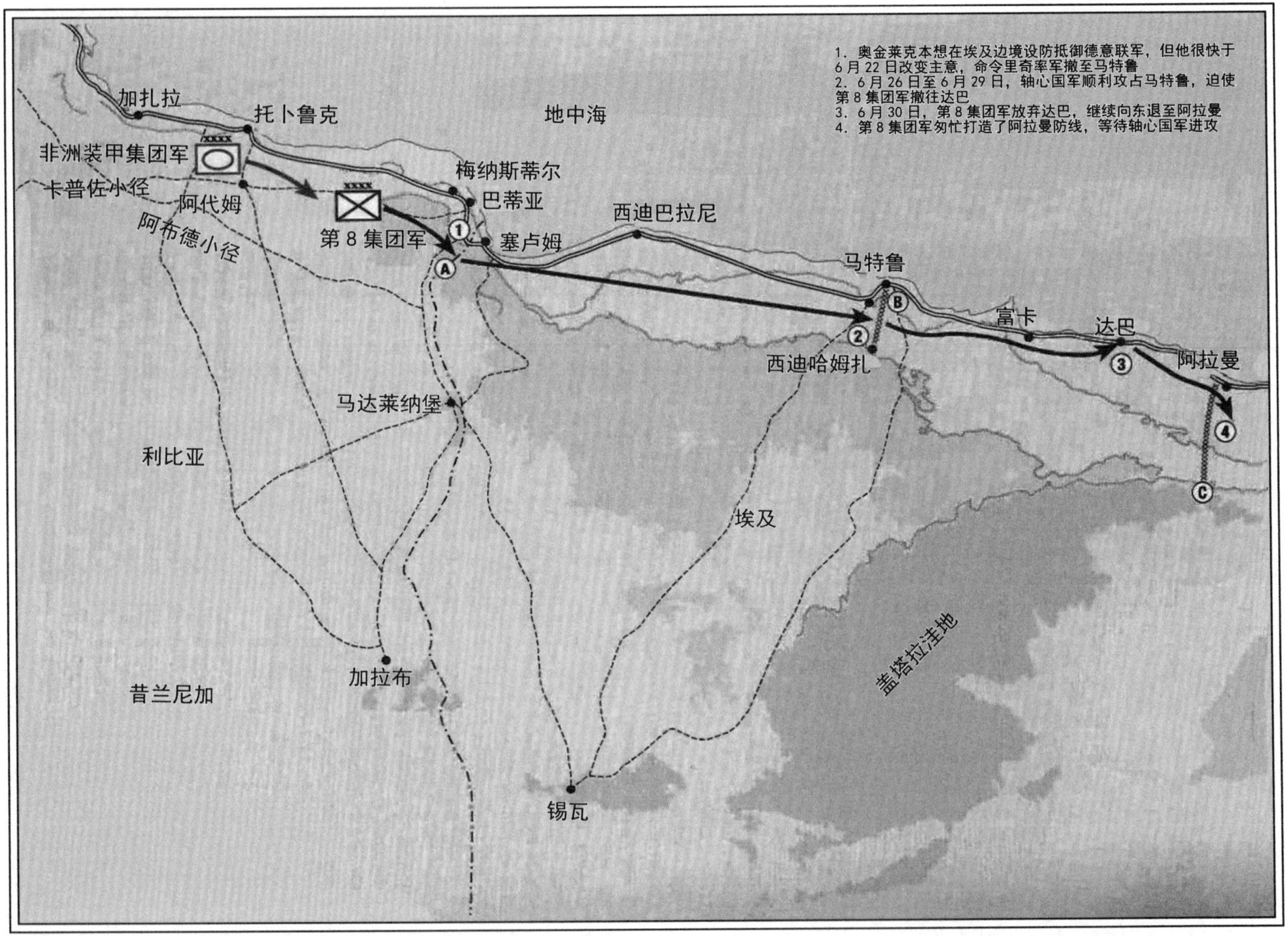

▲ 英军第8集团军从托卜鲁克逐步撤往阿拉曼的过程示意图。

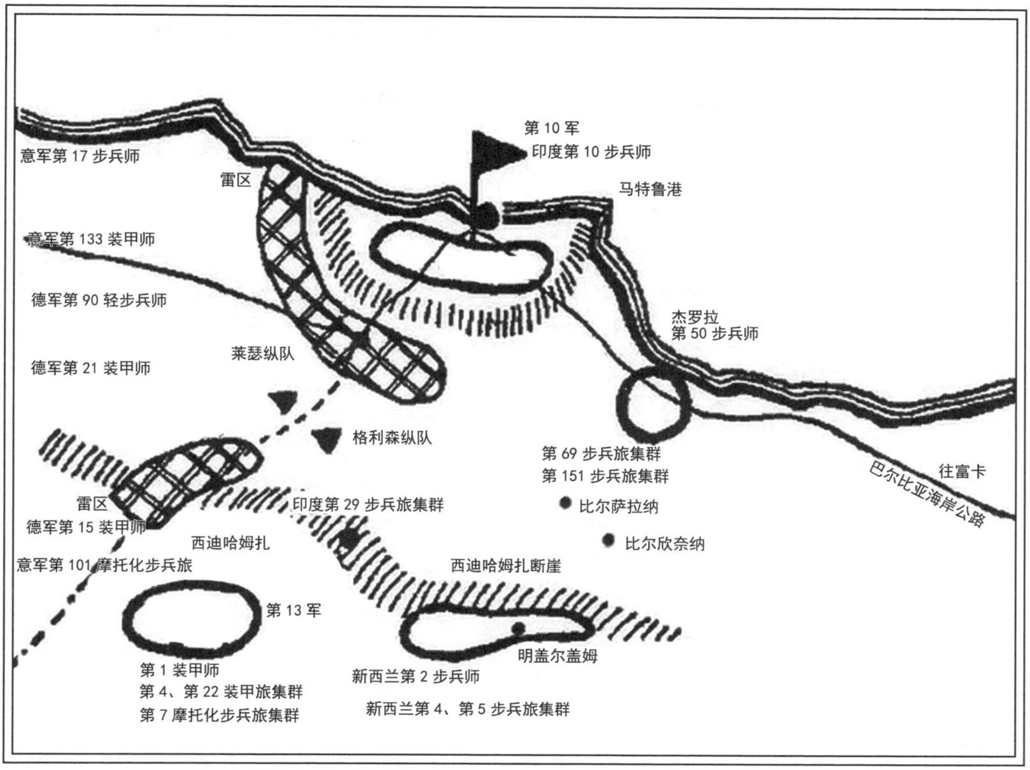

▲ 马特鲁之战示意图（1942 年 6 月 26 日至 6 月 29 日）。

防守西迪哈姆扎的第 13 军接到了这条指令，第 10 军却对此浑然不觉，没有从马特鲁和杰罗拉及时转移至富卡。

6 月 27 日晚，德军第 21 装甲师为截断第 13 军的逃生之路，在明盖尔盖姆（Minqar Qaim）附近与新西兰第 2 步兵师爆发了激烈混战。德军第 104 步兵团竭力封锁山间小道，不让新西兰部队通过。最终，新西兰第 4 步兵旅集群以伤亡 800 余人的代价从德军阵地上杀出一条血路，让全师得以安然撤往富卡。在此之前，英军第 1 装甲师和印度第 29 步兵旅集群均已冲破德军第 5 装甲团的拦阻，朝着富卡方向退去。第 1 装甲师在整个撤退行动中一共损失了 40 辆坦克，其中包括第 4、第 22 装甲旅集群的 18 辆 M3“格兰特”巡洋坦克。

直至 6 月 28 日天亮，第 10 军军长霍姆斯中将才从奥金莱克那里得知友军已经后撤的消息。轴心国军正从四面八方围拢过来，马特鲁和杰罗拉肯定是保不住了。28 日深夜，第 10 军缩编成数支纵队分头向东突围。6 月 29 日上午，马特鲁被意军第 7 狙击兵团占领，杰罗拉也被德军第 90 轻步兵师占领，约 6 000 人被俘。但隆美尔对此并不满足，他马上指派第 21 装甲师沿着海岸公路继续追击第 8 集团军。29 日傍晚，撤至富卡不久的印度第 29 步兵旅集群还没站稳脚跟便被第 21 装甲师的部队团团围住，共有 1 600 人举手投降。

马特鲁之战的胜利，使德国空军获得了距亚历山大港最近的前进机场（仅 260 千米）。英国地中海舰队被迫疏散至地中海东部的海法港、塞德港和贝鲁特港。开罗城内人心惶惶，一些英国政府机构和外国使馆开始焚烧档案文件并疏散人员，大量商品被倾销出去，卖不掉的则被装车运往巴勒斯坦。

由于奥金莱克一心想在阿拉曼挡住隆美尔，第 8 集团军于 6 月 28 日放弃达巴（El Daba），全部退往阿拉曼设防。6 月 29 日，第 10 军的残余部队抵达阿拉曼与第 13 军、第 30 军会合。6 月 30 日，英军防线已基本成型。7 月 1 日，第 10 军军部被调往尼罗河三角洲，成为亚历山大港的驻军司令部。

就地理环境而言，阿拉曼不愧是个易守难攻的理想场所。从濒海火车站到盖塔拉洼地的直线距离仅有 55 千米，中间坐落着米泰尔利亚岭（Miteiriya Ridge）、鲁韦萨特岭（Ruweisat Ridge）、阿拉姆埃尔哈尔法岭（Alam el Halfa Ridge）和塔盖高原（El Taqa Plateau），将整个防区分割成 4 条狭长的"走廊"。火车站北面和盖塔拉洼地本身盐湖沼泽遍布，坦克根本无法通过。在这种情况下，进攻方只能放弃侧翼迂回战术，与守军打一场旷日持久的拉锯战。

利用阿拉曼当地多山难行的特点，第 8 集团军一共建立了 3 个盒形防御阵地。它们分别是北面的阿拉曼盒形阵地、中央的巴布埃尔盖塔拉（Bab el Qattara）盒形阵地和南面的纳克布阿布德维斯（Naqb Abu Dweis）盒形阵地。但因准备过于仓促，只有北面的阿拉曼盒形阵地拥有大片地雷和防御工事，其余 2 处阵地均未完成布雷，最南面的纳克布阿布德维斯盒形阵地甚至连堑壕都没挖完。为守住阿拉曼及通往开罗的交通要道，第 13 和第 30 军在战役前期总共投入了 7 个师（英军第 1、第 7 装甲师，英军第 50 步兵师，南非第 1 步兵师，新西兰第 2 步兵师，印度 5、第 10 步兵师），在战役中后期又增加了英军第 8 装甲师，澳大利亚第 9 步兵师，印度第 5、第 161 步兵旅。武器装

▲ 6 月 26 日至 6 月 29 日，轴心国军在马特鲁之战中大获全胜，总共俘获 6 000 余名英联邦军。隆美尔随即下令部队继续向东追击第 8 集团军，并在富卡和达巴等地又俘虏了 2 000 多人。图为满载意军官兵的菲亚特 626 卡车正驶过 1 辆被击毁的 M3"格兰特"巡洋坦克（隶属英军第 1 装甲师）。

摘自皇家陆军勤务部队的达吉·韦尔斯福德关于从马特鲁撤退的回忆

透过前方的迷雾，一些车身上涂有铁十字徽记的车辆瞬间映入眼帘。那些都是德国人的车！旁边还有几辆被缴获的英军卡车和一些意大利军队。

我们的司机不等上校下令就加速向前猛冲，另外 1 辆卡车上的 2 名战友迅速下车，将博福斯机炮的炮口对准了德军。可怜的家伙，他们打算牺牲自己，来帮助我们逃离现场。

车速变得越来越快。营地周围的德意士兵来不及阻止我们，便用手头的各种轻武器向车队持续射击。我记得很清楚，当时有辆友军卡车被机枪子弹打成了两截，人和物件如同翻倒的糖果罐头似的散落在四处。幸好我们的司机车技娴熟，才没有与之相撞。

然而危机并没有就此结束，附近一辆停着的德军半履带车也用机枪朝这边打来警告信号。我认为这下完蛋了，于是赶紧让司机停车，大家当即跳了下去。之后我不清楚发生了什么事，因为我当时是左肩着地，结果给摔得半天爬不起身来。黑暗之中，我能听见周围的叫嚷声和射击声，真担心会有辆车突然冲过来把我碾死。

过了一段时候，四周渐渐安静下来。敌人难道都走了？那我也就不用继续趴着装死了。可当我正打算翻身时，忽然觉得有人在用脚尖重重地踢我的屁股。我转过头来，却看到一名身穿沙漠作战服的德国士兵，正用手中的冲锋枪直指着我！

备方面，英联邦军总共拥有 179 辆坦克、1 000 门火炮和 1 500 架战机（不包括后来补充的数字）。相比之下，隆美尔的非洲装甲集团军虽然名义上有 10 个师（德军第 15、第 21 装甲师，德军第 90 轻步兵师，意军第 132、第 133 装甲师，意军第 101、第 102 摩托化步兵师，意军第 17、第 27、第 60 步兵师），但经过连日来的持续消耗，其总兵力实际比第 8 集团军要少 40%，全部可用坦克加起来不过 70 辆（德军 55 辆，意军 15 辆，但不包括后来补充的数字）。火炮只有 580 门（德军 330 门，意军 200 门和 50 门缴获的 25 磅炮），战机 500 架。

6 月 30 日晚，德意志非洲军从沿海地区进逼阿拉曼防线。7 月 1 日清晨，隆美尔不顾部队疲劳，下令德军第 90 轻步兵师首先向阿拉曼盒形阵地发起进攻。就实质来说，他的计划还是基本照搬了马特鲁之战的模式。等守军的注意力被北面的第 90 轻步兵师吸引后，德军第 15、第 21 装甲师将从南面绕过米泰尔利亚岭，并从背后攻破阿拉曼盒形阵地。

或许是因为时间紧迫的关系，轴心国这次不但没有仔细勘察地形，甚至连英军的具体位置都没有搞清楚就投入了战斗。在米泰尔利亚岭西面的戴尔埃尔谢因（Deir el Shein），新近到达的印度第 18 步兵旅恰好在此设防。上午 10 点左右，顶着沙暴和英军空袭前进的德军第 21 装甲师一头撞上了印度部队的防线。在 16 门 6 磅反坦克炮和 24 门 25 磅炮的密集火力下，德军坦克全被挡在山脚无法前进。隆美尔接到消息后，赶紧增派第 15 装甲师前去支援第 21 装甲师。下午 2 点，德军终于攻下了戴尔埃尔谢因。印度第 18 步兵旅一共损失了 2 000 余人和 30 门火炮。第 15、第 21 装甲师有 18 辆坦克被毁。

印度第 18 步兵旅的奋战促使隆美尔很快修改了作战计划。德军第 90 轻步兵师奉命继续对阿拉曼盒形阵地施压，为装甲部队的重新部署争取时间。隆美尔在 7 月 1 日的日记中写道："虽然我军占领了戴尔埃尔谢因，但在进攻阿拉曼的防御阵地时，第 90 轻步兵师的进展却极其缓慢。英军集中起所有的炮兵单位向我军部队轰击，真是弹如雨下。整个下午，我和拜尔莱因一直都在一线指挥作战。但面对如此凶猛的火力压制，我俩只能双手抱头趴在地上，有时甚至一躲就是 2 个小时。"

7 月 2 日，德军第 15 装甲师离开戴尔埃尔谢因，前去协助第 90 轻步兵师。第 21 装甲师同样从戴尔埃尔谢因出发，准备正面攻打由"罗伯特"纵队（Robcol，下辖印度第 10 步兵师的 1 个步兵连、1 个炮兵连和 1 个轻型防空连）把守的鲁韦萨特岭。针对这一举措，英军第 1 装甲师立即抽调第 22 装甲旅集群阻截德军第 21 装甲师，南非第 1 步兵师和第 4 装甲旅集群也在阿拉曼盒形阵地南面挡住了德军第 15 装甲师，迫使该师暂时撤往西南方向。到天黑为止，两个德军装甲师仅剩 26 辆坦克可用。

7 月 3 日，奥金莱克觉得出手时机已到，便命令英军第 1 装甲师的第 4、第 22 装甲旅集群（119 辆坦克）向西发起反攻。在鲁韦萨特岭附近爆发的混战中，德军

▲ 1 辆在马特鲁街头被德军征用的亨伯 FWD 重型多用途运输车，其车头覆盖了一面供空中识别用的旗。

▲ 马特鲁的非洲装甲集团军后勤指挥部。

第 15、第 21 装甲师因坦克数量不足，被迫退回了戴尔埃尔谢因。同日，刚刚抵达戴尔埃尔阿拜亚德（Deir el Abyad）的意军第 20 军即刻派遣第 132“攻城锤”装甲师从东南方向袭击鲁韦萨特岭。但让意大利人没有料到的是，驻守阿拉姆纳伊尔（Alam Nayil）的新西兰部队其实早就发觉了他们的行动。在 4 个连的 25 磅炮支援下，新西兰第 4、第 5 步兵旅集群迅速北进击退意军，总共打死打伤意军 181 人，俘虏 350 人，击毁和缴获 8 辆坦克、36 门火炮及 55 辆运输车。

鉴于部队的糟糕表现，隆美尔于 7 月 3 日晚向国防军最高统帅部报称，非洲装甲集团军的可用兵力已降至临界点，至少需要 2 周进行整顿和补充才能重新恢复攻势。他在当天写给妻子的信中提道：“在这里大家都已经完全丧失了时间的观念。为了这条在亚历山大港前面的最后一道防线，我们已经尽了全力。这几天我都在前线，不是住在车里，就是睡在地上的洞穴中。敌人的空军是一个很大的威胁，我希望有办法对付它。”

7 月 4 日至 7 月 9 日，双方都在忙着调兵遣将。短短 5 天之内，英军第 8 集团军补充了澳大利亚第 9 步兵师和印度第 5、第 161 步兵旅。德军通过空运获得了第 382 步兵团（来自“克里特”要塞师），意军第 133“利托里奥”装甲师和意军第 10、第 21 军的另外 4 个师已全部到达前线。

7 月 8 日，奥金莱克下令解除诺里中将的职务，由第 50 步兵师师长威廉·拉姆斯登（William Ramsden）少将接管第 30 军。奥金莱克这么做的目的明显是要保存装甲部队的实力（诺里一直受到军中对其“骑兵冲锋”指挥方式的诟病），酝酿中的反击行动被交给澳大利亚第 9 步兵师和南非第 1 步兵师

▲ 马特鲁的德军野战炊事单位平均每天要为前线提供 12 000 份黑麦面包。

来执行。7月9日，拉姆斯登将印度第5步兵旅调往鲁韦萨特岭增援“罗伯特”纵队，以确保第30军在行动时没有后顾之忧。同日，隆美尔亲自指挥德军第21装甲师（25辆坦克）和意军第133“利托里奥”装甲师（30辆坦克）前去袭击巴布埃尔盖塔拉，意图找出阿拉曼南部防线上的弱点。但新西兰第6步兵旅集群已于8日夜晚转移到了戴尔埃尔马纳西布（Deir el Munassib），令德意部队扑了个空。

▲ 6月27日，英军第8集团军司令奥金莱克上将在前往阿拉曼途中拍摄了这张著名的宣传照。

7月10日凌晨5点，隆美尔正打算让第21装甲师继续进行搜索，重整完毕的第30军却在远程炮兵掩护下对沿海地区的轴心国军展开了大规模反击。约4小时后，澳大利亚第26步兵旅、南非第3步兵旅集群和皇家坦克团第44营就击溃了防守泰尔埃尔艾萨（Tel el Eisa）和泰尔埃尔马克卡德（Tel el Makh Khad）的意军第60“萨布拉塔”步兵师，俘获1 500余人，顺便还摧毁了驻扎在泰尔埃尔艾萨附近的德军第621无线电侦听连，使隆美尔失去了最优秀的无线电情报信息源。上午10点，隆美尔授意非洲装甲集团军情报处长冯·梅伦廷中校火速组织援军堵住防御缺口。从中午12点至夜幕降临，德意联军先后将第382步兵团，德军第15装甲师，意军第132“攻城锤”装甲师和意军第101“的里雅斯特”摩托化步兵师调往泰尔埃尔艾萨，方才击退澳军第26步兵旅，暂时稳住了北线。

▲ 7月10日，奥金莱克派遣澳军第9步兵师攻打泰尔埃尔艾萨－泰尔埃尔马克卡德地区，重创意军第60“萨布拉塔”步兵师。当意军第132“攻城锤”装甲师于当天下午发起反击时，第132装甲团共有14辆坦克被澳军反坦克炮击毁，约800人被俘。图为事后拍摄的意军M13/40中型坦克残骸。据澳军评价，这种装甲薄弱的意军坦克“好似奶油蛋糕”，根本无法抵挡6磅反坦克炮的火力。

7月11日早上6点，澳大利亚第26步兵旅和皇家坦克团第44营再度卷土重来。凭借

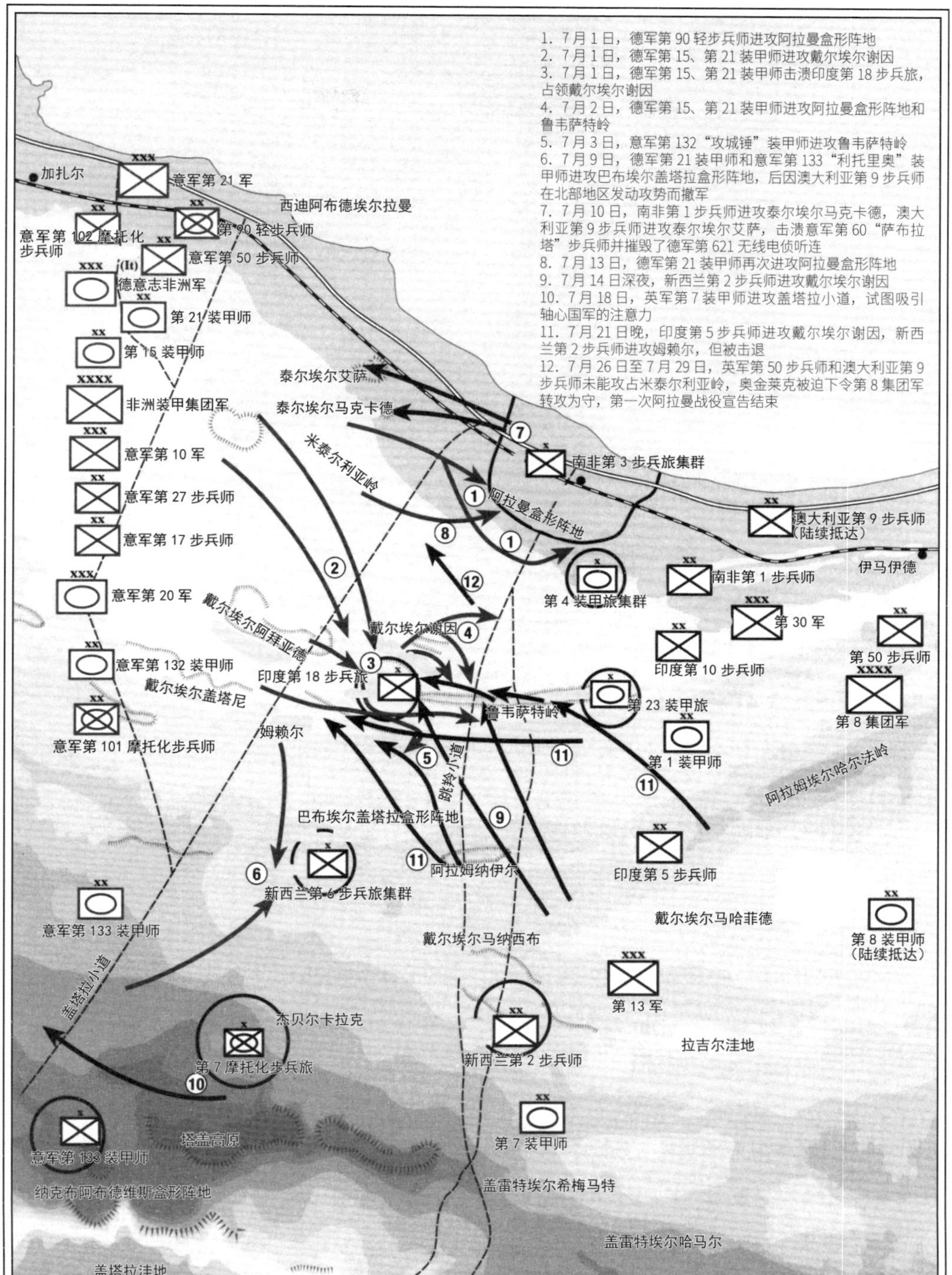

▲ 第一次阿拉曼战役的示意图（1942 年 7 月 1 日至 7 月 29 日）。

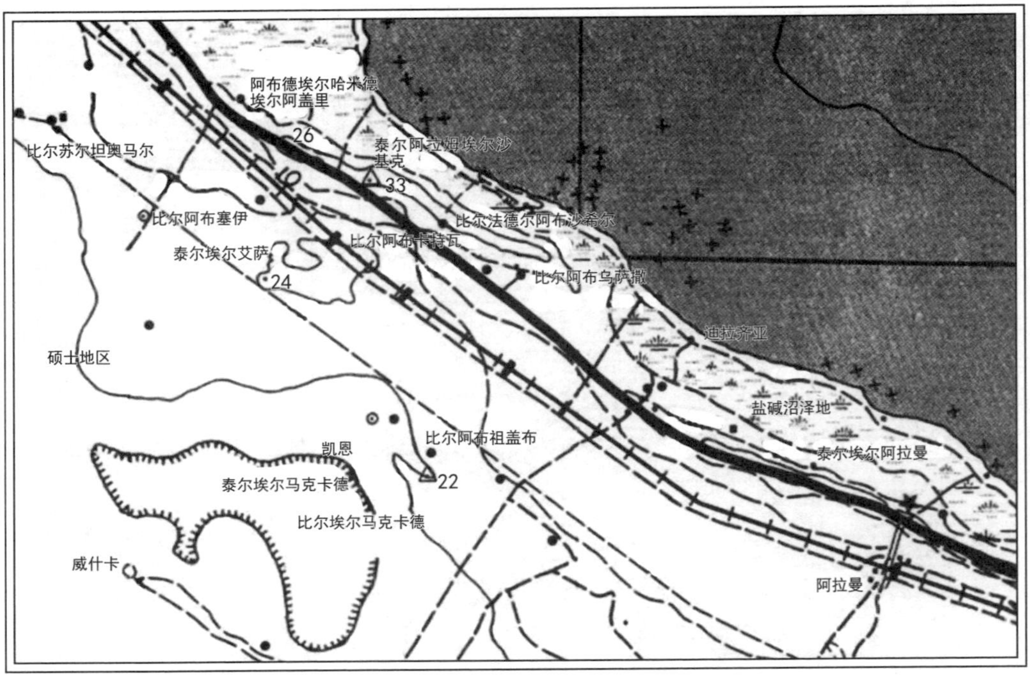

▲ 泰尔埃尔艾萨 – 泰尔埃尔马克卡德地区地图，可见两座山丘及周围的 22 号、24 号、26 号和 33 号高地位置。7 月 10 日正是在泰尔埃尔艾萨附近，德军第 621 无线电侦听连惨遭澳大利亚第 2/24 步兵营全歼，共有 74 人被俘，连长泽博姆上尉于 2 天后身亡。

“马蒂尔达”坦克近距离支援的强大火力，澳军第 2/24 步兵营奋勇登上位于泰尔埃尔艾萨西侧的 24 号高地，俘虏 350 名意军。德意联军随后与澳军部队在米泰尔利亚岭和泰尔埃尔艾萨之间你来我往，但无论哪一方都没能占据上风。

7 月 12 日，德军第 21 装甲师从巴布埃尔盖塔拉返回米泰尔利亚岭前线。经过补充之后，该师立即出击压制泰尔埃尔艾萨的 24 号、33 号高地。但澳军第 26 步兵旅早就连夜布置好各种重武器，结果导致第 21 装甲师在 2 个半小时内共有 600 多人伤亡。7 月 13 日，第 21 装甲师兵分两路猛攻阿拉曼盒形阵地和泰尔埃尔艾萨。尽管南非第 1、第 2 步兵旅集群依靠炮兵支援成功击退了袭击阿拉曼的德军坦克，澳军第 26 步兵旅却丢掉了泰尔埃尔艾萨的 24 号高地。7 月 15 日至 16 日，澳军曾多次尝试夺回 24 号高地未果，战斗进入了僵持阶段。据澳方估计，轴心国在连续 6 天的泰尔埃尔艾萨之战中至少损失了 2 000 人，另有 3 700 人被俘。

自 7 月 13 日起，奥金莱克发现隆美尔正在把越来越多的部队集中到沿海地区，他的中部防线开始出现真空。第 8 集团军的情报部门觉得这是一个千载难逢的好机会，英军第 13 军可从戴尔埃尔马纳西布和鲁韦萨特岭一同出兵夺回戴尔埃尔谢因。新的作战计划被命名为“培根”行动（Operation Bacon），新西兰第 4、第 5 步兵旅集群和印度第 5 步兵旅将负责主攻，由英军第 2、第 22 装甲旅集群担任侧翼掩护。

7 月 14 日深夜 11 点，新西兰第 4、第 5 步兵旅集群悄悄逼近戴尔埃尔谢因南面的意军第 17“帕维亚”步兵师防区，并打了对手一个措手不及。7 月 15 日凌晨 2 点，意军防线被分割成数块，新西兰第 4 步兵旅集群得以通过阵地继续向北挺进。然而形势很快就发生了逆转，英军装甲部队与新西兰第 2 步兵师之间的无线电通讯突然中断，此后就未曾恢复联系。早上 6 点左右，隆美尔派出德军第 15 装甲师向新西兰人猛扑过来。缺少反坦克武器，又暴露在开阔地带的新西兰第 22 步兵营遭到德军围歼，约 350 人被俘。与此同时，印度第 5 步兵旅在鲁韦萨特岭西面的进攻也陷入了麻烦，他们始终无法突破意军第 27“布雷西亚”步兵师布置的防线，己方的装甲部队又不知所踪。上午 7 点，英军第 2 装甲集群的 1 个装甲团穿越雷区与印度第 5 步兵旅会合，有了坦克的印度部队总算赶在下午 1 点前拿下了鲁韦萨特岭的 64 号高地。

接到意军部队发来的急电后，隆美尔于 14 日下午 3 点通知德意志非洲军军长瓦尔特·内林装甲兵上将，要他集中手头所有可用的兵力守住戴尔埃尔谢因。经过 2 小时的筹备，德军第 3、第 33 装甲侦察营和第 115 步兵团从左翼，德军第 90 轻步兵师和意军第 132“攻城锤”装甲师从右翼分别向新西兰第 4 步兵旅集群和英军第 22 装甲旅集群发起反攻。至夜晚 6 点 15 分，被孤立的新西兰第 4 步兵旅集群最终崩溃，约 380 人被俘。7 月 16 日，德军第 15 装甲师和意军第 132“攻城锤”装甲师又将进攻矛头对准了印度第 5 步兵旅。不过他们这次没能占到便宜，反而被增援印度部队的第 2、22 装甲旅集群摧毁了 24 辆坦克。据英军第 13 军估计，轴心国在持续 3 天的鲁韦萨特岭之战中共有 2 000 多人被俘，其中大部分隶属意军第 17“帕维亚”步兵师和第 27“布雷西亚”步兵师。新西兰第 2 步兵师也付出了 1 405 人的伤亡代价，并且没能夺回目标戴尔埃尔谢因。

7 月 17 日，为减轻鲁韦萨特岭守军的压力，澳大利亚第 24 步兵旅与皇家坦克团第 44 营在皇家空军掩护下，从泰尔埃尔马克卡德直扑米泰尔利亚岭。澳军的行动最初还算不错，

▲ 7 月 11 日，澳大利亚第 9 步兵师继续向西展开进攻，又俘虏了 350 名意军官兵。

▲ 意军第 60“萨布拉塔”步兵师几乎被全歼，导致意军撤销该师番号。图为该师在战场上的伤兵。

俘获意军第 101“的里雅斯特”摩托化步兵师的 736 名官兵。可到了下午，意军第 102“特伦托”摩托化步兵师便连续不断地展开反攻，将澳军第 24 步兵旅逐出了泰尔埃尔马克卡德，造成约 300 名澳军官兵阵亡、负伤和失踪。

尽管轴心国部队尽力瓦解了对手的一次又一次攻势，可就连信奉乐观主义精神的隆美尔也禁不住在家信中透露出自己的郁闷心情：

7 月 14 日：“昨天的攻击使我由希望变成了失望，因为一点成就也没有。不过，我们还是要鼓起勇气来，面对新的作战。”

7 月 17 日：“就军事方面来看，我们此时的处境实在糟透了。敌人正利用他们的优势力量，尤其是在步兵方面。他们把意军部队各个击破，而德军的兵力也太脆弱了，不足以独立支撑危局。”

7 月 18 日：“昨天是一个特别艰难而危险的日子。虽然我们又暂时渡过了难关，不过这种情况绝不可能持久，否则整个前线都会崩溃了。这是我过去从未经历的最困难阶段。当然，援军已经在望，但我们能否拖得过去却很成问题。”

7 月 18 日，奥金莱克通过“超级机密”提供的情报得出结论：非洲装甲集团军正濒临崩溃，第 8 集团军只需再加一把力，就能将隆美尔赶出阿拉曼。新的进攻日期定在 7 月 21 日，刚抵达前线不久的英军第 23 装甲旅（156 辆步兵坦克）将掩护新西兰第 6 步兵旅集群夜袭鲁韦萨特岭南面的姆赖尔（El Mreir），印度第 5、第 161 步兵旅将同时沿着鲁韦萨特岭向西进军并攻占戴尔埃尔谢因。为牵制轴心国的兵力，

▲ 7 月 12 日至 7 月 13 日，德军第 21 装甲师在试图夺回泰尔埃尔艾萨的行动中损失了将近 1 000 人。图为在泰尔埃尔艾萨火车站附近被摧毁的德军桶车和 Kfz.15 指挥车。

▲ 英军战地摄影师在 8 月间为第一次阿拉曼战役补拍的宣传照，这 2 具“德军尸体”姿势夸张且毫无伤痕，就连桶车也是完好无损。

英军第 7 装甲师将于 18 日出动部分轻型坦克和装甲侦察车袭击盖塔拉小道。英军第 1 装甲师（173 辆坦克，包括 61 辆 M3“格兰特”坦克）将作为预备队留在鲁韦萨特岭南面，随时支援新西兰部队和印度部队。

也许是被之前的一连串“胜利”冲昏了头脑，奥金莱克又一次大大低估了轴心国军的战斗力。7 月 13 日至 7 月 17 日，德国“梅内斯”号货轮（Menes，5 609 吨）和意大利“阿普瓦尼亚”号货轮（Apuania，7 949 吨）抵达托卜鲁克港，为隆美尔运来大批补给物资和武器弹药。4 天后的 7 月 21 日，德军第 15、第 21 装甲师仍有 42 辆可用坦克（6 辆 2 号、27 辆 3 号、6 辆 3 号长身管、1 辆 4 号、2 辆 4 号长身管），另有 100 多辆坦克处于维修状态。虽然表面看起来不怎么样，但到 7 月 27 日第一次阿拉曼战役结束时，德军的可用坦克数已增至 76 辆（47 辆 3 号、16 辆 3 号长身管、4 辆 4 号、9 辆 4 号长身管，比奥金莱克预计的数字高了 1 倍）。

正因为情报分析上的疏漏，姆赖尔之战始终笼罩着不祥的阴霾。7 月 21 日下午 4 点 30 分，新西兰第 6 步兵旅集群在开往进攻集结地的途中再次与英军装甲部队失去联系。由于没有坦克协同，新西兰部队始终无法从南面突破德军第 115 步兵团第 3 营和第 104 步兵团第 2 营的前沿阵地，工兵单位也没能及时打通雷区内的通道。7 月 22 日凌晨，德军第 5、第 8 装甲团，第 115 步兵团和第 104 步兵团第 1 营抢先围住落单的新西兰第 6 步兵旅集群，将其彻底击溃，总共毙伤、俘虏约 700 人。新西兰第 5 步兵旅集群和英军第 2

▲ 7 月 14 日下午，德军第 21 装甲师再次袭击泰尔埃尔艾萨。尽管占领了 24 号高地，但自身也有 10 辆坦克被毁。图为第 5 装甲团的 1 辆 3 号 J 型坦克残骸（摄于 1942 年 8 月）。

装甲旅集群奉命前来解围，却被密布的地雷挡住去路，只能眼睁睁看着新西兰人溃散。接到败报的第1装甲师师长盖特豪斯少将建议取消行动，但第13军军长戈特中将坚持要把作战进行到底。上午8点，从姆赖尔东面赶来的英军第23装甲旅同样被地雷困住，接连损失了17辆步兵坦克。大约3小时后，德军第21装甲师实施了猛烈反击，第23装甲旅无力对敌，只得抛弃大批战损坦克（93辆参战坦克中共有40辆全损，47辆重伤）撤出了战场。

▲ 德军官兵在马特鲁以西约1千米的一座清真寺前留影。

姆赖尔之战进行期间，印度第5、第161步兵旅针对戴尔埃尔谢因的攻势也陷入了僵局。就算投入了皇家坦克团第3、第5营（隶属第22装甲旅集群），意军第19步兵团和德军第104步兵团第3营的防线仍然屹立不动，进攻宣告失败。

7月22日下午，受到沉重打击的奥金莱克被迫将后续任务交给第30军去执行。早前，澳大利亚第26步兵旅已经在泰尔埃尔艾萨附近与轴心国军交上了火，部分高地于下午5点左右被澳军占领。等天黑以后，澳大利亚第24步兵旅与皇家坦克团第50营（隶属第23装甲旅）联手攻打泰尔埃尔马克卡德，终以损失13辆步兵坦克的代价控制了山头。

7月26日深夜，第30军又发起“成年期”行动（Operation Manhood），目标是肃清米泰尔利亚岭。英军第1装甲师（缺第22装甲旅集群），英军第50步兵师，南非第1步兵师，澳大利亚第9步兵师和皇家坦克团第50营都将参与这次进攻。由于隆美尔已提前做好准备，再加上计划本身相当复杂，结果导致行动从一开始就乱了套。27日清晨1点至2点间，首先

▲ 7月21日至7月22日，第8集团军向位于鲁韦萨特岭西南面的姆赖尔洼地展开猛攻。由于步坦配合不力，参战的新西兰第6步兵旅集群和英军第23装甲旅先后被德军第15、第21装甲师击溃，总共损失87辆步兵坦克，伤亡、被俘高达1 405人。由于这场战斗没有任何照片留存下来，这里只能补加一张2013年的鲁韦萨特岭照片作为说明。

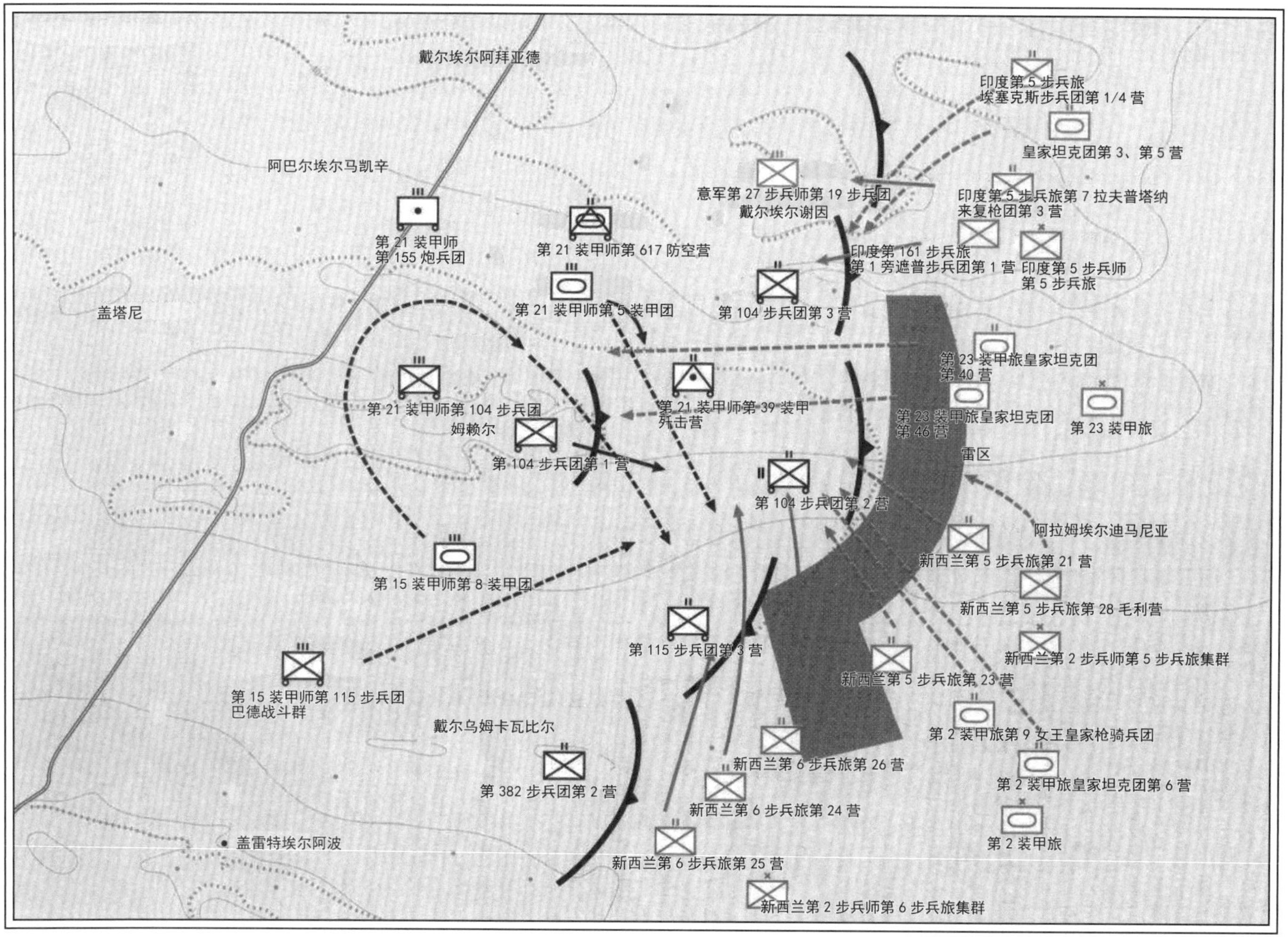

▲ 姆赖尔之战示意图（1942 年 7 月 21 日至 7 月 22 日）。

▲ 无比艰苦的第一次阿拉曼战役一直持续进行到 7 月 29 日才结束。这次战役耗尽了交战双方的力量，使得阿拉曼前线进入了大约 1 个多月的休战期。图为英军战地摄影师拍摄的德军战俘宣传照。

出发的英军第 69 步兵旅集群，澳大利亚第 24 步兵旅和皇家坦克团第 50 营就因为误入雷区，使得后面的英军第 2 装甲旅集群无法及时跟进提供支援。当太阳升起时，德军第 15、第 21 装甲师的数个战斗群便向英联邦军席卷而来，先后击溃多汉姆轻步兵团第 6 营、东约克郡步兵团第 5 营和澳大利亚第 2/28 步兵营，摧毁 23 辆步兵坦克。得知部队伤亡近千的奥金莱克一下子泄了气，他于 7 月 31 日下令第 8 集团军就地转入防御，阿拉曼前线由此进入了休战期。

隆美尔在其日记中对此做了如下评价："在向阿拉曼的进军中，我竭力想要避免战斗在阿拉曼一线'停滞'下来，从而转变为一场具有固定防线的'机械化静态战'。因为英军受过这种战法的高度训练。英军的最大优势就是能够坚持忍耐，将会产生极大的效力。而他们的最大弱点——缺乏弹性和机动性——在此时却一点负面影响都没有。"

关于双方在加扎拉战役和第一次阿拉曼战役中的伤亡及作战损失情况，隆美尔继续在日记中写道："当然，我们已经使英军受到了极其严重的损失。从 5 月 26 日至 7 月 20 日之间，一共有 6 万英联邦军走进我们的战俘营。我军总共击毁 2 000 辆以上的英军坦克和装甲作战车辆，还缴获了好几千辆运输车。然而我军自身的损失也不轻，专以德军而言，共有 2 300 人战死，7 500 人负伤，2 700 人被俘。在意军方面，他们共有 1 000 人阵亡，1 万人负伤，5 000 人被俘。不用说，物资上的损失更是相当可观。"

"8 月 2 日，除了敌人的空军一直对我们的补给线猛烈攻击以外，没有其他状况发生。对于每一天的喘息时间，我都应该表示感谢。生病的人很多。最不幸的是有许多资深军官都已经支撑不住了，甚至连我自己也感到疲惫不堪。为了扼守阿拉曼的阵地，我们已经一再苦战，这是非洲战场上过去从未有的。由于天气太热，我们都患了痢疾，不过还不太严重，尚可忍受。一年前我曾害过黄疸病，那就比这个严重得多了。"

第一次阿拉曼战役中的英联邦军

6 月 25 日，奥金莱克以作战不力为由撤掉里奇，由他亲自兼任第 8 集团军司令。为保卫埃及，奥金莱克延续了里奇所倡导的前沿守备队和后方机动队理论，并将其扩大到军一级。例如在 7 月 1 日至 7 月 27 日的第一次阿拉曼战役中，英军的具体布防如下。

阿拉曼北部：

第 30 军的前沿守备队由南非第 1 步兵师的南非第 3 步兵旅集群和英军第 1 装甲师的第 4 装甲旅集群组成，部署在阿拉曼火车站附近。

第 30 军的后方机动队由南非第 1 步兵师的第 1、第 2 步兵旅集群和师属炮兵团组成，部署在阿拉曼火车站的东南方向，后得到澳大利亚第 9 步兵师的增援。

阿拉曼中部：

第 30 军的前沿守备队由印度第 18 步兵旅担任，负责把守鲁韦萨特岭。

第 30 军的后方机动队由英军第 1 装甲师的第 2、第 22 装甲旅集群，英军第 50 步兵师的第 69、第 151 步兵旅集群，印度第 10 步兵师的剩余部队和师属炮兵团组成，部署在纵深地带，后得到英军第 8 装甲师的增援。

阿拉曼南部：

第 13 军的前沿守备队由英军第 7 装甲师的第 7 摩托化步兵旅集群，印度第 5 步兵师的第 9 步兵旅集群和新西兰第 2 步兵师的第 6 步兵旅集群组成，部署在巴布盖塔拉与盖塔拉洼地之间。

第 13 军的后方机动队由新西兰第 2 步兵师的第 4、第 5 步兵旅集群，英军第 7 装甲师的剩余部队和师属炮兵团组成，部署在纵深地带，后得到印度第 5、第 161 步兵旅的增援。

在这种全新的防御体系下，所有前沿守备队将建立一系列防御据点，每个据点必须配置 1-2 个步兵营、1 个野战炮兵连、1 个反坦克连和 1 个防空连，而后方机动队将为其提供侧翼掩护和炮兵火力支援。除上述举措外，奥金莱克甚至还一反常态地将众多炮兵单位集中起来供师属炮兵指挥部统一制定炮击计划。看来他终于认识到了先前将炮兵单位分散使用的错误，打算通过固守阿拉曼来弥补自己的过失，但那全都已经太迟了。这是因为即使奥金莱克提高了炮兵部队的作战效率，他在作战编制、进攻战术、工兵作业、指挥协调和部队训练上却几乎什么都没有做，使第 8 集团军在整体上依然处于被动状态。好在英国首相丘吉尔马上就会亲临埃及，开始全面整顿中东地区的军事指挥机构，奥金莱克的去职基本已成定局。

第一次阿拉曼战役中调往埃及增援第 8 集团军的英联邦军作战序列：

英军第 10 军军部（威廉・霍姆斯中将），1942 年 6 月 21 日从叙利亚抵达埃及，指挥英军第 50 步兵师和印度第 10 步兵师参加了马特鲁之战，7 月起成为亚历山大港的驻军司令。

英军第 8 装甲师（查尔斯・诺曼少将），1942 年 6 月中旬至 7 月初从英国本土抵达埃及，尚未进行整编。在第一次阿拉曼战役中被拆散以支援英军第 8 集团军。

英军第23装甲旅（L. E. 米萨准将），原为第23集团军属坦克旅，故装备的是步兵坦克而非巡洋坦克。该旅6月中旬抵达埃及，7月21日在第1装甲师指挥下出动旅部及皇家坦克团第40、第46营的108辆坦克进攻鲁韦萨特岭，却因无法找到雷场中设置的工兵路标，损失了整整87辆坦克。8月通过收编第24装甲旅的部分单位进行重建后，脱离第8装甲师成为1个独立装甲旅。

英军第24装甲旅（阿瑟·G. 肯钦顿准将），原为第24集团军属坦克旅，故装备的是步兵坦克而非巡洋坦克，1942年7月9日抵达埃及，却一直待在伊斯梅利亚附近的夸沙辛营地，没有参加战斗。第一次阿拉曼战役结束后将所有坦克转交给了损失严重的第23装甲旅和其他单位，开始换装美制M4“谢尔曼”巡洋坦克和“十字军”MK2/3巡洋坦克，并于9月加入第10装甲师。

澳大利亚第9步兵师（莱斯利·莫斯黑德少将），1942年7月4日从叙利亚抵达阿拉曼前线，主要负责防守英军第30军的北部防区。

澳大利亚第20步兵旅（H. 里格利准将）

澳大利亚第24步兵旅（A.H.L. 戈弗雷准将）

澳大利亚第26步兵旅（大卫·A. 怀特黑德准将）

新西兰第2步兵师（伯纳德·弗赖伯格少将），1942年6月中旬从塞浦路斯返回埃及，参加了马特鲁之战，并在第一次阿拉曼战役中负责防守英军第13军的南部防区。

新西兰第5步兵旅集群（霍华德·基彭伯格准将）

新西兰第6步兵旅集群（乔治·克里夫顿准将）

印度第5步兵旅（达德利·拉塞尔准将），原隶属于印度第4步兵师，1942年7月9日从叙利亚抵达阿拉曼前线，被加强给印度第5步兵师。

印度第18步兵旅（普珀特·洛克纳准将），原隶属于印度第8步兵师，1942年6月底从波斯返回埃及，在第一次阿拉曼战役中被加强给印度第10步兵师，负责防守戴尔埃尔谢因。

印度第161步兵旅（弗朗西斯·E.C. 休斯准将），原隶属于塞浦路斯驻军，1942年7月9日抵达阿拉曼前线，被加强给印度第5步兵师。

补给与增援

1942 年初，美国总统富兰克林·罗斯福向苏联许诺最早将在年底参与对德作战。英国首相丘吉尔则坚持要求美国在 1942 年秋先派军队登陆北非，自然引起了白宫方面的不快。直到 7 月 25 日，马歇尔上将才说服罗斯福把登陆地点由法国北部移至法属北非。得知这一消息的丘吉尔立即将“火炬”行动（Operation Torch）的大致细节透露给奥金莱克，要他尽快重启“杂技演员”行动，以便为英联邦军从埃及境内反攻昔兰尼加做准备。

7 月 31 日，斯大林邀请丘吉尔远赴莫斯科进行会谈，丘吉尔利用这次机会于 8 月 3 日飞往中东地区进行视察，随行的还有帝国总参谋长艾伦·布鲁克上将（Alan Brooke）及多位英联邦高官。

对于首相的到访，奥金莱克一再表示：既然北非战场已经成为西方盟国关注的焦点，那么在新的援军和补给到达之前，第 8 集团军不会主动向隆美尔发动进攻。丘吉尔其实早就对奥金莱克耿耿于怀，他这次来的目的不过是想“亲眼见证”埃及前线的问题根源而已。8 月 4 日，丘吉尔在布鲁克陪同下先后走访了阿拉曼前线和开罗政府机构。按照英国经济战争部长休·达尔顿（Hugh Dalton）在日记里的说法，“当首相和帝国总参谋长从前线回来时，他俩全都铁青着脸。看来情况确实不妙”。

8 月 5 日，丘吉尔与英国常驻开罗公使理查德·卡西（Richard Casey）及南非总理简·斯马兹（Jan Smuts）见了面。经过反复商讨，丘吉尔最终于 8 月 6 日决定让奥金莱克调任波斯–伊拉克驻军司令，一同被解除职务的还有第 30 军军长威廉·拉姆斯登中将（就任还不到 1 个月），第

▲ 8 月 3 日，英国首相丘吉尔与帝国总参谋长艾伦·布鲁克上将前往埃及进行视察。8 月 6 日，两人决定撤换奥金莱克及其幕僚机构。8 月 8 日，亚历山大抵达开罗，并于 8 月 15 日接替奥金莱克担任中东地区司令部司令职务。蒙哥马利于 8 月 10 日抵达开罗，代替被德军战机击落身亡的威廉·戈特中将，担任第 8 集团军司令。图为 8 月 15 日，丘吉尔在结束莫斯科之行后再次前往埃及视察期间拍摄的照片，陪同者中就包括了亚历山大（左）和蒙哥马利（右）。

▲ 1942 年 6 月至 9 月，轴心国以损失 37 艘运输船的代价，总共将 17 万吨补给物资和 83 000 吨油料陆续运抵北非前线。图为 1942 年初拍摄的的黎波里港。从 7 月开始，随着前线逐渐向埃及境内延伸，的黎波里已不再作为轴心国的主要运输港口使用。

10 集团军司令兼中东地区司令部参谋顾问爱德华·奎南（Edward Quinan）中将，中东地区司令部参谋长托马斯·科尔贝特（Thomas Corbett）中将，中东地区司令部副参谋长埃里克·多尔曼－史密斯（Eric Dorman–Smith）少将等人。

丘吉尔起初考虑让布鲁克接替奥金莱克，布鲁克却声称自己缺乏沙漠作战经验，并提议让曾经指挥过敦刻尔克和缅甸撤军行动的哈罗德·亚历山大上将出任中东地区司令，原第 13 军军长威廉·戈特中将将负责指挥第 8 集团军。

在所有遭到解职的英军将领中，最富争议的恐怕要数中东地区司令部副参谋长埃里克·多尔曼－史密斯少将。他作为 1940 年“罗盘”行动的幕后功臣，曾为西部沙漠军司令理查德·奥康纳中将出谋划策。1942 年夏，多尔曼－史密斯多次建议奥金莱克撤换里奇，结果被奥金莱克以各种理由拒绝。直到 1942 年 6 月底里奇走人，奥金莱克才肯接受多尔曼－史密斯的协助，主持制定了阿拉曼防御计划。布鲁克在其日记中认定是多尔曼－史密斯对奥金莱克造成了负面影响，可实际上，应该是多尔曼－史密斯对奥金莱克的影响力不足，才会导致英军在加扎拉战役和马特鲁之战中失利。总之，奥金莱克在用人和处理军队的内部事务上确实过于草率，而多尔曼－史密斯不过是受到了奥金莱克被撤事件的牵连罢了。

▲ 在加扎拉战役中被俘的英军战俘正协助德军第 778 工兵登陆连，将大批补给物资和油料装上一艘停泊在托卜鲁克港内的 41 型工兵登陆艇，准备启航前往马特鲁。照片左侧的船只为意军“阿尔贝托·法西奥”号（Alberto Fassio）油轮。

8 月 7 日，就在英国战时内阁准备批准丘吉尔的中东人事调整方案时，第 13 军军长威廉·戈特中将乘坐的布里斯托“孟买”号中型运输机在飞往开罗途中，不幸被德军第 27 战斗机联队的 2 架战斗机击落。尽管英军驾驶员实施了紧急迫降，德军战机的持续扫射却致使戈特当场身亡。噩耗传到伦敦，伯纳德·蒙哥马利中将奉命接替戈特担任第 8 集团军司令。8 月 8 日，丘吉尔将内阁决议告之奥金莱克，奥金莱克表示自己需要一些时间来考虑。8 月 8 日，亚历山大抵达开罗。8 月 15 日，奥金莱克被正式解除了中东地区司令部司令职务，由亚历山大接任。蒙哥马利于 8 月 10 日抵达开罗，赫伯特·拉姆斯登中将（原第 1 装甲师师长）、布里安·霍罗克斯（Brian Horrocks）中将和奥利弗·里斯（Oliver Leese）中将也同时就任第 10、第 13 和第 30 军军长。

▲ 据统计，在 1942 年 7 月至 11 月间抵达托卜鲁克并完成卸载的运输船数量为：7 月：共计 25 艘货轮。8 月：共计 20 艘货轮，15 艘登陆艇。9 月：共计 20 艘货轮，5 艘登陆艇。10 月：共计 20 艘货轮。11 月：共计 12 艘登陆艇。注：轴心国的运输船主要是在航运途中遭受英军战机、战舰和潜艇的袭击沉没。7 月至 10 月，托卜鲁克港内没有任何大型运输船沉没。德国“安卡拉”号渡轮（4 768 吨）曾于 8 月至 10 月三次往返地中海且顺利完成了柴油机车的运输任务。图为 1942 年 8 月，正在托卜鲁克港卸载油桶的德军“西贝尔”级“鲨鱼”号登陆艇，隶属第 85 建筑工兵营第 5 连。该级舰艇长 32 米，宽 15 米，吃水 1.5 米，满载排水量 170 吨，航速 11 节，最大航程 350 海里，艇员编制为 14 人，可运载 50 ～ 100 吨的物资或车辆。

8 月 10 日，英国首相向亚历山大宣布，目前的当务之急是“动用一切手段和资源，彻底摧毁由隆美尔元帅指挥的非洲装甲集团军”。8 月 18 日，丘吉尔在从莫斯科返回英国前，又一次飞往开罗进行视察。由于奥金莱克坚决不同意担任波斯 – 伊拉克驻军司令，这个职位最后被梅特兰·威尔逊上将所取代。奥金莱克直到 1943 年 8 月才被派往印度担任驻军司令，协助印度总督韦维尔共同抗击入侵缅甸的日军。

亚历山大在他的回忆录中写道：“我首先要做的就是恢复前线部队低落的士气，让所有人都充分理解他们的职责与使命。从今往后，再也不会有任何撤退行动出现了，我们必须在阿拉曼防线上与轴心国血战到底。蒙哥马利将军充分领悟并坚决贯彻了这一原则，他在到任的次日晚上便与幕僚们开会，将我的指示写成训令，下发给第 8 集团军的中下级军官。”

蒙哥马利认为，最好是让隆美尔主动进攻阿拉曼防线，这样第 8 集团军可以以逸待劳，持续削弱德意联军的兵力，等时机成熟之后再展开大规模反攻，将轴心国部队赶出埃及。为达到这个目的，他不断走访前线的各级单位并向官兵们发表演说，令全军上下士气大振，自信和热忱又再度充满了第 8 集团军。

▲ 8 月 22 日，隆美尔要求意军最高统帅部在月底前为其提供 6 000 吨油料。在意方派出的 7 艘运输船中，“蒂耶皮”号货轮（Dielpi，8 月 27 日）、“伊斯特里亚”号货轮（Istria，8 月 27 日）和“圣安德烈”号油轮（Sant Andrea，8 月 30 日）先后被英军击沉，而“阿尔贝托·法西奥”号油轮（8 月 23 日）、“克莱塔”号货轮（Kreta，8 月 25 日）、“乔治”号货轮（Giorgio，8 月 28 日）和“瓜尔蒂”号货轮（Gualdi，8 月 30 日）均安全抵达了托卜鲁克，为非洲装甲集团军输送了 5 000 吨油料（其中半数归陆军，半数归空军）。图为 1942 年 8 月，停泊在托卜鲁克港的意大利“阿尔贝托·法西奥”号油轮（2 289 吨）。

▲ 1942 年夏，北非的轴心国空军共有 420 架可用战机，而英国皇家空军则有 463 架。图为驻埃及空军基地的第 205 轰炸机大队，共拥有 140 架“惠灵顿”式中型轰炸机和 25 架美制 B-24“解放者”式重型轰炸机，其中超过半数参与了加扎拉战役、马特鲁之战和第一次阿拉曼战役。

不过光凭自信心肯定是无法打败隆美尔的，必须要有切实的行动才行。1942 年 8 月至 9 月，英国陆军将 15 万人从本土调往中东地区，随同而来的还有 2 000 辆坦克和 2.25 万辆运输车。除此之外，美国和加拿大也向中东地区运送了 1 207 辆坦克和 3.55 万辆运输车（其中 407 辆为新式的 M4“谢尔曼”中型坦克），使第 8 集团军在实力上全面超越了轴心国军。在战术运用方面，蒙哥马利解散了大部分的旅级集群编制，并为装甲部队和炮兵部队安排了协同作战训练课目，以求尽快解决困扰英联邦军的进攻难题。

英联邦军大幅扩军的同时，隆美尔正以焦虑的心情注视这一切。的黎波里离阿拉曼前线过远，而班加西又仅供大型船只使用。驻意德国海军司令部经过研究，下令所有德军运输船从 7 月中旬起直接驶往托卜鲁克，然后再通过公路、铁路或沿海运输的方式把物资从巴蒂亚、塞卢姆等地运至马特鲁。

为了补充在第一次阿拉曼战役期间遭受的作战伤亡，德国空军在 1942 年 4 月至 6 月间总共出动 500 架运输机，将 2.3 万名陆军和 6 600 名空军官兵从克里特岛运往北非。7 月和 8 月，空运数字上升至 2.46 万人和 1.16 万人，有效缓解了德意志非洲军兵员短缺问题。

▲ 1942 年 8 月 8 日至 11 月初，德军铁道部队总共向阿拉曼前线运送了 17 300 吨物资和油料（8 月 3 700 吨，9 月 6 300 吨，10 月 6 300 吨，11 月初 1 000 吨）。图为在马特鲁车站被德军缴获的英军铁路平板车，上面载有战损的“十字军”巡洋坦克和福特 G917T 卡车。

1942 年 8 月，继第 382 步兵团之后，德军“克里特”要塞师的剩余部队也已经全部到达埃及，开始逐步取代疲惫不堪的第 90 轻步兵师（于 7 月 26 日改名）。理论上讲，“克里特”要塞师共编有 3 个步兵团、1 个侦察营、1 个炮兵团和 1 个装甲歼击营，原本并不具备摩托化能力且严重缺少反坦克炮。但从 9 月 1 日开始，隆美尔为该师提供了卡车、苏制 76.2 毫米反坦克炮和法制 75 毫米反坦克炮，使其成为德军的第二个摩托化步兵师，即第 164 轻非洲师。

除第 164 轻非洲师外，由赫尔曼·伯恩哈德·拉姆克（Hermmann Bernhard Ramcke）少将指挥的拉姆克伞兵旅也已到达阿拉曼前线。该旅共有近 5 000 人及少量运输车辆，任务是协助意军部队共同防守阿拉曼南部，9 月 1 日改名为德国空军第 1 猎兵旅。

▲ 1942 年 8 月至 10 月，德国“安卡拉”号渡轮总共为铁道部队提供了 10 辆德国柴油机车和 30 辆意大利“巴多尼”吊车牵引车。尽管 1 辆“巴多尼”吊车牵引车的自重仅为 5.5 吨，却足以抬起 11.5 吨重的车厢。除此之外，10 辆运来的德国柴油机车中有 5 辆为可牵引 150 吨的 WR200 型，3 辆为可牵引 225 吨的 WR360 型，2 辆为可牵引 300 吨的 WR550 型。图为 1 辆停在西米拉车站的 WR200 型柴油机车，车号 3610。

即使有了手头这些援军，

隆美尔仍对阿拉曼的后勤补给感到相当不满。其中的原因自然是多方面的，大致上包括马耳他的复苏，沿海公路的糟糕路况，运输车数量不足及缴获车辆的备件短缺等。但最让隆美尔感到烦心的却是意大利人的“官僚态度”。他在 8 月 5 日的日记中写道：“常驻罗马的冯·林特伦将军，可能受到诸多外交关系的牵制，所以不能倾全力为我们服务。我现有的补给物资只能用来维持防御，根本没有任何储备可言。意大利人明明有充足的货运工具，林特伦却因为官卑权小，起不了‘制衡’作用。我们需要的是一个独立的权力核心，足以控制一切的补给组织，才可全权指挥轴心国的陆海空三军。于是我向最高当局建议，赋予凯塞林元帅特殊的权力，由他来控制一切。”

8 月 10 日，意军总参谋长卡瓦莱罗元帅向墨索里尼和意军最高统帅部提议再次改组北非的德意指挥机构。8 月 16 日，北非意军总司令巴斯蒂科元帅被解职。非洲装甲集团军将由意军最高统帅部直接指挥，并于 9 月 1 日改名为德意志 – 意大利装甲集团军，原北非意军参谋长巴尔巴塞蒂·迪·普鲁恩中将任德意联络代表。在这段时间里，隆美尔抓紧时机对德意联军进行了第三次整编。与此同时，意军最高统帅部将第 16“皮斯托亚”步兵师、第 80“拉斯佩齐亚”机降师、第 185“闪电”伞兵师和第 131“半人马座”装甲师调往利比亚，可用于支援轴心国的埃及进攻战役。

第一次阿拉曼战役结束后调往埃及增援第 8 集团军的英联邦军作战序列

第 10 装甲师（亚历山大·休·盖特豪斯少将），1942 年 8 月从巴勒斯坦抵达埃及，但未满编

　　第 8 装甲旅（E.C.N. 坎斯坦斯准将）

英军第 44（伦敦郡）步兵师（艾弗·T.P. 休斯少将），1942 年 9 月，该师的第 131、第 133 步兵旅被拆出用于补充第 7、第 10 装甲师，并得到自由法国第 1 步兵旅集群的加强。自第二次阿拉曼战役结束后一直驻留埃及，于 1943 年 1 月 31 日正式解散

　　第 131 步兵旅（E.H.C. 弗里思准将）

　　第 132 步兵旅（C.B. 罗伯森准将）

　　第 133 步兵旅（L.G. 惠斯勒准将）

英军第 51（高地）步兵师（道格拉斯·温伯利少将）

　　第 152 步兵旅（乔治·默里准将）

第 153 步兵旅（道格拉斯·格雷厄姆准将）

第 154 步兵旅（亨利·W. 霍德斯沃思准将）

印度第 4 步兵师（弗朗西斯·图克少将），1942 年 4 月初，随着印度第 5、第 7、第 11 步兵旅和中印度骑兵团分别被派往叙利亚、塞浦路斯、苏伊士运河和伊拉克等地驻防，印度第 4 步兵师基本被架空，因此丧失了独立作战能力。然而仅仅 1 个月后北非的局势便再度吃紧，印度第 11 步兵旅匆忙从苏伊士运河赶回利比亚，却与南非第 2 步兵师一起被德军包围在托卜鲁克，弹尽粮绝之下只好投降。为掩护英联邦军撤退，留守叙利亚和塞浦路斯的印度第 5、第 7 步兵旅于 6 月中旬开赴埃及，其中第 5 步兵旅被加强给印度第 5 步兵师，参加了第一次阿拉曼战役。1942 年 8 月至 10 月，印度第 5、第 7、第 161 步兵旅被重新整编为师，加入蒙哥马利指挥的英军第 8 集团军。与此同时，印度第 11 步兵旅也在后方积极进行重建，后于 1943 年 10 月归建

印度第 7 步兵旅（阿瑟·霍尔沃西准将），印度第 161 步兵旅（弗朗西斯·E.C. 休斯准将）。

英军第 9 装甲旅（约翰·C. 柯里准将）。1942 年 9 月，第 9 装甲旅应弗赖伯格少将的要求加入新西兰第 2 步兵师，开始换装 M4“谢尔曼”巡洋坦克

北非英联邦军的武器装备（1940 年至 1942 年）

制服

英军一套热带卡其作训服通常包括 3 件长袖卡其衬衫、2 条短裤和 1 条长裤。细心的人可发现，这个配比相当合理。长袖衬衫可以挽起袖子作为短袖使用，因此不需要额外配发短袖衬衫。日常使用短裤和绑腿的配合可以在最大限度给士兵提供凉爽透气着装的同时，不至于过度暴露皮肤，以免日光灼伤。作为经常使用的短裤，自然是发 2 条以便换洗。而长裤则发 1 条作为需要时的备用。由于英军热带卡其作训服的设计相当成功，以至于当德军攻陷托卜鲁克时缴获了大量英军储备的物资，其中包括当时供给 3 万英国守军的被服装备，如获至宝的德意军队毫不犹豫地将这批军服拿来直接装备自己部队，于是英、德、意三个国家军队在同一战场上使用同一款作战服的奇特现象便出现了。这个事情倒是反过来证明了英军热带作训服设计的成功

步兵武器

普通士兵

李－恩菲尔德 1 型、4 型 7.62 毫米步枪（有效射程 500 米，加装瞄准镜后可达 1 000

米)，36 型手雷

69 型手雷

班长 / 排长

M28 汤普森 11.43 毫米冲锋枪（有效射程 150 米）

斯登 MK2 9 毫米冲锋枪（有效射程 100 米）

军官

韦伯利 9 毫米口径左轮（有效射程 46 米）

步兵反坦克武器

博伊斯 14.3 毫米反坦克枪（500 米上可穿透 18 毫米的均质垂直装甲）

营连属支援武器

布伦 MK2 7.62 毫米轻机枪（有效射程 550 米）

维克斯 7.7 毫米中型机枪（有效射程 2 000 米）

2 英寸迫击炮（最大射程 460 米）

3 英寸迫击炮（最大射程 1 600 米，1942 年的改进型号可达 2 600 米）

坦克

维克斯 MK6B 轻型坦克

1940 年 7 月投入北非战场，重约 4.9 吨，武备为 1 挺 12.7 毫米维克斯机枪和 1 挺 7.7 毫米维克斯机枪，最大正面装甲厚度为 14 毫米

M3 “斯图亚特” 轻型坦克

1941 年 11 月投入北非战场，重约 15.2 吨，武备为 1 门 M6 37 毫米坦克炮和 3 挺勃朗宁 7.62 毫米机枪，最大正面装甲厚度为 38 毫米

A9 巡洋坦克

1940 年 7 月投入北非战场，重约 13 吨，武备为 1 门 2 磅炮和 3 挺 7.7 毫米维克斯机枪，最大正面装甲厚度为 14 毫米

A9 近距离支援坦克

1940 年 7 月投入北非战场，武备更换为 1 门 94 毫米 L15 榴弹炮和 3 挺 7.7 毫米维克斯机枪，最大正面装甲厚度为 14 毫米

A10 巡洋坦克

1940 年 12 月投入北非战场，重约 14.3 吨，武备为 1 门 2 磅炮和 2 挺 7.7 毫米维克斯机枪，加装了 16 毫米附加装甲

A10 近距离支援坦克

1940 年 12 月投入北非战场，武备更换为 1 门 94 毫米 L15 榴弹炮和 2 挺维克斯 7.7 毫米机枪

A13 巡洋坦克

1940 年 12 月投入北非战场，重约 14.2 吨，武备为 1 门 2 磅炮和 1 挺维克斯 7.7 毫米机枪，最大正面装甲厚度为 14 毫米

A13 MK2 巡洋坦克

1940 年 12 月投入北非战场，重约 15 吨，最大正面装甲厚度为 30 毫米

A13 MK2 近距离支援坦克

1940 年 12 月投入北非战场，武备更换为 1 门 94 毫米 L15 榴弹炮和 1 挺维克斯 7.7 毫米机枪

“十字军” MK1 巡洋坦克

1941 年 6 月投入北非战场，重约 19.1 吨，武备为 1 门 2 磅炮和 2 挺贝莎 7.92 毫米机枪，最大正面装甲厚度为 39 毫米

“十字军” MK1 近距离支援坦克

1941 年 6 月投入北非战场，武备更换为 1 门 3 英寸榴弹炮

“十字军” MK2 巡洋坦克

1941 年 11 月投入北非战场，重约 19.5 吨，武备为 1 门 2 磅炮和 2 挺贝莎 7.92 毫米机枪，最大正面装甲厚度为 49 毫米

“十字军” MK2 近距离支援坦克

1941 年 11 月投入北非战场，武备更换为 1 门 3 英寸榴弹炮

“十字军” MK3 巡洋坦克

1942 年 7 月投入北非战场，重约 20 吨，武备为 1 门 6 磅炮和 1 挺贝莎 7.92 毫米机枪，最大正面装甲厚度为 51 毫米

M3 “格兰特 / 李” 巡洋坦克

1942 年 5 月投入北非战场，重约 27 吨，武备为 1 门 M2/M3 75 毫米坦克炮，1 门 M5/M6 37 毫米坦克炮和 2 ～ 4 挺勃朗宁 7.62 毫米机枪，最大正面装甲厚度为 51 毫米

M4 “谢尔曼” MK2 巡洋坦克（即 M4A1）

1942 年 10 月投入北非战场，重约 33 吨，武备为 1 门 M3 75 毫米坦克炮，1 挺勃朗宁 12.7 毫米机枪和 2 挺勃朗宁 7.62 毫米机枪，最大正面装甲厚度为 76 毫米

M4 “谢尔曼” MK3 巡洋坦克（即 M4A2）

1942 年 10 月投入北非战场，引擎由汽油引擎更换为柴油引擎

“玛蒂尔达” MK2 步兵坦克

1940 年 12 月投入北非战场，重约 25 吨，武备为 1 门 2 磅炮和 1 挺贝莎 7.92 毫米机枪，最大正面装甲厚度为 75 毫米

“玛蒂尔达” MK2 近距离支援坦克

1941 年 5 月投入北非战场，武备更换为 1 门 3 英寸榴弹炮和 1 挺贝莎 7.92 毫米机枪

“瓦伦丁” MK3 步兵坦克

1942 年 1 月投入北非战场，重约 16 吨，武备为 1 门 2 磅炮和 1 挺贝莎 7.92 毫米机枪，

最大正面装甲厚度为 65 毫米

"丘吉尔" MK3 步兵坦克

1942 年 10 月少量投入北非战场，重约 38.5 吨，武备为 1 门 6 磅炮和 2 挺贝莎 7.92 毫米机枪，最大正面装甲厚度为 101 毫米

注：战前英国的武器研制思想认为，坦克的主要任务是反坦克，所以 1940 年至 1942 年英军坦克的 2 磅炮和 6 磅炮都没有配备高爆弹，94 毫米榴弹炮只配备了烟雾弹，难以压制德军的反坦克炮和 88 毫米高射炮。不仅如此，英军的穿甲弹为了追求穿深普遍移除了弹底装药，结果导致后效不足，无法彻底摧毁德军坦克。

北非战役初期英军坦克的型号过多，时速、可靠性、作战半径都不一样，给协同作战带来很大困难。这个问题要等全新的美制坦克、巡洋坦克、步兵坦克和装甲部队维修补充机制投入使用后才能得到解决（不迟于 1942 年 9 月）。

反坦克炮、自行火炮及防空武器

博福斯 37 毫米反坦克炮（500 米上可穿透 38 毫米均质垂直装甲）

该炮重量较轻，适合改造为反坦克炮车，是北非战役初期英军最主要的机动反坦克武器

2 磅反坦克炮（500 米上可穿透 52 毫米均质垂直装甲）

该炮在北非战役初期经常与 37 毫米反坦克炮车进行混编，后被威力更强的 6 磅反坦克炮所取代

6 磅反坦克炮（500 米上可穿透 95 毫米均质垂直装甲）

从 1942 年 2 月起，英联邦军开始逐步淘汰 2 磅反坦克炮并换装新式的 6 磅反坦克炮。根据统计，第 8 集团军在 2 月 14 日只有 48 门 6 磅反坦克炮，5 月 31 日已有 112 门，6 月 20 日达到 256 门（其中 146 门隶属第 13 军，110 门隶属第 30 军），7 月 20 日增至 514 门，极其有效地提高了部队的反坦克能力

注：战前英国的武器研制思想认为，反坦克炮的主要任务是反坦克，所以 1940 年至 1942 年英军的 37 毫米反坦克炮、2 磅反坦克炮和 6 磅反坦克炮都没有配备高爆弹，难以抵御德军步兵的进攻。不仅如此，英军的穿甲弹为了追求穿深普遍移除了弹底装药，结果导致后效不足，无法彻底摧毁德军坦克。

"主教" 自行火炮

1942 年 6 月投入北非战场，重约 17.5 吨，使用"瓦伦丁"巡洋坦克的底盘改造而成。武备为 1 门 25 磅炮和 1 挺布伦 7.62 毫米轻机枪，最大正面装甲厚度为 30 毫米

厄利孔 20 毫米 L70 高射炮（射速 320 发 / 分钟，有效射高 1 500 米）

瑞士研发的小口径高射炮，后在英国本土直接投产，部分被改造为高射炮车投入北非战役

博福斯 40 毫米 L60 高射炮（射速 120 发 / 分钟，有效射高 3 800 米）

瑞典研发的小口径高射炮，后引进英国，是轻型防空团的主要装备

3.7 英寸高射炮（射速 10-20 发 / 分钟，有效射高 14 000 米）

该炮类似德军的 Flak36 88 毫米高射炮和意军的 90/53 M1 939 高射炮，是英军重型防空团的主要装备，但通常并不用来执行对地反坦克任务

其他装甲车辆及非装甲车辆

罗 - 罗 M1 920 装甲侦察车

1940 年 7 月投入北非战场，重约 4.7 吨，武备为 1 挺维克斯 7.7 毫米轻机枪，最大正面装甲厚度为 12 毫米

莫里斯 CS9 装甲侦察车

1940 年 7 月投入北非战场，重约 4.5 吨，武备为 1 支博伊斯 14.3 毫米反坦克枪和 1 挺布伦 7.62 毫米轻机枪，最大正面装甲厚度为 7 毫米

戴姆勒“野犬”装甲侦察车

1940 年 7 月投入北非战场，重约 3 吨，武备为 1 挺布伦 7.62 毫米轻机枪或 1 支博伊斯 14.3 毫米反坦克枪，最大正面装甲厚度为 30 毫米

戴姆勒装甲侦察车

1942 年 8 月投入北非战场，重约 7.6 吨，武备为 1 门 2 磅炮和 1 挺贝莎 7.92 毫米机枪，最大正面装甲厚度为 16 毫米

亨伯 MK2 轻型侦察车

1941 年 11 月投入北非战场，重约 5 吨，武备为 1 挺贝莎 15 毫米机枪和 1 挺贝莎 7.92 毫米机枪，最大正面装甲厚度为 15 毫米

亨伯 MK3 轻型侦察车

1942 年 10 月投入北非战场，更换了 3 人炮塔

马蒙 - 海灵顿 MK1 装甲侦察车

1940 年 7 月投入北非战场，重约 6.4 吨，武备为 2 挺维克斯 7.7 毫米机枪，最大正面装甲厚度为 20 毫米

马蒙 - 海灵顿 MK2 装甲侦察车

1941 年 3 月投入北非战场，加长车体并改为 4 轮驱动，武备更换为 1 支博伊斯 14.3 毫米反坦克枪和 1 挺布伦 7.62 毫米轻机枪，最大正面装甲厚度为 20 毫米

马蒙 - 海灵顿 MK3 装甲侦察车

1942 年 4 月投入北非战场，武备更换为 1 挺维克斯 7.7 毫米机枪和 1 挺布伦 7.62 毫米轻机枪，最大正面装甲厚度为 20 毫米

M3 怀特侦察车

1942 年 5 月投入北非战场，重约 4 吨，武备为 1 挺勃朗宁 12.7 毫米机枪和 1 挺勃朗宁 7.62 毫米机枪，最大正面装甲厚度为 13 毫米

通用输送车

1940 年 7 月投入北非战场，重约 3.75 吨，武备为 1 挺布伦 7.62 毫米轻机枪和 1 挺维克斯 7.92 毫米机枪，也可换装博伊斯反坦克枪、勃朗宁 12.7 毫米机枪、2 英寸迫击炮、3 英寸迫击炮或 PIAT，最大正面装甲厚度为 10 毫米

洛伊德输送车

1940 年 7 月投入北非战场，重约 4.5 吨，无武装，最大正面装甲厚度为 7 毫米

博福斯 37 毫米反坦克炮车

1940 年 7 月投入北非战场，使用贝德福德 MW 卡车或莫里斯 CS8 15 英担卡车改造而成，无装甲

2 磅反坦克炮车

1940 年 7 月投入北非战场，使用莫里斯 15 英担卡车或雪弗莱 WB 30 英担卡车改造而成，无装甲

6 磅反坦克炮车

1942 年 4 月投入北非战场，使用贝德福德 QLT 3 吨卡车或奥斯汀 K5 3 吨卡车改造而成，无装甲

“执事”反坦克炮车

1942 年 4 月投入北非战场，重约 12.2 吨，使用 AEC“斗牛士”卡车底盘改造而成。武备为 1 门 6 磅炮，最大正面装甲厚度为 20 毫米

皇家炮兵

18 磅炮（射速 4 发 / 分钟，最大射程 8 500 米，使用增程弹可达 10 100 米）

英国“一战”时期研制的野战炮，北非战役中继续在各个英联邦国家的野战炮兵团中服役，后被 25 磅炮取代

25 磅炮（射速 6-8 发 / 分钟，最大射程 12 253 米）

1940 年 7 月投入北非战场的新型野战炮，曾广泛装备各个英联邦国家的野战炮兵团，以其高射速和大威力弹药闻名于世

60 磅炮（射速 2 发 / 分钟，最大射程 9 400 米，使用增程弹可达 14 200 米）

英国“一战”时期研制的重型野战炮，北非战役初期继续在英军野战炮兵团中服役，后被 4.5 英寸中型野战炮取代

4.5 英寸榴弹炮（射速 4 发 / 分钟，最大射程 6 700 米）

英国“一战”时期研制的速射榴弹炮，北非战役初期继续在英军、澳军、印度军和南非军中服役，后被 25 磅炮取代。

4.5 英寸中型野战炮（射速 2 发 / 分钟，最大射程 18 745 米）

1942 年 5 月投入北非战场的中型野战炮，用于取代过时的 60 磅炮，曾广泛装备英军中型炮兵团，是一款性能十分出色的压制火炮

5.5 英寸中型野战炮（射速 2 发 / 分钟，最大射程 14 813 米，使用增程弹可达 16 650 米）

1942 年 7 月投入北非战场的中型野战炮，用于取代过时的 6 英寸榴弹炮，曾广泛装备各个英联邦国家的中型炮兵团，是一款性能十分出色的压制火炮

6 英寸 26 英担榴弹炮（射速 2 发 / 分钟，最大射程 8 700 米，使用增程弹可达 10 400 米）

英国"一战"时期研制的榴弹炮，北非战役中继续在英军中型炮兵团中服役，后被 5.5 英寸中型野战炮取代，其编号中的 26cwt 代表该炮身管和炮尾的总重为 26 英担

北非英联邦军的指挥、战术、通讯、情报和训练工作（1940 年至 1942 年）

1940 年 12 月至 1941 年 2 月，韦维尔指挥西部沙漠军在埃及境内发动大规模反击，重创意军第 10 集团军，将格拉齐亚尼元帅的部队赶回了的黎波里塔尼亚。在这场影响深远的作战行动中，英联邦军首次真正战胜了轴心国，使全军上下都欣喜不已。然而局势不久便发生了逆转，随着隆美尔率领德意志非洲军登陆的黎波里，英国人很快发现这是一个相当难缠的对手，不得不以全力应对，却在半年之内连遭败绩。1942 年 5 月，第 8 集团军在加扎拉战役中再度失利，被迫放弃托卜鲁克，全线撤往埃及固守。造成这一结果的因素自然是多方面的，但究其根源，除了隆美尔具有出色的战术素养外，英联邦军无论在指挥方法、战术运用、情报搜集还是训练程度上都远远落后于德意志非洲军。直到蒙哥马利到来，迅速对第 8 集团军实施全面改组后，英联邦军终于在第二次阿拉曼战役中获胜，迎来了丘吉尔所说的"开始阶段的结束"。

战场指挥

北非英联邦军最初使用的指挥方法属于"自上而下，按部就班"的固定模式，即高级将领一般会待在遥远的战线后方进行遥控，所有作战计划都要严格保密，将领们从不与下属商讨任何战术细节。前线的军官必须通过任务简报去完成上级下达的各项指令，没有任何讨价还价的余地。这种做法不仅限制了战术自由，也使独立性较强的澳新军队指挥官们深感不快，极大地损害了英联邦部队间的配合。

从 1940 年至 1943 年的短短 3 年时间里，西部沙漠军和第 8 集团军一共更换了 6 任总司令。近 20 个所辖的师级单位里，只有英军第 1、第 7 装甲师，新西兰第 2 步兵师和南非第 1 步兵师曾参加过 2 次以上的战役。如此频繁的连续换将和部队更替严重压缩了英联邦军的作训时间，使得很多新装备和新战术都无法充分发挥作用。当面对经验和训练水准都更为丰富的德意军队时，各种长期存在的弊病立刻暴露无遗，失败也就不足为奇了。

在蒙哥马利上任前，第 8 集团军的人事关系一直很僵。自艾伦 · 坎宁安中将因作战不利被奥金莱克撤职后，第 13 军军长威廉 · 戈特中将和第 30 军军长查尔斯 · 诺里中将等人又开始质疑里奇的指挥能力。他们认为里奇在资历和经验上不如自己，却长期担任第 8 集团军司

令和“奥金莱克的传声筒”，实在是一件怪事。但由于奥金莱克始终袒护里奇，军队的不满情绪日益上升，令里奇成为众矢之的，迫使他采取强硬手段维护自己的权威。如此一来，下面的反弹就更激烈了。例如在加扎拉战役中，军官们往往变得犹豫不决，他们会不停地讨论作战令的可行性并提出各种反对意见，结果白白错失了宝贵的战机，致使托卜鲁克失陷。面对各种声讨，奥金莱克终于在 6 月 25 日撤下里奇，由他自己亲自兼任第 8 集团军司令，同时开始从利比亚撤军。虽然隆美尔后来因情报失误在阿拉曼地区暂时受阻，第 8 集团军的指挥机构依然矛盾重重，内斗不止。奥金莱克其实也很清楚问题所在，但一个人的精力毕竟是有限的。既然他无法大刀阔斧地改革整个集团军，丘吉尔就只能委派蒙哥马利和亚历山大来全面接管中东战区事务，帮助奥金莱克“卸除肩上的重担”。

8 月 10 日，当蒙哥马利抵达秩序混乱、士气低落的第 8 集团军司令部后，他就开始处理他认为必须立即予以注意的三项任务：第一项任务是在集团军内树立他的形象并恢复全军人员对集团军本身及其高级军官的信任，第二项任务是建立一个与他的性格和作战理论相适应的指挥系统，最后则是对付隆美尔。蒙哥马利认为，问题不在于隆美尔是否进攻，而在于何时何地发动进攻。这场被公认为迫在眉睫的战斗将是他指挥的第一场战斗，必须打赢，决定性地打赢。本着这一信条和这些考虑，他在就职后的最初几天就尽一切可能视察了许多部队。但是在他本人下部队以前，他的精神早已传到部队去了。8 月 14 日下午 6 点半，蒙哥马利从他的第一次重要的沙漠巡视回来后，就在他的指挥篷外，在傍晚的一片凉意之中，向第 8 集团军全体参谋人员作了一次讲话。蒙哥马利事后这样写道：“我向他们作了自我介绍，说我希望同大家见面谈谈。正如他们知道的那样，我已经发布了一些命令，并且继续发布命令。‘决不后退’的命令意味着作战方针的基本改变。他们必须明白我的方针是什么，因为他们将处理具体的参谋工作。如果要就地作战，那么防御阵地必须有纵深。所有的运输工具必须撤回后方。弹药、水、口粮等必须贮藏在前方地域。为使‘决不后退’的命令有实现的可能，第 8 集团军需要更多的部队。在后方，尼罗河三角洲有大批部队守卫，但埃及城市的保卫必须通过这里的阿拉曼战斗来实现。”像这样重要的讲话和命令很快就在前线传开了，也许传闻所起的作用就像他本人亲自到场一样大。

接着蒙哥马利对他所谓的“朽木”进行了处理。他迅速撤换了一批人。蒙哥马利信奉艾森豪威尔在将美军第 2 军移交给巴顿时所阐明的下述原则：“如果你已经对某个人完成任务的能力有所怀疑，那就一刻也不能让他留在负责的岗位上。”蒙哥马利是这种有勇气的人，他的头脑也是十分冷静的。他果断地撤掉了曾与奥金莱克共事的威廉·拉姆斯登中将（短命的英军第 30 军军长，此前曾任第 50 步兵师师长）、爱德华·奎南中将（驻伊拉克的英军第 10 集团军司令，同时担任中东地区司令部的参谋顾问）、托马斯·科贝特中将（英军中东地区司令部总参谋长）和埃里克·多尔曼－史密斯少将（英军中东地区司令部副总参谋长），换上精明能干的弗莱迪·德甘冈少将担任第 8 集团军的参谋长。大约 1 个月后，顶替弗兰克·梅瑟维少将继任第 7 装甲师师长的詹姆斯·伦顿少将也被撤职，原因是他和集团军司令官第一次会晤时就犯了一个错误。他说，在即将发起进攻时，唯一需要决定的问题是，由谁率领装甲部队向隆美尔进攻。蒙哥马利告诉他，“我们的坦克将不发起进攻，而是让隆美尔自己撞上来”。这时，伦顿犯了一个更为严重的错误：他竟坚持己见和蒙哥马利争辩起来（这是奥金莱克时代司空见惯的“敢作敢为，以下犯上”）。于是，在阿拉姆埃尔哈尔法之战结束没多久，他就被约翰·哈丁少将接替了。除上述这些高级将领外，蒙哥马利还物色了剑桥大学毕业的威廉斯少校，准备让他当未来的情报处长。这个人挑选得很得当。后来威廉斯一直是蒙哥马利的主要情报官，直到纳粹德国投降为止。

蒙哥马利采取措施清除了被他诊断为“朽木”的那些人，并以晋升或从英国引荐等手段募集了一批年富力强的新人。他从英国调来奥利弗·利斯接管第 30 军，招揽布里安·霍罗克斯来接管第 13 军。他本来还打算把迈尔斯·登普西调来指挥新成立的装甲军，但亚历山大劝导他说，一下子调来 3 个新军长未免太过分了，这样他才放弃更好的选择，让赫伯特·拉姆斯登少将这个曾经指挥过第 1 装甲师的沙漠老手来当新装甲军的军长。历史将会证明，蒙哥马利是一个精于选拔部属的人。在第二次世界大战期间，任何一个英军集团军的参谋机构恐怕都不能同蒙哥马利的参谋机构媲美。

正如同之前说过的那样，奥金莱克最为致命的缺点是对于作战计划的传达和讨论不足，整体作战思想很少为所有指挥官所了解，下级官兵也从未有机会和长官们坐在一起深入进行探讨，以至于到了临场的时候只能完全依照上头下达的指令行事。针对这个问题，蒙哥马利在第二次阿拉曼战役之前特意举行了多次师级会议，保证所有人都能了解自己的作战构思，并让部下充分讨论计划的各项细节。

在具体的战术指挥上，蒙哥马利鼓励将领们尽量去前线了解战场上的实际情况，而不是把大部分时间浪费在司令部里，盲目地指挥整个大兵团作战。他的做法自然是有风险的，毕竟西部沙漠军军长奥康纳中将早在 1941 年 2 月就已被俘，而印度第 7 装甲师师长弗兰克·梅瑟维少将和第 8 集团军司令艾伦·坎宁安中将也都曾在加扎拉战役前险遭不测，差点落入德军手中。为改变这一现状，蒙哥马利自 1942 年 10 月起为第 8 集团军的 3 个军建立了前沿机动战术指挥部，并配备了军部护卫队，大大降低了前线指挥官的伤亡被俘率。

在空地协同方面，第 8 集团军司令部与驻埃及布格埃尔阿拉布空军基地的沙漠航空队建立了联络机构，可根据需要及时出动进行空中侦察和对地攻击。

战术革新

在战术运用方面，蒙哥马利做出的一项重大变革是全面采用了多兵种协同作战体系。具体说来就是以步兵为基干，以坦克、炮兵和反坦克炮作为辅助手段实施进攻。每次行动前，第 8 集团军将会集中所有火炮密集轰击敌军防线，为步兵的突击开路。当步兵部队占领目标区域之后，英军还将投入坦克、反坦克炮和其他装备，随时准备应对敌军发起的反扑。这种协同战术的优点是基本上能够保持进攻势头，且风险较小。但它的缺点也很明显，比如准备时间较长及进攻完成后需要抽调兵力巩固阵地，无法迅速扩大战果。对于炮击效果很差的山地地形，新战术的成功率并不算高。不过话说回来，如果光从实战角度考虑的话，英国人会采取这样的战术也是合情合理的。例如在 1942 年 7 月的第一次阿拉曼战役中，奥金莱克发起的各次攻势除了平添伤亡外毫无半点进展。英军的这些失利给予蒙哥马利很多启示，总结上述教训之后的结果便是 8 月底爆发的阿拉姆埃尔哈尔法之战。在此次战斗中，蒙哥马利为了强化训练效果，故意将第 8 集团军的装甲部队主力留在后方，步兵则与坦克和反坦克炮密切配合，成功阻挡住了德意联军的猛攻。又如在第二次阿拉曼战役前夕，第 8 集团军的炮兵部队指挥官突然被免去职务，原因是蒙哥马利为了支援对阿拉曼的猛攻，希望能像使用“一个由 800 门火炮组成的炮兵连”那样使用整个炮兵部队，并且根据需要大规模地来回切换炮击目标。他认为原先那个指挥官不能理解集中火力的战术原则，只会固执地想把炮兵分散在各处使用，就像奥金莱克过去在沙漠作战时那样。这种做法显然是行不通的，蒙哥马利立即授命柯克曼准将担任新的集团军属炮兵部队指挥官，要求他熟练掌握“斯通克”炮击战术，以便粉碎阿拉曼的德军反坦克防御屏障。正是因为此番努力，准备十分充裕的英联邦军果然在 1 个月后的最终决战中彻底击败了隆美尔，将轴心国军赶出了埃及。

通讯与情报

英联邦军的通讯系统在北非战役初期是非常糟糕的，即使到了战争中后期，无线联络方面仍然存在着很多问题。英军在战前演练机械化部队的时候在这方面进行了很多测试，然而战前的预算紧缩造成了军事装备研制的停滞，通讯系统作为次要的方向尤其如此。1939 年战争爆发时，英国陆军主要是依赖有线电报和电话进行联络，但实战很快便证明了无线通讯的必要性。法国战役和挪威战役的失败导致英国陆军大量缺乏装备，北非运输航线则需要绕道好望角，致使北非战场的物资补充一直处于滞后状态，就连通讯设备也一样。

英军无线通讯方面的第二个问题是保密纪律很差。他们会用保密代码代替作战单位的番号，但由于设备不可靠，有时候报务员会直接使用番号进行呼叫。德国人很容易就能知道代码所指代的实际单位番号。

英军在发送电文的时候很喜欢抄送很多相关单位，如果某项命令会直接发给所有下属单位，德军很容易就能猜到某个单位下面的具体部队编成。

英军还没有定期更换报务员的规定，通过判断发电报的敲键习惯能够识别出某个报务员。这样就算某个单位更换了保密代码，德军也很容易通过识别敲键习惯来判断单位番号。如果某个英军单位发出如下的信息：“因为地形问题我没法在今天下午干那事，要延到今晚，不会影响你明天表演的。”通过识别收件人和发件人，德军的无线电监听人员就很容易确定英军这两个部队准备干什么。第 621 无线电侦听连的副连长赫特兹中尉被俘后曾供认：“我们一般来说并不缺少专业的解码人员，我们需要的是熟悉英语的人，比如说在战前在多彻斯特当过服务员什么的。”

鉴于沙漠的地形特点，高度机动化的部队更多是依靠可靠的无线电通讯来协调行动的。英军，尤其是装甲部队在这方面更倾向于使用无线电，这令德军无线电侦听连能更多地获取有用的情报。第 621 无线电侦听连的工作主要包括侦听、解码、定位以及综合分析这 4 步。

侦听通常会先找到通讯波段，以没有加密的明码通讯为优先，进而推断出各个通讯网以及通讯网里面网点的性质。英国人的通讯网通常以一个总站为基础，它会随时与一些分站保持联系。通过侦听就能够从中识别出哪些是总站，哪些是分站。侦听到的内容会交给解码小组破译，技术专员将通过各方面的情报判断这些总站和分站所代表的单位。接下来要做的事情是定位，找到各个发讯单位所处的确切位置。最后 3 个小组的工作成果会被综合起来进行分析，以便确定各个英军单位的位置甚至动向。

第 621 无线电侦听连的工作如此出色，使得他们在某种程度上能为隆美尔提供英军第 8 集团军的作战日志。以下是阿尔弗雷德·泽博姆连长在最后一份报告中的内容节选：

0733：第 7 摩托化步兵旅在 866278 地区与敌军交战

0735：装甲旅向第 1 装甲师报告，位于 8827 地区的敌军侦察部队正在向西撤退

0750：第 7 摩托化步兵旅报告发现几队敌军坦克在 8672275 地区向西移动

0950：第 7 装甲师向第 13 军报告，遇到敌军坦克和高射炮部队，正在向南和东南移动

泽博姆是在 1941 年 4 月 24 日抵达北非的，5 月中交出了第一份成果。当时英军发动了代号为“短促”行动的小规模攻势。第 621 无线电侦听连没有直接预测到这次攻势，但的确提前发现了一些迹象，甚至捕捉到了英军在攻势开始前向所有参战部队发送的一个密码代号。6 月初，第 621 无线电侦听连测到了英军装甲部队在塞卢姆地区的活动，并据此预测英军可能会有所行动。6 月 14 日，“短促”行动前所监听到的密码代号再次出现，泽博姆随即向隆美尔报告说“英军即将发起进攻”。隆美尔于是立即下令调动部队迎战，第二天，英军的攻势——“战斧”行动开始了，第 621 无线电侦听连收到了大量的英军通讯，如英军指挥官请示下一步如何进行以及部队抱怨缺乏弹药等。利用攻势初期缴获的英军密码本，第 621 无线电侦听连还截获一份英军第 7 装甲师准备撤退的电报。当然英军也并非没有采取任何防范措施，撤退时第 7 装甲师保持了无线电静默，第 11 轻骑兵团和南非第 4 装甲侦察车团调换了无线电报务员，这一举措成功误导了第 621 无线电侦听连相当长的时间。

“十字军”行动前夕英军加强了无线电静默，第 621 无线电侦听连完全没有探察到英军的攻势。一旦行动开始，英军的无线电通讯立刻频繁起来。与此同时，之前那本缴获来的密码本为第 621 无线电侦听连的工作提供了相当大的帮助。通过英军多次呼叫南非第 5 步兵旅而后者却没有回应，泽博姆确定该旅已被消灭。战役持续了如此长的时间，足够泽博姆确定英军第 8 集团军的整个作战序列，例如他曾报告了第 70 步兵师的援军已抵达托卜鲁克。泽博姆还通过无线电定位，发现一些发报站陆续撤离了原来的战区，由此推断出哪些部队已经丧失了战斗力。尽管如此，英军最终还是依靠兵力优势压倒了隆美尔，迫使轴心国军退回出发地的黎波里塔尼亚。第 621 无线电侦听连有部分人员随其他部队一起给困在了最前线的巴迪亚，被迫投降，一同被俘的还有一辆满载资料的卡车。可英国人当时并没有意识到这些缴获资料的重要性。

为了获得清晰的无线电通讯，第 621 无线电侦听连经常需要待在离前线不远的地方工作。这一特点令该连时刻处于危险之中，除了上面提到的巴迪亚外，泽博姆带队时曾经两次遭遇

过敌军。在1942年1月的撤退过程中，他甚至被英军俘获，幸好很快逃出。但下一次他就没这么好运气了。

隆美尔十分依赖第621无线电侦听连的情报，而第621无线电侦听连因其特殊的工作方式，是无法一直跟随前线指挥部移动的。泽博姆于是给隆美尔派去一名联络官，一旦截获重要情报就可以立即通知他。1942年1月，第621无线电侦听连截获了新西兰步兵师的电文，电文内容是跟其他单位说再见和祝福，说明这个师即将撤离。1月24日，泽博姆报告英军正在进行后撤。这段时间里泽博姆的第621无线电侦听连发现了以下单位：自由法国第1步兵旅在1月底调来，印度第11步兵旅在马拉瓦，南非第1步兵师在巴迪亚，英军第1装甲师在梅基利等。

隆美尔发动加扎拉攻势后，第621无线电侦听连继续发挥其能力。在6月12日的“骑士桥”路口争夺战中，隆美尔能够逐个击败英军派来的装甲部队，几乎肯定就有第621无线电侦听连的功劳，该连通过截获第7装甲师的通讯记录，向隆美尔提供了该师各个装甲旅的作战动向。

托卜鲁克陷落时，隆美尔依据情报和缴获的大量燃料、卡车和装备，认为向埃及进军是可行的，于是便继续率军向亚历山大港方向挺进。结果在7月1日开始的第一次阿拉曼战役中，隆美尔遇到了顽强抵抗。经过几天的反复进攻，隆美尔始终未能突破英军防线，却消耗了手头的大部分物资，只得停了下来。然后就轮到英军反击了。

7月10日，澳大利亚第9步兵师发起了一次小规模的反攻。

澳军第26步兵旅的攻势完全出乎意军第60“萨布拉塔”步兵师的意料，第2/24步兵营在抵达意军前沿阵地之前突然被一架德国侦察机发现，这架飞机投下了一枚照明弹，将卧倒的澳军周围照得如同白昼，然而意军完全没有任何反应，以至于第2/24步兵营确信意军阵地上没有任何一个人在执勤。澳军达成了突袭，意军第60“萨布拉塔”步兵师的小股警戒部队立刻崩溃，澳军在天亮时占领了预定阵地并迅速部署好支援部队，尽可能快地做好了防御准备。接下来的一整个白天，第26步兵旅击退了德军装甲部队的多次反击。这次短暂的攻势最终取得了成功。

现在回头来看第621无线电侦听连方面，由于战线已经基本定型，泽博姆决定寻找一个合适的监听地点，很不幸的是他选在了意军第60“萨布拉塔”步兵师防线后面靠近海边的一个位置上，这个地方距离前线仅有500米。7月初，第621无线电侦听连的监听分队和定位分队抵达目的地并扎了营。当澳军发动攻势的时候，泽博姆恰好和监听分队在一起，而这个监听地点就处于第2/24步兵营的攻击轴线上。

在澳军第2/24步兵营的作战报告中，对于这次进攻的描述如下：在行动发起后，2排遇到了德军的一个休息营地，遇到一挺机枪的火力阻拦。2排随即呼叫了通用输送车排，并在另一个步兵排的协助下，迅速消灭了这队德军。由于通用输送车的出色表现，战斗中只有2人阵亡。仅仅一个小时的战斗，第621无线电侦听连就连同其连长一起被澳军消灭了。当隆美尔早上问泽博姆的联络官有什么最新情况时，得到的回答却是司令部与泽博姆已经失去了联系。隆美尔马上询问第 621 无线电侦听连的位置，看到联络官在地图上指出的地点后，隆美尔非常恼火地说了句："那么它就没了！"

第 621 无线电侦听连在海边驻地的人员，最后只有少数人能够驾车逃离。被俘的 74 人中，有 2 名军官，包括连长泽博姆上尉。泽博姆在战斗中受了重伤，几天后在亚历山大港的英军医院中不治身亡。澳军则在缴获的车辆上发现了大量的文件材料，可他们当时却根本没有留意。英军第 30 军军部在几天后给第 2/24 步兵营发了一封内容平淡的电文，感谢他们"将缴获的装备和文件后送，其中发现了相当有价值的资料"。

除了英军的无线电通讯容易泄露机密情报外，美国驻开罗大使馆的军事观察员邦纳·弗兰克·费勒斯上校不幸也成了德军无线电侦听连获取情报的主要目标。费勒斯本身的能力不错，肩负着向国务院报告英军作战情况的任务。可惜他所使用的是国务院发给他的密码，而该密码又同时为德国和意大利所知晓（意大利方面是通过在美国大使馆窃取密码本的方法进行破译，德国人破译的时间更早一点）。意大利人曾将窃得的密码本和他们的破译结果交给德军，但德军并没有告诉意大利人他们同样破译了美国的外交密码。所以这不是费勒斯本人的错。费勒斯本人不喜欢英联邦军，他曾经在笔记中提到他看不惯澳大利亚人，但这不影响他的报告质量。因为费勒斯的职责是向国务院报告，所以英国为了争取美国援助，给予了他极大的行动自由，方便他了解英联邦军的状况。尤其是从托卜鲁克失陷以后，费勒斯看到了英国的败相，发出的报告是相当悲观的，从某方面来说，这也是英国想让美国人知道的情况，因为丘吉尔想要美援，而且越快越好。

隆美尔当然跟英国人一样欣赏费勒斯，说他的报告"非常详尽，且评价准确"。当隆美尔攻陷托卜鲁克之后，根据费勒斯的报告，他认为英联邦军已经一蹶不振，即使后勤状况不好，也应当尽快进攻埃及。然而费勒斯实际上并不知道英联邦军一些新到部队的情况，或者说英国人没让他看到。隆美尔本以为他会在阿拉曼遇到英军第 50 步兵师，结果却遇到了费勒斯所不知道的南非第 1 步兵师，这个师在第一次阿拉曼战役中完全阻止了德军第 90 轻步兵师的攻势。费勒斯同样不知道的还有澳大利亚第 9 步兵师和新西兰第 2 步兵师，这 2 个师于 6 月底至 7 月初返回埃及，迅速加强了第 8 集团军在阿拉曼的防御力量。

随着 6 月底费勒斯被调离开罗，7 月初第 621 无线电侦听连又被澳军歼灭，隆美尔接连失去了 2 个至关重要的情报信息源，对其在阿拉曼的后续作战产生了十分不利的影响。英军立刻收紧通讯规则，停止了以前那些愚蠢的做法。经过对缴获的德军文件的检视，第 8 集团军司令部下令实施一个星期的无线电静默，以便发放接收距离更远，性能更可靠的无线电设备，并大幅修改了电文的加密措施。从此之后，德军再也无法截获任何有价值的情报。英国反倒通过"超级机密"洞悉了轴心国的一切信息。所以在情报战方面，是英国笑到了最后。

"超级机密"的作用

1940 年 10 月，英国军情处设在布莱彻利公园的"超级机密"机构在对意军第 10 集团军的部署进行探查时，掌握了十分有用的情报。各种信息表明格拉齐亚尼将他的大部分坦克和炮兵集中在一线，促使当时担任西部沙漠军指挥官的奥康纳中将提出了动用装甲部队对意军后方发起突袭的计划，一举将格拉齐亚尼的部队击溃。

1941 年 4 月，德军用于空地联络的部分“哑谜”密码尽管被“超级机密”机构破译，情报部门这次却没有将获得的相关信息及时转交给驻开罗的英军司令部。更让人觉得费解的是，当德国陆军使用的“哑谜”密码于 1941 年 9 月被英国人破解后，第 8 集团军同样没能享受到任何便利。尽管一份又一份的德军补给状况，空军实力甚至作战计划先后出炉，北非战场复杂多变的局势却削弱了这些电文的价值。就算英国首相丘吉尔时刻关注北非英军的坦克保有量，他在伦敦办公桌上看到的那些数字其实早已成了过去式，并不具备时效性。上述这些问题，再加上德军一直能够轻易拦截英军的无线电通讯，使得奥金莱克的日子相当难过。好在从 1942 年 8 月起，蒙哥马利终于采取措施封堵住了情报漏洞。隆美尔于是再也无法刺探第 8 集团军的真实状况。1942 年 8 月底，蒙哥马利依靠“超级机密”发来的讯息知晓轴心国即将发动进攻，便提前在阿拉姆埃尔哈尔法岭层层设防，牢牢拖住了隆美尔的进攻势头。2 个月后，“超级机密”再度拦截德军密电，向蒙哥马利通报了德意联军的后勤补给和兵力部署情况，促使蒙哥马利决定于 10 月 26 日发起全面进攻，一举摧毁盘踞在阿拉曼地区的轴心国军，确保了埃及的安全。

训练与重整

1941 年 3 月至 1942 年 5 月，中东方面的英联邦军被大量调往其他战场，这些具有丰富经验的部队通常会被英国本土或从其他英联邦国家派来的部队代替，因而加剧了北非英军一直存在的训练问题。毕竟新的部队需要自行领会沙漠作战的特点，经验则来自实战。

蒙哥马利接任第 8 集团军司令后大幅强化了部队的体能和生存技能训练，并建立起一整套完善的兵种培训体制。其中最典型的例子莫过于新近抵达的英军第 51 步兵师，这个师奉命在埃及进行了 2 个月的密集训练，从工兵单位的排雷演练一直到旅级的多兵种协同演习。训练过程中，第 51 步兵师会轮流派一个营到澳大利亚第 9 步兵师那里去替换一个澳大利亚营，以此向澳大利亚人学习和探讨各种沙漠战经验。

另一个实例是配合新西兰人的第 9 装甲旅。这个旅原先是骑兵旅，所属各团原先是装备轻型车辆的侦察部队。自从 9 月接收全新的“谢尔曼”坦克之后，该旅便在第 8 装甲师师部指挥下进行了为期 6 周的装甲战训练（第 8 装甲师师部当时已被改造成北非英军装甲兵的训练机构之一）。通过查找官方记录，战史研究者发现了皇家威尔特郡义勇骑兵团在其团史中记载的训练情况：“时间太少，要做的事情太多。正规的作战训练从无到有已经够困难了，而接收新的‘谢尔曼’坦克更是惨痛的经验。新的机械，新的火炮，新的零件，新的无线电设备，还有各种新的伏击技巧和战术协同法则，这全部都需要掌握。”话虽如此，旅长约翰·柯里准将还是认为全旅在 10 月中旬已做好了准备。如果对比先前的“十字军”行动（准备期约为 6-8 周），蒙哥马利获得的 70 天时限相对来说还算宽裕。

第2章　命运转折点（1942年8月至1942年11月）

阿拉姆埃尔哈尔法之战

第一次阿拉曼战役结束后不久，隆美尔便已获得了第8集团军准备扩军的重要情报。他寻思轴心国如果再不趁早动手，必将陷入完全被动的不利境地。8月7日，隆美尔将手下的高级将领召集至集团军司令部，宣布他会在8月底之前向阿拉曼防线发动一次大规模攻势。8月9日，隆美尔与凯塞林元帅和驻意德国海军参谋长埃伯哈德·魏肖尔德海军（Eberhard Weichold）上将举行了会谈，并一致同意实施进攻。他们的理由主要有两点（以下摘自非洲装甲集团军的作战日志）：

a）敌人已开始在阿拉曼前线大规模布雷，企图防止我军对其侧翼实施迂回。

b）敌人预计将在9月初获得大量增援，只有抢先进攻才能挽回主动权。

8月15日，隆美尔向国防军最高统帅部和国防军陆军总司令部作了汇报。按照这份报告，非洲装甲集团军目前可用的战斗人员约为75%，可用坦克数量约为50%，反坦克炮数量约为60%，高射炮数量约为70%。8月17日，隆美尔建议轴心国高层向北非调派更多的兵力和物资，同时还要求意大利方面尽快拨出800万升油料给他（非洲装甲集团军当天的作战日志显示油料库存量为300万升，而每日的平均消耗则高达30万升）。8月18日，意军总参谋长卡瓦莱罗元帅答应将向托卜鲁克运送1万吨（约1 300万升）油料。至8月30日为止，意方派出的7艘运输船中共有4艘安全抵达托卜鲁克，总共卸载了近5 000吨（约670万升）油料。在此之前，凯塞林已命令德国空军为地面部队提供部分库存汽油，使装甲部队的作战半径达到了250千米。

▲8月9日，凯塞林飞抵阿拉曼前线与隆美尔商讨有关向第8集团军发动攻势的具体事宜。

除了油料紧缺之外，另一个影响隆美尔判断的因素则是其自身的健康问题。北非恶劣的环境令他的胃病愈加严重，迫使他于8月22日电告国防军陆军最高司令部，请求让古德

▲ 与手下军官会面时的隆美尔。站在照片左侧的德军军官为负责宣传工作的阿尔弗雷德－英格马·贝恩特中尉。

里安来代理指挥非洲装甲集团军。这一要求虽然遭到拒绝，但希特勒最后还是网开一面，准备在最坏情况下让凯塞林来担任北非轴心国军队的最高统帅，瓦尔特·内林和古斯塔夫·冯·韦尔斯特将分别接管非洲装甲集团军司令和德意志非洲军司令。

然而德军高层的做法显然无法让隆美尔感到满意，他于是只好继续支撑下去，等打完这场进攻之后再回国进行疗养。8月24日，隆美尔在写给妻子的家信中表示："我决定要等到一切的业务交代清楚之后再离开，这样我才放心。""照现在的情况看来，我们已经把在非洲的将领都差不多消耗光了——18个月当中，平均每个师换了5个师长——所以我也应该送到工厂里去修理修理了。"

根据意大利油船"瓜尔蒂"号（Gualdi）的行程表，隆美尔把最后的进攻日期定在8月30日。他认为，英军第8集团军的主力部队如今都集中在阿拉曼北部，轴心国军便可利用一个月圆之夜，沿着巴布埃尔盖塔拉－阿拉姆纳伊尔－阿拉姆埃尔哈尔法岭（Alam el Halfa Ridge）这条轴线绕过英军左翼，并从后方攻克阿拉曼。

参与行动的轴心国部队主要包括左翼的德军第90轻非洲师，中央的意军第132、第133装甲师，右翼的德军第15、第21装甲师及德军装甲侦察集群（下辖第3、第33装甲侦察营、第580侦察营和第612防空营第2、第3、第4连）。这些部队将于8月30日晚11点从巴布埃尔盖塔拉西南面的驻地出发，一路朝着东北方向实施主攻。9月1日凌晨6点，德军第

▲ 1942年7月至8月，德军总共出动500架运输机，向北非前线运送了36 200余人。图为8月间正准备从克里特岛机场起飞的德军"克里特"要塞师官兵，该师后于9月1日改名为第164轻非洲师。

164 轻非洲师，德国空军第 1 猎兵旅和意军第 10、第 21 军各部将向阿拉曼北部地区展开佯攻，尽力牵制第 8 集团军的机动防御部队，防止他们调兵驰援阿拉姆埃尔哈尔法岭。

▲ 为提防无处不在的皇家空军，从塞卢姆出发的福特 G917T（左）和福特 F8 型运输车（中）均配备了 1 名对空观察员。老实说，担任这个职位的士兵通常而言是十分辛苦的，因为在高温、暴晒与风尘之下，他们不仅需要负责监视天空中的动静，同时还要随时提醒司机注意路况，使之保持与前方车辆的间距，防止一颗炸弹一下子摧毁整支车队。

为执行这次作战行动，隆美尔总共调集了 238 辆德军坦克和 243 辆意军坦克。其中包括第 15 装甲师的 110 辆坦克［15 辆 2 号、43 辆 3 号、34 辆 3 号、3 辆 4 号、13 辆 4 号（长身管）、2 辆指挥坦克］，第 21 装甲师的 128 辆坦克［14 辆 2 号、50 辆 3 号、39 辆 3 号（长身管）、7 辆 4 号、14 辆 4 号（长身管）、4 辆指挥坦克］。8 月 30 日，隆美尔在家信中写道："天已经亮了。我花了许久的时间来准备这一切。不过直到今天，有许多问题还是没有解决，很多东西仍感匮乏。但我还是决定冒险进攻，因为需要很长的时间，我们才能获得同样的机会。这一仗极其重要，假使我们的进攻能够成功，那么它对于整个战局可能就会产生一个决定性的影响。即使失败了，我也希望能够重创敌军。"

在英国方面，亚历山大和蒙哥马利原本希望在 8 月中旬对轴心国给予致命一击，但随着大量英国本土军的不断拥入，蒙哥马利感觉这些部队都缺乏系统性训练，所以放弃了提早进攻隆美尔的计划。好在凭借"超级机密"发来的情报，蒙哥马利几乎掌握了轴心国军的一切资料：从战斗序列到补给状况，甚至连隆美尔这次要袭击阿拉姆埃尔哈尔法岭的目的和时间也全都一清二楚。

▲ 正在探查盖塔拉洼地的德军地图测绘单位。这片洼地的平均海拔在海平面以下约 133 米，是埃及境内的地势最低处。

与德意联军比较起来，英军第 8 集团军在 8 月 30 日总共拥有 700 辆坦克和 1 500 门各型火炮。尽管在整体实力上占优，蒙哥马利却不愿在阿拉曼南部耗费太多兵力。第 13 军军长霍罗克斯中将对此心领神会，于

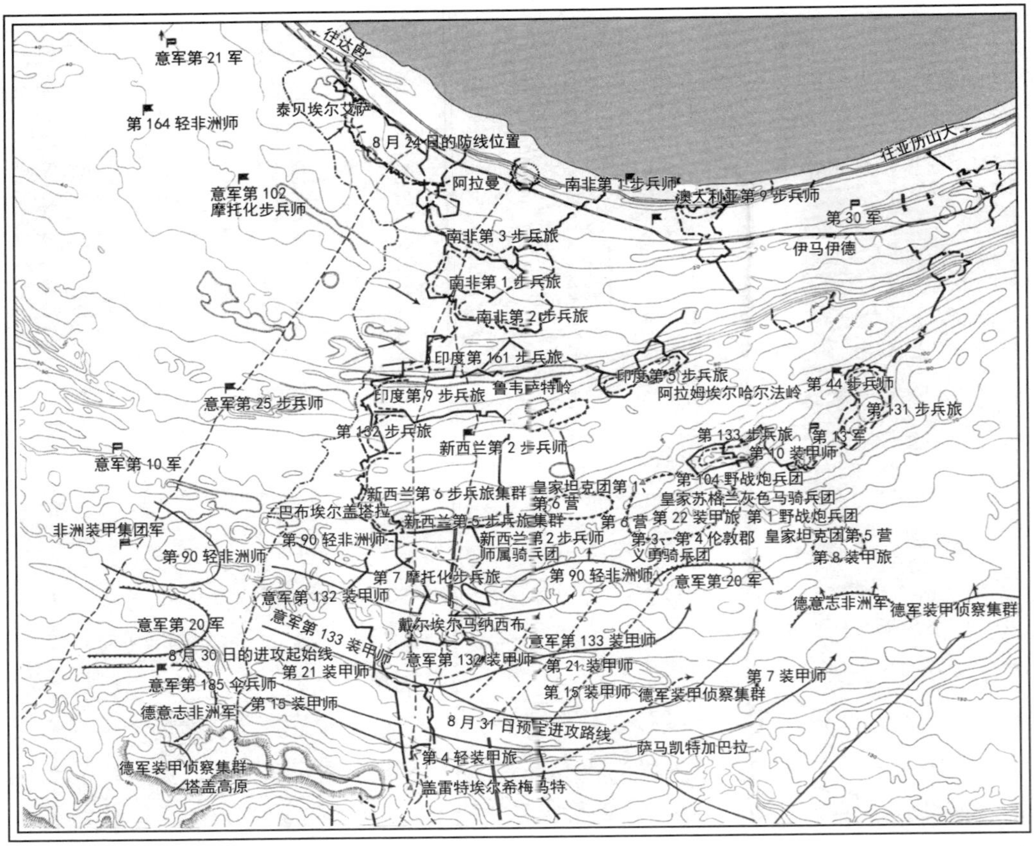

▲ 1942 年 8 月 30 日，隆美尔为了挽回战略主动权，命令非洲装甲集团军向第 8 集团军驻守的阿拉姆埃尔哈尔法岭展开猛攻，打算通过夜间行军快速迂回英军部队的侧翼，并从背后将其击溃。然而令隆美尔始料未及的是，蒙哥马利早已提前做好准备，使用空地一体的战法死死拖住了德意联军。在英军战机和反坦克阵地的双重打击之下，轴心国仅有右翼的第 15、第 21 装甲师于 8 月 31 日凌晨勉强取得突破。在此之后，德军因油料和运输车辆不足，无法攻占英军把守的阿拉姆埃尔哈尔法岭，最终于 9 月 3 日被迫撤退。图为阿拉姆埃尔哈尔法岭之战的作战过程示意图。

是指派第 7 装甲师、第 44 步兵师、第 1 装甲师的第 22 装甲旅、第 10 装甲师的第 8 装甲旅和第 8 装甲师的第 23 装甲旅（已重建）来防守阿拉姆埃尔哈尔法岭。战斗进行期间，所有留在后方的装甲师和装甲旅必须抓紧时机继续进行整训，以便第 8 集团军在未来能够发动军级规模的坦克攻势。

如同加扎拉战役一样，隆美尔这次也是亲自上阵指挥作战。只不过，8 月 30 日可不像 3 个月前那般顺利。德意联军刚从集结地出发不久，就被皇家空军的侦察机发现。当 5 个轴心国师悄悄进抵巴布埃尔盖塔拉 – 塔盖高原之间的荒漠时，他们惊讶地发现英军第 7 摩托化步兵旅早已在此布设了大量地雷和铁丝网。位于塔盖高原东侧的盖雷特埃尔希梅马特（Qaret el Himeimat）附近还驻有英军第 4 轻装甲旅，对

▲ 8月28日，AFPU的战地摄影师为第4伦敦郡义勇骑兵团拍摄了一组宣传照（上图为其中之一）。这个团于7月15日开始换装新式的“十字军”MK3巡洋坦克。8月2日，第3伦敦郡义勇骑兵团在调离阿拉曼前线时将自己的1个“十字军”MK2巡洋坦克中队交给了第4伦敦郡义勇骑兵团，使该团变成了一个同时拥有M3“格兰特”巡洋坦克和“十字军”MK2/3巡洋坦克的装甲团。

轴心国右翼的德军装甲侦察集群和第15、第21装甲师形成了威胁。

在“大青花鱼”式鱼雷轰炸机投掷的照明弹映照下，大批“惠灵顿”式中型轰炸机开始猛烈轰炸正从雷区开道的轴心国部队。同一时刻，驻守阿拉姆埃尔哈尔法岭的英军第13军炮兵部队也加入了这场火力狂欢。至次日清晨，隆美尔的部队损失惨重，许多高级军官非死即伤。阵亡者名单中包括德军第21装甲师师长格奥尔格·冯·俾斯麦少将，还有非洲装甲集团军战斗队的指挥官基尔上尉。由于德意志非洲军军长瓦尔特·内林装甲兵上将负伤，参谋长弗里茨·拜尔莱因上校临时接任军长。8月31日早上7点，古斯塔夫·冯·韦尔斯特少将伤愈归队，重新执掌他的第15装甲师。第21装甲师的指挥权被临时移交给第155装甲炮兵团团长阿尔弗雷德·布吕尔（Alfred Bruer）上校。

又过了2个小时，隆美尔赶到德意志非洲军的前线指挥部与拜尔莱因上校碰面。在得知真实情况后，隆美尔起初打算鸣金收兵，可不久之后前线就传来报告说德军工兵部队已经从右翼位置开辟了数条雷区通道，盖雷特希梅马特也被德军装甲侦察集群占领。隆美尔便决定继续进攻，直到拿下阿拉姆埃尔哈尔法岭为止。

因突遇沙暴袭击，轴心国军的后续攻势被推迟至中午开始。这让蒙哥马利有足够的时间抽调第23装甲旅

▲ 8月28日，正在盖雷特希梅马特附近巡逻的英军第4/8轻骑兵团属M3“斯图亚特”轻型坦克。该团由原来的第4女王属轻骑兵团和第8国王皇家爱尔兰轻骑兵团合并而成，当时隶属第7装甲师麾下的第4轻装甲旅。第4轻装甲旅改建自第4装甲旅集群，所辖部队除了第4/8轻骑兵团外，还包括了国王皇家来复枪部队第1营及第3伦敦郡义勇骑兵团的1个“十字军”MK2巡洋坦克中队。

▲ 盖雷特希梅马特的存在令英军第 4 轻装甲旅可随时监控来自北面的轴心国军动向。8 月 30 日晚，当德军第 15、第 21 装甲师从北方逼近时，英军第 4 轻装甲旅先后放弃了盖雷特希梅马特和萨马凯特加巴拉（Samaket Gaballa），并朝东南方向撤退。图为萨马凯特加巴拉这座造型奇特的山峰，由 AFPU 的战地摄影师于 8 月 28 日拍摄。

和新西兰第 2 步兵师去挡住德军第 90 轻非洲师和意军第 132、第 133 装甲师。等沙暴逐渐平息，阿拉姆埃尔哈尔法岭的英军实力早已得到加强。如今在那儿防守的除了第 44 步兵师的第 131、第 133 步兵旅外，还有第 8、第 22 装甲旅（共有 170 辆 M3“格兰特”坦克）及大量炮兵单位。下午 1 点至 2 点间，德军第 15、第 21 装甲师从西南方向逼近阿拉姆埃尔哈尔法岭，并与英军第 22 装甲旅爆发了恶战。英军坦克在 4.5 英寸和 5.5 英寸中型野战炮支援下，轻松打乱了德军的步坦协同，给予德军步兵重大杀伤。经过 4 小时的激烈拼杀，第 15 装甲师师长韦尔斯特少将见油料所剩不多，遂下令 2 个德军装甲师向南撤往戴尔埃尔塔法（Dier el Taffa）。

8 月 31 日晚上，英国西部沙漠航空队又再次展开活动。“惠灵顿”轰炸机群尾随德军车队一路投弹，炸毁炸伤大量机动车辆。

▲ 2011 年拍摄的盖雷特希梅马特，海拔近 700 英尺（约 200 米）。

9 月 1 日上午，重新补充完油料的第 15 装甲师试图再次攻打阿拉姆埃尔哈尔法岭，第 21 装甲师却因运输车辆不足，只能就地防守戴尔埃尔塔法。由于失去友军协助，再加上皇家空军频繁出动，第 15 装甲师在傍晚前推进到山脊西侧的 132 号高地后，就再也无法前进半

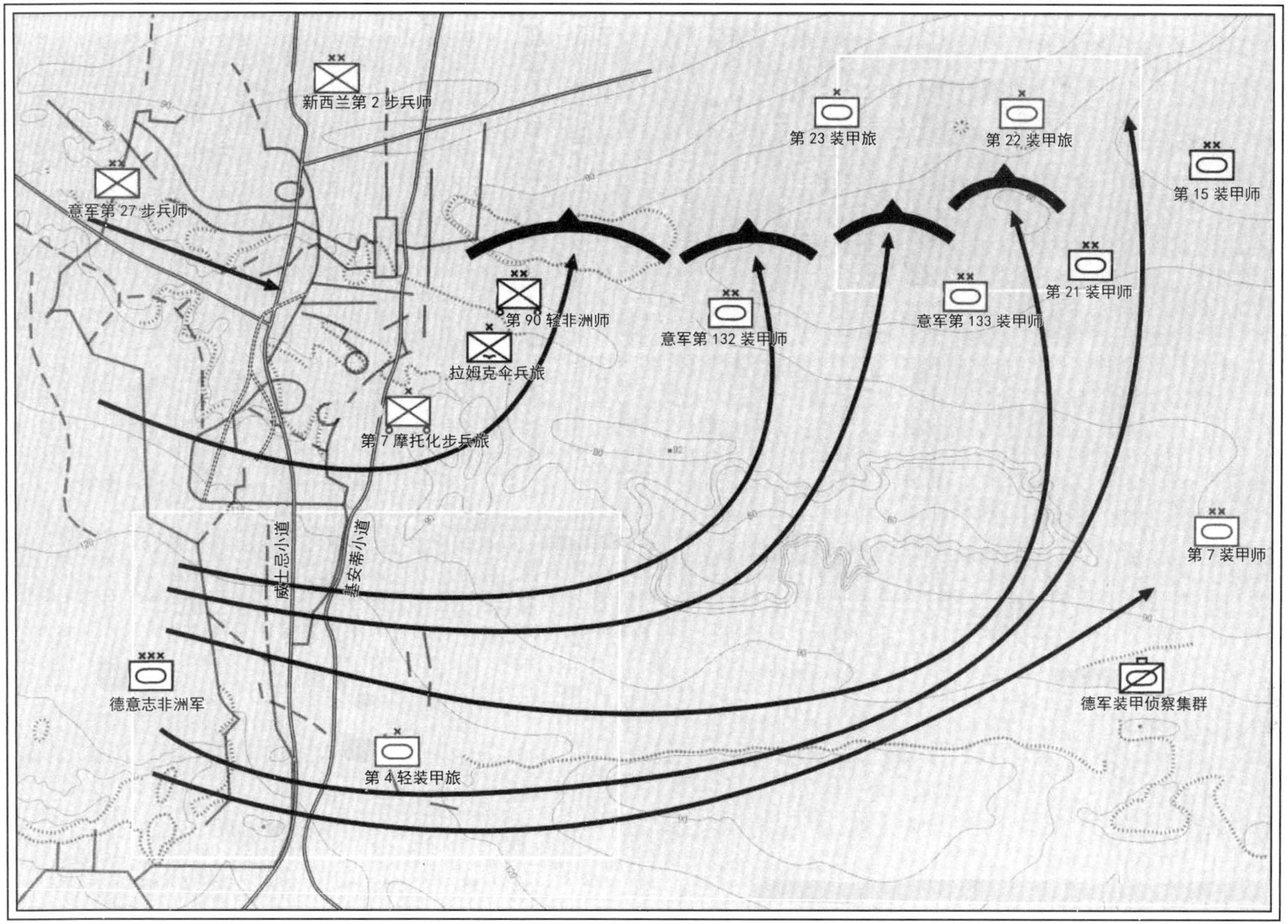

▲ 由于英军第 13 军提前布防，德意联军在 8 月 30 日晚战斗刚开始就遇到了麻烦。左翼的德军第 90 轻非洲师和中央的意军第 20 军无法及时穿越雷区，花了很长时间才跟上右翼第 15、第 21 装甲师的推进速度。等这些部队就位时又遭遇沙暴袭击，其所携油料已经不足以继续实施进攻。图为 8 月 30 日晚德意联军突破英军防御的作战过程示意图。

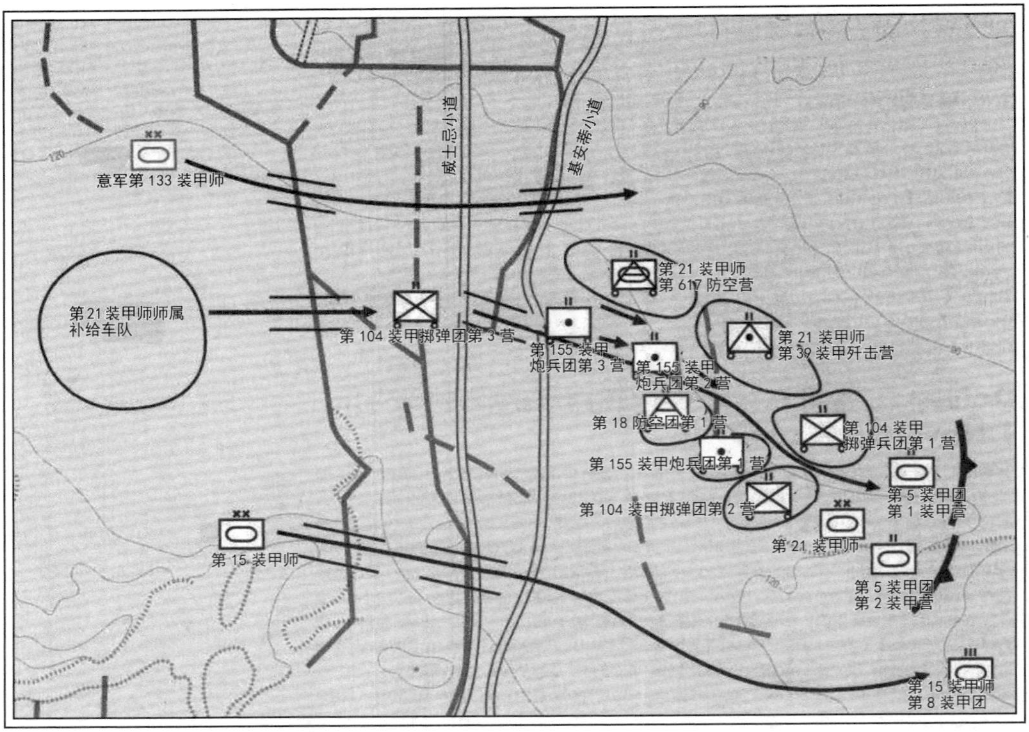

▲ 德军第 21 装甲师在 8 月 30 日夜晚通过英军雷区的过程示意图。

步。隆美尔在日记中作了如下描述："9 月 1 日上午 10 点至中午 12 点之间，我军先后遭到 6 次大规模轰炸。灼热的弹片四下飞舞，逼得我只能趴进堑壕旁的弹坑里隐蔽自己。周围尽是被炸毁的车辆，伤亡状况十分惨烈。"

9 月 1 日晚至 9 月 2 日中午，南非第 2 步兵旅和英军第 151 步兵旅先后赶来增援阿拉姆埃尔哈尔法岭。隆美尔眼见获胜无望，便率领第 15、第 21 装甲师放弃戴尔埃尔塔法，朝盖雷塔希梅马特一线撤退。此次撤军行动同样暴露在皇家空军的空中打击之下，因而持续进行了数天之久才结束。

就在同一天，从德尔纳驶往托卜鲁克的意大利油轮"皮奇·法西奥"号（Picci Fassio）在航行途中被英军战机炸沉。好在 9 月 3 日和 9 月 4 日 2 天，"斯波尔蒂沃"号（Sportivo）和"达维德·比安基"号（Davide Bianchi）2 艘渡轮顺利抵达托卜鲁克，为轴心国军运来不少宝贵的油料。

隆美尔在 9 月 4 日的日记中写道："以后我会有好几天的艰难日子。由于敌人空军的优势，已经逼得我们非放弃攻击不可——否则我们一定可以获得胜利。好吧，这也是无可奈何的。今天我是第一次回到司令部，赶紧将靴子脱下来洗了洗脚。我还是希望情况有所改善。"

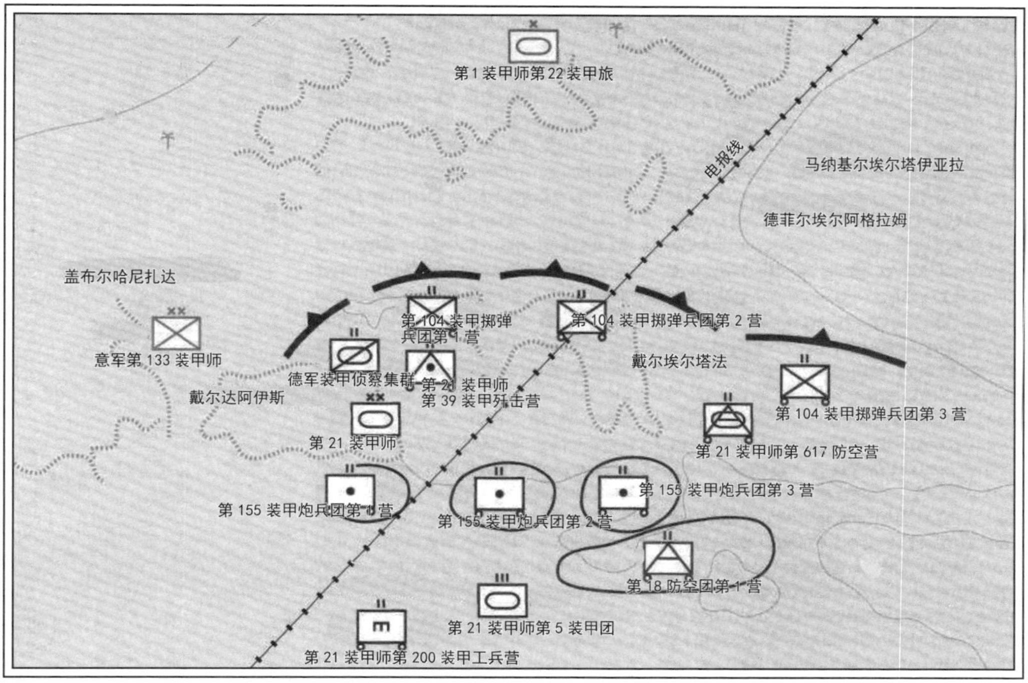

▲ 8 月 31 日，德军第 21 装甲师在攻打阿拉姆埃尔哈尔法岭的行动中损失了大量运输车辆。9 月 1 日，隆美尔认为第 21 装甲师无力再战，故将其留下防守戴尔埃尔塔法。图为 8 月 31 日正与英军对峙中的德军第 21 装甲师。

当蒙哥马利得知轴心国开始全线撤退的消息后，他命令驻守巴布埃尔盖塔拉的新西兰第 2 步兵师抽调新西兰第 5 步兵旅集群，协助英军第 44 步兵师的第 132 步兵旅和皇家坦克团第 46、第 50 营的 2 个“瓦伦丁”步兵坦克中队前去封闭之前被德军突破的雷区防线。9 月 3 日晚，“贝雷斯福德”行动（Operation Beresford）的开局还算不错。新西兰第 5 步兵旅集群深深揳入意军第 10 军左翼，俘虏不少第 25“博洛尼亚”步兵师的官兵。可没过多久，负责支援第 132 步兵旅的 2 个“瓦伦丁”步兵坦克中队就与右翼部队失去了联系，被德军地雷炸毁炸伤 12 辆步兵坦克。9 月 4 日凌晨，隆美尔下令展开反攻。德军第 90 轻非洲师和意军第 185“闪电”伞兵师不断袭击第 132 步兵旅及其侧翼的新西兰第 6 步兵旅集群，共造成 697 名英军和 275 名新西兰军伤亡。第 132 步兵旅旅长罗伯森准将负伤，新西兰第 6 步兵旅旅长克里夫顿准将被意军第 10 伞兵营俘虏。消息传到新西兰第 2 步兵师师部，弗赖伯格少将建议蒙哥马利取消进攻。9 月 4 日晚，第 132 步兵旅和新西兰第 5 步兵旅集群在夜色掩护下撤回第 8 集团军驻地，结束了短暂的“贝雷斯福德”行动。

尽管在撤退阶段扳回一局，阿拉姆埃尔哈尔法之战却没能使隆美尔重新获得阿拉曼的战略主动权。德军在战斗中共有 1 859 人阵亡、负伤和失踪，意军方面也有

▲ 8 月 31 日交战中损毁的德军 4 号 F2 型坦克，炮塔上装有 1 门 Kwk40 75 毫米 L43 坦克炮，原隶属第 21 装甲师第 5 装甲团。据称，与德军装甲师交战的英军第 22 装甲旅将部分 M3“格兰特”巡洋坦克部署在斜坡背面，但这样做反而使“格兰特”车体前部那门 75 毫米主炮无法有效开火。当战斗结束时，德军总共损失了 22 辆坦克，英军损失了 21 辆坦克。

1 051 人伤亡。装备损失方面，德军共有 38 辆坦克和 298 辆运输车被毁或遗弃，意军则有 11 辆坦克和 97 辆运输车被毁或遗弃。英军第 8 集团军的损失数据为：1 750 人阵亡、负伤和失踪，67 辆坦克被毁或失去行动能力，但毕竟英军后勤强大，可以快速补充各种战损车辆。

隆美尔在 9 月 5 日的作战报告中称：“假使对方握有强大的空军实力，能够掌握制空权，并且能够使用大编队的轰炸机，不顾一切地实施空袭时，在地面上的行动就会受到极大的限制。英国人的空中优势，已经使我们过去战无不胜的战术规律随风逝去。除非我军也能拥有一支强大的空军，否则对于敌人的空中优势，就再也找不到任何真正有效的对策。在今后的任何会战中，英美的空军力量将会是一个决定性的因素。”

第二次阿拉曼战役中的英联邦军作战序列（1942 年 10 月 23 日）

- 英军第 8 集团军（伯纳德·蒙哥马利中将）
  - 英军第 10 军（赫伯特·拉姆斯登中将）
    - 英军第 1 装甲师（雷蒙德·布里格斯少将）
      - 第 2 装甲旅（阿瑟·费希尔准将）
        - 女王栗色马骑兵团（28 辆 M4“谢尔曼”巡洋坦克，20 辆“十字军”MK2/3 巡洋坦克）
        - 第 9 女王皇家枪骑兵团（28 辆 M4“谢尔曼”坦克，20 辆“十字军”MK2/3 巡洋坦克）
        - 第 10 皇家轻骑兵团（28 辆 M4“谢尔曼”坦克，20 辆“十字军”MK2/3 巡洋坦克）
      - 第 7 摩托化步兵旅（托马斯·J. 博斯维尔准将）
    - 英军第 10 装甲师（亚历山大·休·盖特豪斯少将）
      - 第 8 装甲旅（E. C. N. 坎斯坦斯准将）

第 24 装甲旅（阿瑟·G. 肯钦顿准将）
第 133 步兵旅（亚历克·W. 李准将）（加强自第 44 步兵师）
英军第 13 军（布里安·霍罗克斯中将）
英军第 7 装甲师（约翰·哈丁少将）
第 4 轻装甲旅（马库斯·G. 罗迪克准将）
第 22 装甲旅（乔治·"皮普"·罗伯茨准将）
第 131 步兵旅（威廉·多诺万·斯塔默准将）（加强自第 44 步兵师）
英军第 50（诺森伯兰）步兵师（约翰·S. 尼科尔斯少将）
第 69 步兵旅（爱德华·C. 库克－科利斯准将）
第 151 步兵旅（E. S. 珀西准将）
希腊第 1 步兵旅集群（保塞尼亚斯·卡特索塔斯少将）
自由法国第 2 步兵旅集群（阿尔弗雷德－莫里斯·卡佐准将）（加强）
英军第 44（伦敦郡）步兵师（艾弗·T. P. 休斯少将）
第 132 步兵旅（拉什默·惠斯勒准将）
自由法国第 1 步兵旅集群（皮埃尔·科尼格准将）
英军第 30 军（奥利弗·里斯中将）
澳大利亚第 9 步兵师（莱斯利·莫斯黑德少将）

该师在第二次阿拉曼战役结束后，于 1942 年 12 月底前往加沙地区休整，1943 年 1 月 24 日搭船返回澳大利亚，参加了西南太平洋的一系列战役。

澳大利亚第 20 步兵旅（H. 惠特利准将）
澳大利亚第 24 步兵旅（阿瑟·H. L. 戈德弗雷准将）
澳大利亚第 26 步兵旅（大卫·A. 怀特黑德准将）
印度第 4 步兵师（弗朗西斯·图克少将）
印度第 7 步兵旅（阿瑟·霍尔沃西准将）
印度第 161 步兵旅（弗朗西斯·E·C·休斯准将）
英军第 51（高地）步兵师（道格拉斯·温伯利少将）
第 152 步兵旅（乔治·默里准将）
第 153 步兵旅（道格拉斯·格雷厄姆准将）
第 154 步兵旅（亨利.W·霍德斯沃思准将）
新西兰第 2 步兵师（伯纳德·弗赖伯格少将）
新西兰第 5 步兵旅集群（霍华德·基彭伯格准将）
新西兰第 6 步兵旅集群（威廉·金特里准将）
英军第 9 装甲旅（约翰·C. 柯里准将）（加强）
南非第 1 步兵师（丹·皮纳尔少将）

1942 年 11 月 5 日，该师在第二次阿拉曼战役结束时奉命留在埃及休整。1943 年

1月1日返回南非，并被改编为南非第1装甲师。

南非第1步兵旅（E. P. 哈茨霍恩准将）

南非第2步兵旅（埃弗雷德·普尔准将）

南非第3步兵旅（R. J. 帕尔默准将）

山雨欲来——第二次阿拉曼战役前夕的战场态势

德意联军在阿拉姆埃尔哈尔法之战中失利，标志着轴心国在北非全盛时期的终结。在接下来的1个半月时间里，双方都在紧锣密鼓地筹备最终决战。只不过对隆美尔而言，这种工作要显得更加痛苦和紧张。

1942年9月中旬，近60千米长的阿拉曼前线自濒海的泰尔埃尔艾萨一直延伸至盖塔拉洼地边缘的盖雷特希梅马特，其南北两端完全“封死”，从而彻底抹杀了实施机动迂回的可能。照蒙哥马利看来，缺少补给的隆美尔只有继续死守阿拉曼一条路可走。如果他选择撤退，那么就将放弃这条有利的天然防线。“要知道从托卜鲁克至埃及境内，根本找不出第二个阿拉曼。”（蒙哥马利语）

在这种情况下，英军第8集团军需要在短期内集中更多的兵力和装备，以便能够在下一个满月之日（即9月或10月下旬）发起进攻。温斯顿·丘吉尔起初并不赞同蒙哥马利的主张，但由于美国方面计划于11月初执行登陆法属北非的“火炬”行动，为了能对维希法国造成足够的心理震慑，英国必须将进攻日期延后。9月14日，亚历山大上将和蒙哥马利经过商议，将决战之日定在了10月23日，行动代号“轻足”（Operation Lightfoot）。也就是说，第8集团军还有1个月的时间来完成战前演练，逐步完善蒙哥马利指导的多兵种协同战术和“斯通克”炮击战术。

▲ 1942年9月，第8集团军现役的1 029辆作战坦克中仍有近30%为英制“十字军”系列巡洋坦克。图为第1装甲师师长亚历山大·盖特豪斯少将（左）正在一辆“十字军”MK2指挥坦克上观察德军阵地的情况，炮塔侧面可见车号T45114。

针对德军的无线电侦听和

▲ 第 4 伦敦郡义勇骑兵团的 1 辆“十字军”MK2 巡洋坦克正在装载 2 磅穿甲弹。到 1942 年 10 月为止，第 8 集团军约四分之一的“十字军”巡洋坦克已升级为装备 6 磅炮的 MK3 型。

空中侦察活动，蒙哥马利制定了“遮阳板”行动（Operation Sunshields），不仅严格限制无线电通讯，还专门组建了皇家坦克团第 118、第 124 伪装坦克营，英军第 1 伪装连和南非第 85 伪装连。英国人采用定制的帆布盖板，将坦克和火炮统统伪装成普通卡车的模样。这种做法极大地方便了装甲部队和炮兵部队的大规模调动，同时也可起到隐藏第 8 集团军主攻目标的作用。一些部署在阿拉曼南部的补给单位会装模作样地铺设油管，兴建油库。英军第 10 装甲师甚至在第 10 军的左翼防区内公开进行演习，好让隆美尔确信阿拉曼南部集结有大量兵力，并对德军的布防重新做出调整。

可隆美尔毕竟是隆美尔，蒙哥马利的欺骗战术实际上并未起到应有的效果，他更关注的仍是日益严峻的补给问题。9 月 6 日，隆美尔在发给国防军最高统帅部和国防军陆军最高司令部的报告中称：“德意志 – 意大利装甲集团军还需要额外的 6.5 万吨补给、1.1 万名官兵、3 000 辆运输车和 120 辆坦克。”除此之外，他也精确地预计到第 8 集团军很可能会在 10 月动手，因而下令全军火速加强阿拉曼前线的工事强度。到 10 月 20 日为止，轴心国在阿拉曼一共设置了 2 条布雷带，每条布雷带由几十个埋有数千枚地雷的盒形雷区构成。德意联军的主防线位于布雷带后方，这条主防线同样由 2 道防线构成，前方是反坦克屏障，后方则是步兵、坦克和重炮单位。德意志 – 意大利装甲集团军作战日志中描述：“7 月 5 日至 10 月 20 日，德军和意军工兵总共埋设了

▲ 作为蒙哥马利欺骗战术的一部分，第 8 集团军专门组建了数支伪装部队。图为英军士兵正用帆布盖板将 1 辆载有 6 磅反坦克炮的“马塔多尔”运输车伪装成 1 辆普通卡车。这种反坦克炮车当时一共只生产了 175 辆，属于北非战场很少见的装备。

▲ 1942 年 9 月 30 日清晨，英军第 30 军派遣驻鲁韦萨特岭的第 131 步兵旅去攻打戴尔埃尔马纳西布，意图在那里设立 1 座炮兵观察哨。行动最初显得相当顺利，右翼的女王皇家步兵团第 1/6 营和第 1/7 营几乎没有遇到任何抵抗。直到左翼的女王皇家步兵团第 1/5 营撞上意军第 185“闪电”伞兵师和德国空军第 1 猎兵旅的防线后，英军这才意识到继续前进很有可能会颗粒无收，于是在 9 月 30 日停止了进攻。图为 AFPU 的战地摄影师在 10 月初为皇家苏塞克斯步兵团第 1 营拍摄的宣传照，但该营并未参与此次行动，背景中的残骸为 7 月间被英军击毁在鲁韦萨特岭附近的德军 3 号 J 型坦克。

264 348 枚 T 型反坦克地雷和 S 型反步兵地雷。不仅如此，在戴尔埃尔谢因和巴布埃尔盖塔拉战斗中缴获的 181 010 枚英军地雷也全都物尽其用，使得阿拉曼前线的地雷总数达到了 445 358 枚之多。”

总的来说，隆美尔希望能够通过布雷带和反坦克屏障尽力拖住第 8 集团军，等对方实力消耗得差不多了，再向突破口投入机动防御部队并粉碎对方的进攻。按照规划，轴心国的一线防御部队共有 6 个师又 1 个旅，由北向南依次为德军第 164 轻非洲师（部署在泰尔埃尔艾萨西面）、意军第 102“特伦托”摩托化步兵师（部署在米泰尔利亚岭西面）、意军第 25“博洛尼亚”步兵师（部署在戴尔埃尔阿拜亚德）、德国空军第 1 猎兵旅（部署在姆赖尔）、意军第 27“布雷西亚”步兵师（部署在巴布埃尔盖塔拉西面）、意军第 185“闪电”伞兵师（部署在戴尔埃尔马纳西布西面）和意军第 17“帕维亚”步兵师（部署在盖雷特希梅马特）。轴心国的机动防御部队共有 4 个师，由北向南依次为德军第 15 装甲师（部署在第 164 轻非洲师侧后）、意军第 133“利托里奥”装甲师（部署在第 102“特伦托”摩托化步兵师侧后）、德军第 21 装甲师（部署在意军第 27“布雷西亚”步兵师侧后）、意军第 132“攻城锤”装甲师（部署在意军第 185“闪电”伞兵师侧后）。为防备突发状况发生，德军第 90 轻非洲师和意军第 101“的里雅斯特”摩托化步兵师将留在沿海地区的加扎尔（Ghazal）附近候命行动。

托卜鲁克突袭战

早在马特鲁之战爆发前，英军驻中东地区司令部便在积极策划从海上袭击托卜鲁克，尽力摧毁港口的通讯设施、油库和船只并歼灭轴心国驻军。三军统帅中，只有空军元帅特德对此表示反对。他认为皇家空军的战斗机航程不足以覆盖托卜鲁克地区，所以只能抽调部分轰炸机来承担登陆前的压制任务。

1942 年 8 月，随着德意联军止步于阿拉曼，针对托卜鲁克的行动又再次提上了议事日程。到 9 月初时，作战方案已基本成型。根据英军的计划，这次作战将由一系列的陆上突袭及海上登陆组成：远程沙漠集群的 Y1 小队将从库夫拉绿洲引导 3 支混编特遣队对托卜鲁克实施陆海双重打击，代号“协议”；S1、S2 小队将协助斯特林上尉的特别空勤旅突击队进攻班加西，代号“重婚”；Y2、R2 小队将与部分苏丹守军前去占领加洛绿洲，代号“精确”；G1、T1 小队负责袭击巴斯，代号“篷车”。照情报部门的看法，防守托卜鲁克和班加西的都是些意军二线部队，应该不会对突击队构成威胁。

然而之后发生的事情却完全超乎英军的预料。隆美尔非常清楚托卜鲁克的重要性，当地的轴心国驻军人数早已增至 2 000 人，其中包括意军精锐的“圣马可”海军步兵团第 3 营、第 57 狙击兵营和多个海岸炮兵连，全部归德军第 556 后方指挥部司令奥托·戴恩德尔（Otto Deindl）少将指挥。

9 月 13 日晚，皇家空军出动 91 架“惠灵顿”式轰炸机向托卜鲁克投掷了 70 吨炸弹，仅对港口设施造成轻微破坏。9 月 14 日凌晨 3 点，从埃及开罗出发，经库夫拉前来参战的英军 B 特遣队由陆路东南方向快速接近托卜鲁克。与此同时，英军 A、C 特遣队也开始按计划从海上实施登陆。其间负责导航的 T 级潜艇“大沽”号（HMS Taku）因受到海潮的侵袭无法及时设立信标，A 特遣队只好选择姆莱拉湾（Mersa Mreira inlet）以西约 5 千米的门加尔埃尔奥达（Mengar el Auda）附近登岸，C 特遣队则在指定滩头希奥斯克湾（Mersa Sciausc inlet）登岸。这一挫折致使行动整整延误

▲ 在托卜鲁克突袭行动中被德军 R-10 扫雷舰俘获的 MTB314 号鱼雷艇，同时悬挂有皇家海军旗和德国海军旗。该艇原为美国海军 PT56 型鱼雷艇，1942 年 2 月通过租借法案转手给英国皇家海军使用。德国海军第 6 鱼雷艇中队接收 MTB314 后将其改名为 RA10 号鱼雷艇，武备包括 2 具鱼雷发射管和 2 挺维克斯双管机枪（原为 M2 12.7 毫米机枪）。1943 年 4 月 30 日，RA10 号在突尼斯拉古莱特附近海域被英军战机击沉。

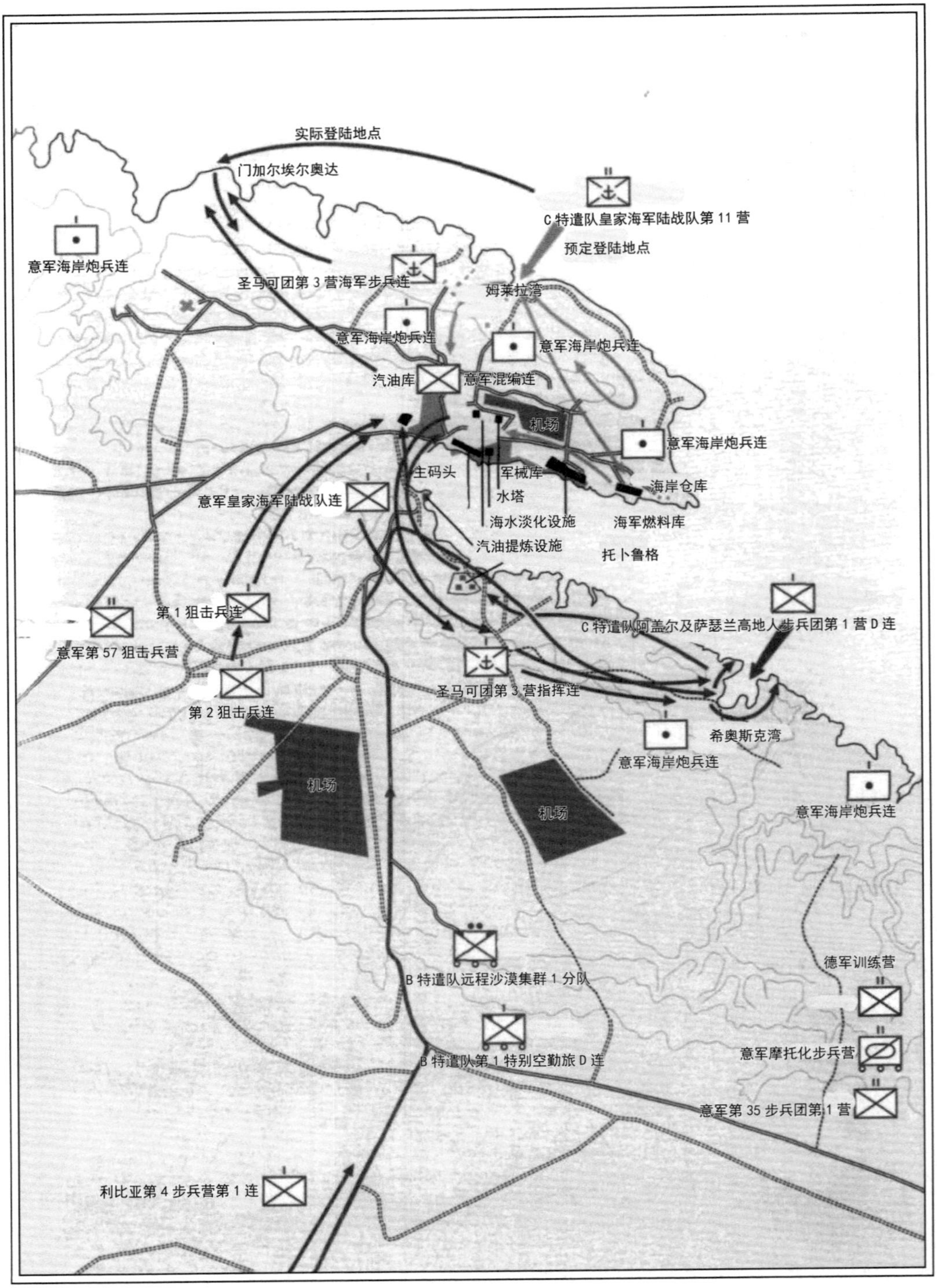

▲ 1942 年 9 月 13 日晚至 9 月 14 日的托卜鲁克突袭战的过程示意图。

了 2 小时，并被轴心国部队发觉。意军海岸炮兵立即打开所有的探照灯，照准离海岸约 1 英里远的英军登陆舰队开炮射击。面对密集的岸防炮火，“锡克”号驱逐舰（HMS Sikh）舵机受损失去控制，“祖鲁”号驱逐舰（HMS Zulu）试图靠近将其拖走，却被炮弹击断拖缆。无可奈何的英军舰队司令杰克·米克尔思韦特海军（Jake Micklethwait）上校被迫下令“祖鲁”号自沉，“锡克”号脱离战区。由于失去舰炮掩护，人员不足又兵力分散的 3 支英军特遣队很快就被意军“圣马可”海军步兵团第 3 营及其支援部队打得几乎全军覆没。除 B 特遣队指挥官约翰·哈塞尔登上尉阵亡外，皇家海军陆战队第 11 营，阿盖尔及萨瑟兰高地人步兵团第 1 营 D 连，皇家诺森伯兰燧发枪兵团第 1 营 Z 连，第 1 特别空勤旅 D 中队，远程沙漠集群和皇家炮兵、皇家工兵部队的 650 名参战人员中共有 460 人伤亡或失踪，而轴心国方面只有 16 人阵亡（含 1 名德军），50 人负伤。承担海上支援的皇家海军同样损失惨重，包括“锡克”号驱逐舰在内，还有 2 艘摩托艇和 4 艘鱼雷快艇被意军岸炮击沉，51 人被俘。MTB314 号鱼雷快艇遭遇德军 R–10 号扫雷舰拦截，共有 117 人被俘。

9 月 14 日天亮时，朝亚历山大港返航的英军舰队受到从克里特岛起飞的容克 88 轰炸机群袭击。德机投掷的 4 枚炸弹直接炸沉了“考文垂”号防空巡洋舰（HMS Coventry），之后的数轮空袭又使“祖鲁”号驱逐舰身负重伤。“赫斯利”号驱逐舰（HMS Hursley）尝试将“祖鲁”号拖回，但救援行动最终失败，“祖鲁”号于当晚沉没，共有 102 人阵亡或负伤。

▲ 1942 年 8 月 3 日，意大利渡轮“蒙维索”号（5 322 吨）被英国皇家海军“荆棘”号潜艇发射的鱼雷击沉于班加西西北海域。图为 1942 年春时从 1 架 CANT Z.506 型水上飞机上拍摄的“蒙维索”号照片。据统计，在整个 8 月里，轴心国共有 12 艘大型运输船在地中海被英国海空军击沉，总吨位超过 65 000 吨。9 月间，轴心国又损失了另外 12 艘运输船，总吨位约 37 000 吨。

更为糟糕的事情还在后头。一支意军巡逻队从 B 特遣队指挥官哈塞尔登上尉的尸体上搜出了“重婚”“精确”“篷车”行动计划的文件，立即向利比亚全境发出警报。就这样，斯特林上尉的部队在接近班加西时中了埋伏，很快放弃行动；唯有 G1、T1 小队对巴斯的夜袭勉强获得成功。9 月 13 日晚，伊森·史密斯少校带领 47 名队员搭乘 12 辆雪弗莱巡逻车和 5 辆吉普抵达巴斯南面的贝尼亚（Benia）。当天深夜，G1、T1 小队向巴斯机场、意军兵营和城镇西南面的火车站发起攻击，用手雷和爆破装置一举摧毁 16 架意军战机，击伤另外 7 架。至 9 月 15 日，G1、T1 小队在德国空军追击下以伤亡 21 人，抛弃 15 辆车辆为代价及时撤回埃及境内，突袭行动就此收场。

9 月 17 日，为表彰“圣马可”海军步兵团在保卫托卜鲁克行动中的出色表现，意军最高统帅部特别授予该团第 3 营“托卜鲁克”营的荣誉称号。

第二次阿拉曼战役前夕的轴心国军

在 1941 年至 1942 年的北非战役中，德意志非洲军经过不断发展壮大，取得了令人瞩目的辉煌成就。究其原因，自然与隆美尔高超的军事素养密不可分。但他就和历史上的许多著名将领一样，总是试图以个人意志去克服战场上的种种困难，甚至因此被评价为“过于自信和鲁莽”。比如 1942 年 6 月 23 日下令非洲装甲集团军突入埃及的决策便是其中一例，而且完全可以拿来对照 1863 年 6、7 月间进行的葛底斯堡战役。两者的相似之处主要包括：面对日益严峻的后勤状况，隆美尔和罗伯特·李都选择跨越地界进行追击，打算通过决战尽早分出胜负；轴心国军和南军在决战前都丧失了优秀的情报信息源，使其无从掌握敌情；两位统帅明知阿拉曼和葛底斯堡不宜迂回，却依然下令实施正面进攻；英军和北军高层此前一直都在频繁换将，直到后期才重新恢复部队的训练和整编工作，进而扭转了局势。

非洲装甲集群 / 非洲装甲集团军 / 德意志－意大利装甲集团军的部队状况分析（1942 年）

1 月 5 日：自 1941 年 12 月 19 日之后，第二批轴心国运输船队抵达的黎波里，为隆美尔运来了急需的 54 辆坦克、19 辆装甲侦察车和 3 500 吨补给物资。

1 月 12 日：轴心国军成功摆脱追击撤至阿盖拉。根据统计，德军从 1941 年 4 月至 1942 年 1 月总共损失了 42 辆 2 号、135 辆 3 号、34 辆 4 号、18 辆指挥坦克，13 辆 1 号坦克歼击车，46 辆装甲侦察车，383 辆汽车，483 辆卡车，203 辆牵引车，122 辆摩托车，411 支手枪，145 支冲锋枪，735 支步枪和卡宾枪，127 挺轻机枪，27 支 7.92 毫米反坦克枪，5 支 28 毫米反坦克枪，56 门 50 毫米迫击炮，46 门 81 毫米迫击炮，29 门 37 毫米反坦克炮，17 门 50 毫米反坦克炮，19 门 105 毫米榴弹炮，8 门 150 毫米榴弹炮，6 门 170 毫米加农炮，1 门 210 毫米榴弹炮，23 门 20 毫米高射炮和 13 门 88 毫米高射炮。其中大部分的损失（95 辆 3 号、25

辆 4 号坦克，25 辆装甲侦察车，16 门 105 毫米榴弹炮和 8 门 150 毫米榴弹炮）都是托卜鲁克攻防战和“十字军”行动造成的。德军的人员损失同样十分惨重，从 1941 年 4 月至 12 月底共有 1 634 人阵亡，5 952 人负伤，5 054 人失踪，而且“十字军”行动再次占了大头（919 人阵亡，3 320 人负伤，4 043 人失踪）。

1 月 18 日：第 15、第 21 装甲师已有 97 辆可用坦克（包括 22 辆 2 号、66 辆 3 号和 9 辆 4 号坦克），另有 14 辆处于短期维修状态的坦克和 28 辆即将投入使用的坦克。

1 月 20 日：第 15、第 21 装甲师的可用坦克数量上升至 121 辆。

1 月 21 日：隆美尔率军重新向昔兰尼加发起进攻。

1 月 30 日：非洲装甲集群正式扩编为非洲装甲集团军。

2 月 3 日：第 15、第 21 装甲师的可用坦克数量降至 106 辆（包括 27 辆 2 号、65 辆 3 号、10 辆 4 号、4 辆指挥坦克）。

2 月 5 日：德军以 5 人阵亡，10 人负伤，25 人失踪的轻微代价再次占领了大半个昔兰尼加。

2 月至 3 月：轴心国全力投入地中海的护航行动，隆美尔下令开始新一轮整编。

3 月 11 日：第 15 装甲师的作战人员包括 197 名军官、921 名士官、3 997 名士兵（满编状态为 264 名军官、1 423 名士官、6 291 名士兵）。该师的武器装备包括 256 挺轻机枪、55 挺重机枪、7 门 50 毫米迫击炮、15 门 81 毫米迫击炮、5 门 75 毫米步兵炮、42 支 7.92 毫米反坦克枪、4 支 28 毫米反坦克枪、15 门 37 毫米反坦克炮、36 门 50 毫米反坦克炮、2 门缴获的 37 毫米反坦克炮、15 门 105 毫米榴弹炮、5 门 150 毫米榴弹炮、10 门 20 毫米高射炮。

3 月 15 日：第 90 轻步兵师的作战人员包括 171 名军官、875 名士官、4 157 名士兵。该师的武器装备包括 172 挺轻机枪、21 挺重机枪、15 门 81 毫米迫击炮、37 支 7.92 毫米反坦克枪、11 支 28 毫米反坦克枪、33 门 37 毫米反坦克炮、12 门 50 毫米反坦克炮、26 门苏制 76.2 毫米反坦克炮、11 门 20 毫米高射炮、6 辆 2 号 150 毫米自行步兵炮、8 辆 Sdkfz.6/3 “迪安娜”半履带反坦克炮车。

第 21 装甲师的武器装备包括 357 挺轻机枪、36 挺重机枪、12 门 81 毫米迫击炮、38 支反坦克枪、5 门 75 毫米步兵炮、1 门 150 毫米步兵炮、11 门 37 毫米反坦克炮、29 门 50 毫米反坦克炮、4 门缴获的 37 毫米反坦克炮、18 门 105 毫米榴弹炮、8 门 150 毫米榴弹炮、4 门缴获的 25 磅炮。

3 月 21 日：第 21 装甲师的作战人员包括 200 名军官、879 名士官、3 997 名士兵（满编状态为 226 名军官、1 058 名士官、4 601 名士兵）。

4 月至 5 月：非洲装甲集团军的实力开始稳步上升。

5 月 15 日：第 90 轻步兵师的作战人员包括 277 名军官、1 467 名士官、7 279 名士兵。该师的武器装备包括 157 挺轻机枪、44 挺重机枪、21 门 81 毫米迫击炮、14 支 28 毫米反坦克枪、13 门 37 毫米反坦克炮、15 门 50 毫米反坦克炮（后增至 40 门）、32 门苏制 76.2 毫米反坦克炮、17 辆 1 号坦克歼击车、7 辆 Sdkfz.6/3 “迪安娜”半履带反坦克炮车、3 辆 3 号 D 型突击炮、8 辆装甲侦察车、28 门苏制 76.2 毫米野战炮、4 门缴获的 25 磅炮、12 辆 2 号 150 毫米自行步兵炮、25 门 20 毫米高射炮、2 门 88 毫米高射炮。

5 月 21 日：第 15 装甲师的作战人员包括 228 名军官、1 157 名士官、4 795 名士兵（满编状态为 291 名军官、1 676 名士官、7 037 名士兵）。该师的武器装备包括 286 挺轻机枪、26 挺重机枪、1 门 50 毫米迫击炮、26 门 81 毫米迫击炮、35 支 7.92 毫米反坦克枪、4 支 28 毫米反坦克枪、2 门 75 毫米步兵炮、16 门 37 毫米反坦克炮、46 门 50 毫米反坦克炮、1 门缴获的 37 毫米反坦克炮、23 门 105 毫米榴弹炮、8 门 150 毫米榴弹炮、14 门 20 毫米高射炮。

尽管表面看上去不错，但第 115 步兵团的人数仅为满编状态的 60%（运输车数量为 45%），第 8 装甲团的人员数量为满编状态的 85%（坦克数量为 70%），第 33 炮兵团的人数为满编状态的 70%（火炮数量为 67%），第 33 装甲工兵营的人数为满编状态的 60%（运输车数量为 50%，工兵装备数量为 20%），第 33 师属补给总指挥部的运输车数量为满编状态的 35%（卡车仅剩 70 辆）。

第 21 装甲师的作战人员包括 241 名军官、1 028 名士官、4 453 名士兵（满编状态为 272 名军官、1 270 名士官、5 211 名士兵），该师的武器装备状况不明。第 5 装甲团的人数为满编状态的 89%，第 104 步兵团的人数为满编状态的 58%，第 155 炮兵团的人数为满编状态的 78%，第 39 装甲歼击营的人数为满编状态的 69%，第 200 装甲工兵营的人数为满编状态的 90%。

加扎拉战役前夕，第 15、第 21 装甲师和第 90 轻步兵师的可用兵力为 25 000 人，约占德军总人数（43 000 人）的 58%，剩下的基本都是后勤支援单位。

5 月 25 日至 6 月 9 日：第 15、第 21 装甲师陆续接收了 90 辆 3 号坦克和 20 辆 4 号坦克，使第 5 装甲团的可用坦克数量恢复到 80 辆，第 8 装甲团的可用坦克数量恢复到 32 辆。

6 月 1 日至 6 月 11 日：第 21 装甲师的作战人员从 241 名军官、919 名士官、5 566 名士兵降至 228 名军官、871 名士官、4 428 名士兵（满编状态为 280 名军官、1 137 名士官、6 063 名士兵）。

6 月 7 日至 6 月 9 日：第 104 步兵团的作战人员共有 947 人（为满编状态的 42%），第 115 步兵团第 1、第 3 营的作战人员共有 667 人（为满编状态的 35%，第 2 营被解散）。

第 155 步兵团的作战人员共有 425 人，第 190 装甲歼击营共有 14 门 50 毫米反坦克炮，第 605 装甲歼击营共有 6 辆 1 号坦克歼击车，4 辆 Sdkfz. 6/3“迪安娜”半履带反坦克炮车。

6 月 11 日至 6 月 21 日：隆美尔攻克托卜鲁克，并决定继续追击撤往埃及的英军第 8 集团军。第 15、第 21 装甲师在 6 月 11 日的可用坦克数量为 25 辆 2 号、83 辆 3 号、27 辆 3 号（长身管）、8 辆 4 号、6 辆 4 号（长身管）。

6 月 22 日：意军第 132“攻城锤”装甲师共有 50 辆中型及轻型坦克，10 辆自行火炮，17 辆装甲侦察车，19 门反坦克炮，33 门野战炮、榴弹炮和高射炮可用，意军第 101“的里雅斯特”摩托化步兵师共有 19 辆中型坦克，11 辆装甲侦察车，33 门反坦克炮，42 门野战炮、榴弹炮和高射炮可用。

6 月 23 日：轴心国军越过边境进入埃及。

6 月 28 日：轴心国军占领马特鲁。

6 月 29 日：第 90 轻步兵师的作战人员共有 1 929 人，该师的武器装备包括 14 门 50 毫米反坦克炮、5 门苏制 76.2 毫米野战炮和 4 门缴获的 25 磅炮（当时德意志非洲军的大部分火炮因缺少牵引车辆仍滞留在后方地区）。

6 月 30 日：轴心国军进抵阿拉曼。

7 月 1 日：第 21 装甲师的作战人员包括 188 名军官、786 名士官、3 842 名士兵（满编状态为 227 名军官、1 179 名士官、5 334 名士兵）。

7 月 1 日至 7 月 27 日：第一次阿拉曼战役爆发。结果轴心国军未能击溃英军第 8 集团军，被迫转入防御。

7 月 4 日：第 21 装甲师第 5 装甲团的人数为满编状态的 63%，第 104 步兵团的人数为满编状态的 37%，第 155 炮兵团的人数为满编状态的 83%，第 39 装甲歼击营的人数为满编状态的 67%。

7 月 8 日：第 15、第 21 装甲师仍有 39 辆坦克、15 辆装甲侦察车、26 门 88 毫米高射炮、65 门 20 毫米高射炮可用。但第 104、第 115 步兵团的作战人员仅剩 300 人，第 90 轻步兵师的作战人员不超过 2 200 人。

7 月 17 日：意军第 27“布雷西亚”步兵师的可用兵力仅剩 1 个步兵营，第 17“帕维亚”步兵师的可用兵力为 2 个步兵营，第 102“特伦托”摩托化步兵师相对完整，第 132“攻城锤”装甲师的可用兵力为 1 个步兵营和 1 个炮兵营，共有 15 辆中型、轻型坦克可用，第 133“利托里奥”装甲师的可用兵力为 1 个步兵营，共有 20 辆中型坦克可用。

7 月 21 日：第 15、第 21 装甲师的可用坦克数量为 6 辆 2 号、27 辆 3 号、6 辆 3 号（长身管）、1 辆 4 号、2 辆 4 号（长身管），另有 100 多辆坦克处于维修状态。

第 15、第 21 装甲师的人数为满编状态的 30%，坦克数量为满编状态的 15%，火炮数量为满编状态的 70%，反坦克炮数量为满编状态的 40%，重型高射炮数量为满编状态的 50%。

第 15 装甲师共有 2 415 名作战人员（第 115 步兵团的作战人员为 946 人），第 21 装甲师共有 2 409 名作战人员（第 104 步兵团的作战人员为 591 人），第 90 轻步兵师共有 3 337 名作战人员。

7 月 25 日：意军宣布撤编第 60“萨布拉塔”步兵师。

7 月 26 日：意军第 185“闪电”伞兵师、第 16“皮斯托亚”步兵师奉命前往北非增援。

7 月 27 日：第 15、第 21 装甲师的可用坦克数量为 4 辆 2 号、16 辆 3 号、7 辆 3 号（长身管）、2 辆 4 号（长身管）。

1942 年 7 月至 8 月：为优先补充消耗严重的步兵，国防军陆军最高司令部动用运输机向北非增派了第 164 轻非洲师和拉姆克伞兵旅，同时还从海上运来了更多的坦克、重武器和补给物资。在此期间，共有 24 606 名陆军官兵和 11 620 名空军官兵抵达埃及，使得德军的总兵力达到 57 000 余人（其中约 20% 的官兵因病暂时撤离战场，9 月回归）。按照 8 月的统计数据，第 15、第 21 装甲师的人数为满编状态的 75%，坦克数量为满编状态的 50%，火炮数量为满编状态的 85%，反坦克炮数量为满编状态的 60%，重型高射炮数量为满编状态的 70%。

8 月 1 日：意军第 17“帕维亚”步兵师的可用兵力为 3 000 人，第 25“博洛尼亚”步兵师的可用兵力为 4 700 人，第 27“布雷西亚”步兵师的可用兵力为 4 300 人，第 102“特伦托”摩托化步兵师的可用兵力为 5 200 人，第 101“的里雅斯特”摩托化步兵师的可用兵力为 5 300 人，共有 6 辆中型坦克和 16 辆装甲侦察车，第 132“攻城锤”装甲师的可用兵力为 7 200 人，共有 52 辆中型、轻型坦克和 11 辆装甲侦察车，第 133“利托里奥”装甲师的可用兵力为 4 600 人，共有 21 辆轻型坦克和 104 辆中型坦克。为弥补前线损失，意军第 80“拉斯佩齐亚”机降师和第 131“半人马座”装甲师奉命前往北非增援，并于 10 月 23 日抵达的黎波里。

8 月 15 日：第 15 装甲师的作战人员共有 6 938 人。

8 月 20 日：第 21 装甲师的作战人员包括 253 名军官、1 044 名士官、5 173 名士兵（满编状态为 307 名军官、1 475 名士官、6 730 名士兵）。第 90 轻非洲师的作战人员共有 275 名军官、1 211 名士官、6 763 名士兵。第 164 轻非洲师的作战人员共有 8 293 人（不包括尚未到达的第 220 侦察营）。

8 月 30 日：第 15、第 21 装甲师的可用坦克数量为 29 辆 2 号、93 辆 3 号、73 辆 3 号（长身管）、10 辆 4 号、27 辆 4 号（长身管）、6 辆指挥坦克。

9 月 1 日：非洲装甲集团军正式扩编为德意志－意大利装甲集团军。

8 月 30 日至 9 月 6 日：德军在阿拉姆埃尔哈尔法之战中被蒙哥马利指挥的英军第 8 集团军击败，损失 1 859 人（其中 386 人阵亡）、38 辆坦克和装甲侦察车。

9 月 21 日：第 21 装甲师的作战人员包括 218 名军官、1 121 名士官、5 409 名士兵（满编状态为 271 名军官、1 395 名士官、6 552 名士兵），第 90 轻非洲师的作战人员包括 157 名军官、722 名士官、3 563 名士兵。

9 月至 10 月：等轴心国军重新恢复实力后，英军第 8 集团军早已获得大量增援和补给物资。所有部队正在积极进行训练，为即将到来的最终决战做准备。

10 月 17 日：德军的全部作战车辆及运输车辆数量为 1 970 辆汽车，4 559 辆卡车，585 辆牵引车，135 辆半履带车、半履带高射炮车、自行榴弹炮和坦克歼击车，864 辆摩托车，273 辆坦克，152 辆装甲侦察车，4 081 辆缴获的英军车辆，其中约 20%－30% 的车辆处于维修状态。

10 月 20 日：第二次阿拉曼战役前夕德军的总人数为 53 224 人，其中德意志－意大利装甲集团军部及第 10 通信团有 549 人，德意志非洲军军部及通信单位有 187 人，第 15 装甲师有 9 429 人，第 21 装甲师有 9 615 人，第 90 轻非洲师有 6 307 人，第 164 轻非洲师有 9 649 人，第 19 防空师有 6 383 人，德国空军第 1 猎兵旅有 4 741 人，非洲最高炮兵指挥部有 3 069 人，德意志－意大利装甲集团军直属后勤补给单位有 1 380 人，德意志非洲军直属后勤补给单位有 118 人，第 15 装甲师后勤补给单位有 148 人，第 21 装甲师后勤补给单位有 148 人，第 90 轻非洲师后勤补给单位有 217 人，第 164 轻非洲师后勤补给单位有 130 人，德意志－意大利装甲集团军后方单位有 1 154 人。

德军步兵的数量为 12 147 人，其中第 104 装甲掷弹兵团有 1 792 人，第 115 装甲掷弹兵团有 1 393 人，第 164 轻非洲师有 5 076 人，德国空军第 1 猎兵旅有 2 380 人。

德军的可用武器数量为 162 门 50 毫米迫击炮，152 门 81 毫米迫击炮，1 支 28 毫米反坦克枪，18 门 37 毫米反坦克炮，11 辆 1 号坦克歼击车，290 门 50 毫米反坦克炮，4 门缴获的 6 磅反坦克炮，61 门苏制 76.2 毫米反坦克炮，45 门法制 75 毫米反坦克炮，28 辆“貂鼠”3 型坦克歼击车，6 辆 Sdkfz. 6/3“迪安娜”半履带反坦克炮车，7 辆 Sdkfz. 221、38 辆 Sdkfz. 222、17 辆 Sdkfz. 223、8 辆 Sdkfz. 231、15 辆 Sdfkz. 232 装甲侦察车，8 辆 Sdkfz. 260、36 辆 Sdkfz. 261、20 辆 Sdkfz. 263 装甲通信车（由于缺少运输车辆，德军的部分装备在 2 次阿拉曼战役期间一直无法运抵前线。直到隆美尔从阿拉曼败退，才被撤回利比亚的德军部队回收）。

德军的可用火炮数量为：

非洲最高炮兵指挥部：6 门苏制 76.2 毫米野战炮、12 门缴获的 25 磅炮、4 门意大利 100 毫米野战炮、16 门 105 毫米加农炮、4 门缴获的 4.5 英寸中型野战炮、4 门 150 毫米榴弹炮、4 门法制 105 毫米榴弹炮、20 门法制 155 毫米加农炮、9 门 170 毫米加农炮、4 门 210 毫米榴弹炮。

第 15 装甲师：4 门 150 毫米步兵炮、5 门苏制 76.2 毫米野战炮、24 门 105 毫米榴弹炮、4 门 105 毫米加农炮、3 门 150 毫米榴弹炮、8 门 150 毫米自行榴弹炮。

第 21 装甲师：8 门 150 毫米步兵炮、4 门苏制 76.2 毫米野战炮、24 门 105 毫米榴弹炮、4 门 105 毫米加农炮、8 门 150 毫米榴弹炮、11 门 150 毫米自行榴弹炮。

第 90 轻非洲师：5 门 105 毫米榴弹炮。

第 164 轻非洲师：2 门 75 毫米步兵炮、2 门 150 毫米步兵炮、12 门 105 毫米榴弹炮、4 门 150 毫米榴弹炮。

德国空军第 1 猎兵旅：5 门 75 毫米无后坐力炮。

10 月 23 日：第 15、第 21 装甲师的可用坦克数量为 30 辆 2 号、81 辆 3 号、86 辆 3 号（长身管）、8 辆 4 号、30 辆 4 号（长身管），维修单位仍在抢修的坦克数量为 2 辆 2 号、17 辆 3 号、1 辆 3 号（长身管）、2 辆 4 号坦克。

意军第 17“帕维亚”步兵师，第 27“布雷西亚”步兵师和第 185“闪电”伞兵师在 10 月 23 日的总兵力为 16 000 人，意军第 25“博洛尼亚”步兵师、第 102“特伦托”摩托化步兵师的总兵力为 13 600 人，意军第 101“的里雅斯特”摩托化步兵师、第 132“攻城锤”装甲师和第 133“利托里奥”装甲师的总兵力为 1.85 万人，2 个装甲师共有 14 辆轻型坦克、255 辆中型坦克、33 辆自行火炮可用。

10 月 23 日至 11 月 4 日：英军第 8 集团军在阿拉曼发起大规模攻势，最终迫使隆美尔下令全线退却。

10 月 24 日：意军第 20 军共有 2 人阵亡，5 人负伤，6 人失踪。

德意志非洲军战斗队共有 2 人阵亡，9 人负伤。

第 21 装甲师共有 5 人阵亡，10 人负伤，损失 2 辆 3 号、2 辆 3 号（长身管）、1 辆 4 号、

1 辆 4 号（长身管）坦克。

非洲最高炮兵指挥部共有 18 人失踪。

10 月 25 日：意军第 10 军共有 16 人阵亡，45 人负伤。

意军第 20 军共有 3 人阵亡，9 人负伤，1 人失踪。

第 101 “的里雅斯特”摩托化步兵师的可用坦克数量为 34 辆中型坦克。

第 132 “攻城锤”装甲师的可用坦克数量为 125 辆中型坦克。

第 133 “利托里奥”装甲师的可用坦克数量为 128 辆中型、轻型坦克。

德国空军第 1 猎兵旅共有 1 人阵亡，3 人负伤，1 人失踪。

德意志非洲军战斗队共有 6 人阵亡，15 人负伤（7 辆坦克和坦克歼击车可用）。

第 15 装甲师共有 32 辆可用坦克。

第 21 装甲师共有 122 辆可用坦克。

非洲最高炮兵指挥部共有 1 人阵亡，12 人负伤。

10 月 26 日：意军方面共有 148 人阵亡，495 人负伤，1 057 人失踪。德军方面共有 159 人阵亡，424 人负伤，1 372 人失踪。

其中意军第 10 军从 10 月 24 日至 10 月 26 日共有 38 人阵亡，130 人负伤，368 人失踪。

意军第 21 军从 10 月 24 日至 10 月 26 日共有 106 人阵亡，253 人负伤，999 人失踪，俘虏 34 名英联邦军。

第 15 装甲师从 10 月 24 日至 10 月 26 日共有 15 人阵亡，35 人负伤，38 辆坦克、2 辆坦克歼击车、3 门 50 毫米反坦克炮全损，另有 3 辆 150 毫米自行榴弹炮、1 门 105 毫米榴弹炮、1 门 150 毫米榴弹炮、3 门苏制 76.2 毫米反坦克炮、26 辆坦克需要维修，俘虏 35 名英联邦军。

第 21 装甲师从 10 月 23 日至 10 月 25 日共有 7 人阵亡，20 人负伤，1 辆 2 号坦克和 1 门 50 毫米反坦克炮全损，另有 3 辆“貂鼠”3 型坦克歼击车，2 辆 150 毫米自行榴弹炮，1 门 50 毫米反坦克炮，3 辆 3 号、2 辆 3 号（长身管）、2 辆 4 号、1 辆 4 号（长身管）坦克需要维修。

第 164 轻非洲师从 10 月 23 日至 10 月 26 日共有 80 人阵亡，166 人负伤，1 029 人失踪。

第 33 装甲侦察营从 10 月 23 日至 10 月 26 日共有 1 人阵亡，5 人负伤。

德国空军第 1 猎兵旅从 10 月 23 日至 10 月 26 日共有 6 人负伤。

德意志非洲军战斗队在 10 月 26 日共有 1 人负伤，可用坦克数量为 5 辆 3 号、2 辆 3 号（长身管）坦克。

第 15 装甲师在 10 月 26 日的可用坦克数量为 8 辆 2 号、16 辆 3 号、16 辆 3 号（长身管）、1 辆 4 号、6 辆 4 号（长身管）、1 辆指挥坦克。

第 21 装甲师在 10 月 26 日共有 48 人阵亡，98 人负伤，损失 1 辆 2 号坦克、1 门 50 毫米反坦克炮。可用坦克数量为 17 辆 2 号、39 辆 3 号、41 辆 3 号（长身管）、4 辆 4 号、14 辆 4 号（长身管）、3 辆指挥坦克。

非洲最高炮兵指挥部在 10 月 26 日共有 1 人阵亡，5 人负伤。

意军第 101 “的里雅斯特” 摩托化步兵师在 10 月 26 日的可用坦克数量为 34 辆中型坦克

意军第 132 “攻城锤” 装甲师在 10 月 26 日共有 2 人阵亡，2 辆自行火炮负伤，可用坦克数量为 127 辆中型坦克。

意军第 133 “利托里奥” 装甲师在 10 月 26 日共有 15 人阵亡，39 人负伤，5 人失踪，损失 40 辆坦克（包括负伤）、5 门 88 毫米高射炮。可用坦克数量为 60 辆中型坦克、20 辆轻型坦克。

10 月 27 日：德意志非洲军战斗队的可用坦克数量为 5 辆 3 号、2 辆 3 号（长身管）坦克。

第 15 装甲师的可用坦克数量为 7 辆 2 号、10 辆 3 号、10 辆 3 号（长身管）、1 辆 4 号、2 辆 4 号（长身管）、1 辆指挥坦克。

第 21 装甲师的可用坦克数量为 16 辆 2 号、36 辆 3 号、38 辆 3 号（长身管）、4 辆 4 号、13 辆 4 号（长身管）、3 辆指挥坦克。

第 15 装甲师和第 164 轻非洲师共有 13 人阵亡，41 人负伤，187 人失踪。

第 90 轻非洲师共有 8 人阵亡，29 人负伤。

第 580 侦察营共有 3 人负伤。

意军第 101 “的里雅斯特” 摩托化步兵师的可用坦克数量为 34 辆中型坦克。

意军第 132 “攻城锤” 装甲师共有 1 人负伤，可用坦克数量为 128 辆中型坦克。

意军第 133“利托里奥” 装甲师从 10 月 26 日傍晚 6 点至 10 月 27 日傍晚 6 点共有 28 人阵亡，41 人负伤，6 人失踪，损失 3 辆坦克、5 门 88 毫米高射炮，可用坦克数量为 44 辆中型坦克、20 辆轻型坦克。

10 月 28 日：意军第 10 军从 10 月 24 日至 10 月 28 日共俘虏 93 名英联邦军。

意军第 20 军从 10 月 23 日至 10 月 28 日共有 1 150 人失踪，俘虏 76 名英联邦军。

意军第 20 军在 10 月 28 日共有 13 人阵亡，32 人负伤，1 人失踪。

意军第 185 “闪电” 伞兵师在 10 月 28 日共有 29 人阵亡，129 人负伤，350 人失踪。

意军第 17 “帕维亚” 步兵师在 10 月 28 日共有 13 人阵亡，37 人负伤，200 人失踪。

意军第 27 “布雷西亚” 步兵师在 10 月 28 日共有 21 人阵亡，21 人负伤，24 人失踪。

德国空军第 1 猎兵旅在 10 月 28 日共有 3 人阵亡，1 人负伤，俘虏 20 名英联邦军（10 月 23 日至 10 月 28 日）。

第 90 轻非洲师在 10 月 28 日共有 6 人负伤。

非洲最高炮兵指挥部在 10 月 28 日共有 5 人阵亡，1 人负伤，1 人失踪。

第 580 侦察营共有 2 人负伤。

德意志非洲军在 10 月 28 日共有 23 人阵亡，79 人负伤，5 人失踪，损失 11 辆坦克、1 门 105 毫米加农炮、1 门 105 毫米榴弹炮，俘虏 305 名英联邦军（10 月 23 日至 10 月 28 日）。

德意志非洲军战斗队的可用坦克数量为 5 辆 3 号、2 辆 3 号（长身管）坦克。

第 15 装甲师的可用坦克数量为 3 辆 2 号、9 辆 3 号、8 辆 3 号（长身管）、1 辆 4 号、3 辆 4 号（长身管）、1 辆指挥坦克。

第 21 装甲师的可用坦克数量为 6 辆 2 号、12 辆 3 号、20 辆 3 号（长身管）、4 辆 4 号、9 辆 4 号（长身管）、3 辆指挥坦克。

意军第 101“的里雅斯特”摩托化步兵师的可用坦克数量为 34 辆中型坦克。

意军第 132“攻城锤”装甲师的可用坦克数量为 129 辆中型坦克。

意军第 133“利托里奥”装甲师的可用坦克数量为 33 辆中型坦克、21 辆轻型坦克。

非洲装甲集团军从 10 月 23 日至 10 月 28 日共俘虏 510 名英联邦军，自身则有 1 994 名德军和 1 660 名意军失踪。

10 月 29 日：意军第 10 军共俘虏 4 名英联邦军。

意军第 21 军共有 6 人阵亡，25 人负伤。

意军第 101“的里雅斯特”装甲师的可用坦克数量为 34 辆中型坦克。

意军第 132“攻城锤”装甲师的可用坦克数量为 126 辆中型坦克。

意军第 133“利托里奥”装甲师的可用坦克数量为 30 辆中型坦克、21 辆轻型坦克。

意军第 132“攻城锤”装甲师和第 133“利托里奥”装甲师共有 14 人阵亡，30 人负伤。

德意志非洲军战斗队的可用坦克数量为 5 辆 3 号、2 辆 3 号（长身管）坦克。

第 15 装甲师的可用坦克数量为 6 辆 2 号、11 辆 3 号、15 辆 3 号（长身管）、1 辆 4 号、4 辆 4 号（长身管）、1 辆指挥坦克。

第 21 装甲师的可用坦克数量为 8 辆 2 号、26 辆 3 号、20 辆 3 号（长身管）、2 辆 4 号、9 辆 4 号（长身管）、3 辆指挥坦克。

第 15、第 21 装甲师共有 37 人阵亡，91 人负伤，损失 1 辆坦克、4 门 50 毫米反坦克炮、1 门 150 毫米榴弹炮。

第 15、第 21 装甲师从 10 月 24 日至 10 月 29 日共有 50 辆坦克全损，其中包括 1 辆 2 号、18 辆 3 号、20 辆 3 号（长身管）、1 辆 4 号、10 辆 4 号（长身管）坦克。

第 90 轻非洲师共有 4 人阵亡，11 人负伤，俘虏 4 名英联邦军。

非洲最高炮兵指挥部共有 2 人负伤。

10 月 30 日：意军第 10 军共有 14 人负伤。

意军第 20 军共有 5 人负伤。

意军第 21 军共有 5 人负伤。

德意志非洲军战斗队的可用坦克数量为 5 辆 3 号、2 辆 3 号（长身管）坦克。

第 15 装甲师的可用坦克数量为 6 辆 2 号、11 辆 3 号、15 辆 3 号（长身管）、1 辆 4 号、4 辆 4 号（长身管）、1 辆指挥坦克。

第 21 装甲师的可用坦克数量为 9 辆 2 号、28 辆 3 号、20 辆 3 号（长身管）、4 辆 4 号、11 辆 4 号（长身管）、3 辆指挥坦克。

第 15、第 21 装甲师共有 10 人阵亡，55 人负伤。

第 90 轻非洲师共有 36 人阵亡，147 人负伤，21 人失踪，后补充了 15 名军官、167 名士官、560 名士兵、10 门 105 毫米加农炮、4 门 105 毫米榴弹炮。

非洲最高炮兵指挥部共有 1 人阵亡，1 人负伤。

10 月 31 日：意军第 10 军共有 4 人阵亡，5 人负伤。

意军第 20 军共有 6 人阵亡，28 人负伤。

第 101“的里雅斯特”摩托化步兵师的可用坦克数量为 34 辆中型坦克。

第 132“攻城锤”装甲师的可用坦克数量为 126 辆中型坦克。

第 133“利托里奥”装甲师的可用坦克数量为 38 辆中型坦克、21 辆轻型坦克。

德意志非洲军战斗队的可用坦克数量为 5 辆 3 号、2 辆 3 号（长身管）坦克。共有 1 人阵亡，2 人负伤。

第 15 装甲师的可用坦克数量为 5 辆 2 号、15 辆 3 号、20 辆 3 号（长身管）、2 辆 4 号、3 辆 4 号（长身管）、1 辆指挥坦克。

第 21 装甲师的可用坦克数量为 5 辆 2 号、19 辆 3 号、11 辆 3 号（长身管）、3 辆 4 号、6 辆 4 号（长身管）、2 辆指挥坦克。共有 6 人阵亡，18 人负伤。

11 月 1 日：意军第 21 军共有 1 人阵亡，5 人负伤。从 10 月 23 日至 10 月 31 日共俘虏 73 名英联邦军。

意军第 101“的里雅斯特”摩托化步兵师的可用坦克数量为 27 辆中型坦克。

意军第 132“攻城锤”装甲师的可用坦克数量为 124 辆中型坦克。

意军第 133“利托里奥”装甲师的可用坦克数量为 38 辆中型坦克、21 辆轻型坦克。

意军第 1“尼扎”骑兵团第 3 装甲侦察群共有 24 辆装甲侦察车可用，5 人阵亡。

德国空军第 1 猎兵旅共有 2 人负伤。

德意志非洲军战斗队的可用坦克数量为 5 辆 3 号、2 辆 3 号（长身管）坦克。

第 15 装甲师的可用坦克数量为 5 辆 2 号、15 辆 3 号、27 辆 3 号（长身管）、3 辆 4 号、5 辆 4 号（长身管）、1 辆指挥坦克。

第 21 装甲师的可用坦克数量为 5 辆 2 号、28 辆 3 号、20 辆 3 号（长身管）、4 辆 4 号、11 辆 4 号（长身管）、3 辆指挥坦克。

第 15、第 21 装甲师共有 25 人阵亡，42 人负伤，损失 1 门 50 毫米反坦克炮。

第 580 侦察营共有 2 人负伤。

第 605 装甲歼击营损失 8 辆 1 号坦克歼击车，3 辆 Sdkfz. 6/3“迪安娜”半履带反坦克炮车，6 门 20 毫米高射炮（加强），4 辆 3 号（加强）、1 辆 4 号（加强）坦克。

非洲最高炮兵指挥部共有 1 人阵亡，2 人负伤，1 人失踪。

德意志－意大利装甲集团军从 10 月 23 日至 10 月 31 日共俘虏 798 名英联邦军。

11 月 2 日：意军方面共有 29 人阵亡，170 人负伤。德军方面共有 25 人阵亡，54 人负伤。

第 580 侦察营共有 1 人负伤。

第 33 装甲侦察营共有 2 人阵亡，5 人负伤。

德国空军第1猎兵旅共有8人负伤。

德军第15、第21装甲师的可用坦克数量降至35辆。

意军第101“的里雅斯特”摩托化步兵师、第133“利托里奥”装甲师的可用坦克数量降至20辆。

11月3日：意军第101“的里雅斯特”摩托化步兵师的可用坦克数量为6辆中型坦克。

意军第132“攻城锤”装甲师的可用坦克数量为120辆中型坦克。

意军第133“利托里奥”装甲师的可用坦克数量为17辆中型坦克。

德国空军第1猎兵旅共有2人阵亡，1人负伤。

德意志非洲军战斗队共有2人负伤。

第90轻非洲师共有10人阵亡，18人负伤，145人失踪。

德军第15、第21装甲师的可用坦克数量降至24辆。

11月8日：第90轻非洲师共俘虏32名英联邦军。

第15、第21装甲师在班加西接收了第190装甲营的6辆3号坦克、3辆4号坦克，另外还补充了3辆装甲侦察车。

德意志－意大利装甲集团军共有3人阵亡，22人负伤，损失5门50毫米反坦克炮、4辆半履带自行高射炮车。

11月9日：第3装甲侦察营共俘虏2名英联邦军。

第15装甲师仅剩11门火炮。

第21装甲师仅剩11辆可用坦克和6门火炮。

德意志－意大利装甲集团军共有11人阵亡，26人负伤。

11月10日：第3装甲侦察营共有2人阵亡，12人负伤。

11月11日：德意志－意大利装甲集团军共接收1 300名补充兵。

11月13日至11月18日：当德军从托卜鲁克、班加西一路撤至阿盖拉时，其可用兵力已降至17 767人，另有14 650人的军属单位和后勤补给单位。

第15装甲师的作战人员仅剩1 125人（满编状态为6 923人）。

第15、第21装甲师的武器装备包括541挺机枪、14门迫击炮、12门反坦克炮、35辆坦克、16辆装甲侦察车、14门火炮。

第90轻非洲师的作战人员仍有5 118人，该师的武器装备包括322挺机枪、22门迫击炮、31门反坦克炮、4辆装甲侦察车、7门火炮。

第164轻非洲师的作战人员仍有4 935人，该师的武器装备包括127挺机枪、30门迫击炮、2门反坦克炮。

11月23日：德意志非洲军战斗队的可用坦克数量为1辆3号坦克。

第15装甲师的可用坦克数量为8辆3号（长身管）、9辆4号、2辆4号（长身管）坦克。

第21装甲师的可用坦克数量为1辆2号、1辆3号、3辆3号（长身管）、3辆4号、2

辆 4 号（长身管）坦克。

第 15、第 21 装甲师从 10 月 24 日至 12 月 2 日共有 221 辆坦克全损，其中包括 29 辆 2 号、94 辆 3 号、67 辆 3 号（长身管）、8 辆 4 号、23 辆 4 号（长身管）坦克。

12 月 2 日：第 15、第 21 装甲师共有 4 辆 2 号、8 辆 3 号、22 辆 3 号（长身管）、16 辆 3 号 N、2 辆 4 号、12 辆 4 号（长身管）坦克，其中 55 辆可用。

12 月 12 日：德军放弃阿盖拉，撤至的黎波里。1943 年 1 月 23 日，英军第 8 集团军解放的黎波里，并于 2 月 16 日抵达突尼斯边境的马雷特防线。

非洲装甲集群 / 非洲装甲集团军 / 德意志 - 意大利装甲集团军的德军人员损失统计（1942 年）

1 月：总人数约 31 000 人，阵亡 112 人，负伤 326 人，失踪 526 人，生病 3 077 人，总损失 4 041 人。

2 月：总人数约 33 000 人，阵亡 41 人，负伤 175 人，失踪 10 人，生病 2 635 人，总损失 2 861 人。

3 月：总人数约 36 000 人，阵亡 11 人，负伤 67 人，失踪 175 人，生病 3 781 人，总损失 4 034 人。

4 月：总人数约 39 000 人，阵亡 20 人，负伤 120 人，失踪 6 人，生病 3 867 人，总损失 4 013 人。

5 月：总人数约 43 000 人，阵亡 278 人，负伤 1 044 人，失踪 356 人，生病 5 767 人，总损失 7 445 人。

6 月：总人数约 40 000 万人，阵亡 845 人，负伤 3 318 人，失踪 473 人，生病 3 323 人，总损失 7 959 人。

7 月：总人数约 48 000 人，阵亡 796 人，负伤 3 193 人，失踪 1 167 人，生病 5 051 人，总损失 10 207 人。

8 月：总人数约 57 000 人，阵亡 114 人，负伤 601 人，失踪 43 人，生病 9 418 人，总损失 10 176 人。

9 月：总人数约 54 000 人，阵亡 376 人，负伤 1 485 人，失踪 214 人，生病 11 054 人，总损失 13 129 人。

10 月：总人数约 52 000 人，阵亡 422 人，负伤 1 263 人，失踪 2 240 人，生病 9 954 人，总损失 13 879 人。

11 月：总人数约 41 000 人，阵亡 505 人，负伤 1 500 人，失踪 3 417 人，生病 5 860 人，总损失 11 282 人。

隆美尔因病回国

9月初，国防军陆军最高司令部指派格奥尔格·施图姆（Georg Stumme）装甲兵上将赶赴北非，负责在隆美尔回国治病期间照管德意志 – 意大利装甲集团军。

9月19日，施图姆前往设在阿拉曼的集团军司令部。隆美尔向他介绍了轴心国的兵力及布防情况。9月22日，施图姆正式走马上任。9月23日，隆美尔怀着沉重的心情从德尔纳转机飞往罗马与墨索里尼会面。9月24日下午，隆美尔的专机离开罗马机场，朝德国本土方向飞去。

就在隆美尔临行前，德意志 – 意大利装甲集团军内部正在进行新一轮人事更替。9月17日，威廉·冯·托马中将奉命抵达前线，接替在阿拉姆埃尔哈尔法之战中负伤的瓦尔特·内林装甲兵上将指挥德意志非洲军。同日，德军第90轻非洲师迎来了新指挥官赫尔曼·舒尔特 – 霍伊豪斯（Hermann Schulte–Heuthaus）上校。原先担任师长的乌利希·克勒曼少将于9月8日负伤，拉姆克少将曾临时接管该师，而克勒曼目前还得再等上几周时间才能完全康复出院。9月18日，海因兹·冯·兰道（Heinz von Randow）少将就任德军第21装甲师师长，填补了之前因俾斯麦少将阵亡而造成的职务空缺。

9月26日，隆美尔飞抵东普鲁士的元首大本营，并向希特勒详细阐述了自己在阿拉曼的作战经历。隆美尔在会谈期间反复强调英军的空中优势和日益严峻的后勤问题。他宣称，至少得在10月底前再向北非运送65 000吨物资，轴心国才有可能粉碎英军即将发动的大规模攻势。

▲ 9月19日，施图姆装甲兵上将（面对镜头者）抵达阿拉曼前线代替隆美尔指挥德意志 – 意大利装甲集团军，隆美尔于9月23日搭机回国。

在隆美尔的日记中，希特勒对此的反应不过是口头保证会尽快改善补给，并且增派1个火箭炮旅、40辆“虎”式重型坦克和一批自行火炮前往埃及。

10月3日，隆美尔出席了由柏林宣传部组织的例行会议，然后便飞往奥地利的塞默林山区（Semmering）进行疗养，暂时告别了令他无比揪心的北非战场。

在阿拉曼，施图姆一直都在密切关注英军的动向。9 月 13 日至 9 月 14 日的托卜鲁克突袭行动表明，英军极有可能在近期对轴心国发动进攻。10 月 7 日，施图姆下令全军进入一级戒备状态。德军情报部门猜测蒙哥马利的主攻方向是在鲁韦萨特岭和盖雷特希梅马特之间，因为那里的英军日常调动最为频繁。10 月 19 日，施图姆向国防军陆军最高司令部发去一份补给需求报告。该报告宣称，1942 年 8 月轴心国共有 12 艘运输船在地中海被英国海空军击沉，9 月份又损失了另外 12 艘船，物资损失约占补给总额的 20%。到 10 月时，这一数字上升到了 17 艘，物资损失约占补给总额的 40%。如果照这样下去，德意志 – 意大利装甲集团军的库存油料只够维持 11 天左右，弹药只够维持 9 天左右，面粉只够维持 21 天左右，而肉类、蔬菜、水果，尤其是柠檬，几乎已经全部消耗殆尽。更为严重的是，口粮短缺致使前线官兵的健康状况持续下降，9 月间光是德军的患病人数就已高达 1.1 万人。

▲“非洲之星”汉斯 – 约阿希姆 · 马尔塞尤少尉（Hans–Joachim Marseille）于1940 年 8 月 13 日参与不列颠空战，8 月 24 日首开纪录击落了 1 架英机。在收获自己的第 7 个战果之后，马尔塞尤被调往驻北非的第 27 战斗机联队协助隆美尔的地面攻势。1941 年 4 月 23 日至 4 月 28 日，马尔塞尤在托卜鲁克附近的空战中击落了 2 架英机，并很快向同行们证明自己是个喜欢“侧翼接敌”的好手。1942 年 2 月 22 日，马尔塞尤因获得 46 个空战战果而被授予中尉军衔和 1 枚骑士十字勋章。他的纪录随后便以惊人的速度扶摇直上，击落的战机总数最终达到了 158 架之多。1942 年 6 月 20 日，希特勒在东普鲁士的元首大本营亲自为他颁发了宝剑橡叶骑士十字勋章。1942 年 9 月 30 日上午，马尔塞尤上尉在埃及的达巴以西空域执行轰炸护航任务时，因梅塞施密特 109G–2 的座舱起火被迫跳伞，结果却不幸受到机尾的撞击而殒命沙场。德军第 115 装甲掷弹兵团的团部军医比克上校前往事发地点收检遗体，找到了马尔塞尤生前佩戴的宝剑橡叶骑士勋章和 1 只已经停摆的怀表。

10 月 29 日，英军“惠灵顿”中型轰炸机投掷的炸弹重创了停泊在托卜鲁克港内的意大利“帕纳科”号油轮（Panaco）。幸好该船在返回塔兰托前及时将 1 650 吨汽油提供给了德军部队。11 月间，驶往利比亚的轴心国运输船总共损失了约 26% 的货运物资，比 10 月时的状况稍有好转。

“轻足”行动：第 8 集团军的初期突破

1942 年 10 月 22 日晚，经过周密筹备的英军第 8 集团军已全部整装完毕，正耐心地等待上级下令实施“轻足”行动。在两军实力对比上，第 8 集团军共有 19.5 万人，德意志 – 意大利装甲集团军共有 10.13 万人（包括 5.32 万名德军和 4.81 万名意军）。尽管意军在北非另有 7.7 万驻军（包括第 16“皮斯托亚”步兵师、第 80“拉斯佩齐亚”机降师和第 131“半人马座”装甲师），但这些部队只负责防守利比亚等地，没有直接参与第二次阿拉曼战役。

坦克数量方面，第 8 集团军共有 1 029 辆可用坦克（包括 252 辆 M4“谢尔曼”、170 辆 M3“格兰特”、216 辆“十字军”MK2、78 辆“十字军”MK3、119 辆 M3“斯图亚特”、194 辆“瓦伦丁”MK3）和 105 辆备用坦克（包括 15 辆 M4“谢尔曼”、13 辆 M3“格兰特”、19 辆“十字军”MK2、14 辆“十字军”近距离支援型、11 辆“十字军”MK3、8 辆 M3“斯图亚特”、20 辆“瓦伦丁”MK3、5 辆“马蒂尔达”扫雷型）。除此之外，中东地区另有 1 500 辆正在进行运输、维修、改装和训练的英军坦克。相比之下，德军全部的可用坦克数量为 239 辆［包括 30 辆 2 号、81 辆 3 号、86 辆 3 号（长身管）、8 辆 4 号、30 辆 4 号（长身管）和 4 辆指挥坦克，维修单位仍在抢修的坦克数量为 2 辆 2 号、17 辆 3 号、1 辆 3 号（长身管）、2 辆 4 号］，意军全部的可用坦克和自行火炮数量为 302 辆（包括 14 辆 L3 快速坦克、255 辆 M13/40–41 中型坦克、33 辆 75/18 M40 自行火炮），即使两军加一起也只达到英军坦克总数的 20%。

▲ 蒙哥马利正与第 10 军军长拉姆斯登中将（中）及第 30 军军长利斯中将（右）商议有关在阿拉曼北部地区的进攻计划，照片摄于 10 月上旬。

装甲车数量方面，第 8 集团军共有 435 辆各型装甲侦察车，轴心国为 192 辆。

支援火炮数量方面，第 8 集团军共有 52 门 4.5 英寸、5.5 英寸中型野战炮和 832 门 25 磅炮。轴心国为 520 门，其中德军 220 门，意军 300 门。

反坦克炮数量方面，第 8 集团军共有 554 门 2 磅反坦克炮和 849 门 6 磅反坦克炮。轴心国为 1 060 门，其中德军 460 门，意军 600 门。

空中支援方面，皇家空军共有 730 架各型战机，其中 530 架可用。轴心国空军共有 675 架各型战机，其中 480 架可用。

事实将会证明，只有具备如此雄厚的条件，蒙哥马利才能在保持前线威慑力的同时，还能在后方加紧培训新的坦克车组。第 8 集团军过去的最大短板，便是装甲部队大多训练不足。假如他们再和以前一样盲目地出击，只会被德军打得伤亡惨重，甚至无法突破阿拉曼防线。

▲ 1942 年 10 月 23 日，在第 8 集团军即将参战的 1 029 辆一线坦克中，共有 252 辆 M4“谢尔曼”，170 辆 M3“格兰特 / 李”，294 辆“十字军”，194 辆“瓦伦丁”和 119 辆“斯图亚特”。图为参加训练的“李”巡洋坦克。

在蒙哥马利的“轻足”行动纲要中，由奥利弗·利斯中将指挥，部署在阿拉曼北部的英军第 30 军将负责主攻。该军下辖英军第 51 步兵师、印度第 4 步兵师、澳大利亚第 9 步兵师和南非第 1 步兵师，其任务是在德军雷场中打开 2 条通道，然后在“酢浆草”线（Oxalic line）附近建立 1 座桥头堡。如果作战取得成功，由赫伯特·拉姆斯登中将指挥的英军第 10 军将迅速跟进，以第 1、第 10 装甲师越过“酢浆草”线并切断位于“皮尔森”线（Pierson line）和“吝啬鬼”地区（Skinflint area）的德军补给线。照蒙哥马利看来，隆美尔必然会投入装甲师进行反击。只要能够摧毁德军的装甲预备队，后面的肃清围捕工作可以交给其他步兵师去办。

为阻止轴心国从阿拉曼南部地区抽调援军，英军第 13 军将在布里安·霍罗克斯中将指挥下，以第 44、第 50 步兵师，第 7 装甲师和自由法国第 1 步兵旅集群从南翼实施进攻，最终目标是北上占领达巴。

多亏英军战前的隐蔽工作十分到位，德军情报部门对于第 8 集团军的大规模调动居然一无所知。施图姆在 10 月 22 日晚发往国防军陆军最高司令部的报告中，只是简单地提了句“敌情未有任何变化”而已。

10 月 23 日

23 日晚 9 点 25 分，英军第 13 军集中 136 门火炮开始猛烈炮击轴心国阵地，持续时间约 30 分钟。晚 9 点 40 分，英军第 30 军也集中 450 门火炮对轴心国阵地实施了更大规模的火力压制，持续时间约 15 分钟。

晚 9 点 55 分起，英军暂时停止了炮击。大约 5 分钟后，第 30 军的 4 个师在 6 个装甲团和炮兵弹幕掩护下展开了全面进攻。意军第 102“特伦托”摩托化师的第 61 步兵团和德军第 164 轻非洲师的第 382 装甲掷弹兵团首先接敌，约 10 千米长的战线上到处是此起彼伏的射击声和叫嚷声。依靠隆美尔出色的战前部署策略，印度第 4 步兵师的侧翼牵制未能奏效，北线英军也没能及时穿越雷区。至 10 月 24 日凌晨，仅有半数部队进抵“酢浆草”线，使第 30 军的北线攻势陷入了停顿。

10 月 24 日

清晨 6 时许，隶属英军第 1 装甲师的扫雷坦克开辟出了 1 条可供车辆通行的雷场通道，但仍有 3 条雷场通道未能及时打通。在米泰尔利亚岭方向，第 10 装甲师的扫雷坦克已打开了 4 条雷场通道，可米泰尔利亚岭西面的轴心国军抵抗十分顽强，第 1、第 10 装甲师很可能无法前往“皮尔森”线，蒙哥马利于是下令第 10 军取消原先的计划，继续留在后方待机。

在阿拉曼南部，英军第 13 军针对戴尔埃尔马纳西布和盖雷特希梅马特的佯攻行动同样耗费了大量精力。负责扫雷的工兵部队在第二道布雷带前受阻，英军第 7 装甲师和自由法国第 1 步兵旅集群又遭遇意军第 185“闪电”伞兵师、德国空军第 1 猎兵旅和意军第 17“帕维亚”步兵师的顽强抵抗，进展要比预想的困难得多。

▲ 7 月 14 日，意军第 27“布雷西亚”步兵师在防守鲁韦萨特岭时遭受重创，师长贾科莫·隆巴尔迪少将被俘。押解途中，英军吉普遭到轴心国军射击，3 名英军士兵和 1 名意军军官身亡。隆巴尔迪得以侥幸逃生重返意军战线，但不幸却接踵而至——7 月 15 日在师部附近，隆巴尔迪被一架英军轰炸机投掷的炸弹击成重伤，第 27“布雷西亚”步兵师因此被交由贝尼托·布鲁内蒂少将指挥。图为 1942 年春，隆美尔与隆巴尔迪在昔兰尼加前线见面时拍摄的照片。

英军发起进攻当晚，距米泰尔利亚岭东北约几英里处就是施图姆的前线指挥部。他被震耳欲聋的炮火声惊醒，且很快收到了数份来自前线的战报，称英军已在多个地点突破了轴心国军防线。为了弄清楚情况，施图姆决定亲自去火线上看看。

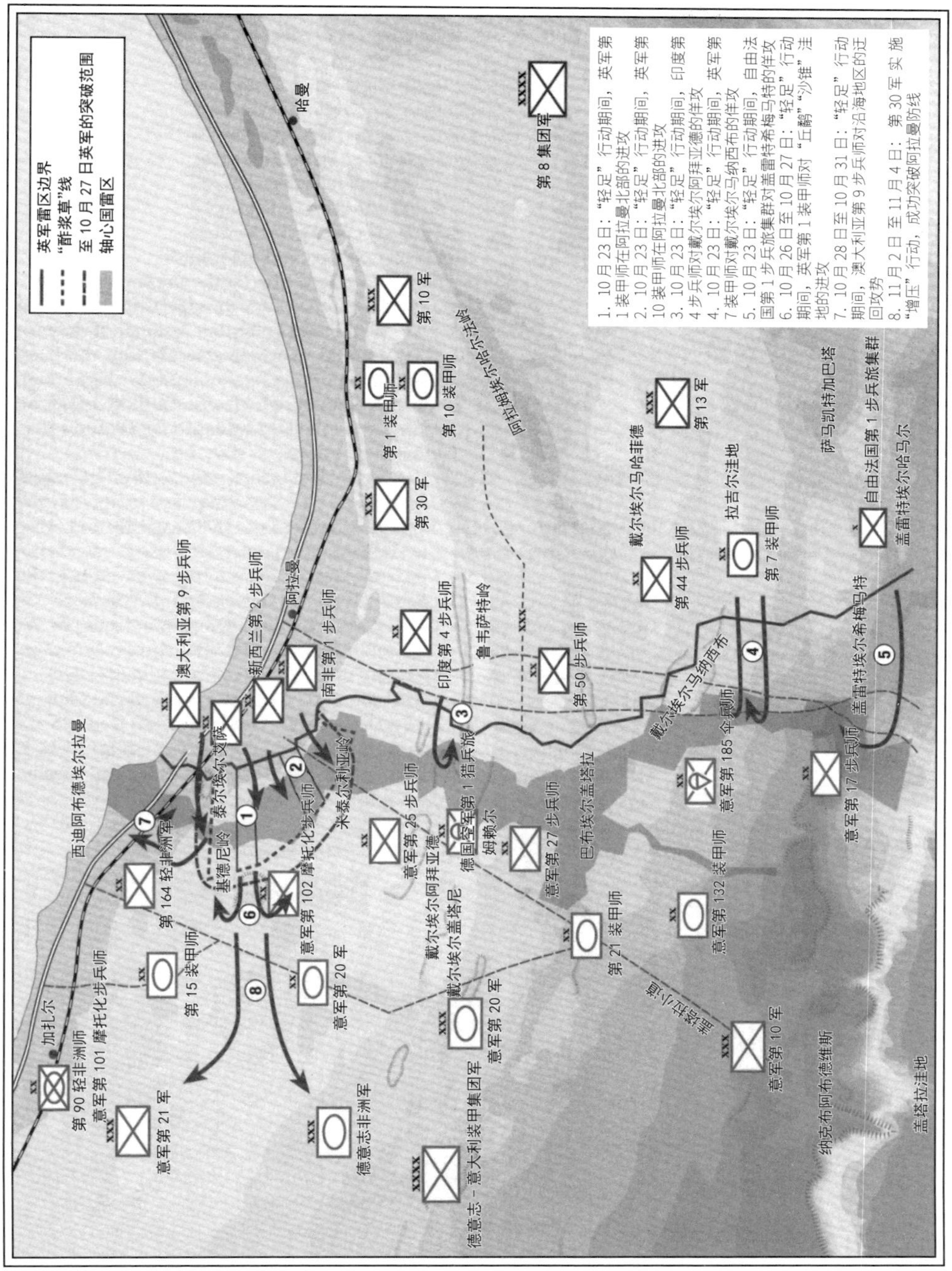

▲第二次阿拉曼战役的整体作战的过程示意图（1942 年 10 月 23 日至 11 月 4 日）。

不幸的是，当这位德国将军的座车行驶至“酢浆草”线附近时，澳军部队射来的子弹当场打死了同车的集团军通讯官安德烈亚斯·比希廷（Bndreas Buchting）上校。施图姆还没来得及跳车躲避，他的司机却突然来了个急转弯，造成施图姆本人直接被甩出车外——司机丝毫没有察觉，等他返回指挥部时才发现司令官失踪了。10月25日早上，德军巡逻队在一条小道旁找到了施图姆的尸体，宣布他因心脏病突发身亡。德意志非洲军军长冯·托马中将临危受命，指挥整个德意志－意大利装甲集团军。

10月24日下午，德军最高统帅部参谋长凯特尔元帅打电话给正在塞默林山区疗养的隆美尔，告诉他有关英军攻势及施图姆失踪的消息。隆美尔在自己的日记中写道：“凯特尔告诉我，英国人从前一天晚上，开始用猛烈的炮火和轰炸进攻阿拉曼。施图姆将军失踪了，他问我身体是否有所好转，能否返回非洲继续指挥作战。我回答可以，凯特尔告诉我他将随时告知我战况的发展，并且通知我何时需要返回非洲的指挥位置。随后的几小时里，我一直处于一种极度的焦虑之中，晚上希特勒亲自打电话给我，告诉我施图姆依然不见踪影——或死或被俘，问我是否可以马上动身去非洲。”

10月25日

25日一大清早，隆美尔便迫不及待地搭机飞往罗马。上午11点，座机在罗马机场着陆。冯·林特伦少将前来向他汇报了北非的最新战况：面对英军的迅猛攻势，德军第164轻非洲师和意军第102“特伦托”摩托化步兵师已有数个营的部队损失殆尽。施图姆仍处于失踪状态，而德意志－意大利装甲集团军的油料储备只够维持3天，急需额外补充。

▲炮击刚刚结束，英军第1、第10装甲师就派遣“马蒂尔达”“蝎”式扫雷坦克中队和皇家工兵部队深入“魔鬼花园”，开始进行艰苦而又危险的扫雷作业。据意军俘虏称，由于英军扫雷坦克在行进时会卷起大片尘埃并发出“奇特的轰鸣”，所以要比凶猛的炮击更让他们感到害怕。

25日下午，隆美尔飞抵克里特岛的赫拉克里翁机场，得知施图姆的尸体已被寻获。下午5点左右，隆美尔抵达马特鲁以东约35千米的盖萨巴机场（Qasaba airfield），立即跳上1

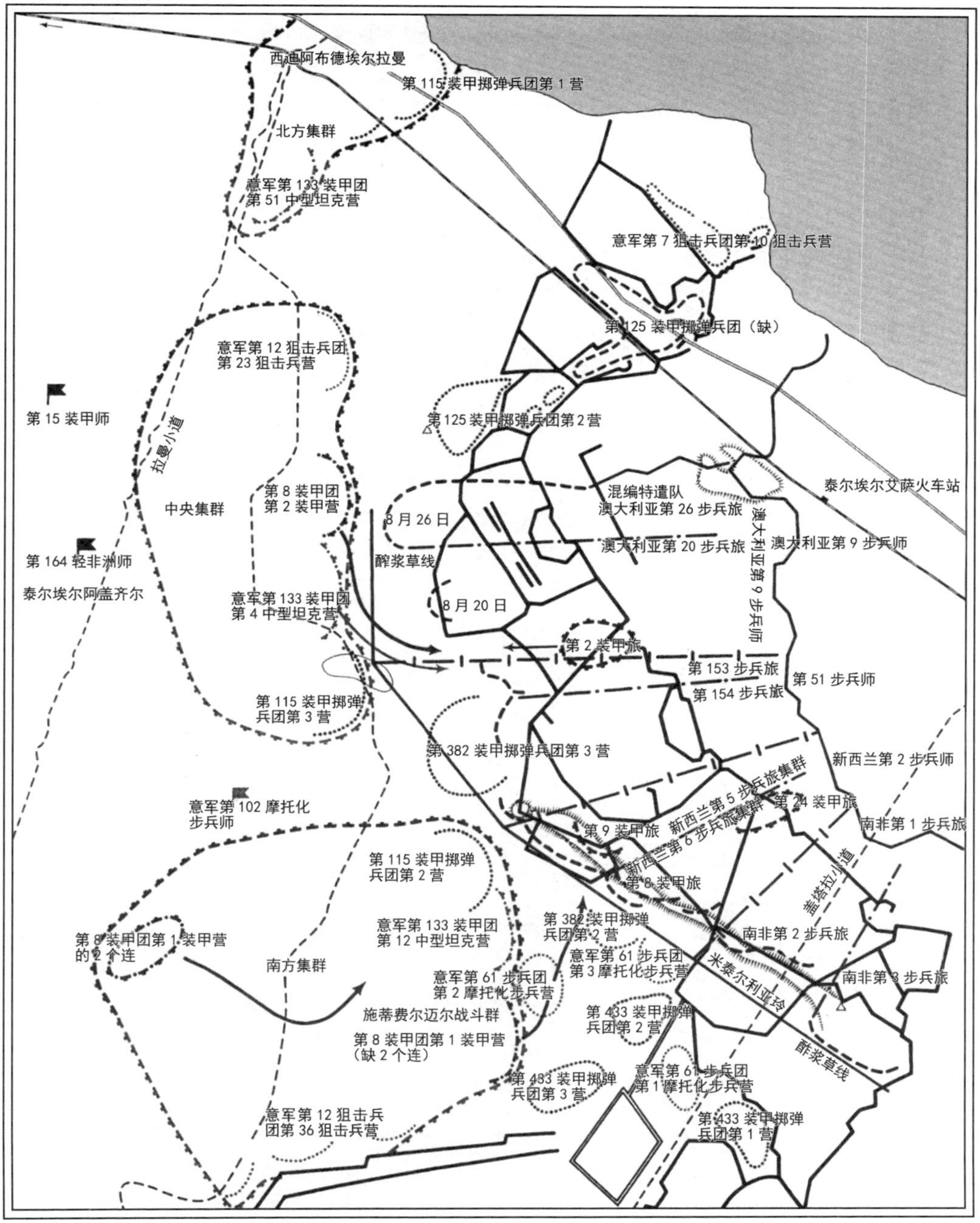

▲“轻足”行动初期，在阿拉曼北部地区交战的过程示意图（1942 年 10 月 23 日至 10 月 25 日）。

摘自皇家坦克团第5营坦克手埃里克·汤普森的回忆

我曾作为步兵参加过1940年的法国战役，但如今在阿拉曼，我却成了1辆“谢尔曼”坦克的装填手。这是我的初次实战，车组的其他乘员全是久经沙场的老兵。如果自己表现不佳的话，没准会被踢回到预备车组中去。

在驶往进攻集结地的途中，无论是规模庞大的坦克编队，还是令人震撼的炮击场面，时刻都在冲击着我的神经，让人感到既兴奋又紧张。随着中队逐步向前推进，敌人的炮火也愈发变得凶猛起来。我的车长警告我不要随便露头，但我还是忍不住要看看其他车辆是如何通过雷区的。我记得很清楚，当时有门德军反坦克炮在数百米外朝一队“维克斯”机枪手开火射击，车长一把将我拉下炮塔，并迅速关上舱盖。还好他反应及时，一枚德军穿甲弹突然贯穿了坦克右侧的主动轮，所幸履带安然无恙。“所有人都没事吧！”车长大声吼道。看来打中坦克的那枚炮弹口径较小，也许是50毫米或75毫米，反正肯定不会是88毫米的。我只是觉得奇怪，德军反坦克炮之后就没有继续朝我们射击，也许是被“维克斯”机枪组压制住了。无论真相如何，坦克仍在继续前进。

为避免再次被敌人击中，车长一直让驾驶员保持机动，我则忙着为坦克的75毫米主炮装填弹药。你要知道，车组其他乘员都有观察孔或潜望镜，而装填手通常只能通过打开的炮膛来观察车外的情况。驾驶员见到后又告诫我住手，因为弹片有时候会飞进炮膛击伤乘员，所以要我最好别这么干。

上午的战斗结束时，坦克内到处充斥着刺鼻的火药味。更让人难受的是，驾驶员是用75毫米弹药箱解决“个人问题”的。久而久之，这种气味也变得越来越重。就算敌人没有在阿拉曼干掉我，从驾驶员座椅下散发出的恶臭却差点把我给熏死！

架“鹳”式观测机，朝着阿拉曼方向飞去。直至天黑，他才被迫着陆，换乘指挥车驶往德意志－意大利装甲集团军司令部。等隆美尔到达目的地时，时间已是晚上6点30分。

在司令部，冯·托马中将和韦斯特法尔中校轮流向总司令作了汇报。照他们的所说，阿拉曼北部的轴心国军由于受到密集炮击和轰炸，现已重组为3个机动集群。其中的中央集群和南方集群曾多次向英军发起反击，但在英国人的强大火力面前，德军第15装甲师共有47辆坦克战损，意军第102“特伦托”摩托化步兵师失去了半数兵力和大部分火炮，德军第164轻非洲师也损失了2个营及数门火炮。

10月26日

隆美尔这天只睡了几个小时，早上5点就起床去参加司令部的作战会议。在会上，大多数参谋都认为英军未来很有可能会从沿海地区实施强攻，所以轴心国当前最紧要的任务是夺回位于泰尔埃尔艾萨以西约 8 千米的 29 号高地（德军地图上标注为 28 号高地）。但隆美尔认为光是这么做是不够的，必须对泰尔埃尔艾萨施加更多压力才行。上午 8 点，德军第 15 装甲师（48 辆可用坦克）、意军第 133“利托里奥”装甲师（128 辆可用坦克）和德军第 164 轻非洲师一同向“酢浆草”线扑去。第 30 军军长利斯中将对此早有防备，命令皇家空军和皇家炮兵全力迎战。至 26 日傍晚，德军第 15 装甲师损失了 17 辆坦克，意军第 133“利托里奥”装甲师损失了 40 辆坦克，却始终无法越过“酢浆草”线。得知行动失败后，隆美尔决定把驻守加扎尔的德军第 90 轻非洲师调往西迪阿布德埃尔拉曼（Sidi Abd el Rahman），把德军第 21 装甲师派去增援南方集群。晚上 9 点，第 21 装甲师奉命向北进发。由于受到皇家空军的持续袭扰，该师的行军速度受到了极大影响，预计最早要到 27 日才能与南方集群汇合。

尽管阿拉曼的形势相当不利，隆美尔却并不知道英军其实已成强弩之末。到 10 月 26 日结束时，第 8 集团军总共损失了近 300 辆坦克，齐头并进策略看来是行不通了。在这种情况下，蒙哥马利指示第 30 军将主攻方向集中在新西兰第 2 步兵师和澳大利亚第 9 步兵师的突破地段上。英军第 1、第 10 装甲师剩余的 600 辆坦克可为他们提供支援。

10 月 27 日

26 日深夜，英军第 10 军和第 30 军集中全部火炮，对轴心国的北部防线展开火力压制。等炮击一停，英军第 1 装甲师便派遣国王皇家来复枪部队第 2 营和来复枪旅第 2 营前去夺取基德尼岭（Kidney Ridge）附近由中央集群把守的“丘鹬”（Woodcock）、“沙锥”（Snipe）洼地。激战一直持续进行到 27 日天亮，英军又先后投入第 2、第 24 装甲旅，方才拿下基德尼岭南面的“沙锥”洼地。占领

▲ 10 月 25 日晚，隆美尔从德国返回阿拉曼的前线司令部，开始组织部队应对第 8 集团军的进攻。图为 10 月 31 日，隆美尔利用短暂空闲时间为其参谋长拜尔莱因上校颁发德意志金质十字勋章时拍摄的宣传照。

山坡后，来复枪旅第2营约300名官兵迅速布置好19门6磅反坦克炮，其中6门加强自第67反坦克团第239连。27日下午3点，隆美尔同时派出2支部队实施反击：德军第90轻非洲师和意军第7狙击兵团第10营负责从左翼攻打29号高地，施蒂费尔迈尔战斗群负责从右翼攻打“沙锥”洼地。至于之后发生的事情，隆美尔的日记是这样描述的：“下午3点钟，我们的俯冲轰炸机和炮兵部队不断猛轰指定地区。装甲部队开始前进了，敌军立即用强大的火力予以还击。由于敌人的防御力量十分强大——主要是固定阵地中的反坦克炮及许多坦克——我军在行动开始不久后就遭受了十分严重的损失，最终被迫撤退。”

10月28日

28日凌晨1点30分，英军第30军军长拉姆斯登中将指派第10装甲师的第133步兵旅前往“沙锥”阵地支援来复枪旅第2营，后者声称在27日下午的防御战中总共摧毁了22辆德军坦克和10辆意军坦克，自身损失为72名官兵和18门6磅反坦克炮。但让第133步兵旅始料未及的是，来复枪旅第2营由于担心受到德军夜袭，已于27日夜晚放弃“沙锥”洼地撤走了（该营营长维克多·特纳中校凭借27日的作战表现获得了一枚维多利亚十字勋章）。由于联络意外中断，第133步兵旅右翼的皇家苏塞克斯步兵团第4营不断遭到德军施蒂费尔迈尔战斗群的袭击，总共造成400多人伤亡和失踪。同属第133步兵旅的另外2个营——皇家苏塞克斯步兵团第2、第5营则因为弄错方向，在离“沙锥”洼地约半英里外的地方设立了防区，自然也就没能完成上级托付的任务。

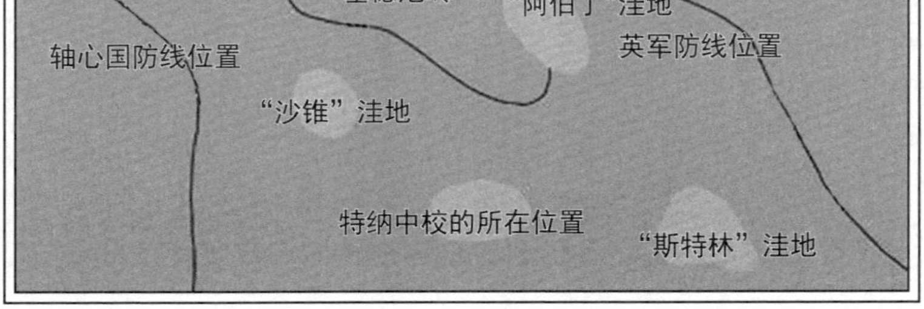

▲ 10月27日，由特纳中校指挥的来复枪旅第2营在保卫基德尼岭“沙锥”洼地的战斗中成功击毁了不少轴心国坦克，这是当时的周边区域地图。虽然基德尼岭因形似腰子而得名，但它实际上只是座海拔约30米的小沙丘。

27日下午，德军第21装甲师主力抵达阿拉曼北部。经过油料补充，第15、第21装甲师在28日上午试图向基德尼岭进军，却被部署在泰尔埃尔艾萨的第30军军属炮兵部队击退。这是隆美尔在第二次阿拉曼战役期间最后一次采取主动攻势，其后的主导权便完全被第 8 集团军所掌握。

28 日晚 9 点左右，蒙哥马利命令澳大利亚第 9 步兵师朝沿海地区发起进攻，目的是肃清盘踞在 29 号高地北面的轴心国部队。整整 1 小时内，英军第 10、第 30 军的炮兵部队将大量弹药倾泻在轴心国防线上。德意志 – 意大利装甲集团军的作战报告把这次炮击称作“前所未见，最为猛烈的火力展示”。隆美尔也在日记中写道：“从司令部外，我能望见远方地平线上的炮口闪光和隆隆射击声。原本漆黑一团的夜空被照明弹照得通亮，英军轰炸机一次又一次呼啸着将致人死命的货物丢到我军头上。恐怕无人能够想象当晚我有多么地焦虑，以至于整晚都睡不着觉。”

澳军的攻势于晚 10 点正式开始。其中澳大利亚第 20 步兵旅和皇家坦克团第 40 营的左翼进军十分顺利，一度深入德军第 155 装甲掷弹兵团的防线。但右翼的澳大利亚第 26 步兵旅和皇家坦克团第 46 营便没有这么好运气了，他们在 29 号高地东北约半英里处遇到了轴心国部队的顽强抵抗，有些地方甚至爆发了激烈白刃战。考虑到皇家坦克团第 46 营只有 7 辆步兵坦克跟随澳军前锋突入轴心国阵地，蒙哥马利下令澳大利亚第 26 步兵旅停止进攻，命其转入防御。尽管行动中止，澳军的“右勾拳”攻势还是取得了部分战果：德军第 90 轻非洲师下属的第 155、第 361 装甲掷弹兵团被澳军部队割裂开来，第 125 装甲掷弹兵团第 2 营及意军第 7 狙击兵团第 10 营遭到重创，官兵伤亡近 400 人。澳军方面共有 27 人阵亡，290 人负伤。

10 月 29 日

29 日早上，隆美尔得知了一个令他心碎的坏消息：载有 200 万升（约 1 500 吨）汽油的意大利“路易西亚诺”号油轮（Luisiano）在希腊以西海域被英军战机空投的鱼雷击沉。恰好那时德意联络代表巴尔巴塞蒂 · 普鲁恩中将来到集团军司令部，隆美尔对他发了一顿脾气，过了好些时候才镇静下来。鉴于库存油料即将耗尽，隆美尔开始考虑要不要从阿拉曼地

▲ 由 AFPU 战地摄影师伦 · 切特温中士拍摄的一组表现“俘获德军坦克”的经典镜头，曾在战后的战史书籍和各种刊物中反复出现。其实都是事后补拍的照片，并遭到其他冒着生命危险拍摄实战镜头的摄影师们的抗议。

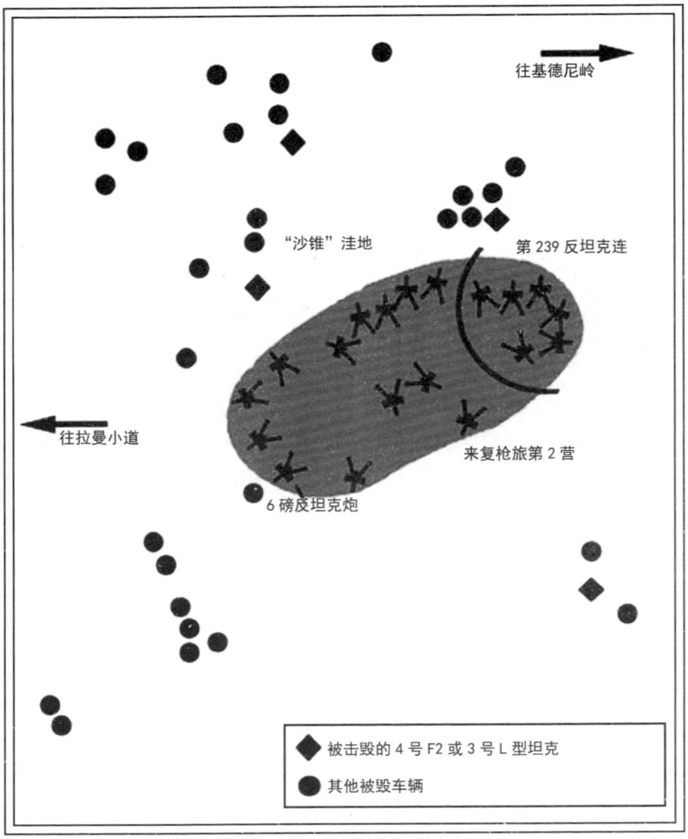

▲ 据英军战报称，施蒂费尔迈尔战斗群刚从驻地出发就被他们的炮手发现。"敌方坦克似乎完全没有注意到基德尼岭附近有我军埋伏，就这么大大咧咧地从洼地两侧约 500–1 000 米开外驶过，并将薄弱的侧翼暴露出来。"图为来复枪旅第 2 营和第 239 反坦克连在"沙锥"洼地的布防情况，周围散落着被击毁的德意作战车辆。

区撤退。"那天早晨我下定决心，一旦英军的压力增大，我便会在最后关头到来之前自动撤往富卡。"

为了减少燃料消耗，隆美尔命令第 21 装甲师主力朝泰尔埃尔阿盖齐尔地区（Tell el Aqqaqir）转移，意军第 101"的里雅斯特"摩托化步兵师将顶替它在南方集群的位置。与此同时，第 90 轻非洲师的第 155、第 361 装甲掷弹兵团已撤回西迪阿布德埃尔拉曼附近进行休整，普法伊夫战斗群和德意志 – 意大利装甲集团军战斗队将被派去支援第 90 轻非洲师。第 125 装甲掷弹兵团和意军第 7 狙击兵团第 10 营继续留在沿海地区，防止澳军切断铁路和海岸公路。

依靠"超级机密"提供的情报，蒙哥马利得以及时了解轴心国的布防变动。他在 29 日的日记中写道："德军今日加强了沿海地区的防御，打算从右翼阻挡我军。但这样做就会削弱 29 号高地南面的防御，并会拉大部队之间的空隙。所以我决定让第 30 军回到原来的进攻轴线上，先对中央地段的薄弱环节开刀，然后再设法击败隆美尔。"

照蒙哥马利看来，这场名为"增压"行动（Operation Supercharge）的突破作战将于 10 月 31 日或 11 月 1 日晚上启动。在此之前，澳大利亚第 9 步兵师必须尽可能地牵制住沿海地区的轴心国部队，以便第 30 军能有足够的时间来筹备进攻。

29 日晚，英国首相丘吉尔收到阿拉曼前线的作战报告，对第 8 集团军 5 天以来不断调整部署的举动表示相当不满。“停滞不前就意味着失败。”他甚至做出了这样的评价。帝国总参谋长艾伦·布鲁克上将对此解释说，那些其实都是为了后续攻势而采取的必要措施，这才打消了首相的疑虑。

10 月 30 日至 10 月 31 日

30 日晚上，澳大利亚第 9 步兵师如期从沿海突出部发起了第 3 轮攻势。战斗开始前，皇家空军的战斗轰炸机已对轴心国阵地实施了 10 小时不间断空袭。到傍晚时，150 架“惠灵顿”中型轰炸机又投弹 80 余吨，据称“摧毁不少地面防御设施和车辆”。

晚 10 点左右，澳军第 26 步兵旅和皇家坦克团第 40 营在炮兵弹幕掩护下朝东北方向挺进，很快便与第 125 装甲掷弹兵团第 1、第 3 营的部队遭遇。由于德军抵抗十分激烈，澳军的东进被阻止了。31 日凌晨 4 点半，澳军第 26 步兵旅再次向北发动进攻。虽然其中 1 个营顶着德军炮火占领了比尔布西夫希（Bir bu Sifsi）以北的铁路枢纽，另外 2 个营却明显落后半拍，这样便给隆美尔的反扑创造了机会。没过多久，第 90 轻非洲师就从西迪阿布德埃尔拉曼派出第 361 装甲掷弹兵团向澳军展开猛攻。当天下午，普法伊夫战斗群也从西南方赶来支援第 361 装甲掷弹兵团。在汤普森哨所（Thompson’s Post）附近持续数小时的交锋中，皇家坦克团第 40 营损失了 21 辆“瓦伦丁”步兵坦克，澳军第 26

▲ 德军第 5 装甲团第 1 装甲营营长维尔纳·米尔德布拉特少校在 4 号 F2 坦克上拍摄的宣传照。他在 1942 年 7 月至 10 月曾代理指挥过第 15 装甲师的第 8 装甲团，并于 8 月 14 日获得了一枚十字勋章。

▲ 10 月 31 日，为肃清澳大利亚第 9 步兵师在沿海地区形成的突出部，拜尔莱因（左）、特奥多尔·冯·施波内克（中，新任第 90 轻非洲师师长）和冯·托马（右）3 人正在共同商讨反击计划。

▲ 德军第 21 装甲师的普法伊夫战斗群直接参与了 10 月 31 日下午发起的反击行动。图为第 21 装甲师师长海因茨 · 冯 · 兰道少将（右起第 2 人）正与师部参谋们进行协商，照片中央正对镜头的人是第 104 装甲掷弹兵团第 3 营营长维尔纳 · 莱斯曼上尉。

步兵旅差点被德军击溃。11 月 1 日，普法伊夫战斗群又一次洞穿了澳军突出部，部分德军坦克甚至与海岸东面的第 125 装甲掷弹兵团和意军第 7 狙击兵团第 10 营接上了头。隆美尔在 31 日的家信中写道："我离家至今只有 1 个星期。这一星期的真正苦战，我们常常怀疑是否还能守得住。虽然每次都勉强撑过来了，可损失极大。我总在不停地赶路，哪有危险就往哪里去。昨天上午北面的情况异常危险，到了夜间才好歹稳定住了。这种情况真让人的神经吃不消，不过我的体力还好。有批补给据说已经在运输途中。令人感到悲哀的是，等它们运到的时候，我们可能已经没有希望了。"

北非德军的武器装备与后勤（1941 年至 1942 年）

制服

在北非大放异彩的德国军队，实际上完全没有任何沙漠作战的经验，甚至连出兵之前都完全未做好准备，或者说根本不知道要准备什么。包括德军所使用的热带制服，很多还是由意大利生产的。这些早期配发的棉布热带作战服非常不适合北非沙漠环境，白天显得闷热潮湿，晚上又无法真正保暖。旧式遮阳帽很快被钢盔和便帽代替，部分官兵甚至借用意军的夹克或缴获的英军外套来穿。代表骑士精神的黑色装甲兵夹克很快就被扔掉，换来的是亚麻质地的开领热带制服。

高发病率

除了制服问题之外，疾病也是困扰隆美尔的难题之一。1942 年 8 月，刚刚抵达埃及不久的拉姆克伞兵旅竟有超过半数以上的官兵因病无法参战。这其中固然有水土不服或水源污染等客观因素存在，但许多德军士兵确实非常厌恶由意大利人提供的军队伙食，他们嫌这些食物里的脂肪、蛋白质过高而维他命含量过低，不少人因此出现挨饿或体重减轻的症状，就连隆美尔自己都在第二次阿拉曼战役前夕胃病发作，被迫返回德国休养。

补给

根据英国方面的观察，尽管轴心国部队经常出现弹药与油料短缺，他们的淡水补给却从未中断过。实际上从 1941 年 3 月开始，隆美尔便为德意志非洲军组建了各种淡水运输连（28 辆车）、淡水蒸馏连（105 辆车）、淡水运输队和淡水过滤运输队（30-60 吨级汽车运输队），从而大大缓解了用水紧张的问题。

步兵武器

普通士兵

Kar98K 7.92 毫米栓动步枪（有效射程 500 米，加装瞄准镜后可达 1 000 米）

24 型长柄手雷

39 型卵形手雷

班长 / 排长

MP38/MP40 9 毫米冲锋枪（有效射程 100-200 米）

军官

鲁格 P08 9 毫米手枪（有效射程 50 米）

P38 9 毫米手枪（有效射程 50 米）

步兵反坦克武器

Pzb38，Pzb39 型 7.92 毫米反坦克枪（300 米可穿透 20 毫米均质垂直装甲），后期更换为穿透能力更强的 sPzb41 28 毫米反坦克枪（500 米可穿透 40 毫米均质垂直装甲）

营连属支援武器

MG34 7.92 毫米通用机枪（有效射程 2 000 米），后期更换为射速更高的 MG42 通用机枪（有效射程 2 000 米）

leGrW36 50 毫米迫击炮（最大射程 520 米）

sGrW34 81 毫米迫击炮（最大射程 2 400 米）

团属支援武器

leIG18 75 毫米步兵炮（最大射程 3 550 米）

sIG33 150 毫米步兵炮（最大射程 4 700 米）

LG40 75 毫米无后坐力炮（有效射程 6 800 米）

1941 年 4 月，第 5 轻装甲师的第 200 特别步兵团共有 92 挺重机枪和轻机枪，18 支反坦克枪，30 门 50 毫米迫击炮和 81 毫米迫击炮，21 门 37 毫米反坦克炮。第 15 装甲师的第 15 步兵旅共有 366 挺重机枪和轻机枪，75 门 50 毫米迫击炮和 81 毫米迫击炮，15 门 37 毫米反坦克炮，6 门 50 毫米反坦克炮，22 门步兵炮。

1941 年 9 月，第 21 装甲师共有 64 挺重机枪和 132 挺轻机枪，11 支反坦克枪，27 门 50 毫米迫击炮，18 门 81 毫米迫击炮，9 门 37 毫米反坦克炮，19 门 50 毫米反坦克炮，4 门 75 毫米步兵炮和 2 门 150 毫米步兵炮。第 15 装甲师共有 78 挺重机枪和 187 挺轻机枪，11 支反坦克枪，36 门 50 毫米迫击炮，24 门 81 毫米迫击炮，12 门 37 毫米反坦克炮，10 门 50 毫米反坦克炮，6 门 75 毫米步兵炮，2 门 150 毫米步兵炮。非洲特别师共有 84 挺重机枪，334 挺轻机枪，148 支反坦克枪，42 门 50 毫米迫击炮，42 门 81 毫米迫击炮。

1941 年 11 月初，第 21 装甲师共有 66 挺重机枪和 237 挺轻机枪，11 支反坦克枪，30 门 50 毫米迫击炮，18 门 81 毫米迫击炮，15 门 37 毫米反坦克炮，37 门 50 毫米反坦克炮，24 门 75 毫米步兵炮，8 门 150 毫米步兵炮，4 门 105 毫米加农炮（加强）

1942 年 4 月，德军步兵团在扩编的同时将大部分重武器下放到连，使得每个团的机枪数量比 1941 年时多了 1 倍。81 毫米迫击炮，50 毫米反坦克炮和 28 毫米反坦克枪的装备率也随之开始攀升

坦克

1 号 A 型坦克

1941 年 3 月投入北非战场的轻型坦克，重约 5.4 吨，武备为 2 挺 MG34 机枪，最大正面装甲厚度为 13 毫米。尽管该车在沙漠环境中的表现十分糟糕，第 5 装甲团到 1941 年 10 月 9 日时仍保留有 13 辆 1 号坦克

2 号 C 型坦克

1941 年 3 月投入北非战场的轻型坦克，重约 7.2 吨，武备为 1 门 Kwk30 20 毫米 L55 机关炮和 1 挺 MG34 机枪，最大正面装甲厚度为 14.5 毫米。该车的火力和防护较差，一般只适合承担侦察任务和警戒任务

2 号 F 型坦克

1941 年 12 月投入北非战场的轻型坦克，最大正面装甲厚度为 35 毫米

3 号 F 型坦克

1941 年 3 月少量投入北非战场的中型坦克，重约 23 吨，武备为 1 门 Kwk38 50 毫米 L42 坦克炮和 2 挺 MG34 机枪，最大正面装甲厚度为 30 毫米

3 号 G 型坦克

1941 年 3 月投入北非战场的中型坦克，重约 23 吨，武备为 1 门 Kwk38 50 毫米 L42 坦克炮和 2 挺 MG34 机枪，在装甲防护上主要增加了炮塔防盾的厚度。该车的热带型号加装了空气/油料滤清器以保护引擎和变速箱不受沙尘侵袭，从而有效提高了车辆的可靠性

3 号 H 型坦克

1941 年 3 月投入北非战场的中型坦克，加装了 30 毫米附加装甲

3 号 J 型坦克

1941 年 9 月投入北非战场的中型坦克，最大正面装甲厚度为 50 毫米

3 号 J 型坦克后期型

1942 年 4 月投入北非战场的中型坦克，加装了 20 毫米附加装甲

3 号 J 型坦克（长）

1941 年 12 月投入北非战场的中型坦克，武备更换为 1 门 Kwk39 50 毫米 L60 坦克炮和 2 挺 MG34 机枪，最大正面装甲厚度为 50 毫米

3 号 J 型坦克（长）后期型

1942 年 5 月投入北非战场的中型坦克，加装了 20 毫米附加装甲

3 号 L 型坦克

1942 年 6 月投入北非战场的中型坦克，增加了车载弹药数量

4 号 D 型坦克

1941 年 3 月投入北非战场的中型坦克，重约 25 吨，武备为 1 门 Kwk37　75 毫米 L24 坦克炮和 2 挺 MG34 机枪，最大正面装甲厚度为 30 毫米，主要用于对付工事和敌方步兵

4 号 E 型坦克

1941 年 3 月投入北非战场的中型坦克，加装了 30 毫米附加装甲

4 号 F 型坦克

1941 年 12 月投入北非战场的中型坦克，最大正面装甲厚度为 50 毫米

4 号 F2 型坦克

1942 年 6 月投入北非战场的中型坦克，武备更换为 1 门 Kwk40　75 毫米 L43 坦克炮和 2 挺 MG34 机枪，最大正面装甲厚度为 50 毫米

德军第 5，第 8 装甲团的编制情况（1941 年至 1942 年）

1941 年 3 月时，德军第 5 轻装甲师的第 5 装甲团共编有 1 个团部和 2 个装甲营。其具体编成如下：团部下辖 1 个装甲通信排（2 辆 3 号指挥坦克和 1 辆 3 号坦克），2 个轻型装甲排（各 5 辆 2 号坦克），1 个装甲维修连和 1 个容纳多余坦克的装甲预备队；每个装甲营下辖 1 个营部，1 个装甲预备队和 3 个装甲连（包括第 1 装甲营的第 1、第 2 轻型装甲连和第 4 中型装甲连，第 2 装甲营的第 5、第 6 轻型装甲连和第 8 中型装甲连）；每个营部下辖 1 个装甲通信排（2 辆 3 号指挥坦克，1 辆 3 号坦克）和 1 个轻型装甲排（5 辆 2 号坦克）；每个轻型装甲连下辖 1 个连部排（2 辆 3 号坦克），1 个轻型排（5 辆 2 号坦克）和 3 个装甲排（各 5 辆 3 号坦克）；每个中型装甲连下辖 1 个连部排（2 辆 4 号坦克），1 个轻型排（5 辆 2 号坦克）和 2 个装甲排（各 4 辆 4 号坦克）。所以从理论上讲，第 5 装甲团全团共有 6 辆指挥坦克，60 辆 1 号或 2 号坦克（德军经常用 1 号坦克来补充数量不足的 2 号坦克），71 辆 3 号坦克和 28 辆 4 号坦克。但在 1941 年 3 月 10 日，第 5 装甲团的实际坦克数量为：7 辆指挥坦克，25 辆 1 号坦克，45 辆 2 号坦克，61 辆 3 号坦克（10 辆在海运途中损失）和 17 辆 4 号坦克（3 辆在海运途中损失）。作为对比，当德军第 15 装甲师于 5 月中旬抵达北非时，该师的第 8 装甲团共有 144 辆坦克，其中包括 45 辆 2 号坦克，71 辆 3 号坦克、28 辆 4 号坦克

1941 年 4 月时，第 15 装甲师的第 8 装甲团与第 5 装甲团的结构基本一致，只是番号变成第 1 装甲营的第 1、第 2 轻型装甲连和第 3 中型装甲连，第 2 装甲营的第 5、第 6 轻型装甲连和第 7 中型装甲连

1942 年 3 月时，第 5，第 8 装甲团的 4 个装甲营均增设 1 个轻型坦克排，1 个中型坦克排和 1 个装甲预备队，使全团的中型坦克数量从 75 辆增加到 135 辆，轻型坦克数量从 45 辆减少到 29 辆

反坦克炮，突击炮，自行火炮，坦克歼击车及防空武器

Pak36 37 毫米反坦克炮（500 米上可穿透 31 毫米均质垂直装甲）

1941 年 3 月投入北非战场的德军制式反坦克炮，却因低劣的穿甲性能逐步被 Pak38 取代

Pak38 50 毫米反坦克炮（500 米上可穿透 79 毫米均质垂直装甲）

1941 年 7 月投入北非战场，很快成为德军的主力反坦克炮之一

Pak36（r）76.2 毫米反坦克炮（500 米上可穿透 120 毫米均质垂直装甲）

由 1941 年“巴巴罗沙”行动初期缴获的苏制 F-22 76.2 毫米师属火炮（德军编号 FK296r）改造而成，1942 年 1 月投入北非战场，却始终无法满足编制上的需求。从 1942 年 1 月至 1943 年 5 月，北非德军总共只接收了 161 门 76.2 毫米反坦克炮，其中不仅包括牵引式反坦克炮，也包括经过自行化改造的坦克歼击车

Pak41 42 毫米反坦克炮（500 米上可穿透 84 毫米均质垂直装甲）

1942 年 8 月少量投入北非战场的一种锥膛炮，只使用碳化钨芯穿甲弹，主要装备德军伞兵部队

Pak97/38 75 毫米反坦克炮（500 米上可穿透 82 毫米均质垂直装甲）

由法制施耐德 75 毫米 M1897 野战炮改造而成，1942 年 1 月投入北非战场，用于补充数量不足的苏制 76.2 毫米反坦克炮

3 号 D 型突击炮

由 3 号坦克底盘改造而成，1941 年 11 月投入北非战场，重约 23 吨，武备为 1 门 Stuk37 75 毫米 L24 突击炮，最大正面装甲厚度 50 毫米。该车在北非十分罕见，只有第 288 特战队编有 1 个突击炮排，主要用于支援步兵作战。其中 1 辆在比尔哈凯姆之战中被自由法国第 1 步兵旅集群击毁，另外 2 辆在第二次阿拉曼战役后期被英军缴获

2 号 150 毫米自行步兵炮

由 2 号坦克底盘改造而成，1942 年 5 月投入北非战场，重约 11.2 吨，武备为 1 门 sIG33 150 毫米步兵炮，最大正面装甲厚度为 30 毫米。该车主要装备第 707，第 708 步兵炮连，承担各种火力支援任务

3 号 150 毫米自行步兵炮

由 3 号坦克底盘改造而成，1942 年 9 月投入北非战场，重约 20.3 吨，武备为 1 门 sIG33 150 毫米步兵炮，最大正面装甲厚度为 30 毫米。该车仅仅制造了 1 辆，在第 708 步兵炮连服役

Sdkfz.135/1 150 毫米自行榴弹炮

由法制“洛林”37L 牵引车底盘改造而成，1942 年 8 月投入北非战场，重约 8.5 吨，武备为 1 门 sFH13/1 150 毫米榴弹炮，最大正面装甲厚度为 12 毫米。该车主要装备德军第 33、第 155 装甲炮兵团的第 10 炮兵连，承担各种火力支援任务

1 号坦克歼击车

由 1 号坦克底盘改造而成，1941 年 3 月投入北非战场，重约 6.4 吨，武备为 1 门 Pak36（t）47 毫米 L43 反坦克炮（500 米上可穿透 61 毫米均质垂直装甲），最大正面装甲厚度为 13

毫米。该车主要装备第 605 装甲歼击营，是德军在北非战役初期装备的第一款坦克歼击车

2 号装甲自行火炮

原名“搭载 75 毫米 L41 加农炮的 5 吨牵引车”，是一款由 HKP902 底盘改造而成的试验型半履带反坦克炮车，整个“二战”中只制造了 2 辆。重约 11 吨，武备为 1 门莱茵金属公司开发的 75 毫米 L41 加农炮，最大正面装甲厚度为 20 毫米。两车分别于 1942 年 1 月 17 日和 2 月 23 日投入北非战场，原计划装备第 605 装甲歼击营第 4 连，3 月 8 日转属非洲装甲集团军战斗队并参加了 5 月进行的加扎拉战役。其中 1 辆不久即被英军缴获（日期不明），另 1 辆于 6 月 5 日损失，战果为 3 辆英军坦克

Sdkfz.6/3“迪安娜”半履带反坦克炮车

由 Sdkfz.6 牵引车底盘改造而成，1942 年 1 月少量投入北非战场，重约 10.1 吨，武备为 1 门 FK296（r）76.2 毫米野战炮（500 米上可穿透 70 毫米均质垂直装甲），最大正面装甲厚度为 5 毫米。该车主要装备第 605 装甲歼击营，用于替换火力不足的 1 号坦克歼击车

Sdkfz.139“貂鼠”3 坦克歼击车

由捷克 38T 坦克底盘改造而成，1942 年 7 月投入北非战场，重约 10.7 吨，武备为 1 门 Pak36（r）76.2 毫米反坦克炮，最大正面装甲厚度为 50 毫米。该车主要装备德意志非洲军战斗队，第 33，第 39 装甲歼击营和第 220 侦察营，是德军在北非战役后期装备的主要坦克歼击车之一

Sdkfz.10/4 半履带高射炮车

1941 年 3 月投入北非战场，重约 5.5 吨，武备为 1 门 Flak 30 L65 20 毫米高射炮（射速 120-180 发 / 分钟，有效射高 2 200 米）。该车主要装备陆军防空营，承担各种防空作战任务

Sdkfz.7/1 半履带高射炮车

1942 年 9 月投入北非战场，重约 11.5 吨，武备为 1 门 Flak 38 L65 20 毫米四管高射炮（射速 800 发 / 分钟，有效射高 2 200 米）。该车主要装备陆军防空营，承担各种防空作战任务

Flak36 88 毫米高射炮（射速 15 发 -20 发 / 分钟，有效射高 9 900 米）

北非战役初期，由于德军缺乏一款能够有效对付英军步兵坦克的强力反坦克炮，克虏伯公司的 Flak36 88 毫米高射炮经常作为对地反坦克武器使用，却获得了意料之外的丰厚战果。尽管如此，相比其他国家的同类火炮，Flak36 的防空能力并不特别突出，甚至不如意军的 90/53 M1939 高射炮。该炮主要装备第 135 防空团和其他空军独立防空营，跟随德军参加了北非战场的历次重大战役

Flak41 88 毫米高射炮（射速 15 发 -20 发 / 分钟，有效射高 13 100 米）

莱茵金属公司开发的改进型 88 毫米高射炮，将炮口初速提高到 1 000 米 / 秒，从而获得了更大的射程。1943 年初少量装备空军防空营，实验性地投入突尼斯防空战

其他装甲车辆和非作战车辆

Sdkfz.221 装甲侦察车

1941 年 3 月投入北非战场，重约 4 吨，武备为 1 挺 MG34 轻机枪，最大正面装甲厚度为 8

毫米，主要装备德军各个装甲侦察营

Sdkfz.221 装甲侦察车（改）

1942 年 5 月投入北非战场，重约 4.2 吨，武备更换为 sPzB41 28 毫米 L61 反坦克枪，主要装备德军各个装甲侦察营

Sdkfz.222 装甲侦察车

1941 年 3 月投入北非战场，重约 4.8 吨，武备为 1 门 Kwk30 20 毫米 L55 机关炮，最大正面装甲厚度为 8 毫米，主要装备德军各个装甲侦察营

Sdkfz.223 装甲侦察车

1941 年 3 月投入北非战场，重约 4.4 吨，武备为 1 挺 MG34 轻机枪，加装了中距离无线电设备和无线电框架，最大正面装甲厚度为 8 毫米，主要装备德军各个装甲侦察营

Sdkfz.231 装甲侦察车

1941 年 3 月投入北非战场，重约 8.3 吨，武备为 1 门 Kwk30 20 毫米 L55 机关炮，最大正面装甲厚度为 15 毫米，主要装备德军各个装甲侦察营

Sdkfz.232 装甲侦察车

1941 年 3 月投入北非战场，重约 8.3 吨，加装了中距离无线电设备和无线电框架，最大正面装甲厚度为 15 毫米，主要装备德军各个装甲侦察营

Sdkfz.233 装甲侦察车

1942 年 10 月投入北非战场，重约 8.7 吨，武备为 1 门 Kwk37 75 毫米 L24 坦克炮，最大正面装甲厚度为 15 毫米，少量装备德军装甲侦察营的装甲突击排

1941 年底时，北非战场的德军装甲师理论上总共编有 3 500-4 000 辆机动车，其中近 90% 是没有装甲防护的轮式运输车。以第 21 装甲师为例，该师在 1941 年 12 月共有 1 000 辆摩托车（包括 700 辆挎斗摩托），1 000 辆汽车（包括 450 辆桶车，350 辆 Kfz.12，Kfz.17 中型指挥车，15 辆 Kfz.21，Kfz.23 重型指挥车，150 辆 Kfz.69，Kfz.70，Kfz.81 人员输送车，52 辆 Kfz.31 救护车）和 1 700 辆卡车（大部分为双轮驱动的中型卡车，只有 45 辆四轮驱动的欧宝“闪电”卡车）

装甲作战车辆方面，第 21 装甲师在 1941 年 11 月初共有 10 辆 Sdkfz.251/1 半履带车，3 辆 Sdkfz.251/6 半履带指挥车，6 辆 Sdkfz.251/7 半履带工程车，36 辆 Sdkfz.253 炮兵观测车，11 辆 Sdkfz.7 半履带牵引车（8 吨），8 辆 Sdkfz.9 半履带牵引车（18 吨），75 辆 Sdkfz.10 半履带牵引车（1 吨），45 辆 Sdkfz.11 半履带牵引车（3 吨），64 辆装甲侦察车（主要装备第 3 装甲侦察营），以及 13 辆 3 号指挥坦克（包括 Sdkfz.266，Sdkfz.267，Sdkfz.268，主要装备第 5 装甲团和第 200 装甲通信营）

到北非战役后期，第 15，第 21 装甲师在 1942 年 11 月初共有 15 辆 Sdfkz.251/1 半履带车，1 辆 Sdkfz.250/1 半履带车，1 辆 Sdkfz.250/3 半履带指挥车，4 辆 Sdkfz.221 装甲侦察车，12 辆 Sdkfz.222，4 辆 Sdkfz.223 装甲侦察车，2 辆 Sdkfz.231 装甲侦察车，2 辆 Sdkfz.232 装甲侦察车，2 辆 Sdkfz.254 炮兵观测车，2 辆 Sdkfz.260 装甲通信车，12 辆

Sdkfz. 261 装甲通信车，2 辆 Sdkfz. 263 装甲通信车

由于国防军陆军总司令部的疏忽，最初派往北非的机动车辆用的都是汽油，而意军后勤补给单位提供的却是柴油，造成初期可用运输车数量锐减。更糟糕的是，许多德军机动车都是从民用车辆改造而成，非常不适合热带沙漠环境。比如桶车的引擎寿命仅有 5 000 公里，换装特制过滤器后才达到 12 000-14 000 公里（该车的实际引擎寿命为 60 000-70 000 公里）。德军的坦克也没好到哪儿去，几乎每行驶 3500 公里就要更换一次引擎（正常情况下，坦克连续行驶 7 000-8 000 公里才需要更换引擎）。1941 年 8 月，第 21 装甲师的后勤补给单位只有 191 辆卡车可用，剩下的 124 辆处于维修状态。1942 年 1 月，第 21 装甲师总共缺编 625 辆摩托车，565 辆汽车，831 辆卡车，151 辆牵引车及 287 辆装甲作战车辆，约占满编状态（3 528 辆）的 70%，整整 4 个月过后才将差额降至 30%。在 8 月 31 日爆发的阿拉姆埃尔哈尔法之战中，德军装甲掷弹兵根本没有机会搭乘 Sdkfz. 251 半履带车，少数 Sdkfz. 250 半履带车都分配给了装甲师的装甲侦察营，于是普通步兵只能借用缴获的英军车辆实施进攻。如果隆美尔之前没有顺利攻克图卜鲁格，他就不可能有实力入侵埃及，阿拉曼攻防战也就不存在了

炮兵

GebG36 75 毫米山炮（射速 6-8 发 / 分钟，最大射程 9 250 米）

德军山地炮兵使用最广的轻型山炮，在“十字军”行动中首次亮相，后参加了加扎拉战役，主要装备第 363，第 364 山地炮兵连，也曾装备德国空军第 1 猎兵旅第 1 伞降炮兵团第 2 营

leFK18 75 毫米野战炮（射速 8-10 发 / 分钟，最大射程 9425 米）

克虏伯公司开发的轻型野战炮，在“十字军”行动中首次亮相，后参加了加扎拉战役，但只有海岸炮兵营和要塞炮兵连使用过这款火炮

FK296（r）苏制 76.2 毫米野战炮（射速 7 发 / 分钟，最大射程 14 000 米）

缴获自苏联的 F-22 76.2 毫米通用火炮，1942 年 1 月起开始装备德军的部分师属炮兵营

sK18 105 毫米加农炮（射速 6 发 / 分钟，最大射程 19 057 米）

与 leFH18 105 毫米榴弹炮同时开发，使用相同炮架的一款加农炮，主要装备独立炮兵营与师属炮兵团的重型炮兵连

leFH18 105 毫米榴弹炮（射速 4-6 发 / 分钟，最大射程 10 675 米，M 型可达 12 325 米）

德军师属炮兵团最常见的轻型榴弹炮

sFH18 150 毫米榴弹炮（射速 4 发 / 分钟，最大射程 13 250 米）

德军师属炮兵团最常见的重型榴弹炮

K18 170 毫米加农炮（最大射程 29.6 公里）

德军重型炮兵营和海岸炮兵营等军属炮兵单位装备的一款远程火炮

MRS18 210 毫米榴弹炮（最大射程 14 500 米）

德军重型炮兵营和重型炮兵连等军属炮兵单位装备的最大口径火炮

K418（f）155 毫米加农炮（射速 2 发 / 分钟，最大射程 19 500 米）

即法制 155 毫米 GPF 加农炮，1940 年法国战役期间德军缴获了上百门此类火炮，后成为北非轴心国海岸炮兵的主要装备之一

NbW41 150 毫米 6 管火箭炮（最大射程 7 055 米）

德军于 1940 年研制的多管火箭炮，可用于发射高爆弹，烟雾弹和毒气弹等多种弹药，原计划于 1942 年 9 月投入阿拉曼战场，但直到 1943 年 2 月才在突尼斯参加首次实战

NbW42 210 毫米 5 管火箭炮（最大射程 7 850 米）

德军于 1942 年研制的多管火箭炮，只可用于发射高爆弹，原计划于 1942 年 9 月投入阿拉曼战场，但直到 1943 年 2 月才在突尼斯参加首次实战

北非意军的武器装备（1941 年至 1942 年）

制服

对于有东非和北非殖民地的意大利来说，沙漠经验或许不及英国那么多，但也不是完全没有。意大利的军服也根据当地的地域特点进行了改进，首先体现在面料上，用凉爽的亚麻布代替了厚重的毛料，并取消了衣服的内衬以降低军装厚度并且增加透气性。亚麻布料相对于棉布来说透气性更好，只是材料容易褶皱和缩水，对于仪表形象要求颇高的意大利人来说，确实是一个不太能接受的缺点。好在高级军官都是私人定制更高级面料的制服，所以总体形象上没有任何损失

步兵武器

普通士兵

卡尔卡诺 M1891/41 6.5 毫米栓动步枪（有效射程 600 米）

邦巴阿马诺 35 型手雷

班长 / 排长

贝雷塔 M38 9 毫米冲锋枪（有效射程 200 米）

军官

贝雷塔 M1934 9 毫米手枪（有效射程 50 米）

步兵反坦克武器

索罗通 S-18/1 000 20 毫米反坦克枪（300 米可穿透 35 毫米均质垂直装甲）

营连属支援武器

布雷达 M30 6.5 毫米轻机枪（有效射程 800 米）

布雷达 M37 8 毫米重机枪（有效射程 1 000 米）

布里西亚 M35 45 毫米迫击炮（最大射程 530 米）

81/14 M35 迫击炮（最大射程 1 500 米，使用增程弹可达 4 000 米）

团属支援武器

37/54 M32 反坦克炮（500 米可穿透 25 毫米均质垂直装甲）

47/32 M35 反坦克炮（500 米可穿透 43 毫米均质垂直装甲，可改造为反坦克炮车）

65/17 M13 步兵炮（最大射程 6 800 米）

20/65 M35 高射炮（射速发 240/ 分钟，有效射高 2 000 米）

坦克，自行火炮和装甲侦察车

菲亚特 L3/33（35）快速坦克

原为山地作战开发的超轻型坦克，重约 3 吨，武备为 1 挺 8 毫米双联装机枪，最大正面装甲厚度为 14 毫米。该车在北非战役中配备给意军步兵师的轻型坦克营，充当师属侦察和警戒单位

菲亚特 L3 喷火坦克

L3 快速坦克的喷火型号

菲亚特 L6/40 轻型坦克

可视作 L3 快速坦克的后继型号，重约 6 吨，武备为 1 门 20 毫米 L65 机关炮和 1 挺 8 毫米机枪，最大正面装甲厚度为 16 毫米。该车在“十字军”行动中跟随意军机动军属侦察集团少量投入实战，后成为第 3 轻型坦克营的主要装备

菲亚特 M11/39 中型坦克

北非战役初期投入实战的第一款意军中型坦克，重约 11 吨，武备为 1 门 37 毫米 L40 坦克炮和 1 挺 8 毫米双联装机枪，最大正面装甲厚度为 30 毫米。该车仅在 1940 年 6 月意军入侵埃及和 1940 年底的“罗盘”行动中短暂出场，很快就被新式的 M13/40 中型坦克所取代

菲亚特 M13/40 中型坦克

北非战役中装备数量最多的意军中型坦克，重约 14 吨，武备为 1 门 47 毫米 L32 坦克炮，1 挺 8 毫米双联装机枪和 1 挺 8 毫米防空机枪，最大正面装甲厚度为 42 毫米

菲亚特 M14/41 中型坦克

M13/40 中型坦克的引擎改良型号，重约 14.5 吨，武备为 1 门 47 毫米 L32 坦克炮，1 挺 8 毫米双联装机枪和 1 挺 8 毫米防空机枪，最大正面装甲厚度为 42 毫米

75/18 M40 自行火炮

由 M13/40 中型坦克底盘改造而成，重约 13.1 吨，武备为 1 门 75 毫米 L18 榴弹炮，最大正面装甲厚度为 50 毫米，北非战役中期开始少量装备意军自行火炮群

AB41 装甲侦察车

AB40 型装甲侦察车的改良型号，重约 7.5 吨，武备为 1 门 20 毫米 L65 机关炮和 2 挺 8 毫米机枪，最大正面装甲厚度为 17 毫米。该车在“十字军”行动中跟随意军师属侦察分队和机动军属侦察集团少量投入实战，后成为骑兵团和装甲侦察群的主要装备

意军坦克营编制（1940 年至 1942 年）

1940 年至 1941 年的意军轻型坦克营编制
每个轻型坦克营下辖 1 个营部，3 个轻型坦克连
营部下辖 1 辆轻型坦克
每个轻型坦克连下辖 1 个连部，3 个轻型坦克排，2 辆备用坦克
连部下辖 1 辆轻型坦克
每个轻型坦克排下辖 4 辆轻型坦克
全营共计 46 辆坦克

1941 年的意军装甲师属轻型坦克营编制
每个轻型坦克营下辖 1 个营部，2 个轻型坦克连
营部下辖 1 辆轻型坦克
每个轻型坦克连下辖 1 个连部，3 个轻型坦克排，2 辆备用坦克，4 辆喷火坦克
连部下辖 1 辆轻型坦克
每个轻型坦克排下辖 4 辆轻型坦克
全营共计 31 辆坦克和 8 辆喷火坦克

1940 年初的意军中型坦克营编制
每个中型坦克营下辖 1 个营部，2 个中型坦克连
营部下辖 1 辆中型坦克
每个中型坦克连下辖 1 个连部，3 个中型坦克排，2 辆备用坦克
连部下辖 1 辆中型坦克
每个中型坦克排下辖 5 辆中型坦克
全营共计 37 辆坦克

1940 年末的意军中型坦克营编制
每个中型坦克营下辖 1 个营部，3 个中型坦克连
营部下辖 1 辆中型坦克
每个中型坦克连下辖 1 个连部，3 个中型坦克排，2 辆备用坦克
连部下辖 1 辆中型坦克
每个中型坦克排下辖 4 辆中型坦克
全营共计 46 辆坦克

1941 年至 1942 年的意军中型坦克营编制
每个中型坦克营下辖 1 个营部，3 个中型坦克连

营部下辖 1 辆中型坦克

每个中型坦克连下辖 1 个连部，3 个中型坦克排，1 辆备用坦克

连部下辖 1 辆中型坦克

每个中型坦克排下辖 5 辆中型坦克

全营共计 52 辆坦克

炮兵

65/17 M31 步兵炮（射速 5 发 / 分钟，最大射程 6 800 米）

“一战”时期曾广泛装备意军山地炮兵连，“二战”中继续在意军各个步兵团中服役

75/18 M34 榴弹炮（射速 5 发 / 分钟，最大射程 9 564 米）

原为意军山地炮兵连设计制造的榴弹炮，同时也是 75/18 M40 自行火炮所搭载的主炮型号

75/27 M11 野战炮（射速 5 发 / 分钟，最大射程 10 240 米）

原为“一战”时期的法制野战炮，“二战”中广泛装备意军炮兵团。1943 年 9 月意大利投降时，德军缴获了部分 75/27 野战炮并继续使用至 1945 年

77/28 M5 野战炮（射速 9 发 / 分钟，最大射程 6 100 米）

原为“一战”时期的奥匈军野战炮，“二战”中装备了部分意军炮兵团

100/17 M16 榴弹炮（射速 6 发 / 分钟，最大射程 8 180 米）

原为意军山地部队设计制造的师属榴弹炮，“二战”中广泛装备意军炮兵团

105/28 M13 野战炮（射速 5 发 / 分钟，最大射程 8 000 米，使用增程弹可达 12 000 米）

原为“一战”时期的法制野战炮，后将生产许可权卖给意大利，“二战”中广泛装备意军炮兵团 149/35 加农炮（射速 1 发 / 分钟，最大射程 16 500 米）

原为“一战”前设计制造的意军加农炮，老旧且缺少复进机构。“二战”中由于迟迟没有替代火炮，只好继续服役至 1943 年 9 月意大利投降为止

152/37 榴弹炮（射速 1 发 / 分钟，最大射程 16 000 米）

原为“一战”时期的奥匈军重型榴弹炮，后被作为战争赔偿物资转交给意军使用。1943 年 9 月意大利投降时，德军缴获了部分 152/37 榴弹炮并继续使用至 1945 年

北非战役中的意军快速炮兵团

1941 年 1 月至 3 月，意军统帅部向利比亚派遣了 3 个骑兵师的快速炮兵团，即第 1“萨伏依的欧根亲王”快速炮兵团（1941 年 2 月抵达），第 2“‘铁头’埃玛努埃尔菲利贝托一世”快速炮兵团（1941 年 1 月抵达）和第 3“奥斯塔公爵阿梅代奥亲王”快速炮兵团（1941 年 3 月抵达），用于补充在“罗盘”行动中伤亡惨重的意军师属炮兵团

在这 3 个团中，第 1“萨伏依的欧根亲王”快速炮兵团始终跟随意军第 27“布雷西亚”步兵师作战。1942 年 10 月 23 日至 11 月 4 日在第二次阿拉曼战役中被英军第 8 集团军摧毁，11 月 25 日撤编

第 2“‘铁头’埃玛努埃尔·菲利贝托一世”快速炮兵团团长最初是格拉蒂上校，所以通常也被称作“格拉蒂”炮兵团。该团曾在 1941 年 4 月至 5 月，协助德军第 5 轻装甲师，意军第 132“攻城锤”装甲师围攻图卜鲁格。1941 年 11 月英联邦军发起“十字军”行动，负责支援德军第 90 轻非洲师的第 2 快速炮兵团在巴蒂亚和哈勒法耶隘口的激战中损失殆尽，1942 年 1 月 17 日撤编

第 3“奥斯塔公爵阿梅代奥亲王”快速炮兵团相对来说经验较少，曾先后加入意军第 17“帕维亚”步兵师（“十字军”行动），第 60“萨布拉塔”步兵师（第一次阿拉曼战役）和第 133“利托里奥”装甲师（第二次阿拉曼战役）。1942 年 10 月 23 日至 11 月 4 日被英军第 8 集团军摧毁，11 月 25 日撤编

防空武器

65/64 M39 高射炮（射速 20 发 / 分钟，有效射高 5 000 米）

1941 年 9 月投入北非战场，突尼斯战役中曾装备部分德军防空营，承担各种防空作战任务

75/46 M34 高射炮（射速 4-6 发 / 分钟，有效射高 8 300 米）

1941 年 9 月投入北非战场，曾广泛装备意军各个炮兵团，承担各种防空作战任务

90/53 M1939 高射炮（射速 19 发 / 分钟，有效射高 11 300 米）

1941 年 9 月投入北非战场，和德军 88 毫米高射炮一样可用于对地反坦克作战，后成为 90/53 自行火炮所搭载的主炮型号。1943 年 9 月意大利投降时，德军缴获了部分 90/53 高射炮并继续使用至 1945 年

102/35 M1914 海军炮（射速 7 发 / 分钟，有效射高 5 700 米）

原为“一战”时期设计制造的多用途火炮，部分曾被英军缴获用于“十字军”行动中的防空作战

运输车辆

1940 年时每个意军步兵师理论上共编有 398 辆汽车 / 轻型卡车，249 辆中型 / 重型卡车，36 辆牵引车（不足的运输车辆由军属或集团军属运输单位提供，下同）

1941 年时每个意军步兵师（正改为摩托化步兵师）理论上共编有 650 辆卡车

1942 年时每个意军步兵师理论上共编有 300 辆卡车

1941 年至 1942 年时每个意军摩托化步兵师理论上共编有 500 辆卡车

1941 年师每个意军装甲师理论上共编有 400 辆卡车

1942 年时每个意军装甲师理论共编有 450 辆卡车

北非意军统帅部曾计划从 1941 年 6 月开始对第 10 军，第 20 军实施摩托化改编，并将 2 个军的运输车总数扩充至 9 000 辆，结果却因受到“十字军”行动的干扰而作罢。到 1942 年 5 月时，意军各师的人数不仅大幅下降（普遍降至每师 5 000-7 000 人左右），第 102“特伦托”摩托化步兵师甚至被迫将所有运输车辆移交给第 20 军，以补充“十字军”行动时期的作战损失

北非德军的指挥、编组、通讯与情报工作（1941 年至 1942 年）

战场指挥

对隆美尔来说，如何有效地指挥一支高度合成化的军队是沙漠作战最为重要的制胜因素之一。与英国军队那种“自上而下，按部就班”的指挥方法不同，“二战”时德军始终奉行“目标战术”原则，这是一种只给下级下达有关“指令”，而不规定行动程序的指挥方式。当上级指挥员给下级指挥员下达任务时，只提出要达到的作战目标，明确总的企图，提供执行任务所需要的兵力和兵器；而下级指挥员则在根据上级指挥员总的企图采取具体行动时，仅受普遍性规定和条令的约束。这种指挥方法确实能够充分发挥下级的积极性、主动性和创造性，但对军队的指挥系统、参谋作业以及军官自身素质的要求极高，如果处理不当，很可能搅乱整个战局。在这一点上，隆美尔一直坚持亲临前线指挥作战，他觉得只有这样才能充分掌握敌情，进而对各种突发情况及时做出回应。为保卫前线指挥部，隆美尔先后组建了“非洲装甲集团军战斗队”（1942 年 4 月建立）和“德意志非洲军战斗队”（1942 年 9 月建立），但因投入兵力过少，导致高级军官的伤亡率始终居高不下，一定程度上削弱了德军在北非战役后期的战术指挥优势。

德军第 21 装甲师的前线军官伤亡统计：

1941 年 11 月 18 日至 1942 年 2 月 20 日，共损失 148 名军官，其中 47 人阵亡（10%），61 人负伤（4%），40 人失踪（2%）。

1942 年 5 月 21 日至 1942 年 9 月 20 日，共损失 288 名军官，其中 57 人阵亡（7.5%），214 人负伤（7.4%，其中 57 人轻伤），17 人失踪（2.4%）。

德军第 90 轻非洲师的前线军官伤亡统计：

1941 年 11 月至 1942 年 3 月 31 日，共损失 140 名军官，其中 27 人阵亡（7.6%），27 人负伤（3.6%），86 人失踪（2.3%）。

德军第 15 装甲师的前线军官伤亡统计：

1942 年 10 月 20 日至 1942 年 11 月 21 日，共损失 70 名军官，其中 13 人阵亡（7%），28 人负伤（5.8%），29 人失踪（3%）。

德军军级指挥官的伤亡损失情况

德意志非洲军：

路德维希·克吕韦尔装甲兵上将，1941 年 8 月 15 日接替隆美尔指挥德意志非洲军，1942 年 5 月 29 日在执行一次空中侦察任务时，因座机被英军防空火力击落而成为了俘虏。

瓦尔特·内林中将，1942 年 5 月 29 日接替克吕韦尔装甲兵上将指挥德意志非洲军，升任装甲兵上将之后于 1942 年 8 月 31 日在阿拉姆埃尔哈尔法之战中负伤，冯·韦尔斯特少将临时继任军长职务。

威廉·里特尔·冯·托马中将，1942 年 9 月 17 日接替冯·韦尔斯特少将指挥德意志非洲军，1942 年 11 月 4 日被俘。

德军师级指挥官伤亡情况

第 15 装甲师

海因里希·冯·普里特维茨少将，第 15 装甲师的首任师长，1941 年 4 月 10 日阵亡。

卡尔·冯·埃泽贝克上校（后升任少将），1941 年 4 月 15 日接替阵亡的海因里希·冯·普里特维茨少将指挥第 15 装甲师，1941 年 7 月 25 日负伤。

瓦尔特·纽曼－西尔科夫少将，1941 年 6 月 16 日接替卡尔·冯·埃泽贝克上校指挥第 15 装甲师，1941 年 12 月 6 日阵亡。

古斯塔夫·冯·韦尔斯特少将，1941 年 12 月 9 日接替阵亡的瓦尔特·纽曼－西尔科夫少将指挥第 15 装甲师，1942 年 5 月 29 日在加扎拉战役中负伤，爱德华·克拉泽曼上校临时继任指挥职务，1942 年 8 月 25 日韦尔斯特伤愈回归，1942 年 11 月 11 日因病再次退职。

海因兹·冯·兰道少将，1942 年 7 月 15 日接替爱德华·克拉泽曼上校指挥第 15 装甲师，1942 年 8 月 25 日让位给伤愈回归的古斯塔夫·冯·韦尔斯特少将，1942 年 9 月 17 日被转调至第 21 装甲师担任师长。

第 21 装甲师

约翰·冯·拉文施泰因少将，1941 年 5 月 20 日接替被隆美尔撤职的约翰内斯·施特赖希少将指挥第 5 轻装甲师，1941 年 11 月 29 日被俘。

格奥尔格·冯·俾斯麦少将，1942 年 2 月 19 日接替卡尔·伯切尔少将指挥第 21 装甲师，1942 年 7 月 17 日负伤，1942 年 8 月 31 日在阿拉姆埃尔哈尔法之战中触雷阵亡。

海因兹·冯·兰道少将，1942 年 9 月 18 日接替阵亡的格奥尔格·冯·俾斯麦少将指挥第 21 装甲师，1942 年 12 月 21 日在率军撤离利比亚时触雷阵亡。

第 90 轻非洲师

马克斯·佐默曼少将，非洲特别师的首任师长，于 1941 年 12 月 10 日阵亡，理查德·法伊特少将继任其指挥职务。

乌利希·克勒曼少将，1942 年 4 月 10 日接替理查德·法伊特少将担任第 90 轻步兵师师长，1942 年 9 月 8 日负伤，拉姆克少将和赫尔曼·舒尔特-霍伊豪斯上校曾先后接管指挥权。

德军团级指挥官的伤亡（部分）

1941 年 11 月至 1942 年 9 月，第 90 轻非洲师的第 361 装甲掷弹兵团连续更换过三任团长，其中 1 人阵亡，2 人重伤。

战术编组

北非德军通常会从各个部队抽调不同的兵种组成战斗群，并以指挥官的名字命名。例如在 1941 年 11 月 20 日的“十字军”行动中，第 15 装甲师将全师拆解为 3 个战斗群，沿着卡普佐小径赶往西迪阿柴兹去抵御英军装甲部队的进攻。

结局：至 11 月 20 日中午 12 点 30 分为止，第 15 装甲师的 3 个战斗群未能在西迪阿柴兹一带发现英军主力，遂掉头驶往加布尔萨利赫并重创了驻守该镇的英军第 4 装甲旅集群。

通讯联络

从 1942 年 3 月起，针对北非战场缺少无线电通讯站的特点，德军内部建立了一套复杂的通讯联络机制：

师属后勤补给单位主要使用电话与师部保持联系。

师属装甲团、空军防空营、德意志非洲军军部和友军师级单位主要使用无线电与师部保持联系。

装甲掷弹兵团、装甲炮兵团和装甲工兵营既可使用无线电，也可使用电话与师部保持联系。

非洲装甲集团军战斗队和德意志非洲军战斗队主要使用无线电与各级指挥部保持联系，所用的车型包括 Kfz. 17 无线电通讯车、Sdkfz. 250/251 半履带指挥车和 Sdkfz. 267/268 指挥坦克，通讯范围可达 50 千米。

除非洲装甲集团军司令部、德意志非洲军指挥部和第 104 炮兵指挥部可以直接联络德国空军外，隆美尔又增设了数个空地无线电通讯联络分队，使得部分师部和团部同样获得了呼叫空中支援的能力。

情报搜集

鉴于北非战场广阔无垠且战线变换频繁的特点，德军主要依靠空中侦察和无线电侦听来获取情报。相比之下，空中侦察具有高度的即时性，但并非每个德军单位都拥有空地联络能力，所以侦察机其实很难判断敌友，更不用说那些平时全都伪装起来，几乎不露痕迹的车队了。为能更准确地了解战况，隆美尔刚到北非就为第 5 轻装甲师建立了第一个无线电情报单位，即第 39 通信营第 3 连的无线电侦听排。1941 年 4 月 24 日，这个排被编入阿尔弗雷德·泽博姆（Alfred Seebohm）上尉指挥的第 56 通信营第 3 无线电侦听连。1942 年 4 月，第 3 无线电侦听连改名为第 621 无线电侦听连，后于 7 月 10 日在第一次阿拉曼战役中遭到澳军第 9 步兵师第 2/24 步兵营的突袭，导致全连 74 名官兵被俘，泽博姆本人于 7 月 12 日因伤重不治身亡。

由于英军方面的疏忽，德军无线电侦听单位一直可以轻松截获并破译英军密电。例如在 1941 年 3 月 23 日，第 39 通信营第 3 连的无线电侦听排报告说英军后卫部队正准备撤离布雷加，隆美尔于是不顾意军高层的反对立即发动追击，迅速征服了昔兰尼加。又如在 1941 年 6 月 14 日，第 56 通信营第 3 无线电侦听连从截获的讯息中得知了英军“战斧”行动的发动日期和作战意图，使德意志非洲军能有条不紊地组织防御并再次战胜对手。1941 年 11 月，奥金莱克指挥第 8 集团军突然打破无线电静默发起“十字军”行动，其攻势之猛完全出乎德军的意料，给非洲装甲集群造成了重大损失。有此前车之鉴，隆美尔于 1942 年 4 月下令第 621 无线电侦听连将目标转向美国驻埃及方面的军事观察员邦纳·弗兰克·费勒斯（Bonner Frank Fellers）上校，通过破译他发往华盛顿的电文来了解英军的动向，因而取得了加扎拉大捷。直到 6 月费勒斯离职，7 月第 621 无线电侦听连又被澳军歼灭，隆美尔才丧失了情报信息优势，最终被蒙哥马利指挥的英军第 8 集团军彻底击败。

“增压”行动：突破阿拉曼防线

▲“增压”行动前，正在执行扫雷任务的皇家工兵部队。据统计，平均每支皇家工兵扫雷分队可在2小时内有效清除约15米宽、366米长的雷区。

蒙哥马利本打算在10月31日夜晚实施“增压”行动，但新西兰第2步兵师师长弗赖伯格少将报称部队尚未完成准备，不宜立即开战。蒙哥马利便将行动推迟了24小时，定于11月1日晚正式发起进攻。

从整体上看，“增压”行动其实就是一个复刻版的“轻足”行动。英军第151、第152步兵旅将在新西兰第2步兵师指挥下逐步清除地雷和防御工事，为坦克集群的后续攻势开路。

根据轴心国的作战记录，到11月1日为止，隆美尔的德意志非洲军共有131辆可用坦克（第15装甲师75辆、第21装甲师56辆）、第90轻非洲师共有25辆可用坦克（加强自第5装甲团第2装甲营）。意军第133“利托里奥”装甲师共有59辆可用坦克，意军第101“的里雅斯特”摩托化步兵师共有27辆可用坦克，意军第132“攻城锤”装甲师共有124辆可用坦克（部署在阿拉曼南部）。

▲尽管英军第9装甲旅在“增压”行动期间损失了70辆坦克，但轴心国也同样付出了沉重代价——光是在11月2日上午，德军就有75辆坦克战损，意军也损失了50辆坦克。图为11月5日，AFPU战地摄影师马丁中士拍摄的德军3号J型坦克残骸，该车的整个炮塔都没了踪影。

11月2日

11月1日晚9点15分，皇家空军出动68架“惠灵顿”中型轰炸机和19架“大青花鱼”式鱼雷轰炸机，对泰尔埃尔阿盖齐尔、西迪阿布德埃尔拉曼和加扎尔等地发动空袭。轴心国的地面通讯设施同样遭到轰炸，不少部队因此与指挥部失去联系，无法及时从后方获得增援。

11月2日 凌 晨1点5分，

▲“增压”行动初期被英军第152步兵旅俘虏的德意部队官兵，同样由马丁中士拍摄。

在第30军的重炮火力掩护下，新西兰第2步兵师向29号高地南面约3英里宽的轴心国防线发起猛攻。先头部队左翼是第152步兵旅，右翼是第151步兵旅，紧随其后的则是皇家坦克团第8、第50营的76辆“瓦伦丁”步兵坦克。进攻开始前，英军第133步兵旅和新西兰第28毛利营为突击部队提供了侧翼掩护，防止轴心国从南北两翼展开反扑。

经过4个半小时的不懈努力，2个英军步兵旅基本达成了任务目标，深入轴心国防线约3.7千米。德军第200装甲掷弹兵团第1营和意军第12狙击兵团第23、第36营被第151步兵旅击溃，德军第115装甲掷弹兵团第1营和意军第133装甲团第12、第51中型坦克营也在第152步兵旅面前向西退去。接到前线发回的捷报，弗赖伯格决定立即投入第9装甲旅以扩大战果。战前，弗赖伯格和蒙哥马利曾对第9装甲旅旅长约翰·C.柯里准将（John C.Currie）表示：“我们自然晓得这项任务的危险性，但为了达成突破目的，我们可以接受第9装甲旅100%的伤亡率。鉴于第1装甲师会跟在第9装甲旅后面投入进攻，所以风险也有可能不如预想的那么严重。”

早上6点15分，第9装甲旅的94辆坦克组成密集的进攻阵型朝拉曼小道方向冲去。当英军坦克集群从远方现身时，德军第18防空团第1营和第43防空团第1营的24门88毫米高射炮迅速展开齐射，德军第8装甲团，第33装甲歼击营和意军第133装甲团第4中型坦克营也从多个方向共同夹攻第9装甲旅，总共击毁击伤70辆坦克。尽管损失惨重，但其中大部分坦克后来都及时得到修复。

▲2011年拍摄的泰尔埃尔阿盖齐尔。当地的44号高地于1942年11月3日下午被英军第154步兵旅的阿盖尔及萨瑟兰高地人步兵团第7营占领。

蒙哥马利显然料到隆美尔会在防御纵深布置反坦克单位，所以才会把第1装甲师留在后

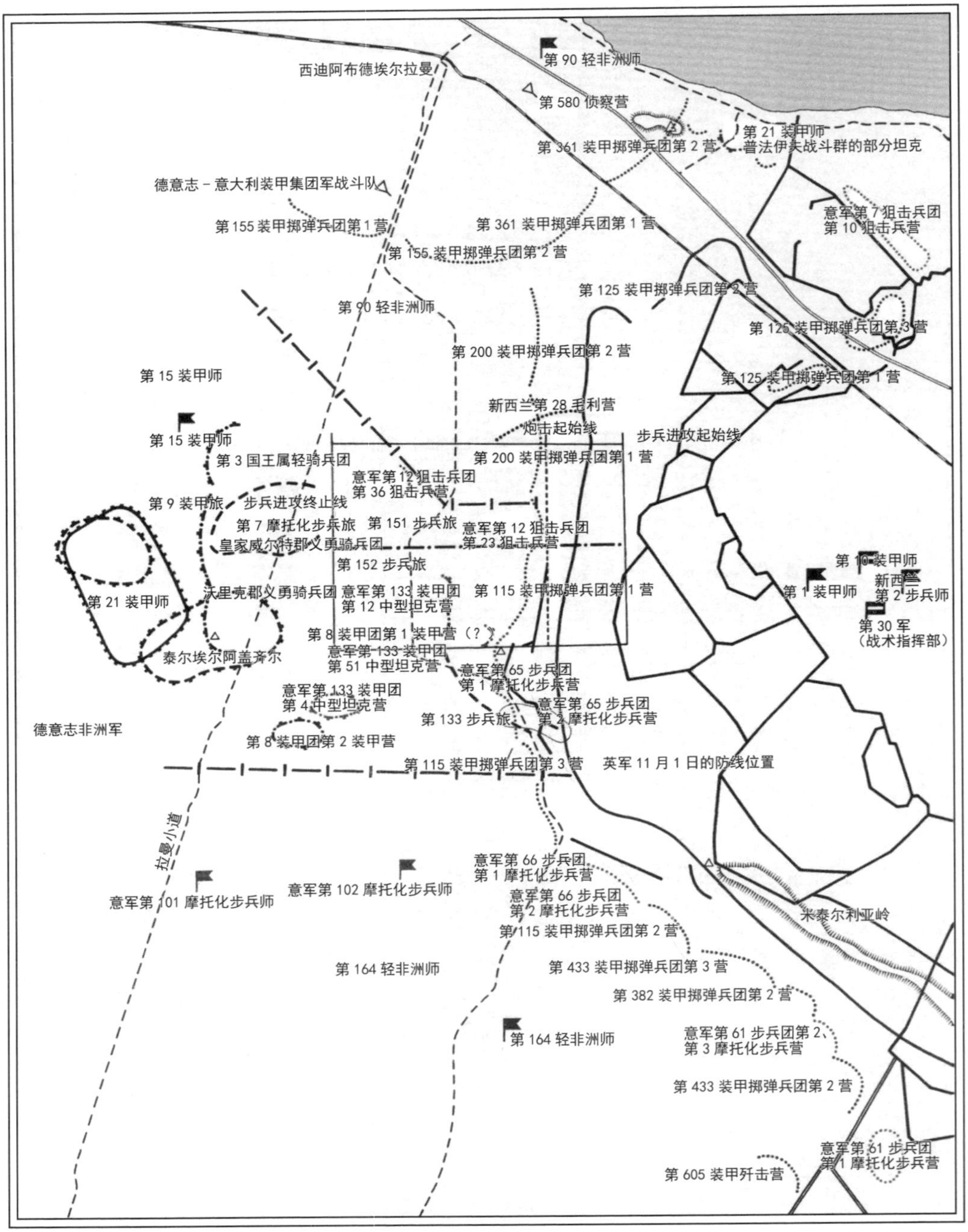

▲ 第 8 集团军的“增压”行动进攻方案（1942 年 11 月 1 日晚）示意图。

▲ 至 12 月 4 日，当隆美尔率军撤至利比亚境内时，德军第 15、第 21 装甲师仅剩 11 辆可用坦克和 6 门火炮。图为在阿拉曼北部被摧毁的德军 4 号 F2 型坦克（隶属德军第 21 装甲师第 5 装甲团）。

面使用。他后来这样评价第 9 装甲旅所作出的牺牲：“就算英军装甲部队过去有什么亏欠步兵部队的账，这笔账都在 11 月 2 日由第 9 装甲旅用勇气和鲜血偿还了。”上午 7 点，第 1 装甲师的第 8 装甲旅从右翼开始进军。10 点 15 分，第 2 装甲旅从左翼开始进军。为抵挡这波攻势，隆美尔下令德军第 15、第 21 装甲师和意军第 133“利托里奥”装甲师全数投入战斗，但这么做就等于耗光了他手中的最后一批装甲预备队。当晚 8 点 15 分，冯·托马中将向隆美尔报告说战线“基本得到了稳固”，但由于英军在步兵、坦克和火炮方面占有绝对优势，冯·托马怀疑能否在次日继续固守拉曼小道。他甚至建议隆美尔在最坏情况下抛弃意军，好让德军完整地撤出阿拉曼。德军在当天上午的激战中已经损失了 75 辆坦克，目前仅剩 35 辆可用坦克，第 8 装甲团团长维利·特格中校阵亡。意军也损失了 50 辆坦克，目前仅剩 20 辆可用坦克（这一数字并不包括驻扎在阿拉曼南部的第 132“攻城锤”装甲师）。英军虽然损失了 124 辆坦克（包括 84 辆战损，40 辆负伤或抛锚），但第 8 集团军仍有 600 辆可用坦克，数量远远高于轴心国军。

在蒙哥马利施加的重重压力之下，隆美尔最终决定放弃阿拉曼防线向西撤退。11 月 2 日晚，第 90 轻非洲师从沿海地区撤往加扎尔，意军第 132“攻城锤”装甲师从阿拉曼南部撤往泰尔埃尔阿盖齐尔，意军第 10 军从塔盖高原附近撤往巴布埃尔盖塔拉。等第一阶段的撤军完成后，德意志非洲军和意军

▲ 11 月 4 日，意军第 132“攻城锤”装甲师在泰尔埃尔阿盖齐尔西南抵御英军第 7 装甲师的战斗中损失了 120 辆各型坦克，几乎全军覆没。图为此役中被摧毁的意军 M13/40 中型坦克。

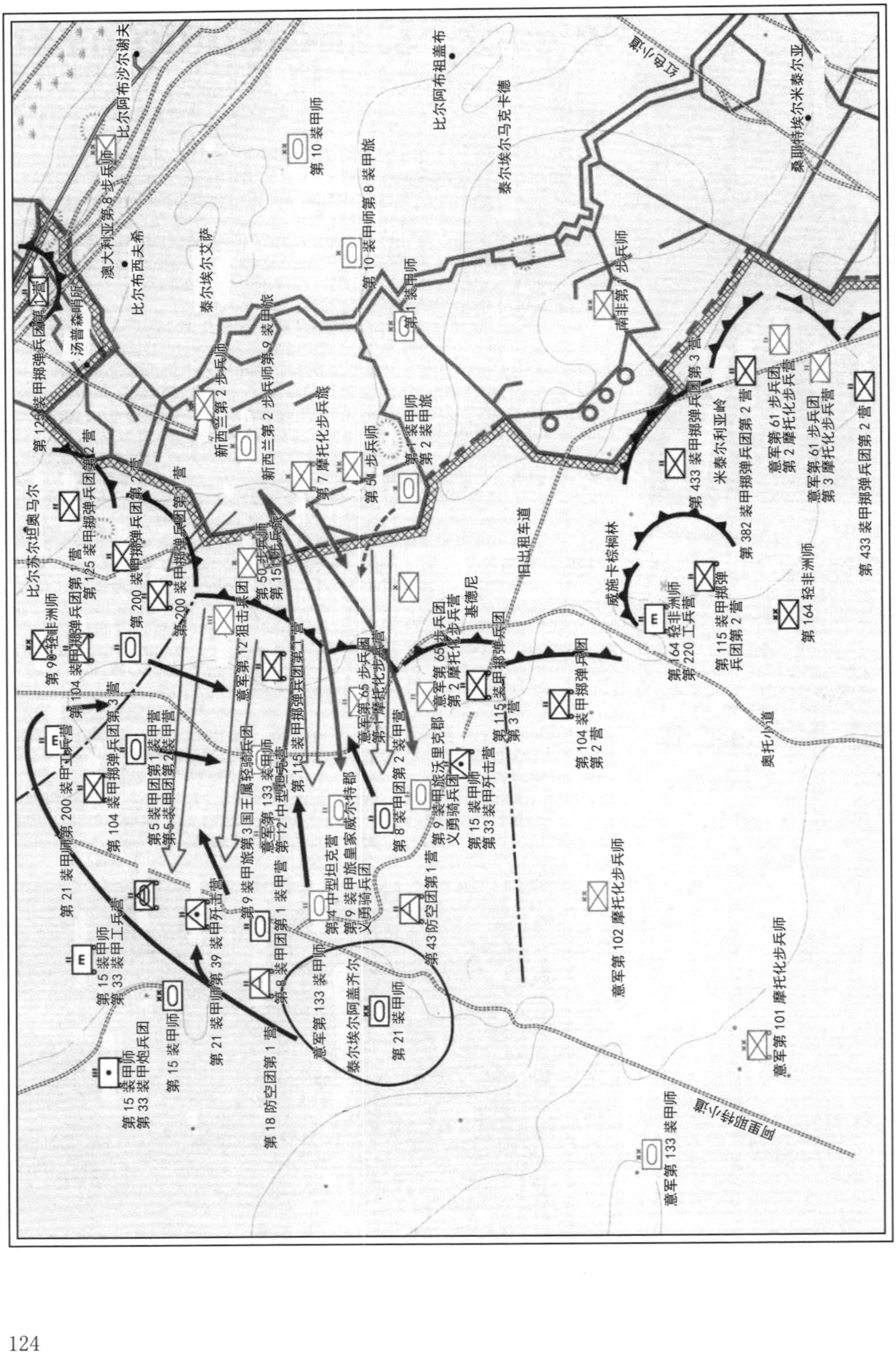

▲“增压”行动——突破阿拉曼防线（1942 年 11 月 2 日）示意图。值得注意的是，拉曼小道在德军地图上被称为阿利耶特小道。

第 20、第 21 军的部队也将会加入进来，然后再一同撤往富卡。

隆美尔在当晚发给国防军最高统帅部的电报中称：“要让非摩托化师都能井然有序地撤退是做不到的。在这种情况下，集团军的毁灭已不可避免。我只能希望英国人的行动慢一点，以便尽可能多地救出一些部队。”

▲ 德军在阿拉曼更多是依靠 88 毫米高射炮、苏制 76.2 毫米反坦克炮、法制 75 毫米反坦克炮和“貂鼠”3 型坦克歼击车来对抗英军装甲部队。图为第 43 防空团第 1 营的 1 门 Flak 36 高射炮，炮管上涂有 6 道代表击毁数的白色死亡圈。

11 月 3 日早上，当希特勒从凯特尔元帅口中得知北非前线的局势时，他大发雷霆，埋怨国防军最高统帅部没有在第一时间就来叫醒他。下午 1 点 30 分，希特勒亲自给德意志 – 意大利装甲集团军司令部发出了如下这份著名电文：“我和全体德国人民，怀着对你的领导能力和你领导下的德意部队的英勇精神的坚定信念，注视着你们在埃及进行的防御作战。鉴于你目前所处的形势，毫无疑问，只有坚守阵地，绝不后退一步，把每一支步枪和每一名士兵都投入战斗，除此别无出路。大批空中援助将在未来几天内到达南线总司令凯塞林处。领袖和意大利最高统帅部必将竭尽全力积极增援，以保证你能继续战斗。敌人虽占有优势，但已是强弩之末。意志的力量能够战胜强大的敌人，这在历史上已屡见不鲜。你可向你的部下指明，不胜利，毋宁死，别无其他道路。”

▲ 图为 1 辆被英军坦克击穿战斗室的德军“貂鼠”3 型坦克歼击车，隶属德军第 21 装甲师第 39 装甲歼击营。

具有讽刺意味的是，英国的“超级机密”同样截获并破译了这份电文。11 月 3 日，驻开罗的英国外交官亚历山大 · 卡多冈（Alexander Cadogan）爵士在日记中写道：“从今早传来的消息里，可以明显看出隆美尔确实陷入了进退两难的境地。”

11 月 3 日

前些日子第 164 轻非洲师有不少卡车毁于空袭，使轴心国的撤军计划受到了影响。得知此事的隆美尔于 3 日早上驱车前往沿海地区进行视察，途中却遭遇 18 架英军战机的袭击。所幸驾驶员技术过硬，他才得以侥幸脱险。在第 90 轻非洲师的前线指挥部，参谋们纷纷表示，趁英军尚未展开活动，可让第 15 装甲师提供部分车辆给第 164 轻非洲师。隆美尔觉得这个方案可行，于是致电第 15 装甲师师部协商车辆调拨事宜。中午过后，他又通知了意军部队和德国空军第 1 猎兵旅，要他们跟随德意志非洲军继续朝达巴和富卡一带撤退。

3 日下午，返回集团军司令部的隆美尔刚好接到了希特勒发来的电报。在阅读完内容之后，隆美尔深感失望和气馁："能真正帮助我们的是武器、燃料和飞机，而不是一纸空文的命令。我们都感到一筹莫展。当我们在命令各个部队坚守阵地时，心中非常难过。因为我一向要求我的部下要绝对服从我的命令，所以我不能不以身作则，绝对遵守上级下达的命令。但假如我有未卜先知的本领，那么这一次我的行动也许就会不同了。因为在这之后，我们经常不理会希特勒和墨索里尼的命令，以救出我军部队使他们不至于被歼灭。"

隆美尔将希特勒的命令传达给冯·托马中将，冯·托马认为继续坚守是绝对不可能的，但隆美尔迫于希特勒的压力，只好命令部队在泰尔埃尔阿盖齐尔以西约 10 千米的地方重新设立防线。依照部署，轴心国的左翼位置是德意志非洲军和第 90 轻非洲师，中间是意军第 20 军，右翼则是意军第 10、第 21 军和德国空军第 1 猎兵旅。

▲ 11 月 5 日至 11 月 11 日，随着蒙哥马利下令开始向西展开追击，被第 8 集团军俘虏的轴心国部队人数从 7 070 人（2 922 名德军，4 148 名意军）迅速上升到了 3 万多人（7 802 名德军，22 071 名意军）。图为 3 名被俘的意军高级将领，从左至右分别为：第 102 "特伦托" 摩托化步兵师师长乔治·马西纳少将，第 27 "布雷西亚" 步兵师师长贝尼托·布鲁内蒂少将，第 185 "闪电" 伞兵师师长里卡尔多·比格纳米少将。

等布防完成，隆美尔立刻向希特勒作了汇报："到目前为止，我军的步兵、工兵和反坦克部队的损失率已高达 50%，炮兵部队的损失率约为 40%。德意志非洲军仅剩 24 辆可用坦克，意军第 133 '利托里奥' 装甲师和第 101 '的里雅斯特' 摩托化步兵师的可用坦克也所剩无几。尽管形势如此严峻，我仍会尽自己的全力来守住最后的防线。"

就这样，隆美尔直到 11 月 4 日才正式请求希特勒准许他撤至富卡，因而耽误了不少时间。

与此同时，重整完毕的第 8 集团军在蒙哥马利的督促下开始加紧追赶隆美尔。11 月 3 日，澳大利亚第 9 步兵师攻克了西迪阿布德埃尔拉曼，英军第 51 步兵师夺取了拉曼小道和泰尔埃尔阿盖齐尔附近的 44 号高地。皇家空军和美国陆军航空队先后出动 1 261 架次，共计投弹 396 吨，却还是没能阻止德意联军从阿拉曼地区撤退。当天晚上，蒙哥马利下令组建 4 支专门执行追击任务的机动特遣队。第一支为英军第 1 装甲师，目标是占领达巴；第二支为新西兰第 2 步兵师、英军第 4 轻装甲旅和第 9 装甲旅（100 辆坦克），负责从南面绕过富卡并袭取西迪哈奈施（Sidi Haneish）；第三支为英军第 7 装甲师，负责掩护新西兰第 2 步兵师的侧翼；第四支为英军第 10 装甲师，负责肃清位于富卡和达巴之间的加拉尔火车站（Galal Station）。在这之后，第 13 军和第 30 军将及时跟进并歼灭所有残余的轴心国部队。

▲ 11 月 4 日，拉姆克少将奉命指挥德国空军第 1 猎兵旅从阿拉曼南部撤退，其 40 辆运输车全因油料耗尽而被抛弃。11 月 5 日，该旅徒步伏击了 1 支英军补给纵队，缴获了不少车辆、食物、物资和香烟。11 月 7 日，约 600 名德军伞兵顺利抵达友军战区并与隆美尔的部队会合。图为 1 辆满载德军伞兵的英军福特 F60L 型卡车（摄于 11 月 9 日）。

英国官方的战史记录宣称，第 8 集团军从 10 月 23 日至 11 月 4 日总共俘获 2 922 名德军和 4 148 名意军，击毁击伤 350 辆轴心国坦克。而第 8 集团军自身的伤亡数字为 2 350 人阵亡，8 950 人负伤，2 260 人失踪，损失坦克约 500 辆（大部分可修复）。由于此战彻底摧毁了埃及境内的德意势力，所以英国首相丘吉尔把第二次阿拉曼之战称作“命运的转折点”。

第二次阿拉曼战役中的轴心国作战序列（1942 年 10 月）

北非意军总司令埃托雷·巴斯蒂科上将

意军第 16“皮斯托亚”步兵师（朱塞佩·法卢吉少将）

该师作为占领区步兵师于 1940 年组建完成，1941 年末曾计划改编为摩托化步兵师，但未

能完成改组，1942 年夏被重新列入 1942 年北非步兵师的整编序列，结果却同样半途而废。由于该师同时具有 1940/1941/1942 年型编制的一些特征，因此成为第二次阿拉曼战役后期最为独特的一个步兵师。1942 年 11 月 7 日，巴斯蒂科上将下令第 16“皮斯托亚”步兵师派遣部分兵力驻守埃及边境的哈勒法耶隘口，负责接应隆美尔向利比亚的撤军行动

第 35 步兵团

第 36 步兵团

第 3“弗萨尔塔”炮兵团（摩托化）

德意志－意大利装甲集团军（格奥尔格·施图姆装甲兵上将）

1942 年 10 月 24 日更换为威廉·里特尔·冯·托马中将

1942 年 10 月 25 日更换为埃尔温·隆美尔元帅

1942 年 11 月 26 日更换为古斯塔夫·费恩中将

1942 年 12 月 2 日更换为埃尔温·隆美尔元帅

德军第 90 轻非洲师（乌利希·克勒曼少将）

1942 年 11 月 1 日更换为特奥多·冯·施波内克少将

全师总兵力约 14 500 人

第 155 装甲掷弹兵团（摩托化）（科斯特上校）

第 200 装甲掷弹兵团（摩托化）（阿尔弗雷德·克斯特上校）

第 361 装甲掷弹兵团（摩托化）（阿尔贝特·潘岑哈根中校）

第 190 装甲歼击营（摩托化）

意军第 17“帕维亚”步兵师（纳扎雷诺·斯卡塔利亚少将）

第 27 步兵团

第 28 步兵团

第 26“鲁比孔”炮兵团（摩托化）

意军第 136“法西斯青年”摩托化步兵师（伊斯梅尔·迪·尼西奥少将）（驻防锡瓦绿洲）

第 136 摩托化步兵团

第 136 炮兵团（摩托化）

德意志非洲军（威廉·里特尔·冯·托马中将）

1942 年 11 月 13 日更换为古斯塔夫·费恩中将

德军第 15 装甲师（古斯塔夫·冯·韦尔斯特少将）

1942 年 11 月 11 日更换为维利巴尔德·博罗维茨少将

全师总兵力约 11 000 人
第 8 装甲团
第 115 装甲掷弹兵团（摩托化）
第 33 装甲炮兵团（摩托化）

德军第 21 装甲师（海因茨·冯·兰道少将）
1943 年 1 月 1 日更换为汉斯·格奥尔格·希尔德布兰特少将
全师总兵力约 11 000 人
第 5 装甲团
第 104 装甲掷弹兵团（摩托化）
第 155 装甲炮兵团（摩托化）

意军第 10 军（爱德华多·内比亚中将）
　　意军第 27“布雷西亚”步兵师（贝尼托·布鲁内蒂少将）
　　　　第 19 步兵团
　　　　第 20 步兵团
　　　　第 1“萨伏依的欧根亲王”快速炮兵团（摩托化）
　　意军第 101“的里雅斯特”摩托化步兵师（弗兰奇斯科·拉·费拉少将）
　　　　第 65 步兵团
　　　　第 66 步兵团
　　　　第 21“波河”炮兵团（摩托化）
　　德国空军第 1 猎兵旅（赫尔曼·拉姆克少将）

意军第 20 军（朱塞佩·德·斯特凡尼斯中将）
　　意军第 132“攻城锤”装甲师（弗兰切斯科·阿雷纳少将）
　　　　第 132 装甲团
　　　　第 8 狙击兵团（摩托化）
　　　　第 132 炮兵团（摩托化）
　　意军第 133“利托里奥”装甲师（杰尔瓦西奥·比托西少将）
　　　　第 133 装甲团
　　　　第 12 狙击兵团（摩托化）
　　　　第 3“奥斯塔公爵阿梅代奥亲王”快速炮兵团（摩托化）
　　意军第 185“闪电”伞兵师（里卡尔多·比格纳米少将）
　　　　“鲁斯波利”伞兵团
　　　　第 186 伞兵团

第 187 伞兵团
第 185 炮兵团（摩托化）

意军第 21 军（亚历山德罗·格洛里亚中将）
意军第 102“特伦托”摩托化步兵师（乔治·马西纳少将）
第 61 步兵团
第 62 步兵团
第 46“特伦托”炮兵团（摩托化）
意军第 25“博洛尼亚”步兵师（阿尔弗雷多·达洛里奥上校）
第 39 步兵团
第 40 步兵团
第 205 炮兵团（摩托化）
德军第 164 轻非洲师（卡尔－汉斯·隆格斯豪森上校）
原“克里特”要塞师，1942 年 6 月至 8 月陆续抵达埃及，9 月 1 日改名为第 164 轻非洲师
1942 年 12 月 6 日更换为西格弗里德·韦斯特法尔上校
1943 年 1 月 16 日更换为贝克尔上校
1943 年 2 月 17 日更换为弗里茨·克劳斯少将
全师总兵力约 13 000 人
第 125 装甲掷弹兵团（摩托化）
第 382 装甲掷弹兵团（摩托化）
第 433 装甲掷弹兵团（摩托化）
第 220 炮兵团（摩托化）

向阿盖拉撤退

隆美尔在日记中称蒙哥马利“行动迟缓”，自然是基于其自身感受而产生的误解。尽管第 8 集团军在“增压”行动中击败了德意志－意大利装甲集团军，但由于大量地雷尚未清除，部队需要时间重新整编，所以无法马上投入追击。11 月 4 日晨，新西兰第 2 步兵师开始将第 5、第 6 步兵旅集群从后方调往前线，以配合英军装甲部队的西进攻势（这 2 个旅实际上并未参加“增压”行动）。到天黑前，第 4 轻装甲旅抵达达巴南部的阿格拉米亚（El Agramiya），第 9 装甲旅和新西兰第 5 步兵旅

▲ 11月4日，德意志非洲军军长冯·托马中将在前往德意志非洲军战斗队驻地泰尔埃尔曼弗斯拉时，突然遭遇英军第10皇家轻骑兵团的袭击。当时托马身边只有1辆拜尔莱因乘坐的装甲侦察车，并无步兵掩护。面对英军坦克的持续火力，托马的3号指挥坦克很快起火燃烧。格兰特·艾伦·辛格上尉随即驱车上前，俘虏了面无表情，仍拿着自己公文包的托马中将。辛格起初想要揪住托马的衣领，对方却突然高声叫嚷："我是一名将军！"辛格意识到自己逮到了一条大鱼，于是便请托马中将随他一同返回第8集团军司令部。图为抵达第8集团军司令部时，正从戴姆勒"野犬"侦察车中钻出的托马中将。

集群抵达拉曼小道以西，可新西兰第6步兵旅集群由于准备过于仓促无法跟上主力。弗赖伯格少将见部队过于分散，便请示蒙哥马利将追击推迟至11月5日。

另一方面，英军第1、第10装甲师于4日上午8点30分离开西迪阿布德埃尔拉曼，朝着达巴和加拉尔火车站一带飞速挺进。与此同时在泰尔埃尔阿盖齐尔西南方向，第7装甲师成功围困了意军第132"攻城锤"装甲师。在持续约6小时的激战中，第132"攻城锤"装甲师被歼灭大半，损失坦克120辆。

从4日上午起，隆美尔陆续接到有关第8集团军发起猛烈进攻的报告。意军第20军的侧翼防线被英军坦克洞穿，第132"攻城锤"装甲师正面临被合围的危险。上午11点15分，隆美尔致电希特勒，请示可否允许他率军撤往富卡。下午1点，前线突然传来冯·托马中将被俘的消息，他当时正打算前往位于西迪阿布德埃尔拉曼西南约15千米的泰尔埃尔曼弗斯拉（Tell el Manfsra）指挥德意志非洲军战斗队突围，结果却遭遇英军第10皇家轻骑兵团的袭击，只有拜尔莱因上校独自乘坐装甲侦察车逃了回来。无奈之下，隆美尔将德意志非洲军指挥权交给了拜尔莱因。又过了大约2个半小时，意军第102"特伦托"摩托化步兵师向隆美尔传达了第132"攻城锤"装甲师发出的最后一条电讯："敌军坦克已经渗透到了本师南面，本师已被包围，位置在比尔阿布德西北面9千米处。本师

▲ 冯·托马中将向蒙哥马利敬礼并与之握手。在当天举行的晚宴上，冯·托马惊讶地发觉蒙哥马利"似乎要比自己更了解德军部队的布防情况"。

▲ 1 辆正通过巴尔比亚海岸公路的德军 Kfz.15 指挥车。公路下方可见在 S 形弯道上缓慢行驶的德军车队。

的坦克正在作战中。”

在如此火烧眉毛的情况下，国防军最高统帅部和意军最高统帅部却始终默不作声，没有任何回音。下午 5 点 30 分，隆美尔决定不再耽搁下去，下令集团军立即出发向富卡南部撤退。他后来在日记中写道：“回顾以往，我所作的唯一一个错误决定，就是没有在收到希特勒电报的 24 小时之内就下令撤军。”

4 日傍晚，接到指令的意军第 10、第 21 军和德国空军第 1 猎兵旅迅速开始后撤。德意志非洲军、第 90 轻非洲师和意军第 20 军则要等到天黑，分别沿着海岸公路和阿拉曼铁路两侧继续向西退却。

夜晚 8 点 50 分，从希特勒的元首大本营又发来了这样一条电讯：“鉴于形势所迫，我愿意尊重你的决定。我会向领袖本人转达我的看法和观点。”其实早在 5 分钟前，墨索里尼便已亲自联络过隆美尔，并且还一再提醒他“务必要撤出所有的非摩托化部队”。

战后有不少战史研究者认为，如果蒙哥马利在 11 月 4 日没有派第 1、第 10 装甲师去夺取达巴和加拉尔火车站，而是让这两个师掉头南下阻截轴心国部队的话，隆美尔很有可能就会全军覆没。英国的官方战史甚至作出了这样的评价：“或许是因为隆美尔名声在外，才会促使我军时刻保持警惕。”不过话说回来，在没有新西兰第 2 步兵师和 2 个装甲旅协助的情况下，贸然使用 3 个装甲师进行围攻很可能难以达成作战目标。

11 月 5 日

次日早上，德意志 – 意大利装甲集团军的残余部队终于抵达富卡。隆美尔迅速作了部署：第 90 轻非洲师在左翼的海岸地区设防，第 21 装甲师位于中央的山脊防线，第 15 装甲师

▲ 正在巴尔比亚海岸公路上指挥交通的德军宪兵。位于照片右侧的是缴获的英军贝德福德 MWD 15 英担卡车。

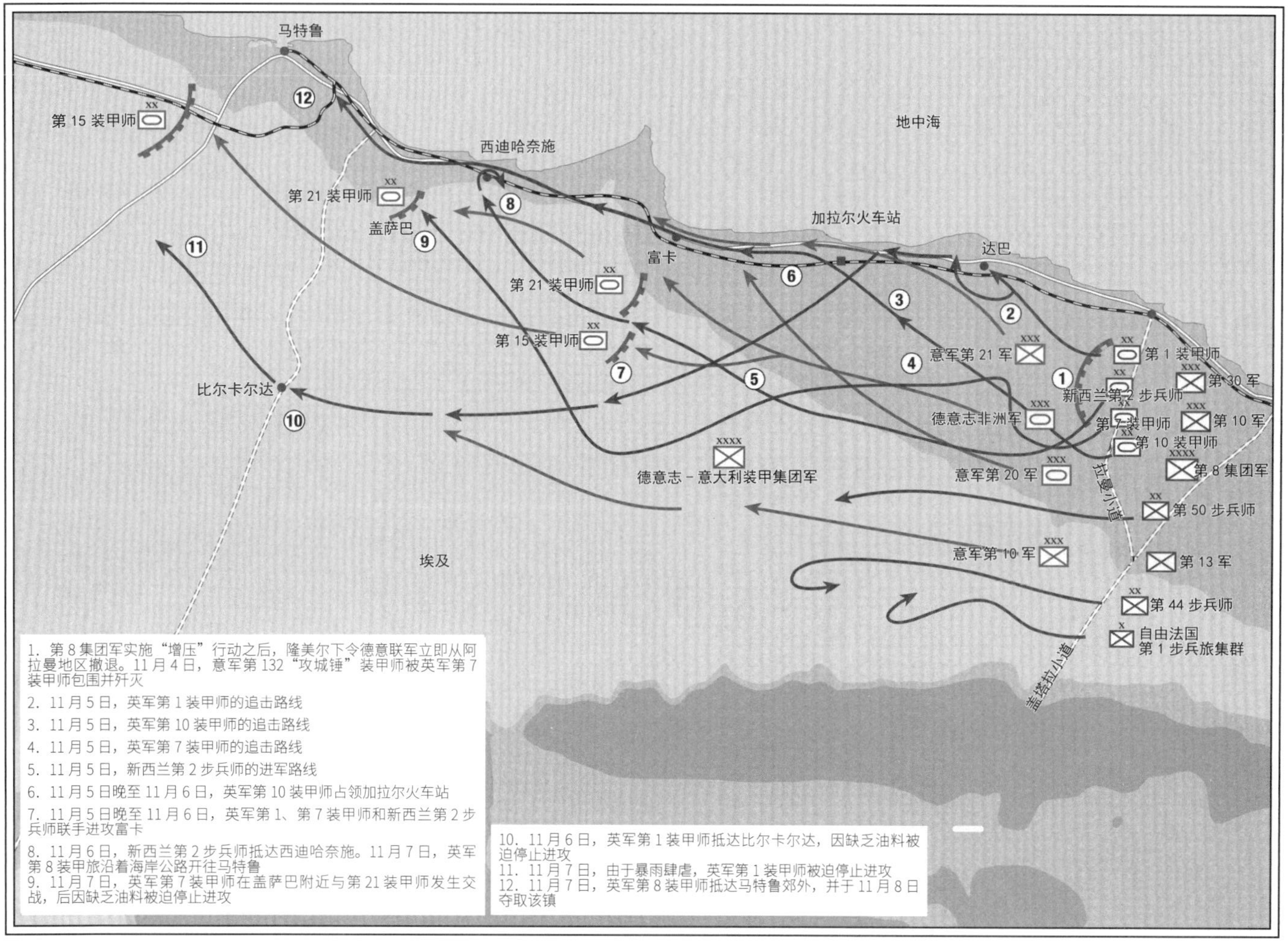

▲ 德意志－意大利装甲集团军撤离阿拉曼（1942 年 11 月 4 日至 11 月 7 日）示意图。

负责掩护第21装甲师南面的开阔地带，意军的具体布防情况和位置不明。德意志非洲军当时仍有38辆可用坦克（第15装甲师8辆、第21装甲师30辆）。第15装甲师的步兵人数仅剩200人，第21装甲师的步兵人数为400人，第164轻非洲师的步兵人数为600人。

▲ 在巴尔比亚海岸公路拐角为轴心国车队提供防空掩护的德军20毫米高射炮车，其底盘是经过改装的Kfz.15指挥车。

5日早上6点，滞留后方的新西兰第2步兵师正式加入追击行动。中午过后，该师已西进约30英里，其前锋部队与富卡山脊附近的第21装甲师发生了接触。下午1点，新西兰第5步兵旅集群误入德军雷区，花了约3个小时清除地雷。到黄昏时，英军第4轻装甲旅和新西兰第5步兵旅集群顺利通过雷区。其实那里大部分区域均未布雷，可能只是隆美尔设下的疑阵。

在北部战场，英军第1、第10装甲师于5日早上6点向达巴－加拉尔一线展开攻势。进攻开始之后，英军坦克仅遇到意军部队的微弱抵抗。上午10点左右，第8装甲旅抵达加拉尔火车站。下午3点30分，第8装甲旅再次西进约16千米，并在寇塔菲亚（Qotafiya）附近安营扎寨。

5日夜晚6点，英军第1装甲师进抵寇塔菲亚。担任前锋的第2装甲旅随后继续朝比尔卡尔达（Bir Khald）方向进军。只可惜，英军补给纵队在黑暗中迷失了方向，导致第2装甲旅在天亮时因燃料耗尽，不得不在半途停止前进。

▲ 由于上坡道的关系，这辆欧宝“闪电”卡车的乘员们不得不下车推行。跟在卡车后面的是辆缴获的英军雪弗莱WA运输车和1辆意大利的斯帕38R卡车。

轴心国方面，隆美尔于5日晚上向国防军最高统帅部报告了当日战况，表示富卡防线已经守不住了，必须继续撤退才行。当时第90轻非洲师和第15装甲师已退往马特鲁，第21装甲师位于盖萨巴（Qasaba），而集团军的其他部队也在朝着马特鲁西南面的查林隘口（Charing Cross）方向溃逃。

▲ 11 月 6 日夜晚至 11 月 7 日白天，一场突如其来的暴雨将埃及西部的大片荒漠彻底变成了泽国。直到 7 日下午天空刮起狂风，地面的泥泞程度才有所改善。图为 AFPU 的战地摄影师麦克唐纳少校拍摄的照片，只见英军第 8 装甲旅的 1 支车队冒着随时熄火的风险，从几乎被水塘完全淹没的海岸公路上驶过。在队伍前面领头的是辆雪弗莱 C15 运输车，后面跟着 1 辆贝德福德 OY 3 吨卡车。注意照片中央的 2 辆 BSA M20 摩托车，它们明显是在拖拽雪弗莱 C15，可见蒙哥马利在回忆录中提到的追击困难并非完全是空穴来风。

11 月 6 日

“11 月 6 日黎明，我们试图重新集结部队。可是大部分车辆全都散落在各个地方，要收拢它们根本办不到。”隆美尔在日记中作了如此描述。在这种不利情况下，第 15 装甲师和第 90 轻非洲师依然设法跑到了马特鲁西南面。第 21 装甲师则被迫在盖萨巴南面掘壕设防，以等待补给纵队从马特鲁运回一批急需的油料。

6 日凌晨，英军第 7 装甲师的第 22 装甲旅追至富卡西郊，与德军福斯集群（指挥官为第 580 侦察营营长弗里德里希－威廉·福斯上尉）发生交战。只有侦察兵和轻型车辆的福斯集群完全无法抵挡英军坦克的冲击，很快退往盖萨巴。第 22 装甲旅于当天下午追到盖萨巴，又与第 21 装甲师大战一场，并给德军造成了不少损失。在福斯上尉的指挥下，第 580 侦察营占据了盖萨巴西南方的一处高地且不断从那儿袭扰英军侧翼，意图给第 21 装甲师创造突围机会。但由于之前派往马特鲁运送油料的补给纵队未能及时返回，第 21 装甲师只好抛弃了残存的 16 辆坦克，并与福斯集群的余部一同撤往马特鲁。

▲ 随着第 8 集团军的不断西进，从亚历山大至托卜鲁克的 400 英里铁路已于 11 月中旬全面恢复。英国工兵惊讶地发现，德军其实早已将位于埃及边境的英国铁路一直修到了托卜鲁克，反倒使他们省掉了不少麻烦。图为 11 月底抵达托卜鲁克火车站的英军油罐列车。

6 日下午，担任卡瓦莱罗元帅作战官的安东尼奥·甘丁（Antonio Gandin）少将到访隆美尔的司令部。后者直截了当地向甘丁表示：“目前以现有的实力打下来，我们不可能有站

▲ 11 月 8 日上午，第 8 装甲旅主力进入了马特鲁。该照片为基廷上尉所摄。

得住脚的机会，只要英军高兴，他们可以长驱直入，一直冲到的黎波里塔尼亚为止。我们根本没有接受会战的资格，最多只能采取迟滞行动，以便让部队能够勉强退到利比亚的边界。唯有退回利比亚，才可能恢复战力，因为只要逗留在边界的那一面，随时会有被切断的危险。所以，现在唯一重要的就是加速逃离。我们已经不可能再用残余的装甲摩托化部队来和敌人作战，因为我们没有燃料了，连最后一滴都用在撤退上了。”当甘丁离开司令部时，隆美尔认为他“大概被吓坏了，一直不住地摇头”。

11 月 7 日

11 月 6 日夜里突降暴雨，将整个荒漠完全化作了沼泽地。至次日凌晨，地面湿度之大，就连履带车辆都无法开动。直到傍晚天空刮起狂风，泥泞状况才有所改善。

▲ 在马特鲁，皇家坦克团第 3 营的坦克手们正将 1 块缴获的德语告示牌挂上“格兰特”巡洋坦克的主炮炮管。告示牌上写的是“国防军陆军最高司令部装甲车辆备件补充排”，这是于 1941 年 11 月 5 日加入德意志非洲军直属后勤补充单位。

借助天气帮忙，德军第 21 装甲师和第 90 轻非洲师的剩余部队已到达马特鲁港。第 15 装甲师和第 164 轻非洲师正在通过查林隘口，意军的 3 个军则位于查林隘口西面。7 日早上，隆美尔与意军第 20 军军长朱塞佩·德·斯特凡尼斯中将举行会商。据斯特凡尼斯所说，第 20 军的很多人都走散了，该军的全部实力只剩下了 1 个半营和 10 辆坦克。隆美尔命令第 20 军向布库布库和卡普佐堡方向运动，那里应该会收容掉队的散兵，并把他们重组。

斯特凡尼斯离开后不久，德国空军第 1 猎兵旅旅长拉姆克少将带着他的 600 名幸存官兵逃回来向隆美尔报到。原本大多数人都以为拉姆克和他的部队早在撤离富卡时便和意军第 10 军的残部一起全军覆没了。不过拉姆克还是相当幸运的，他们伏击了一支前来追击的英军车队，然后利用夺来的英制卡车逃出虎口。隆美尔后来评价："我们一向都不太喜欢这个旅，因为他们还依照空军的习惯，遇事要求特殊待遇。"如今拉姆克少将又在发他的脾气，埋怨陆军没有为他们提供足够的卡车用于撤退。不过那是没有办法的事，毕竟德军本身就车辆不足。其次，隆美尔也不能光顾着把德军都带走，而把意军丢在后面不管。

英军方面，第 8 集团军此刻遇到了油料不足和泥泞遍地的双重困扰。4 支追击部队中只有第 10 装甲师的第 8 装甲旅仍在缓慢地向西挺进。7 日下午，一支英军坦克分队进抵马特鲁郊外，被德军反坦克炮阵地挡住去路。11 月 8 日黎明，第 8 装甲旅派遣皇家东肯特步兵团第 1 营的 2 个连突入镇内，却发现德军第 21 装甲师和第 90 轻非洲师早就放弃了马特鲁，连夜撤走了。

11 月 8 日至 11 月 10 日

自 11 月 8 日德军弃守马特鲁之后，从遥远的西方又传来了有关英美盟军在阿尔及利亚和摩洛哥登陆的消息。但隆美尔当时完全顾不上这些，他如今正努力在西迪巴拉尼以西集结兵力准备打一场迟滞战，好让军队能够更安全地通过哈勒法亚隘口和塞卢姆。得知此事的意军总参谋长卡瓦莱罗元帅立刻发来电报，要德军尽一切可能守住塞卢姆和西迪奥马尔。

▲ 11 月 16 日，新西兰第 6、第 7 野战工兵连开始修复被德军工兵破坏的塞卢姆沿岸公路，总共消耗近 5 000 立方米的砖石。图为 11 月 18 日，由 AFPU 战地摄影师德雷克·梅尼少尉拍摄的现场施工照。照他所说，如果德军工兵埋设的另外 2 处爆破装置能够及时引爆的话，新西兰工兵就很可能没办法在 11 月 20 日之前完成修复工作。

然而第 8 集团军没有给隆美尔任何喘息的机会。11 月 7 日晚，新西兰第 2 步兵师和第 7 装甲师又再度展开追击。经过 2 天时间的追赶，新西兰第 2 步兵师于 11 月 9 日夜晚进抵西迪巴拉尼一线，第 7 装甲师则从南部沙

▲ 11 月 18 日，第 8 集团军司令蒙哥马利中将亲自赶往塞卢姆进行视察。图为梅尼少尉拍摄的照片，只见蒙哥马利正坐在施工现场边上享用午餐。

漠实施迂回，意图夺取卡普佐堡和西迪阿柴兹。

根据德意志－非洲装甲集团军的作战记录，德军在 11 月 9 日的全部实力如下：

第 15 装甲师共有 1 177 名官兵，5 门反坦克炮，11 门火炮，但无可用坦克；

第 21 装甲师共有 1 000 名官兵、5 门反坦克炮、6 门火炮和 11 辆可用坦克；

第 90 轻非洲师共有 1 000 名官兵、10 门反坦克炮和 2 个炮兵分队；

第 164 轻非洲师共有 2 个营和 2 个炮兵分队；

德国空军第 1 猎兵旅共有 700 名官兵、5 门反坦克炮和 2 门火炮。

11 月 11 日晨，新西兰第 21 步兵营的 2 个连开始猛攻哈勒法亚隘口，总共俘虏 600 余名意军官兵，迫使隆美尔决定放弃整个塞卢姆地区并率军继续西撤。至此，阿拉曼战役以英军的胜利宣告结束。

第二次阿拉曼战役中的英联邦军

1942 年 8 月，随着亚历山大和蒙哥马利抵达埃及，奥金莱克的“旅级集群”编制、“乔克”纵队编制、前沿守备队编制和后方机动队编制统统被废除（整个英联邦军只有希腊、新西兰和自由法国军队继续保留旅级集群编制）。沙漠远程集群基本停止了敌后破坏活动，其指挥权由英军驻中东地区司令部接管。第 8 集团军的核心作战单位也从旅升格为师，并陆续建立起军属炮兵指挥部和集团军属炮兵指挥部，意图将“斯通克”炮击战术发挥到极致，以此提升部队的整体战斗力。

与之前的韦维尔、奥金莱克、里奇等人不同，伯纳德·蒙哥马利是首位具有清晰思维、明确目的和坚定意志的资深战区指挥官。他能够将沙漠战所推崇的“火力至上”原则转化为具体的战术教条并付诸实践，任何敢于抵制或违抗命令的人都会被免职。在阿拉曼，第 8 集团军不必再和过去一样实施大范围机动战，也不用担心自己的侧翼会被对手迂回。蒙哥马利所要做的就是向隆美尔发动一次大规模突击，进而将轴心国军赶出埃及。为此，他需要全面彻底地整顿第 8 集团军，同时还必须抓紧时间把士气低下、军心涣散的部队重新打造成一支精锐之师。事实证明，他在这些方面干得相当出色。经过近 2 个月的休整和密集训练，第 8 集团军到 10 月中旬时已有 10 个师又 6 个旅（其中 6 个是英国师），总兵力约 23 万人，共配备 1 100 辆一线坦克、105 辆备用坦克、554 门 2 磅反坦克炮、849 门 6 磅反坦克炮和 892 门支援火炮。但由于改组过程相当紧迫，第 8 集团军在第二次阿拉曼战役前依然包含以下 4 种不同结构的师：

1. 下辖 1 个 3 团 1 营制装甲旅和 1 个 3 营制步兵旅的装甲师（英军第 1 装甲师）

2. 下辖 2 个 3 团 1 营制装甲旅和 1 个 3 营制步兵旅的装甲师（英军第 7、第 10 装甲师）

3. 下辖 3 个 3 营制步兵旅的步兵师（英军第 44、第 50、第 51 步兵师，澳大利亚第 9 步兵师、印度第 4 步兵师、南非第 1 步兵师）

4. 下辖 1 个 3 团 1 营制装甲旅和 2 个 3 营制步兵旅的步兵师（新西兰第 2 步兵师）

在上述 4 种编制中，第 1 种编制和第 3 种编制很快就被 1942 年末的英军师级单位所采纳，第 4 种编制是应新西兰方面的需求而设，至于第 2 种编制，只是一种过渡性编制，等从英国本土调来更多的步兵旅后自然就会将它废止。

注："斯通克"(Stonk)：即标准集火炮击战术，通常由 2 个野战炮兵团和 1 个中型炮兵团在不同时段内对多条长约 350 米、间距约 45-90 米的前沿防御地段倾泻大量炮弹，尽可能摧毁敌方设置的防御工事和反坦克武器，为装甲部队和步兵部队的突击扫清道路

第二次阿拉曼战役中的英联邦军编制

1942 年末的英军装甲团编制

每个装甲团下辖 3 个中队，每个中队下辖 4 个分队，每个分队下辖 3 辆坦克

中队指挥分队下辖 4 辆坦克

团部下辖 4 辆坦克

全团共计 52 辆坦克

1942 年末的英军摩托化步兵营编制

每个摩托化步兵营下辖 1 个营部、1 个营属反坦克连和 3 个摩托化步兵连

营部下辖通信单位和行政单位

营属反坦克连下辖 1 个连部、4 个反坦克排，共有 14 挺布伦双联装防空机枪、16 辆 2 磅反坦克炮车或 6 磅反坦克炮车

每个摩托化步兵连下辖 1 个连部、1 个侦察排、1 个机枪排、2 个摩托化步兵排，共有 20 挺布伦轻机枪、4 挺维克斯中型机枪、1 门 81 毫米迫击炮、11 支反坦克枪、11 辆搭载布伦轻机枪的通用输送车

理论上每个英军摩托化步兵营配属 33 辆通用输送车和 18 辆 0.75 吨卡车

1942年末的英军装甲师编制

每个装甲师下辖：

师部及通信团

1个装甲侦察车团（3个装甲侦察车中队）

1个装甲旅（3个装甲团、1个摩托化步兵营）

1个摩托化步兵旅（3个摩托化步兵营）

3个野战炮兵团、1个反坦克团、1个轻型防空团

3个野战工兵中队

1个野战军械安置中队

师属后勤补给单位

实战中英军的编制并不完全固定，其他英联邦国家的部队编制可能会与英军有所差异

1942年末的英军步兵师编制

每个步兵师下辖：

师部及通信团

1个装甲侦察车团/师属骑兵团（3个装甲侦察车中队或1个轻型坦克中队，2个通用输送车中队）

3个步兵旅（每个步兵旅集群下辖3个步兵营）

3个野战炮兵团、1个反坦克团、1个轻型防空团

3个野战工兵连

1个野战军械安置连

师属后勤补给单位

根据战时官方的W0201/440作战报告，英军第8集团军10月23日的实际可用坦克数量为：

英军第1装甲师（第2装甲旅）：92辆M4“谢尔曼”坦克、1辆M3“格兰特/李”坦克、31辆“十字军”MK2巡洋坦克、16辆“十字军”近距离支援坦克、29辆“十字军”MK3巡洋坦克，共计169辆坦克（与编制表中的数据稍有出入，后同）

英军第7装甲师（第4轻装甲旅、第22装甲旅）：68辆M3“格兰特/李”坦克、42辆“十字军”MK2巡洋坦克、5辆“十字军”近距离支援坦克、8辆“十字军”MK3巡洋坦克、83辆M3“斯图亚特”轻型坦克，共计206辆坦克

英军第10装甲师（第8装甲旅）：31辆M4“谢尔曼”坦克、57辆M3“格兰特/李”坦克、35辆“十字军”MK2巡洋坦克、5辆“十字军”近距离支援坦克、12辆“十字军”MK3巡洋坦克，共计140辆坦克

英军第9装甲旅：36辆M4“谢尔曼”坦克、37辆M3“格兰特/李”坦克、29辆“十字军”MK2巡洋坦克、8辆“十字军”近距离支援坦克、12辆“十字军”MK3巡洋坦克，共计

122 辆坦克

英军第 23 装甲旅：169 辆“瓦伦丁”MK3 步兵坦克

英军第 24 装甲旅：93 辆 M4“谢尔曼”坦克，2 辆 M3“格兰特 / 李”坦克，31 辆“十字军”MK2 巡洋坦克，3 辆“十字军”近距离支援坦克，17 辆“十字军”MK3 巡洋坦克，共计 146 辆坦克

英军第 1 装甲师师部：8 辆“十字军”MK2 巡洋坦克

英军第 7 装甲师师部：7 辆“十字军”MK2 巡洋坦克

英军第 8 装甲师师部：6 辆“十字军”MK2 巡洋坦克

英军第 10 装甲师师部：7 辆“十字军”MK2 巡洋坦克

“金”特遣队：6 辆“丘吉尔”MK3 步兵坦克

新西兰第 2 骑兵团：29 辆 M3“斯图亚特”轻型坦克

澳大利亚第 9 骑兵团：15 辆“十字军”MK2 巡洋坦克、4 辆 M3“斯图亚特”轻型坦克

自由法国第 1 坦克连：16 辆“十字军”MK2 巡洋坦克

第 8 国王皇家爱尔兰骑兵团：9 辆 M3“斯图亚特”轻型坦克

皇家坦克团第 6 营：14 辆 M3“格兰特 / 李”坦克

南非第 21 野战工兵连：25 辆“玛蒂尔达”“蝎”式扫雷坦克

第 10 军军部护卫队：2 辆 M3“格兰特 / 李”坦克

第 8 集团军装甲预备队：15 辆 M4“谢尔曼”坦克、13 辆 M3“格兰特 / 李”坦克、19 辆“十字军”MK2 巡洋坦克、14 辆“十字军”近距离支援坦克、11 辆“十字军”MK3 巡洋坦克、8 辆 M3“斯图亚特”轻型坦克、20 辆“瓦伦丁”MK3 步兵坦克、5 辆“玛蒂尔达”“蝎”式扫雷坦克

坦克运送团、坦克运送中队及野战军械安置单位的坦克：10 辆 M4“谢尔曼”坦克、8 辆 M3“格兰特 / 李”坦克、16 辆“十字军”MK2 巡洋坦克及“十字军”近距离支援坦克、7 辆“十字军”MK3 巡洋坦克、3 辆 M3“斯图亚特”轻型坦克、15 辆“瓦伦丁”MK3 步兵坦克

正在运往前线的坦克：7 辆 M4“谢尔曼”坦克、15 辆 M3“格兰特 / 李”坦克、17 辆“十字军”MK2 巡洋坦克及“十字军”近距离支援坦克、4 辆“十字军”MK3 巡洋坦克、5 辆 M3“斯图亚特”轻型坦克、5 辆“瓦伦丁”MK3 步兵坦克、5 辆“玛蒂尔达”“蝎”式扫雷坦克

正从后方仓库抽调的坦克：3 辆 M4“谢尔曼”坦克、7 辆 M3“格兰特 / 李”坦克、11 辆“十字军”MK2 巡洋坦克及“十字军”近距离支援坦克、9 辆“十字军”MK3 巡洋坦克、8 辆 M3“斯图亚特”轻型坦克、27 辆“瓦伦丁”MK3 步兵坦克

正从前线撤离的坦克：6 辆 M4“谢尔曼”坦克、3 辆 M3“格兰特 / 李”坦克、1 辆“十字军”MK2 巡洋坦克、7 辆 M3“斯图亚特”轻型坦克、5 辆“瓦伦丁”MK3 步兵坦克

正在接受训练的坦克：8 辆 M3“格兰特 / 李”坦克、6 辆“十字军”MK2 巡洋坦克及“十字军”近距离支援坦克、3 辆“十字军”MK3 巡洋坦克、7 辆 M3“斯图亚特”轻型坦克、3 辆“瓦

伦丁”MK3 步兵坦克

前线部队需要维修的坦克：2 辆 M4“谢尔曼”坦克、5 辆 M3“格兰特 / 李”坦克、11 辆“十字军”MK2 巡洋坦克及“十字军”近距离支援坦克、4 辆“十字军”MK3 巡洋坦克、10 辆 M3“斯图亚特”轻型坦克、14 辆“瓦伦丁”MK3 步兵坦克、1 辆“玛蒂尔达”“蝎”式扫雷坦克

装甲旅属维修单位接收的战损坦克：8 辆 M4“谢尔曼”坦克、13 辆 M3“格兰特 / 李”坦克、30 辆“十字军”MK2 巡洋坦克及“十字军”近距离支援坦克、7 辆 M3“斯图亚特”轻型坦克、14 辆“瓦伦丁”MK3 步兵坦克

集团军属维修单位接收的战损坦克：6 辆 M4“谢尔曼”坦克、18 辆 M3“格兰特 / 李”坦克、21 辆“十字军”MK2 巡洋坦克及“十字军”近距离支援坦克、6 辆“十字军”MK3 巡洋坦克、10 辆 M3“斯图亚特”轻型坦克、14 辆“瓦伦丁”MK3 步兵坦克、1 辆“玛蒂尔达”“蝎”式扫雷坦克

后方军械维修单位接收的战损坦克和正在进行改装的坦克：21 辆 M4“谢尔曼”坦克、138 辆 M3“格兰特 / 李”坦克、359 辆“十字军”MK2 及“十字军”近距离支援坦克、33 辆“十字军”MK3 巡洋坦克、86 辆 M3“斯图亚特”轻型坦克、100 辆“瓦伦丁”MK3 步兵坦克、276 辆“玛蒂尔达”步兵坦克 / 扫雷坦克

装甲兵训练学校的坦克：3 辆 M4“谢尔曼”坦克、25 辆 M3“格兰特 / 李”坦克、26 辆“十字军”MK2 及“十字军”近距离支援坦克、2 辆“十字军”MK3 巡洋坦克、20 辆 M3“斯图亚特”轻型坦克、12 辆“瓦伦丁”MK3 步兵坦克、10 辆“玛蒂尔达”“蝎”式扫雷坦克

未统计的非战损坦克：7 辆 M3“格兰特 / 李”坦克、20 辆“十字军”MK2 巡洋坦克及“十字军”近距离支援坦克、11 辆 M3“斯图亚特”轻型坦克

第二次阿拉曼战役中英联邦军投入中东地区的全部坦克数量（不包括塞浦路斯驻军、巴勒斯坦的第 9 集团军和伊拉克的第 10 集团军）：318 辆 M4“谢尔曼”坦克、426 辆 M3“格兰特 / 李”坦克、738 辆“十字军”MK2 巡洋坦克及“十字军”近距离支援坦克、148 辆“十字军”MK3 巡洋坦克、299 辆 M3“斯图亚特”轻型坦克、367 辆“瓦伦丁”MK3 步兵坦克、375 辆“玛蒂尔达”步兵坦克 / 扫雷坦克，共计 2 671 辆坦克

第3章　双线作战（1942年11月至1943年5月）

“火炬”行动——开辟北非第二战场

1942年11月8日，正当英军第8集团军从马特鲁出发继续向西挺进时，一支由德怀特·D.艾森豪威尔上将指挥的英美特混舰队也在卡萨布兰卡、奥兰和阿尔及尔等地成功登陆。11月11日，北非维希法军总司令让–弗朗索瓦·达尔朗海军上将下令所有部队停止抵抗，准许盟军接管整个法属北非。11月12日，英国的肯尼斯·安德森中将率领东部特遣队（East Task Force）直奔突尼斯，试图抢在轴心国之前夺取至关重要的比塞大港。

盟军登陆北非的行动完全出乎希特勒的预料。直到11月8日晚，德军高层才匆忙开始制定应对计划。11月10日至11月11日，德军装甲部队进入法国南部的自由区，维希法国政权宣告垮台。11月10日至11月15日，国防军最高统帅部先后从法国抽调第10装甲师及“赫尔曼·戈林”师，从德国抽调第334步兵师、第501重装甲营及第190装甲营，从意大利抽调第5伞兵团、德国空军猎兵团、第11航空军属伞降工兵营和10多支野战补充单位共同前往突尼斯参战。意军最高统帅部也派出了第1“苏佩尔加”突击登陆师前去增援突尼斯的德军部队。

尽管维希法军在宣布改旗易帜后马上在比塞大和突尼斯城布置了阻塞船，意大利皇家海军仍设法清除了这些障碍。11月12日，“卡塔里纳·科斯塔”号（Catarina Costa）和“奇塔·迪·那波利”号（Citta di Napoli）渡轮顺利抵达比塞大，卸下大批军火物资。11月15日，这座港口完全恢复了吞吐能力，平均每日约有750名德军进驻突尼斯境内。

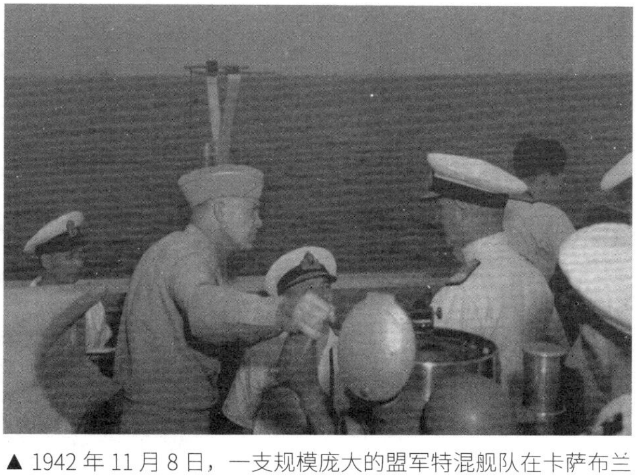

▲ 1942年11月8日，一支规模庞大的盟军特混舰队在卡萨布兰卡、奥兰和阿尔及尔成功实施了代号“火炬”的登陆行动。图为1943年5月，盟军远征军最高司令德怀特·D.艾森豪威尔上将（手指镜头者）和英国舰队司令安德鲁·坎宁安海军上将（右二）正在一艘英军驱逐舰的舰桥上接受北非意大利舰队的投降。

除地面部队外，德国空军

▲ 盟军登陆部队共分为西部、中部和东部 3 个特遣队。除完全由美军组成的中部、西部特遣队外，在阿尔及尔上岸的东部特遣队主要下辖美军第 34 步兵师（第 39、第 168 团级战斗队）和英军第 78 步兵师（第 11、第 36 步兵旅）。图为正从阿尔及尔西部海滩上岸的美军第 168 团级战斗队。

也在不断将飞机派往突尼斯的各个机场。11 月 9 日至 11 月 15 日，在马丁·哈林豪森（Matin Harlinghausen）上校指挥下的德国空军已拥有 81 架战斗机和 28 架俯冲轰炸机，其任务是保卫突尼斯的海空军基地并尽力拖住从阿尔及利亚方向开来的盟军地面部队。

11 月 18 日，国防军最高统帅部任命弗里德里希·冯·布罗伊希（Friedrich von Broich）上校为德军地面部队的临时司令官，负责在突尼斯北部建立首个桥头堡。由于所辖兵员来自各个不同的部队，因此也被称为“冯·布罗伊希”师。

就在德军积极进行动员期间，突尼斯的维希法军反倒因为各种自相矛盾的消息而迟迟未能做出反应。乔治·巴雷（Georges Barre）少将手头的作战部队只有 9 000 人，且大部分都分散在突尼斯各地，许多海岸炮台也处于无人驻守的状态。冯·布罗伊希上校起初以为巴雷会率部西撤与盟军部队会合，但德军侦察机发来的空中侦察报告却显示，大约数千名法军正在向东行进，这无疑是要和轴心国发生正面冲突。

为协助布罗伊希的防御工作，国防军最高统帅部于 11 月 17 日宣布在突尼斯城的美国领事馆内成立第 90 军军部，军长为刚从阿拉曼战场伤愈回归的瓦尔特·内林装甲兵上将。但当内林从罗马奉命赶到军部后，却失望地发现情况真是一片混乱。突尼斯各地的通讯设施多半遭到破坏和窃听，很多军官甚至搞不清楚自己的部队身在何处。面对如此困难的局面，内林当机立断地下令集结一切可以搜罗到的作战单位，并要他们在突尼斯北部再建立 2 座桥头堡。

▲ 当轴心国方面得知“火炬”行动的消息后，德国国防军最高统帅部赶忙抽调大批部队前往突尼斯进行增援。图为一队正在低空飞越地中海上空的德军容克 52 型运输机群。

到 11 月底，内林手头的战力已提升至 1.5 万名德军和 9 000 名意军，基本控制了比塞大和突尼斯城。

11 月 14 日，由英军第 6 装甲师派出的“哈特”特遣队（Hart Force）和“布莱德”特遣队（Blade Force）正从西面快速逼近阿比奥德山（Djebel Abiod）和贝雅（Beja）。11 月 17 日，在阿比奥德山近郊，“哈特”特遣队的一支前锋巡逻队与德军第 11 航空军直属伞降工兵营发生交战。在营长鲁道夫·维齐希（Rudolf Witzig）少校指挥下，英军暂时被击退。

▲ 由于受到生产延误的干扰，德军第 501 重装甲营在被调往北非时仍处于不满编的状态。11 月 23 日，意大利火车渡轮“阿斯普罗蒙特”号首先将 3 辆“虎”式坦克运抵比塞大港。11 月 27 日，德军 477 号登陆艇又将另 1 辆“虎”式坦克运至突尼斯城。在此之后，该营的剩余坦克也陆续到达了突尼斯（全部由登陆艇负责运送）：12 月 1 日 2 辆，12 月 6 日 1 辆，12 月 13 日 1 辆，12 月 25 日 4 辆，1 月 8 日 5 辆，1 月 16 日 1 辆，1 月 24 日 2 辆，加上前面提到的 4 辆，一共是 20 辆“虎”式坦克。1943 年 3 月 8 日，德军第 504 重装甲营第 1 连的 11 辆“虎”式坦克也被运往突尼斯参战，第 2 连则留在西西里岛驻防，没有参与突尼斯战役。图为 12 月间抵达突尼斯前线的第 501 重装甲营所属“虎”式坦克，其炮塔侧面漆有 122 字样。

11 月 19 日，在贝雅东面，瓦尔特·内林装甲兵上将将第 5 伞兵团的部分兵力调往梅杰兹埃尔巴布（Medjez el Bab）附近设立防线。由于维希法军指挥官巴雷少将拒绝让德军部队通过该镇，内林于是命令第 5 伞兵团发动进攻。经过 1 天 1 夜的激战，法军虽然多次粉碎了德军的攻势，但自己也付出了相当惨重的代价。当天夜晚，巴雷被迫指挥部队西撤，将梅杰兹埃尔巴布让给了德军第 5 伞兵团。

▲ 11 月 25 日下午，美军第 1 装甲团 C 连 3 排的 1 辆 M3A1 轻型坦克在协助“布莱德”特遣队袭击杰戴达机场时被德军部队击毁。图中可见坦克炮塔侧面的车号 16 及带有 3 道杠的五星识别标志，坦克车体上带圆圈的黄色四边形则是 C 连的连队标志。

11 月 24 日，维维安·伊夫利（Vyvyan Evelegh）少将率领英军第 78 步兵师开赴前线支援第 6 装甲师。安德森少将要求伊夫利必须先肃清泰布尔巴－马特尔地区（Tebourba–Mateur）的轴心国军，然后再去攻打比

▲ 11 月 28 日，英军第 11 步兵旅和美军第 13 装甲团第 2 营在进攻杰戴达的作战行动中遭遇德军的顽强抵抗，第 13 装甲团第 2 营损失了 5 辆 M3 中型坦克。盟军之后于 11 月 29 日又作了一次尝试，但仍未能取得成功。图为 11 月 28 日战损的 2 辆 M3 中型坦克。

塞大和突尼斯城。

第 78 步兵师的到来很快引起了德军的注意。在北面的海岸地区，第 36 步兵旅沿着阿比奥德山 – 马特尔公路前进，途中遇到倾盆大雨，致使行动中止。在南面的内陆地区，第 11 步兵旅则不断遇到德军的顽强抵抗，无法控制住梅杰兹埃尔巴布 – 泰布尔巴公路。

“布莱德”特遣队见第 78 步兵师攻势受阻，便计划从战线中央的西迪恩希尔（Sidi Nsir）方向对泰布尔巴和马特尔实施迂回。24 日上午，“布莱德”特遣队在第 1 伞兵营的侧翼掩护下成功穿越了舒伊吉隘口（Chouigui Pass）。当天下午，17 辆临时加强给特遣队的美军 M3A1“斯图亚特”轻型坦克袭击了杰戴达（Djedaida）附近的轴心国机场，总共摧毁 17 架“施图卡”俯冲轰炸机。该部除 1 辆 M3A1 失踪外，其余坦克都安全撤回了舒伊吉隘口。

当瓦尔特·内林装甲兵上将得知杰戴达机场遇袭的消息时，他认为德军防线有可能会被盟军洞穿，恐怕只有将兵力全部集中到东面才能守住泰布尔巴。11 月 26 日，“布莱德”特遣队推进至马特尔西南面的热夫纳火车站（Jefna station）附近，总共摧毁德军第 190 装甲营的 6 辆 4 号 G 型坦克。同日下午，英军第 11 步兵旅占领了已经人去城空的梅杰兹埃尔巴布。11 月 27 日早上，第 501 重装甲营的吕德尔战斗群从杰戴达附近出发，在泰布尔巴 – 巴塔恩（Tebourba–el Bathan）一带与第 11 步兵旅麾下的东萨里步兵团第 1 营迎头相撞。英军摩托化纵队根本

▲ 12 月 1 日，沃尔夫冈·菲舍尔中将率领由德军第 10 装甲师、第 501 重装甲营和第 5 伞兵团组成的 4 支战斗群向盟军据守的泰布尔巴桥头堡展开凌厉攻势。图为 12 月 8 日，菲舍尔中将（左）正与刚刚抵达突尼斯前线的汉斯 – 于尔根·冯·阿尔尼姆大将（右）一同检视作战地图。

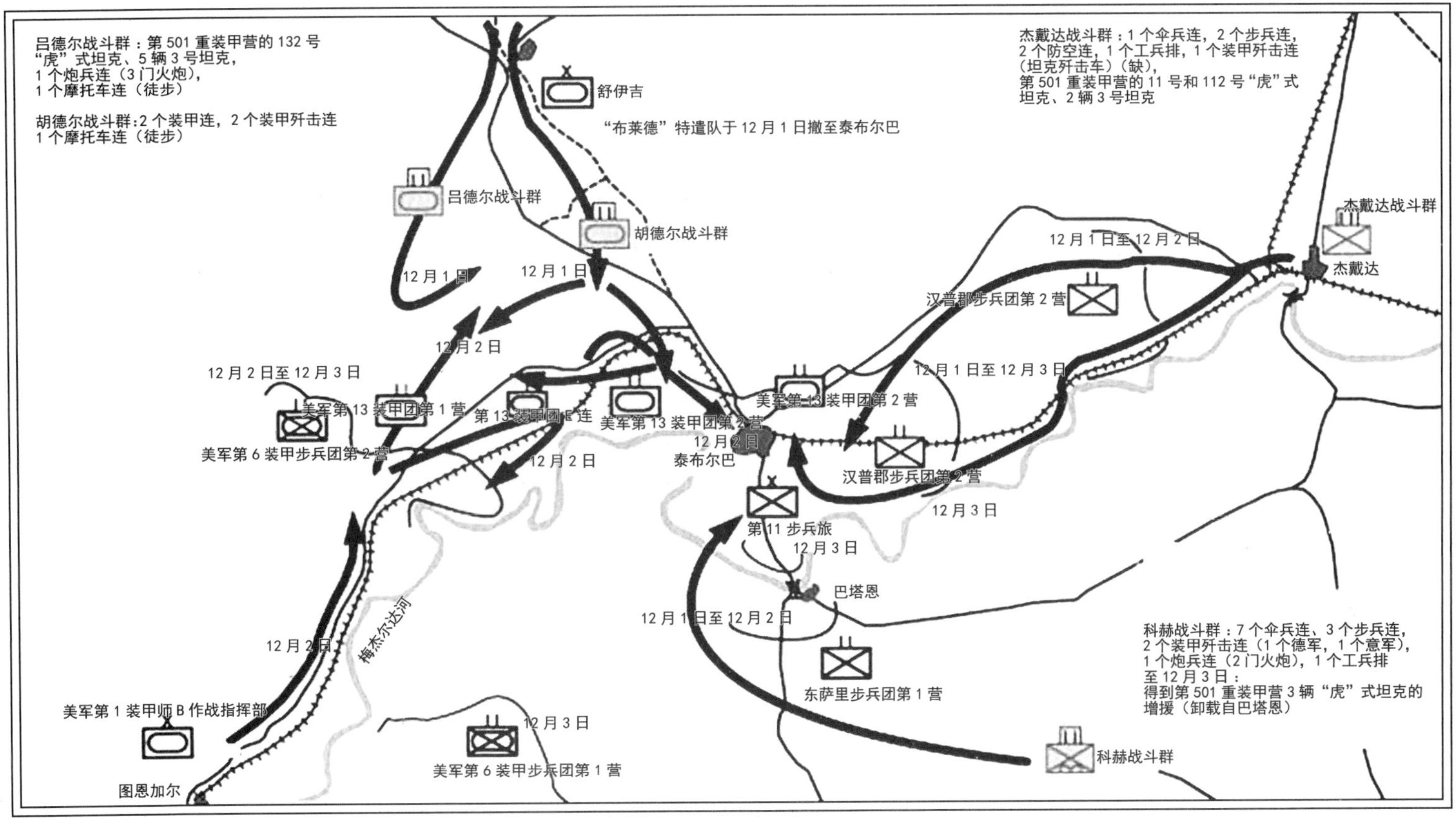

▲ 泰布尔巴之战过程示意图（1942 年 12 月 1 日至 12 月 3 日）。

不是德军“虎”式重型坦克的对手，纷纷败下阵来。与此同时，战场北部的英军第36步兵旅进展依然十分缓慢，于27日下午刚刚抵达塞杰纳内（Sedjenane）。

第78步兵师师长伊夫利少将急于突破德军防线，催促部队一定要赶在月底之前拿下泰布尔巴。为此，伊夫利及其师部参谋们特别制定了一个大胆的空地联合进攻方案。按照该计划，英军第11步兵旅和美军第13装甲团第2营将在11月28日携手攻占杰戴达。11月29日，英军第2伞兵营将在距突尼斯城以南约26英里的德皮耶纳（Depienne）实施空降，目标是占领德皮耶纳北面的韦德纳机场（Oudna airfield），并与“布莱德”特遣队会合。11月30日，英军第1突击队（原来的特别勤务旅已被改编成12支突击队）将对比塞大以西约14英里的西迪埃尔穆贾德（Sidi el Moudjad）实施登陆，以协助第36步兵旅继续朝马特尔方向进军。

或许正是因为伊夫利的野心过大，盟军这次联合行动的结局着实令人失望。第11步兵旅和美军第13装甲团第2营没能攻克杰戴达，第2伞兵营在空降后才发现韦德纳机场根本处于空置状态，“布莱德”特遣队受到德军阻击无法东进，损失官兵300人。第1突击队同样也是颗粒无收，后于12月3日被赶赴西迪埃尔穆贾德的第36步兵旅接走。11月30日，伊夫利少将决定中止行动，等完成空投补给之后再恢复进攻。

▲12月1日上午，德军吕德尔战斗群和胡德尔战斗群在132号“虎”式坦克支援下从马特尔附近的驻地出发南下攻打舒伊吉隘口。战至中午，损失惨重的“布莱德”特遣队奉命撤回泰布尔巴。英军第17/21枪骑兵团曾派遣部分兵力增援隘口，但被德军接连击毁了5辆“十字军”巡洋坦克。1日下午，德军杰戴达战斗群和科赫战斗群从东、南两个方向一同围攻泰布尔巴，使整个战斗达到了最高潮。12月2日，“布莱德”特遣队依靠美军第1装甲师B作战指挥部到场救助，才勉强撑住阵脚。12月3日，德军再次发起猛攻，最终迫使盟军放弃泰布尔巴，撤往梅杰尔达河畔的梅杰兹埃尔巴布。图为12月1日战斗结束时，一名德军伞兵正在检查第17/21枪骑兵团的“十字军”MK3巡洋坦克残骸。

在德国人这边，凯塞林元帅因对内林装甲兵上将的防御部署感到不满，严令第90军务必尽快将攻入突尼斯北部的英军部队逐退。11月28日，内林命令第10装甲师派遣部分兵力向泰布尔巴–梅杰兹埃尔巴布地区发动反攻。经过3天时间的筹备，第10装甲师师长沃尔夫冈·菲舍尔（Wolfgang Fischer）中将将全军分为4个战斗群，第501重装甲营和第5伞兵团也加入进来，协助德军战斗群一同围攻泰布尔巴。在12月1日早上爆发的激战中，“布莱德”特遣队几乎被彻底击溃，迫使伊夫利少将在傍晚前致电美军第1装甲师师部，请求他们派遣B作战指挥部前来支援英军特遣队。12月2日至12月3日，菲舍尔中将指挥各路德军继续对泰布尔巴施压。伊夫利抵挡不住这波攻势，只好连夜将“布莱德”特遣队的剩余部队撤至梅杰尔达河西岸。

从12月4日起，第10装甲师的第69、第86装甲掷弹兵团陆续抵达突尼斯北部。12月6日，驻守梅杰尔达河南岸的美军B作战指挥部遭到第7装甲团和第86装甲掷弹兵团的袭击，继续沿着河岸向西退却。为支援美军，英军第11步兵旅火速开往梅杰尔达河北岸的斯米迪亚（Smidia）附近设防。12月10日，德军第10装甲师在第501重装甲营协助下从南北两翼开始包抄美军。见势不妙的伊夫利少将赶紧指示B作战指挥部突围。整个下午，美军第1装甲团第1营（M3A1轻型坦克）、第13装甲团第1营（M3A1轻型坦克）、第701坦克歼击营（M3半履带反坦克炮车）和部分维希法军部队全力抗击南路德军，但收效甚微。10日夜晚至11日早上，约翰·R.麦金尼斯（John R.McGinness）中校率领第13装甲团第2营和第6装甲步兵团在途经格里希埃尔瓦德（Grich el Oued）时不幸被泥沼困住，总共遗弃18辆M3中型坦克、41门火炮和150

▲据第501重装甲营营长汉斯-格奥尔格·吕德尔少校回忆，12月1日下午3点，杰戴达战斗群正打算穿越杰戴达西面约5英里处的一片橄榄林。因视野极其有限，第1连连长尼古拉·冯·诺尔德上尉（当时乘坐1辆桶车）和11号“虎”式坦克车长埃伯哈德·戴希曼上尉纷纷跳下车来进行观察，却在徒步返回时不幸中弹身亡。失去车长的11号继续留在火线，并与稍后抵达的142号合作干掉了2辆躲藏在80–100米外的M3中型坦克（隶属美军第13装甲团第2营），伴随战斗群的2个重型防空连也用88毫米高射炮击毁了另外几辆M3中型坦克。交战中，11号的车体正面挨了几发穿甲弹，所幸都没有击穿其厚重的防护装甲。当黄昏降临时，11号的引擎出了故障，只好藏进附近的橄榄林，由1辆3号坦克担任护卫（后被3号坦克拖走）。1945年战争结束后，诺尔德上尉和戴希曼上尉的遗体被迁往位于博尔吉塞德里亚的德军战争墓地（距突尼斯城以东约25千米）进行安葬。图为12月1日下午，隶属第501重装甲营的112号“虎”式坦克及2辆3号N型坦克正跟随11号“虎”式坦克一起通过杰戴达西面的石桥，赶往泰布尔巴方向支援第10装甲师。

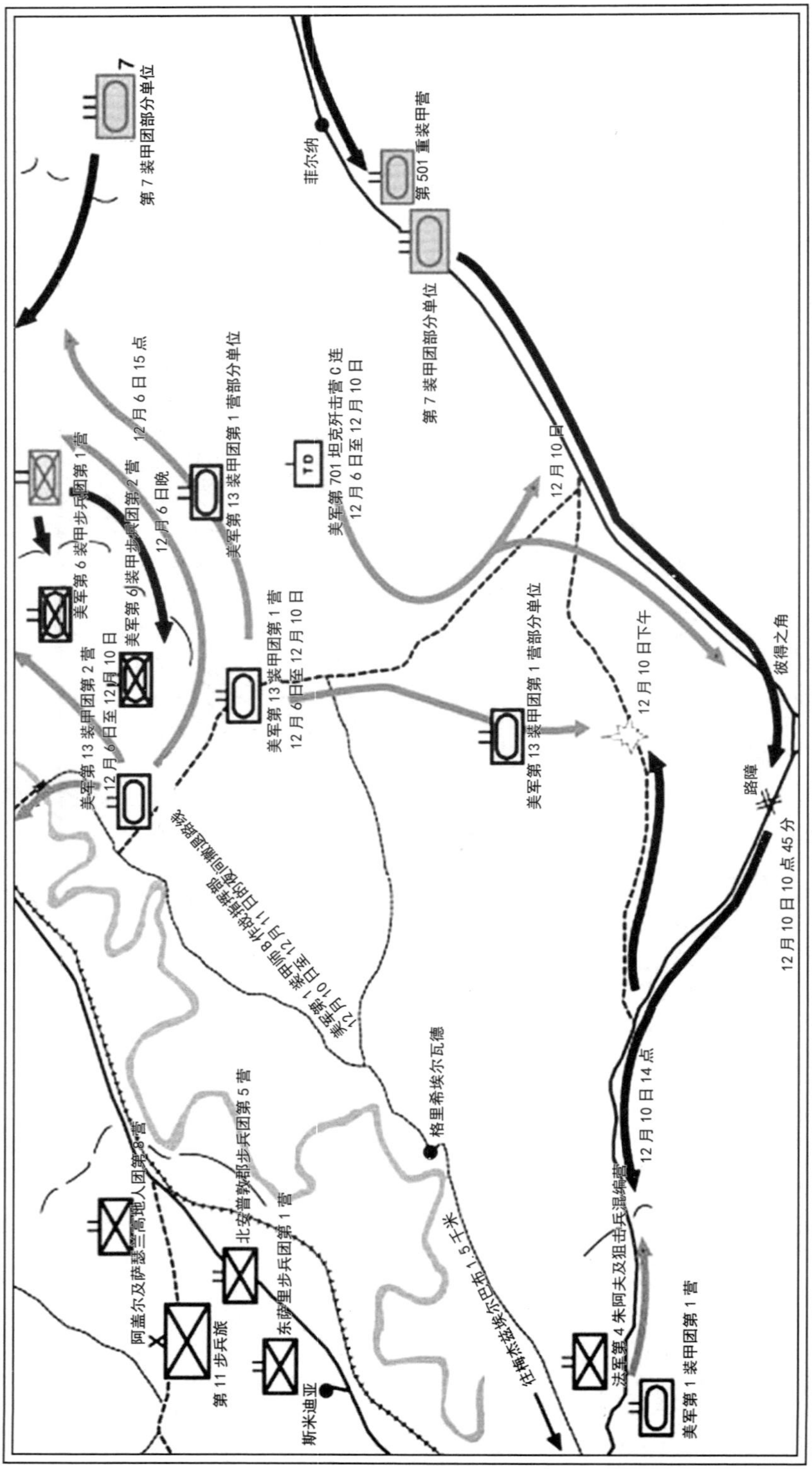

▲ 梅杰兹埃尔巴布之战过程示意图（1942年12月6日至12月10日）。

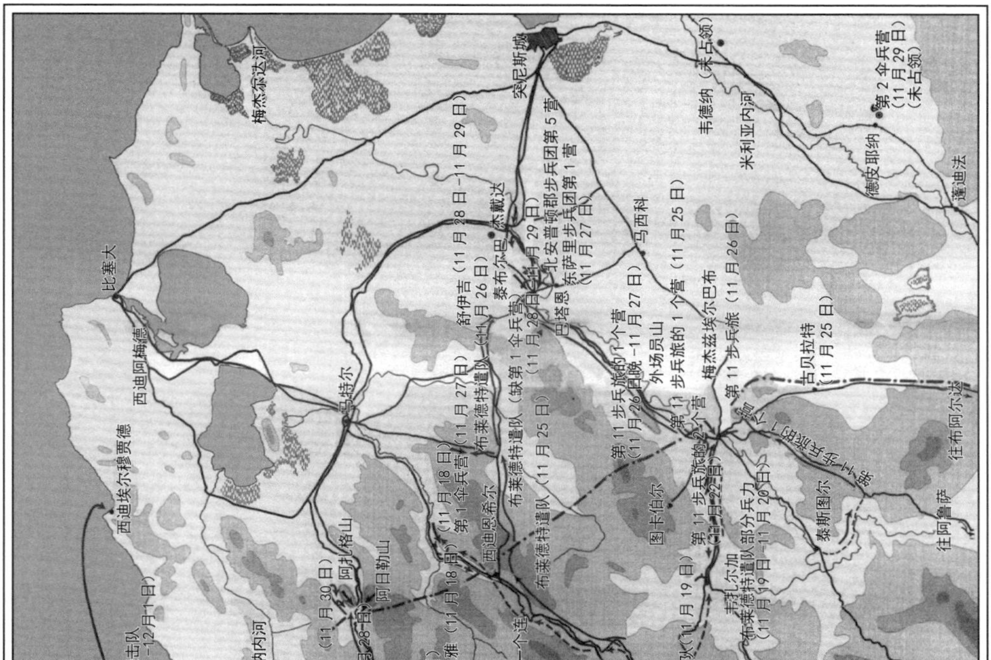

▲盟军与轴心国为争夺突尼斯控制权而进行的作战过程示意图（1942 年 11 月至 12 月）。

▲ 12 月 3 日早上，德军杰戴达战斗群袭击了泰布尔巴东面的 186 号高地（即麦亚纳山），很快将其占领。英军汉普郡步兵团第 2 营于下午发动反攻，成功收复了高地。约 16 点 30 分，德军又一次卷土重来，不仅重占 186 号高地，还把汉普郡步兵团第 2 营围困在泰布尔巴附近的果园里。英军第 11 步兵旅派出东萨里步兵团第 1 营试图夺回高地却失败，官兵伤亡惨重。12 月 4 日凌晨，吕德尔战斗群、胡德尔战斗群、杰戴达战斗群和科赫战斗群的部队攻入泰布尔巴，直逼小镇中央广场和火车站。经过约 2 个小时的战斗，德军正式宣布泰布尔巴已被肃清。在持续 2 天的泰布尔巴保卫战中，汉普郡步兵团第 2 营的华莱士·勒帕图雷尔少校负伤被俘，后被追授维多利亚十字勋章（英军方面当时误以为他阵亡了，勒帕图雷尔本人直到 1943 年被遣返之后才获得这枚勋章）。图为 12 月 4 日德军战地摄影师沃尔纳上士为泰布尔巴之战拍摄的宣传照，展现了德军步兵从小镇中央广场上经过的情景，照片左侧的建筑物是泰布尔巴天主教堂，泰布尔巴火车站就在摄影师的身后。

辆卡车，麦金尼斯中校最后徒步回到了梅杰兹埃尔巴布。

12 月 6 日，由于战况不佳，驻突尼斯境内的盟军部队都被划归到英军第 5 军麾下，军长为查尔斯·奥尔弗里（Charles Allfrey）中将。所属单位包括英军第 6 装甲师、英军第 78 步兵师、美军第 1 装甲师 B 作战指挥部、英军第 1 伞兵旅和英军第 1、第 6 突击队。

就在同一天，轴心国的军队编制也发生了变动，第 90 军军部被凯塞林下令撤销。12 月 8 日，汉斯–于尔根·冯·阿尔尼姆（Hans–Jurgen von Arnim）大将到达突尼斯，成为新建的第 5 装甲集团军司令。

12 月 22 日，英军第 5 军在攻打“外场员”山（Long Stop Hill，原名阿梅拉山）的战斗中取得部分进展。12 月 25 日，德军发动反扑夺回了部分高地，又将英军赶回了梅杰兹埃尔巴布。

至此，很明显是轴心国方面赢得了这场“突尼斯竞速比赛”的最后胜利。12 月 26 日，艾森豪威尔向联合参谋部表示“在更多补给和增援物资到达之前，短期内不用指望盟军能够快速攻占突尼斯”。

在此之后，北非战役逐渐分成了东西两个战场。其中西线是蒙哥马利指挥的第 8 集团军，地点在利比亚。东线则是安德森指挥的东部特遣队，地点在突尼斯。1943 年 1 月 1 日，随着东部特遣队正式改名为英军第 1 集团军，一场新的大规模交锋也即将开始。

1942 年末抵达突尼斯的轴心国作战序列

德军第 5 装甲集团军

作为对盟军“火炬”行动的回应，德军第 90 军军部于 1942 年 11 月 17 日正式成立，由瓦尔特·内林装甲兵上将担任军长，负责统一指挥突尼斯境内的所有德意联军。1942 年 12 月 8 日，第 90 军升格为第 5 装甲集团军，司令官也换成了汉斯－于尔根·冯·阿尔尼姆大将。其主要任务是封锁所有的渡河桥头堡，以防止盟军登陆部队从西面攻入突尼斯。1943 年 3 月 9 日阿尔尼姆离职后，集团军司令一职由古斯塔夫·冯·韦尔斯特装甲兵上将继任

意大利第 1 集团军

尽管隆美尔已于 1943 年 1 月 23 日将德意志－意大利装甲集团军的指挥权交给了乔瓦尼·梅塞上将，他却能够留在军中继续行使自己的作战指挥职责。1943 年 2 月 19 日，德意志－意大利装甲集团军改名为意大利第 1 集团军。其主要任务是守住马雷特防线，并阻止英军第 8 集团军从东面攻入突尼斯

非洲集团军群

1943 年 2 月 22 日，德军第 5 装甲集团军和意大利第 1 集团军正式合并为非洲集团军群，由隆美尔担任司令，3 月 10 日起更换为汉斯－于尔根·冯·阿尔尼姆大将

德国空军

自轴心国在第二次阿拉曼战役中战败后，斯图登特上将为确保拉马萨机场、阿维纳机场和突尼斯机场的安全，于 1942 年 11 月 9 日从卡塞塔、那不勒斯、希腊雅典等地派遣瓦尔特·科赫中校的第 5 伞兵团和鲁道夫·维齐希少校的第 11 航空军属伞降工兵营前往突尼斯。11 月 10 日至 11 月 15 日，这批德军先遣队陆续抵达拉马萨机场。11 月 18 日，原第 11 航空军参谋、现任第 11 航空军工兵部队指挥官的瓦尔特·巴伦廷上校也率领 1 个空军猎兵团来到突尼斯北部的马特尔地区驻防

德国空军猎兵团（瓦尔特·巴伦廷上校）

1943 年 4 月 10 日更换为汉斯·拜尔上校

1942 年 11 月由空军伞兵学校的士官生、空军车辆驾驶学校的学员、波森滑翔机补充集群的滑翔机驾驶员和原第 7 伞降机枪防空营组成，下辖第 1、第 2 伞兵营（每营 4 个连）和第 3 防空营（3 个装备 20 毫米高射炮的防空连），1942 年 12 月加强给德国空军第 1 猎兵旅，1943 年 1 月 30 日被编入“冯·布罗伊希”师。曾被盟军第 18 集团军群司令亚历山大上将评价为“非洲战场最优秀的德军部队”，1943 年 5 月在比塞大附近向盟军部队投降

德军第5伞兵团（瓦尔特·科赫中校）

1943年2月19日更换为格哈德·席尔默少校

1943年4月22日更换为霍斯特·齐默曼上尉

第5伞兵团于1942年5月组建完成，下辖汉斯·容维尔特少校的第1伞兵营（4个连），弗里德里希·胡布纳少校的第2伞兵营（4个连，由第1机降突击团第2营改编而成）和威廉·克诺赫少校的第3伞兵营（4个连，由第1机降突击团第3营改编而成），原计划用来攻打马耳他岛，后因北非战况吃紧而取消了空降行动。1942年7月，第2伞兵营在弗里德里希·胡布纳少校指挥下跟随拉姆克伞兵旅远赴埃及，参加了第二次阿拉曼战役。1942年11月，第1、第3伞兵营被空运至突尼斯与第2伞兵营的部分幸存人员会合，共同抵御来自突尼斯西部的盟军攻势。1943年2月19日，第5伞兵团改名为“赫尔曼·戈林”猎兵团，加入由约瑟夫·施米德少将指挥的“赫尔曼·戈林”师，但因需要优先提供兵员补充德国空军第1猎兵旅，3个猎兵营的规模有所缩减（每个营从下辖4个连缩减为3个连），指挥官也换成了格哈德·席尔默少校，顶替先前因头部负伤离职的瓦尔特·科赫中校。4月22日，上级以人事变动为由将席尔默少校和第1猎兵营营长容维尔特上尉两人召回德国。“赫尔曼·戈林”猎兵团随后改名为“赫尔曼·戈林”第2掷弹兵团，并推举第3营营长霍斯特·齐默曼上尉担任团长职务。1943年5月，全团随“赫尔曼·戈林”师一同被盟军部队包围，被迫缴械投降

德军第11航空军属伞降工兵营（鲁道夫·维齐希少校）

第11航空军的直属工兵部队，下辖第1、第3、第4伞降工兵连。1942年12月加入“冯·布罗伊希”师，原先借给拉姆克伞兵旅的第2伞降工兵连于1943年2月回归，1943年5月在突尼斯境内向盟军部队投降

“赫尔曼·戈林”师（约瑟夫·施米德少将）

1942年10月由“赫尔曼·戈林”旅和5 000名空军志愿人员扩编而成，1942年12月以施米德战斗群的名义将部分兵力调往突尼斯南部参战，1943年2月收编第5伞兵团以补充作战损失，1943年5月被盟军部队包围后投降

施米德战斗群的最初编成：

战斗群指挥部

“赫尔曼·戈林”第1掷弹兵团

“赫尔曼·戈林”侦察营部分单位

“赫尔曼·戈林”防空团部分单位

“赫尔曼·戈林”装甲工兵营

临时加强的炮兵及防空单位

德国陆军：

为防止盟军在“火炬”行动后顺势抢占整个北非，德国陆军于 1942 年 11 月抽调数支精干部队进驻突尼斯，并协助隆美尔的装甲集团军共同把守马雷特防线

德军第 10 装甲师（沃尔夫冈 · 菲舍尔中将）

1942 年 4 月从东线返回法国重建。11 月因北非局势危急，第 7 装甲团和第 69、第 86 装甲掷弹兵团先发前往突尼斯，第 10 摩托车营、第 90 装甲炮兵团、第 49 装甲工兵营、第 90 装甲歼击营、第 90 防空营于 12 月到达。1943 年 2 月 1 日，师长菲舍尔中将在马雷特附近触雷身亡，冯 · 布罗伊希少将于 2 月 5 日接替其职务。随后该师作为第 5 装甲集团军的主力之一参加了突尼斯境内的所有重要作战。1943 年 5 月向盟军部队投降

德军“冯 · 布罗伊希”师（弗里德里希 · 冯 · 布罗伊希上校）

1942 年 11 月到达突尼斯北部，是一个临时拼凑的混编步兵师，曾多次与盟军交手且表现不俗。1943 年 2 月 7 日改名为“冯 · 曼陀菲尔”师，1943 年 5 月向盟军部队投降

“冯 · 布罗伊希”师的最初编成：

师部

非洲第 30 行进步兵营

突尼斯第 3 野战步兵营

第 11 航空军属伞降工兵营

意军第 10 狙击兵团

临时加强的炮兵及防空单位

德军第 334 步兵师（弗里德里希 · 韦伯少将）

1942 年 11 月作为第 5 装甲集团军的预备队被匆忙调往突尼斯城附近驻防，1943 年 5 月与维希法国的突尼斯法国志愿营一起向盟军部队投降

德军第 334 步兵师的最初编成：

“韦伯”师级集群（弗里德里希 · 韦伯上校，后升任少将）

集群指挥部

第 754 掷弹兵团

第 755 掷弹兵团（尚未到达）

第 756 山地步兵团

第 334 炮兵团部分单位

第 334 快速营部分单位

第 334 工兵营部分单位

"韦伯"军级集群（弗里德里希·韦伯少将）

1943 年 2 月 22 日至 3 月 15 日，驻突尼斯北部的德军为攻打贝雅和梅杰兹埃尔巴布，协助隆美尔的卡塞林隘口攻势而临时组建的作战集群，主要下辖：

朗战斗群［第 10 装甲师第 7 装甲团的 77 辆 3 号、4 号坦克，第 501 重装甲营的 14 辆"虎"式重型坦克、第 69 装甲掷弹兵团第 1 营、第 86 装甲掷弹兵团第 1 营、非洲第 26 行进步兵营、德国空军战斗联络队（30 人）、德国空军凯塞林护卫连、第 90 装甲炮兵团第 9 连、2 个 210 毫米火箭炮连、1 个轻型防空排、2 门 88 毫米高射炮、1 个意军自行火炮连］

埃德战斗群（第 755 掷弹兵团）

奥多尔夫战斗群（第 754 掷弹兵团、"赫尔曼·戈林"掷弹兵团第 1 营）

施米德战斗群

——克勒贝格集群（第 7 装甲团第 2 装甲营的 1 个连、第 69 装甲掷弹兵团第 2 营、第 90 装甲炮兵团第 1 营、非洲第 33 行进步兵营、第 334 工兵营第 2 连的 1 个排）

——科赫集群（"赫尔曼·戈林"猎兵团第 2 营、第 190 炮兵团第 2 营）

——霍尔茨英格尔集群（第 756 山地步兵团、突尼斯第 5 野战步兵营、第 190 炮兵团第 9 连、第 334 工兵营第 3 连、意军第 92 步兵团第 2 营）

预备战斗群（第 47 装甲掷弹兵团第 1、第 2 营）

德军第 501 重装甲营（汉斯－格奥尔格·吕德尔少校）

第 501 重装甲营是首个被派往突尼斯的德军"虎"式坦克营，最初以吕德尔战斗群的名义被加强给第 10 装甲师。该营第 1 连于 1942 年 11 月 23 日到达，共计 3 辆"虎"式坦克和 4 辆 3 号 N 型坦克，另有 1 辆"虎"式因发动机故障无法行动。该营第 2 连于 1942 年 12 月 9 日到达，使全营的可用坦克数量上升至 12 辆"虎"式坦克和 16 辆 3 号 N 型坦克

德军第 190 装甲营

1942 年 5 月作为第 90 轻非洲师的师属装甲营在德国本土组建完成，但直到 1942 年 11 月才被运往北非前线

全营共有 59 辆 3 号（超过 50% 为 3 号 N 型坦克）、10 辆 4 号（长身管）坦克

运输途中损失 7 辆 3 号坦克，1943 年 2 月 6 日作为第 5 装甲团的第 2 装甲营转属第 21 装甲师

德军第 242 突击炮营（恩斯特·本茨上尉）

1942 年 11 月组建完成，同月第 1 连被调往突尼斯北部参战。原配备 6 辆 3 号 F8 突击炮，但在运输途中损失 2 辆，只有 4 辆抵达目的地。1943 年 4 月，第 1 连改名为第 90 突击炮连并加入第 10 装甲师，协助德国空军第 1 猎兵旅和"冯·曼陀菲尔"师共同抵御盟军，1943 年 5 月战败投降

德军非洲第22、第24、第25、第26、第27、第28、第29、第30、第31、第33、第34行进步兵营

德军突尼斯第1、第3、第4、第5野战步兵营

由补充兵及后勤支援单位的人员组成，在突尼斯战役中被加强给各个需要补充的作战师

德军第800勃兰登堡特别教导团第3营及其支援单位（冯·克嫩上尉）

意大利皇家陆军

意军第30军军部

第30军在突尼斯战役初期受第5装甲集团军管辖，负责指挥突尼斯境内的部分德意军队，这些部队主要包括：

德军第47掷弹兵团

原隶属第22机降师，在入侵马耳他岛的行动取消后，于1942年11月与第22炮兵团第2营一起被调至突尼斯前线参战

德军第160掷弹兵团

由非洲行进步兵营、突尼斯野战步兵营和意军单位组建而成，1943年2月改名为第160装甲掷弹兵团，加入“冯·布罗伊希”师

德军第165掷弹兵团

该团实际上只建立了1个团部，未能完成组建工作

德意志－阿拉伯教导营

1941年由伊拉克和叙利亚的阿拉伯志愿者组建而成，1942年夏曾在第1装甲集团军指挥下参加了苏德战场的高加索战役。当盟军在北非登陆后，该营被紧急调往突尼斯参战

意军第1“苏佩尔加”突击登陆师（洛伦泽利少将）

下辖第91步兵团第3营，第92步兵团第1、第3营，第5炮兵团，还有非洲第22、第25、第26行进步兵营和突尼斯第5野战步兵营等加强单位

意军第50特别旅（乔瓦尼·因佩里亚利少将）

1943年1月由多支未能及时参与第二次阿拉曼战役的意军部队改编而成

意军“圣马可”海军步兵团（2个营），部分海岸炮兵单位，海岸防空单位和后勤补给单位

为方便指挥突尼斯境内的作战行动，意军第30军于1943年1月组建了4个战区指挥部，它们分别是：

突尼斯分区

下辖部队主要包括德军第160掷弹兵团及各种炮兵支援单位

布泽分区

下辖部队主要包括德军第47掷弹兵团、德军非洲第27行进步兵营、意军第91步兵团第2营及各种炮兵支援单位

贝尼尼分区

下辖部队主要包括意军第 91 步兵团第 1 营，意军“圣马可”海军步兵团“格拉多”营，德军非洲第 28 行进步兵营，意军第 24 狙击兵营，1 个意军狙击兵机枪营及各种炮兵支援单位和防空单位

意军第 50 特别旅（独立分区）

1943 年 3 月抵达突尼斯的第 504 重装甲营（奥古斯特·塞登施蒂克少校）

1943 年 3 月 8 日，第 504 重装甲营第 1 连的 11 辆“虎”式坦克和 19 辆 3 号 M 型坦克从意大利登船驶往突尼斯，3 月 12 日在比塞大港接收了 3 辆从西西里运来的“虎”式坦克。3 月 17 日，第 501 重装甲营剩余的 11 辆“虎”式坦克与第 504 重装甲营合并并重新进行了编号。3 月 22 日至 3 月 23 日，共有 5 辆“虎”式坦克从西西里运抵比塞大港。3 月 30 日，第 501、第 504 重装甲营被加强给“赫尔曼·戈林”师。4 月初，第 501 重装甲营重整为独立连——第 501 重装甲营第 1 连，只保留第 7 装甲团第 3 装甲营第 7 装甲连的战术编号。4 月 1 日，根据作战需要，第 501 重装甲营第 1 连由豪特曼中尉率领的“虎”式坦克排被加强给第 15 装甲师的第 8 装甲团第 2 装甲营，同日又有 2 辆“虎”式坦克从西西里运抵比塞大港。4 月 3 日，第 504 重装甲营接收了“赫尔曼·戈林”装甲团第 3 装甲连。4 月 5 日，第 501 重装甲营第 1 连和第 504 重装甲营共派遣 5 辆“虎”式坦克增援第 5 装甲集团军，另外派遣 7 辆“虎”式坦克增援德意志非洲军。4 月 13 日，第 501 重装甲营第 1 连上报的兵力为 8 辆“虎”式坦克和 7 辆 3 号坦克。4 月 16 日，最后 1 辆“虎”式坦克在比塞大卸船，此时部署在突尼斯的“虎”式坦克总数共有 22 辆（德军总共向北非运送了 33 辆“虎”式坦克）。

4 月 19 日至 5 月 10 日，第 501 重装甲营第 1 连和第 504 重装甲营相继损失了 12 辆“虎”式坦克，被迫于 5 月 12 日向盟军部队投降

1942 年 11 月至 1943 年 2 月第 501 重装甲营损失的 9 辆“虎”式坦克

1 月 23 日：1 辆“虎”式坦克

1 月 31 日：1 辆“虎”式坦克

2 月 26 日：7 辆“虎”式坦克

1943 年 4 月 19 日至 1943 年 5 月 10 日损失的 12 辆“虎”式坦克

4 月 20 日：1 辆“虎”式坦克

4 月 21 日：2 辆“虎”式坦克

4 月 22 日：1 辆“虎”式坦克

4 月 29 日：2 辆“虎”式坦克

5 月 6 日：1 辆“虎”式坦克（豪特曼上尉座车）

5 月 10 日：5 辆“虎”式坦克

在利比亚的最后战斗

继盟军成功登陆北非之后，英军第 4 轻装甲旅于 11 月 11 日攻占塞卢姆和哈勒法亚隘口，接着便与第 1 皇家龙骑兵团和南非第 4/6 装甲侦察车团一同向西进军，很快兵临阿克罗马城下。隆美尔此刻正在托卜鲁克和阿代姆等地忙着补充油料和弹药，根本无暇组织防御。11 月 12 日，负责殿后的德军第 90 轻非洲师奉命撤离阿代姆。一天之后，第 4 轻装甲旅顺利收复了托卜鲁克。

“汽油供应非常短缺。”隆美尔在日记中写道。实际上由于德国空军的运输机正全力支援突尼斯前线，隆美尔的德意志 – 意大利装甲集团军平均每天只能获得约 200 吨油料。11 月 13 日，凯塞林和巴斯蒂科应邀前来与隆美尔见面。三人经过协商，决定在阿盖拉地区设防固守，一面抵御第 8 集团军的进攻，一面为部队的重新整编争取时间。为此，意军将从的黎波里塔尼亚抽调第 16“皮斯托亚”步兵师、第 80“拉斯佩齐亚”机降师和第 131“半人马座”装甲师尽快前来增援隆美尔。

11 月 15 日，德意志非洲军和意军第 20 军的油料获取量跌至 60 吨，导致两军在巴斯整整滞留近 12 小时。形势是如此紧迫，以至于第 90 轻非洲师的后卫部队刚刚从乔瓦尼贝尔塔启程，第 4 轻装甲旅的前锋单位就占领了该镇。

11 月 16 日天降暴雨，暂时阻止了双方的军事行动。隆美尔在家信中向妻子坦言：“又退了一大步。头顶上方老是下雨，使一切运动都感到困难。燃料还是极感缺乏。这些都足以令人痛哭流涕。现在我们只好希望英国人也遭遇到同样的恶劣天气。”

▲ 11 月 24 日，凯塞林和卡瓦莱罗飞赴隆美尔设在马尔博阿克的前线司令部与其会面。图为隆美尔（左）和拜尔莱因（中）正在聆听凯塞林（右）发表他的看法。

11 月 17 日，隆美尔在发给意军最高统帅部的作战报告中

▲ 11 月底，的黎波里曾多次遭到盟军空袭。图为被炸坐沉港内的意大利“泰维莱”号渡轮（8 448 吨）。1943 年 1 月 17 日，轴心国工兵部队在撤出的黎波里之前将其彻底爆破摧毁。

表示他对目前的情形感到担忧。与其在阿盖拉与英军拼个你死我活，不如将军队撤到离的黎波里更近的布埃拉特（Buerat）、霍姆斯（Homs）或塔尔赫纳（Tarhuna）附近，那样便可缩短后勤补给线，方便物资运输。

11 月 18 日，蒙哥马利通过破译的德军密电得知隆美尔汽油紧缺的情报，立即敦促第 10 军军长赫伯特·拉姆斯登中将火速切断班加西南面的海岸公路。然而一切都已太晚了，第 90 轻非洲师主力早已撤往班加西西南方向，并于 19 日逃出了包围网，班加西在次日被第 10 军占领。

11 月 19 日，隆美尔将意军第 20 军军长朱塞佩·德·斯特凡尼斯中将派往罗马面见卡瓦莱罗，再次重申他的看法。11 月 22 日，希特勒亲自出面干预，严令轴心国军一定要全力守住阿盖拉。同日，隆美尔找到巴斯蒂科并劝他正视现实：“如果一定要坚守阿盖拉，将会面临全军覆没的危险。”他甚至还说：“我们不是提早 4 天放弃这个阵地，就是在 4 天后不仅丧失了阵地，也丧失了整个军队。”意军第 21 军军长埃内亚·纳瓦里尼中将表示赞同隆美尔的观点，但巴斯蒂科却固执地坚持己见，丝毫不肯做出妥协（由于阿拉曼战役已经结束，原先的北非意军最高统帅部联络组也被取消，巴斯蒂科再次成了隆美尔的顶头上司）。

11 月 23 日晚，德意志–意大利装甲集团军抵达阿盖拉东南面，碰巧遇到了从锡瓦绿洲撤回的意军第 136“法西斯青年”摩托化步兵师。由此，轴心国终于完成了阿拉曼至昔兰尼加的千里大撤退。“整个撤退行动中，我们基本没有损失多少人。”隆美尔在日记中如此

▲ 1943 年 1 月，隆美尔指挥德意志–意大利装甲集团军撤至的黎波里。图为 3 辆缴获的福特 G917 和 2 辆欧宝“闪电”卡车正并排停在卡斯泰洛广场西侧。回想 2 年前，德意志非洲军曾在这座广场上举行过规模盛大的入城式，如今却已风光不再。

宣告。

11 月 24 日，卡瓦莱罗和凯塞林飞抵隆美尔位于马尔博阿克（Marble Arch）的司令部与其会面。在隆美尔看来，卡瓦莱罗和凯塞林还是过分乐观。为了浇他们一瓢冷水，隆美尔首先叙述自阿拉曼会战以来的一切作战经过，特别强调说明由于补给作业极差，才使轴心国军一败不可收拾。所有重要装备全都丢了，一部分丢在阿拉曼，一部分丢在撤退途中。整个集团军现在所剩的战斗兵力大约不到 1 个师。3 个意大利步兵师实际上毫无用处，无法和英军交手。要死守阿盖拉是做不到的，只有撤出整个的黎波里塔尼亚才是唯一正确的做法。

▲ 1 月 7 日，英军第 30 军率先抵达的黎波里的南部山区。蒙哥马利计划派遣第 7 装甲师和新西兰第 2 步兵师从侧翼直插轴心国后方，先拿下贝尼乌里德和塔尔胡纳，然后再北上攻占的黎波里。此照摄于 1 月底，为蒙蒂前往的黎波里战区视察第 7 装甲师时拍摄。

对于隆美尔的见解，凯塞林和卡瓦莱罗显然觉得他已经是一个失败者，于是反复试图用激烈或夸大的辞藻来鼓动他。总之，没有任何人愿意支持隆美尔。11 月 26 日，巴斯蒂科向他传达了来自墨索里尼的最新指示，上面要求轴心国部队继续留在阿盖拉，没有意军最高统帅部的命令就不准随便撤退。11 月 28 日上午，隆美尔搭机飞往设在腊斯滕堡的元首大本营，准备直接向希特勒提出有关从北非撤军的事宜。时机不巧的是，那会儿德军第 6 集团军正被大批苏军团团包围在斯大林格勒。相比东线的危急处境，隆美尔的北非战线就要平静多了。

在与凯特尔和约德尔交谈后，隆美尔于下午 5 点被带去和希特勒见面。现场的气氛从一开始就十分冷漠，但他顾不上这些，立即将集团军在作战和退却中所遭遇的一切困难都作了详细的叙述。在总结时，隆美尔还特意补充说，应当把放弃北非战场当作是一个长期的政策。假如他的集团军还留在北非，结果必然是全军覆没。

然而还没等隆美尔把话说完，希特勒突然大发雷霆，连珠炮般地将一切责任都推到隆美尔及其部队身上。尽管隆美尔当即提出了强烈抗议，可希特勒却仍然坚持己见，说为了政治上的需要，轴心国必须守住北非的桥头堡阵地，所以绝对不能轻易放弃阿盖拉防线。至于北非前线的补给问题，希特勒表示可以让戈林陪隆美尔一同到意大利去，协助他与意大利高层进行谈判。

▲ 从班加西至的黎波里的陆上行程共有 675 英里远，无疑给英军的后勤工作带来了巨大压力。第 8 集团军原计划通过海运在布埃拉特卸载补给，但该港吞吐量实在太小——12 月 21 日至 1 月 3 日仅获得 2 700 吨物资，大部分油料及弹药依然得通过漫长的海岸公路陆续运抵前线。图为从班加西至的黎波里地区的路况示意图。

在离开元首大本营之后，隆美尔和戈林同乘汽车到了贡宾嫩，然后换成戈林的专列向罗马进发。当隆美尔看到戈林专列中的奢华装饰时，不禁感到极度恶心："对于当前的情况，戈林似乎一点都不关心。他只顾把自己装扮得十分漂亮，口里谈论的不是古画就是宝石，而他的那些左右更是把他捧得肉麻。在平时，他这种态度只是使人觉得好笑，可在今天，却令人发指。"

11 月 30 日，在罗马举行的会谈中，戈林和凯塞林都想方设法去说服意大利最高领袖否决隆美尔的撤退计划。但墨索里尼这一次比起希特勒要相对理性得多，他同意隆美尔先将意军的非摩托化部队逐步撤往布埃拉特。假如英军攻势过猛的话，再将所有的摩托化部队也一同撤至布埃拉特。

12 月 2 日，隆美尔动身返回北非。一想到希特勒并不考虑向北非调拨更多资源，他就觉得心烦意乱。凯塞林在日记中写道："在罗马那会儿，隆美尔看上去比以往任何时候都更加消沉。戈林和我均认为他已经不适合在这种困境中长期工作下去。"

正当轴心国高层就北非战事发生摩擦之际，地中海上的航运状况也在不断恶化。盟军凭借其强大的海空军实力和"超级机密"的高超破译技巧，使轴心国运输船队付出了十分惨重的损失。11 月 17 日晚在米苏拉塔沿岸，2 架"大青花鱼"式鱼雷轰炸机和 1 架从马耳他岛起飞的"惠灵顿"式中型轰炸机共同击沉了"朱利奥·乔达尼"号油轮（Giulio Giordani，10 534 吨）。11 月 21 日，皇家空军又对的黎波里展开空袭，重创"丹努齐奥"号（D'Annunzio，4 537 吨）。11 月 25 日，1 架从马耳他岛起飞的"英俊斗士"式鱼雷轰炸机击沉了负责运送油料及弹药的"阿尔杰里诺"号（Algerino，1 371 吨）。11 月 28 日晚至 11 月 29 日，的黎波里再次遭到盟军轰炸，造成"西里奥"号（Sirio，5 222 吨）沉没，"朱利亚"号（Giulia，5 921 吨）

▲ 1 月 23 日凌晨 5 点，第 11 轻骑兵团成为首支攻占的黎波里的英军部队。稍后到达的还有皇家坦克团第 50 营，以及第 51 步兵师的戈登高地人步兵团第 1 营 A、C 连。令英军深感意外的是，除了城郊道路和港口设施遭到破坏之外，整座城市没有任何守卫，似乎完全被遗弃了。图为第 11 轻骑兵团 B 中队的 1 辆亨伯 MK3 轻型侦察车，车长是休·里昂中士，车号 118 775。据说他是第一位入城的英军士官，AFPU 的战地摄影师因此被叫来为车组乘员拍照留念。

重伤（该船后被意方拆解）。

尽管船只损失很大，轴心国的油料供应急剧减少，隆美尔和巴斯蒂科仍打算尽快执行撤军。依照上级的命令，意军第21军（下辖第16“皮斯托亚”步兵师、第80“拉斯佩齐亚”机降师、第101“的里雅斯特”摩托化步兵师）于12月6日夜晚撤往布埃拉特。“意军就这样向西撤走，把我们刚刚才收到的一点儿汽油都用尽了。对前线的弹药运输也完全停顿。”隆美尔在日记中写道。

唯一使隆美尔感到欣慰的是，第8集团军在经过1 280千米的长途跋涉后也同样耗光了自己的燃料。蒙哥马利至少需要3周时间进行补给，才可重新恢复进军。

在这段休整时间里，第8集团军从原先的3个军减少到2个军，第13军被交还给中东地区司令部指挥。奥利弗·利斯中将仍然指挥他的第30军，但赫伯特·拉姆斯登中将因不满蒙哥马利在“轻足”行动初期对鲁韦萨特岭所做的正面突击决策，现已从第10军离职，军长换成了布里安·霍罗克斯中将（12月9日上任）。一同被撤的还有当时支持拉姆斯登的第10装甲师师长亚历山大·盖特豪斯少将，他的职务由查尔斯·诺曼（Charles Norman）少将接替（12月18日上任）。

▲ 1月23日中午在的黎波里南面的贝尼托堡，意属利比亚副总督弗朗切斯科·圣马可（中）向蒙哥马利正式投降。与他同行的包括的黎波里塔尼亚省长阿尔贝托·邓迪·迪·皮拉伊诺公爵（左）和的黎波里市长卢乔·帕纽蒂（右）。据皮拉伊诺公爵回忆，蒙哥马利在整个受降仪式过程中一直把脑袋缩在衣领之间，两眼直盯着地面，态度一点都不像一位征服者。当仪式结束后，蒙哥马利准许意方继续保留对的黎波里塔尼亚的行政控制权，当地居民的日常生活和食品供应也都照常进行。

蒙哥马利的计划是以强大的正面攻势将德意联军牢牢牵制在布雷加－阿盖拉地区，并同时从内陆派兵包抄他们的侧翼。其中担当正面进攻的部队是英军第51步兵师和第7装甲师，负责侧翼迂回的部队是新西兰第2步兵师。

蒙哥马利原准备在12月16日晚发动攻势，但第30军的侦察单位却发现了轴心国军的撤退迹象，蒙哥马利于是提前下令利斯中将展开追击。12月13日晚，隆美尔的非摩托化部队已经撤走，德军第90轻非洲师和意军第132“攻城锤”装甲师的一小批残余部队则留下来联手阻挡英军前进。隆美尔在日记中如此称赞第132装甲师：“意大利部队打了一场意义非凡的战斗，他们理应获得赞誉。”

▲ 被遗弃在布埃拉特以西约 45 英里处的 1 辆德军“貂鼠”3 型坦克歼击车（隶属第 15 装甲师第 33 装甲歼击营）。

12 月 14 日下午，隆美尔通过空中侦察得知新西兰第 2 步兵师正从内陆快速包抄他的侧翼。为防止第 90 轻非洲师和意军第 132 装甲师残部被新西兰第 2 师切断后路，隆美尔立即指示他们向西撤退。到 12 月 16 日天亮时，新西兰第 2 步兵师已经绕过了阿盖拉，结果却发现最后一批轴心国守军早已沿着巴尔比亚海岸公路溜之大吉。弗赖伯格少将在他的报告中陈述道：“敌人的撤退速度实在太快，很难对其进行拦截。自 12 月 13 日至 12 月 17 日，我的部下一共俘虏 450 名敌军，缴获 18 辆坦克。”

就如同隆美尔预料的那样，轴心国高层在轴心国军撤至布埃拉特后不久又故态重生，命令他一定要不计代价地守住布埃拉特。隆美尔也同样祭出他的老办法，一再重申布埃拉特周围的平原地形无法阻挡英军装甲部队，只有的黎波里西面的加贝斯（Gabes）和的黎波里南面的霍姆斯 – 塔尔胡纳 – 加里安这种山丘地形才适合打防御战。有意思的是，原本和隆美尔关系紧张的巴斯蒂科元帅这时候也开始帮隆美尔说话，并一直在暗中调整各种撤军部署。柏林和罗马方面起初表现得十分顽固，始终不做任何回应。直到 12 月 31 日，意军最高统帅部才终于同意隆美尔放弃布埃拉特。当巴斯蒂科兴致勃勃地将这个好消息告诉隆美尔时，两人之间的矛盾也因此部分得到了化解。

▲ 1 月 26 日，第 8 集团军在的黎波里市中心的卡斯泰洛广场上举行了规模盛大的阅兵典礼。图为参加庆典的皇家坦克团第 40 营及一整队的“瓦伦丁”MK3 步兵坦克。

1943 年 1 月 6 日，墨索里尼委派卡瓦莱罗亲赴北非向隆美尔传达他的战略意图。由于意大利方面无法同时为利比亚和突尼斯两个战场提供补给，墨索里尼决定在 6 个星期内把军队撤出的黎波里塔尼亚，并将防御重心集中于突尼斯战场。隆美尔对卡瓦莱罗表示他将尽力而为，但隆美尔觉得蒙哥马利决不会就这样一直干等下去，英军可能很快就会发动进攻。

▲ 蒙哥马利乘坐亨伯“超级沙锥”指挥车，亲自检阅了皇家坦克团第 40 营。

1 月 7 日，蒙哥马利果然致电第 8 集团军要他们马上展开进攻。第 30 军将派出第 50、第 51 步兵师沿着海岸线向霍姆斯进军，第 7 装甲师和新西兰第 2 步兵师将从内陆攻取贝尼乌里德（Beni Ulid）、塔尔胡纳和的黎波里。

隆美尔此刻十分担心盟军会趁其兵力不足之际冒险攻入突尼斯境内。意军最高统帅部于是让他抽出一些部队去防守至关重要的加贝斯隘口。1 月 14 日，德军第 21 装甲师被调往加贝斯，该师的剩余坦克和大部分火炮被移交给第 15 装甲师，目的是增强轴心国军在霍姆斯至塔尔胡纳的防御力量。

1 月 15 日，英军第 30 军集中约 450 辆坦克开始攻打仅有 50 多辆德意坦克驻守的的黎波里塔尼亚防线。幸亏隆美尔事先在南部山区埋设了大量地雷，第 30 军的进军速度受到极大阻碍。1 月 16 日至 1 月 17 日，奥利弗·利斯中将派遣第 7 装甲师向轴心国侧翼实施迂回，德军第 90 轻非洲师因反坦克炮数量不够，只好放弃霍姆斯撤往的黎波里。德军第 164 轻非洲师和德国空军第 1 猎兵旅也从塔尔胡纳附近撤军，朝的黎波里西面退走。

▲ 1943 年 2 月 13 日，第 51 步兵师奉命开往利比亚西部边境，准备进入突尼斯境内。照片中的路碑上写有“高地人”和代表距埃及 1 822 千米的字样。

1 月 20 日清晨，卡瓦莱罗发给隆美尔一份来自墨索里尼的电报。这位意大利领袖批评隆美尔“违背了他那个坚守霍姆斯 – 塔尔胡纳防线 3 个星期”的命令，当前的情况并没有那么

▲ 2 月 15 日下午，攻入突尼斯的第 51 步兵师很快占领了距边境约 30 千米的邦加尔达内。

严重，所有部队必须死守现有阵地，否则马雷特防线就没时间进行扩防了。当天下午，隆美尔找来凯塞林、卡瓦莱罗和巴斯蒂科商量对策。隆美尔在会上宣称“英军已经从侧翼方向包抄到了霍姆斯 – 塔尔胡纳防线背后，继续留在这里已经毫无意义可言”。他还怒气冲冲地对卡瓦莱罗吼道：“你可以在的黎波里再多守几天，把全部兵力都拼光；或者是保全实力，去保卫突尼斯。现在就请你下定决心。”

1 月 22 日，隆美尔写信给妻子倾诉他的怨气：“我昨天没有写信给你，是因为我实在太忙了，从早到晚都没有空。我们正在敌人重压之下，无法再支持下去。所以罗马方面有很多人在说我们的闲话。我们已经尽了最大的努力。昨天一整天的发展即足以证明我所采取的行动路线完全正确。照现在这样困难的补给情形来看，我们还能拖多久都是一个问题。我们当然想好好打仗，而且尽量地坚持下去。但对于我们的同盟国，我已经有许多烦恼，这是我所不便说出口的。他们今天的顽劣态度本是预料中的事情。我不相信他们还能和我们合作下去。民族性是永远不会改变的。”

1 月 22 日晚，隆美尔下令第 90 轻非洲师在破坏港口设施后立即撤离的黎波里。英军第 11 轻骑兵团 B 中队于 1 月 23 日正式宣布攻克的黎波里。蒙哥马利在中午抽空赶到贝尼托堡，接受意属利比亚副总督弗兰切斯科· 圣马可（Francesco San Marco）的投降。英军皇家工兵部队于 1 月 24 日展开的黎波里港口清理作业，他们总共耗费了 10 天时间，才将德军沉在港内的 6 艘商船和几艘驳船残骸全部清理干净。

▲ 2 月 15 日，抵达邦加尔达内的第 23 装甲旅属皇家坦克团第 40 营。其装备的“瓦伦丁”MK3 步兵坦克在长途行军途中展现出了十分优秀的可靠性。

2月12日，即隆美尔抵达北非两周年之际，德意志－意大利集团军的最后一批作战部队越过了利比亚边境，退至突尼斯的马雷特防线。隆美尔在家信中写道："到今天，我来非洲已经整整两年了。两年以来，都是在不断的激烈苦战中。面对的敌人多半具有很大优势。在今天，我想到我所指挥过的那些英勇的部队，他们忠于国家，尽了军人的职责，对于我的领导尤其表现出无比的信心。我必须努力忠于我的职责，一方面是站在个人的立场，另一方面也是为了全体，不得不如此。今天我们的处境已是风雨同舟，大家必须努力来解除我们周围的致命威胁。但补给的问题仍带来很大的困扰。我希望我这永远不离开部队的决心，最后能得到上级的认可。作为一个军人，舍此无其他途径可循。"

突尼斯战役中的轴心国作战序列（1943年2月）

非洲集团军群（埃尔温·隆美尔元帅）（1943年2月22日成立）
1943年3月10日更换为汉斯－于尔根·冯·阿尔尼姆大将

德军第5装甲集团军（汉斯－于尔根·冯·阿尔尼姆大将）
1943年3月9日更换为古斯塔夫·冯·韦尔斯特装甲兵上将
德军第10装甲师（沃尔夫冈·菲舍尔中将）
1943年2月17日更换为弗里德里希·冯·布罗伊希少将
第7装甲团
第501重装甲营（加强）
第69装甲掷弹兵团（摩托化）
第86装甲掷弹兵团（摩托化）
第90装甲炮兵团（摩托化）
德军第21装甲师（汉斯－格奥尔格·希尔德布兰特少将）
1943年3月15日更换为海因里希·赫尔曼·冯·许尔森少将
第5装甲团
第104装甲掷弹兵团（摩托化）
第155装甲炮兵团（摩托化）
德军"赫尔曼·戈林"师（约瑟夫·施米德少将）
该师实际上并未全部投入突尼斯战役，仍有部分单位留在法国南部，尚未完成组建
第504重装甲营（加强）

第 501 重装甲营

“赫尔曼·戈林”第 1 掷弹兵团（摩托化）

“赫尔曼·戈林”猎兵团

由第 5 伞兵团改编而成，1943 年 4 月 22 日改名为“赫尔曼·戈林”第 2 掷弹兵团

“赫尔曼·戈林”防空团（摩托化）

德军“冯·布罗伊希”师 /“冯·曼陀菲尔”师

1943 年 2 月 17 日更换为哈索·冯·曼陀菲尔少将

1943 年 3 月 31 日更换为卡尔·比洛维乌斯中将

德国空军猎兵团（摩托化）

意军第 10 狙击兵团（摩托化）

意军第 1“苏佩尔加”突击登陆师（费尔南多·杰利克少将）

第 91 步兵团

第 92 步兵团

第 5“苏佩尔加”炮兵团（摩托化）

德军冯·克嫩战斗群

意军第 30 军（维托里奥·索尼奥中将）

意军第 29 军属炮兵集团（摩托化）

意军第 3 防空集群（被拆散加强给各个作战师）

意军第 224 狙击兵营（摩托化）

意军第 50 特别旅（乔瓦尼·因佩里亚利少将）

德军第 5 装甲集团军预备队

德军第 334 步兵师（弗里德里希·韦伯少将）

1943 年 4 月 15 日更换为弗里茨·克劳斯少将

第 754 掷弹兵团

第 755 掷弹兵团

第 756 山地步兵团

第 334 炮兵团

意大利第 1 集团军（德意志分部）（乔瓦尼·梅塞上将）

直属部队

非洲最高炮兵指挥部（摩托化）（弗里茨·克劳斯·奥斯特伦格少将）

非洲第 1 炮兵团

非洲第 2 炮兵团

第 71 火箭炮团（摩托化）

德军第 164 轻非洲师（弗里茨·克劳斯少将）

1943 年 3 月 13 日更换为库尔特·冯·莱本施泰因少将

非洲装甲掷弹兵团（摩托化）

1943 年 2 月 26 日加入

第 382 装甲掷弹兵团（摩托化）

第 433 装甲掷弹兵团（摩托化）

第 220 炮兵团（摩托化）

意军第 131“半人马座”装甲师（乔治·卡尔维·迪·贝尔戈洛少将）

全师在 1943 年 2 月 5 日的总兵力为 7 400 人，后被拆散用于支援其他作战师

第 31 装甲团

第 5 狙击兵团（摩托化）

第 131 炮兵团（摩托化）

德国空军第 1 猎兵旅（汉斯·克罗少校）

意军非洲集团（阿尔贝托·曼内里尼少将）

意军非洲集团总兵力约 5 000 人，指挥官是曾经长期指挥沙漠远程突击作战的阿尔贝托·曼内里尼少将，主要用于突尼斯境内的侦察巡逻任务，有时也直接参与防御战。这支部队最有名的战绩是其所属的第 13“蒙费拉托”骑兵团第 3 装甲侦察群于 1943 年 1 月 20 日在阿尔哈马附近成功俘获英军特别空勤旅指挥官大卫·斯特林中校

德意志非洲军（古斯塔夫·费恩中将）

1943 年 2 月 17 日更换为海因茨·齐格勒中将

1943 年 2 月 28 日更换为汉斯·克拉默中将

德军第 15 装甲师（维利巴尔德·博罗维茨少将）

第 8 装甲团（约瑟夫·伊尔肯斯上校）

第 115 装甲掷弹兵团（摩托化）（恩斯特－京特·巴德上校）

临时拼凑的装甲掷弹兵团（摩托化）

德军第 90 轻非洲师（特奥多尔·冯·施波内克少将）

第 155 装甲掷弹兵团（摩托化）（科斯特上校）

第 200 装甲掷弹兵团（摩托化）（阿尔弗雷德·克斯特上校）

第 361 装甲掷弹兵团（摩托化）（阿尔贝特·潘岑哈根中校）

第 190 炮兵团（摩托化）

意军第 20 军（塔代奥·奥兰多中将）

意军第 136“法西斯青年”摩托化步兵师（尼诺·索扎尼少将）

第 136 摩托化步兵团

第 136 炮兵团（摩托化）

意军第 101“的里雅斯特”摩托化步兵师（弗兰奇斯科·拉·费拉少将）

第 65 步兵团
第 66 步兵团
第 21 “波河” 炮兵团（摩托化）
意军第 21 军（保罗 · 贝拉尔迪中将）
意军第 16 “皮斯托亚” 步兵师（朱塞佩 · 法卢吉少将）
第 35 步兵团
第 36 步兵团
第 3 “弗萨尔塔” 炮兵团（摩托化）
意军第 80 “拉斯佩齐亚” 机降师（加维亚诺 · 皮佐拉托少将）
原是轴心国准备用于攻打马耳他岛的意军部队之一，行动取消后奉命前往突尼斯增援
第 125 步兵团
第 126 步兵团
“圣马可” 海军步兵团 “托卜鲁克” 营（加强）
第 80 炮兵团（摩托化）
德军第 2 航空军驻突尼斯境内的防空单位
德军第 19 防空师（戈特哈德 · 弗朗茨中将）（重建中）
德军第 20 防空师（格奥尔格 · 诺伊弗中将）

突尼斯战役前夕同盟国和轴心国的战略决策与补给情况

1943 年 1 月 24 日，罗斯福与丘吉尔在北非的卡萨布兰卡举行会晤，并对外正式宣布轴心国“必须无条件投降”。在这次会议上，丘吉尔成功说服了罗斯福把美军部队继续投入北非和意大利战场，登陆西西里岛的“赫斯基”行动（Operation Husky）将在北非战役结束之后进行。1 月 30 日，丘吉尔从开罗飞抵伊斯坦布尔与土耳其总统会面。1 月 31 日至 2 月 4 日，他又飞往埃及和利比亚视察了蒙哥马

▲ 1943 年 1 月 24 日，美国总统罗斯福与英国首相丘吉尔在法属摩洛哥的卡萨布兰卡举行会谈，最终一致要求轴心国必须“无条件投降”。

利的第8集团军。

2月初，盟军联合参谋部决定将突尼斯至利比亚的军事行动从英军驻中东地区司令部的事务中分离出来，单独交给新组建的盟军第18集团军群来指挥。该集团军群下辖蒙哥马利的第8集团军和安德森的第1集团军，司令官为亚历山大上将，直属上级为盟军远征军最高司令艾森豪威尔上将。亚历山大去职后，梅特兰·威尔逊上将继任中东地区司令职务。

▲ 1月31日，在与土耳其总统会面后，丘吉尔随即前往中东地区进行视察。2月3日晚，丘吉尔的专机在贝尼托堡附近的机场着陆。2月4日早上，丘吉尔身穿空军上将制服，与蒙哥马利、布鲁克、亚历山大等英军将领一起乘车检阅了卡斯泰洛广场上的第51步兵师和皇家坦克团第5营。

在轴心国一方，虽然北非的形势已岌岌可危，希特勒和墨索里尼却还是摇摆不定，拿不出一套切实可行的应对方案来。希特勒的注意力正集中在东线，而墨索里尼则过分乐观地认为轴心国只要占据了突尼斯，就随时可以从盟军手中夺回利比亚。

1月26日中午，隆美尔在突尼斯靠近邦加尔达内（Ben Gardane）的司令部里接到一份意军最高统帅部发来的电报。电报上说，罗马方面认为隆美尔的身体状况欠佳，需要尽快回国接受治疗。这份电报等于是解除了隆美尔的指挥权，只不过他可以自由选择离开的日期而已。在回电中，隆美尔问及将由谁来接替他的职位，意方答复说是乔瓦尼·梅塞（Giovanni Messe）上将。此人曾在东线战场指挥意大利远征军，他将代替隆美尔指挥驻突尼斯的德意志–意大利装甲集团军。

▲ 为增援突尼斯的轴心国军，德国空军平均每日出动约200架运输机前往突尼斯的各个机场。其中大部分为容克52运输机，但也包括15架梅塞施密特323巨型运输机。图为1架正在突尼斯机场卸载军用物资的梅塞施密特323型运输机。

1月30日，卡瓦莱罗元帅向意军最高统帅部提议德意志–意大利装甲集团军应改名为意大利第1集团军。2月2

日，梅塞上将抵达突尼斯的集团军司令部。隆美尔在 2 月 7 日和 2 月 8 日的家信中写道：“军医赫斯特尔博士昨天又来看我，力劝我马上开始治疗。不过，责任感使我不愿离开战场，只要我的双脚还能站立，我就会苦撑下去。”“我已决定除非接到命令，否则绝不放弃这个集团军的指挥权。不管我的健康情况多么坏，罗马派来接替我的人，也只好请他再等等。”

1 月 31 日，意军最高统帅部以“过于亲德”为由，解除了卡瓦莱罗元帅的意军总参谋长职务，由维托里奥·安布罗西奥（Vittorio Ambrosio）上将接任。同时被撤职的还有巴斯蒂科元帅，他的位置将由梅塞取代（2 月 15 日就任）。隆美尔对卡瓦莱罗的离职并不感到意外，认为他“早该滚蛋”，但对于巴斯蒂科，隆美尔反倒觉得有些可惜。“尽管曾经发生过多次摩擦，但那主要都是由于意军最高统帅部所颁发的命令引起的。一般说来，我们还算是能够合作。他总是支持我的意见。多亏他的帮助，我军安全撤回了马雷特防线，躲过了全军覆没的命运。”

▲ 2 月 19 日，轴心国开始全面改组突尼斯的德意部队。2 月 23 日，以隆美尔为核心的非洲集团军群正式成立。该集团军群下辖阿尔尼姆大将的第 5 装甲集团军和梅塞上将的意大利第 1 集团军，共有 13 个师又 3 个旅，总兵力超过 18 万人。2 月 17 日，海因兹·齐格勒中将接任德意志非洲军军长，3 月 5 日更换为汉斯·克拉默中将。除了常规作战部队之外，非洲集团军群还辖有由各式各样的意军部队组成的非洲集团，指挥官为阿尔贝托·曼内里尼少将。曼内里尼本人曾长期指挥北非意军的沙漠突袭行动，是英军远程沙漠作战集群的劲敌。非洲集团当前主要负责突尼斯境内的侦察巡逻任务，有时也会直接参与防御战。1943 年 1 月 20 日，非洲集团下属的第 13“蒙费拉托”骑兵团第 3 装甲侦察群在突尼斯阿尔哈马附近成功俘虏英军特别空勤旅指挥官大卫·斯特林中校，使得曼内里尼名声大噪。图为 1942 年 5 月 9 日在东线战场，意大利远征军司令梅塞上将正为部队官兵颁发勋章。

1943 年 1 月，驻突尼斯北部的第 5 装甲集团军仍在继续扩充兵力。到 1 月底为止，第 5 装甲集团军已增至 10 万人，其中包括 7.4 万名德军和 2.6 万名意军。与此同时，刚撤至突尼斯南部的德意志 – 意大利装甲集团军共有近 8 万人，包括 3 万名德军和 4.8 万名意军，主要负责把守加贝斯和马雷特防线。

据隆美尔和阿尔尼姆手下后勤军官的估计，轴心国军在突尼斯平均每月需要消耗约 15 万吨补给。2 月 7 日，国防军最高统帅部派来的作战副部长瓦尔特·瓦尔利蒙（Walter Warlimont）中将亲赴突尼斯进行视察，隆美尔和阿尔尼姆向瓦尔利蒙共同提出了上述需求。2 月 9 日，隆美尔再次向意军最高统帅部反映了他对后

▲ 1943 年 1 月 3 日，班加西遭到暴风雨的突然袭击，共造成 5 艘商船和 3 艘登陆艇沉没，另有 3 艘船只严重受损。整整 2 天时间，港口变得完全无法使用，并使 1 月的日均卸货量迅速跌至 1 800 吨。在这种情况下，蒙哥马利被迫从第 10 军抽调大批运输车辆，专门负责油料运输作业。至 2 月 14 日为止，第 8 集团军的补给危机终于得以化解。图为设在班加西港西南水门附近的英军 40 毫米高射炮阵地。

▲ 尽管轴心国在弃守的黎波里时成功破坏了部分港口设施，英国皇家海军的工兵部队仍在 2 天之内让港口重新恢复了运营。图为 1 月 25 日抵达的黎波里港的“克罗马蒂”号扫雷舰（HMS Cromarty）。

勤状况的不满，但意军总参谋长安布罗西奥却反驳说，意大利方面最多平均每月可为突尼斯前线提供 7 万 –8.2 万吨补给。如果考虑运输损失率的话，那么每月的补给量便会降至大约 6 万吨。

视察工作结束后，瓦尔利蒙中将向国防军最高统帅部作了汇报。照他看来，突尼斯会战的战略战术决策都必须围绕后勤环节进行规划。可希特勒当时仍然没有过多考虑突尼斯的紧迫性，而是把关注重点放在苏德战场。

2 月 19 日，轴心国高层决定全面改组突尼斯的作战指挥机构。驻防马雷特防线的德意志 – 意大利装甲集团军正式改名为意大利第 1 集团军，由梅塞上将担任司令，拜尔莱因少将任参谋长。2 月 23 日，轴心国又成立了以隆美尔为核心的非洲集团军群司令部，负责统一指挥第 5 装甲集团军和意大利第 1 集团军。自知留在北非的时日不多，隆美尔立刻向国防军最高统帅部表示自己会“适时选择离开的日期”，但在做出最后决断之前，他将继续留在工作岗位上指挥非洲集团军群防守突尼斯。

1943 年 1 月至 2 月，同盟国海空军已逐步控制了撒丁岛 – 西西里岛 – 突尼斯这片广大海域，使得轴心国运输船时刻处于战机、潜艇和水雷的威胁之下。由于海运导航作业十分困难，轴心国在 1 月里的补给运输总量仅为 4.6 万吨，2 月则为 3.3 万吨。

2月26日，阿尔尼姆建议隆美尔趁盟军地面部队尚未展开行动，可将第5装甲集团军和意大利第1集团军集中在一块相对更小、更容易防守的区域内御敌。2月27日，梅塞在其报告中提出了类似的观点。他认为意大利第1集团军的现有兵力不足以守住马雷特防线，反倒是马雷特防线北面的阿卡里特河谷（Wadi Akarit）地势险峻，非常适合长期固守，所以推荐隆美尔把整个集团军撤往阿卡里特河谷设防。

▲2月19日，亚历山大上将正式就任盟军第18集团军群司令。2月20日，亚历山大敦促安德森中将尽快重整英军第1集团军，并要他处理好英、美、法三国军队的协作关系，以便组建训练一支装甲预备队，用来对抗轴心国随时可能发动的反扑。图为在埃及开罗机场为亚历山大送行的空军元帅阿瑟·特德（左）和外务大臣安东尼·艾登（右）。

3月1日，隆美尔在发给意军最高统帅部、国防军最高统帅部和南方司令部的电报中明确阐述了突尼斯当前面临的危机。考虑到非洲集团军群兵力短缺又补给不足，盟军很可能会在下一个满月之夜到来之前发动攻势，将第5装甲集团军和意大利第1集团军割裂开来。为避免发生这种情况，非洲集团军群应尽早撤至突尼斯北部，利用天然的高原环境打一场山地防御战。如果采用其他防御方式，必然会导致轴心国在北非彻底失败。

凯塞林接到隆美尔的报告后，感到十分震惊和失望。他坚决反对隆美尔的观点，认为轴心国完全可以凭借小规模的机动战斗群灵活扼守各个山口通道，直到更多兵员和装备运抵前线，再集中兵力展开大规模反攻，将盟军部队逐出突尼斯。3月6日，隆美尔接到凯塞林的回电，上面称希特勒和意军最高统帅部已否决了他的后撤计划，非洲集团军群只能留在目前的位置上继续坚守下去。

正当轴心国内部发生激烈争执的时候，盟军高层也在积极推行他们的突尼斯进攻战略。2月19日，亚历山大上将受命接管盟军第18集团军群，英军第1集团军、英军第8集团军和美军第2军全部划归亚历山大指挥调遣。2月21日，亚历山大正式宣布第18集团军群的作战宗旨是“彻底摧毁突尼斯境内的全部轴心国军队”。为完成这一计划，英军第1集团军将尽力牵制住第5装甲集团军，以便英军第8集团军能够突破马雷特防线，然后配合第1集团军肃清突尼斯北部，占领比塞大和突尼斯城。整个作战行动预计最晚将于4月底结束，好让盟军能有充足的时间来筹备7月的西西里岛登陆战。

轴心国在突尼斯的最后胜利

从地形图上看，北起卡普邦半岛（Cap Bon），南至蓬迪法赫斯（Pont du Fahs）的突尼斯内陆共分布着3列大型山脉。在这片呈倒Y字形，绵延超过200千米的群山之中，东多尔塞勒山脉（Eastern Dorsale）向南延伸至马克纳西（Maknassy），构成了倒Y字的右臂；西多尔塞勒山脉（Western Dorsale）朝西南方向延伸至马埃尔阿比奥德（El Ma el Abiod），构成了倒Y字的左臂。

为了抗击占据东多尔塞勒山脉的英军第1集团军，第5装甲集团军原计划于1943年1月初执行“收获橄榄”行动（Operation Olivenernte），意图从南北两翼包抄梅杰兹埃尔巴布，并将驻守该镇的盟军部队一网打尽。可是由于气候恶劣，再加上德军缺乏火炮及运输工具，行动被迫推迟。趁此机会，部分法军迅速向卡拉舒姆隘口（Karachoum gap）展开进攻，成功击败意军，占领了山口。1月13日，担心战斗力低下的意军会丢失更多地盘的冯·阿尔尼姆大将决定发起“信使1号”行动（Operation Eilbote I）。这是一次旨在收复卡拉舒姆隘口的小范围攻势，但由于大部分参战部队均抽调自之前延期的作战方案，德军参谋部最终下令取消“收获橄榄”行动。

奉阿尔尼姆之命，“信使1号”行动将由第334步兵师师长弗里德里希·韦伯（Friedrich Weber）少将全权负责指挥。韦伯为此一共组建了3个战斗群，右路是他自己亲自率领的韦伯战斗群，下辖第756山地步兵团，第501重装甲营的4辆“虎”式坦克、4辆3号坦克及部分炮兵、工兵和防空单位，其任务是从蓬迪法赫斯出发朝着西南方向突破，目标是占领芒苏尔山（Djebel Mansour）。

▲为能更有效地执行“信使1号”行动，德军第501重装甲营将全部23辆可用坦克分别拨给了2个战斗群。其中韦伯战斗群共获得4辆“虎”式和4辆3号坦克，吕德尔战斗群共获得5辆“虎”式坦克和10辆3号坦克。图为参与进攻的142号“虎”式坦克，1辆德军跨斗摩托刚好从坦克旁边驶过。照片摄于1月20日，拍摄地点位于卡拉舒姆隘口西面的公路。

担任中路进攻的吕德尔战斗群仍由汉斯–格奥尔格·吕德尔少校负责指挥，下辖第501重装甲营的5辆“虎”式坦克、10辆3号坦克，第69装甲掷弹兵团第2营，1个装甲工兵排和部分防空单位，其任务是穿越凯比尔河谷并一路向南突破，最后夺取位于格利布（El Glib）附近的重要交通枢纽。

担任左路进攻的施托尔茨战斗群由哈拉尔德·施托尔茨（Harald Stolz）中校负责指挥，下辖德军第 190 装甲营的 1 个装甲连和意军第 1“苏佩尔加”突击登陆师的 1 个德意混编步兵团，其任务是从蓬迪法赫斯出发，向南攻打驻守希里什山（Djebel Chirich）的法军部队。

在韦伯战斗群西面，德军第 10 装甲师还特意调派了布尔克战斗群及第 5 伞兵团的部分兵力。布尔克战斗群下辖第 7 装甲团第 5、第 7 装甲连，第 8 装甲连的 1 个排、第 90 防空营第 3 连和第 49 装甲工兵营第 3 连的 1 个排，主要用来牵制布阿拉达（Bou Arada）附近的英军第 6 装甲师。

按照阿尔尼姆的要求，德意部队于 1 月 17 日午夜进入集结地点，1 月 18 日早晨正式发起进攻。经过一天的激烈战斗，防守凯比尔河谷的法军被韦伯战斗群击败，导致通往西迪塞德（Sidi Said）的门户洞开。吕德尔战斗群趁势绕过西迪塞德直扑格利布路口，施托尔茨战斗群则南下占领了希里什山。部分法军侥幸撤至芒苏尔山和巴古山进行重整，另有部分法军被围困在了卡拉舒姆隘口。

▲ 德军在“信使 1 号”行动首日的攻势进展较为顺利。韦伯战斗群和吕德尔战斗群成功突破凯比尔河谷，占领了芒苏尔山。布尔克战斗群和第 5 伞兵团联手重创了第 38 爱尔兰步兵旅，但被随后赶到的第 26 装甲旅援军击退。1 月 19 日，吕德尔战斗群兵临格利布路口，一天之后又从法军手中拿下了卡拉舒姆隘口。1 月 21 日，吕德尔战斗群继续南下进攻乌塞尔蒂亚和比尔埃尔阿利亚。受法军总司令朱安上将之托，美军第 1 装甲师紧急派遣 B 作战指挥部前来阻截吕德尔战斗群。英军第 5 军也调派了第 78 步兵师的第 36 步兵旅开往凯比尔河谷方向增援法军部队。经过 2 天时间的激战，第 5 装甲集团军被迫下令中止“信使 1 号”行动。1 月 23 日晚，德军逐步开始撤军，盟军算是守住了布阿拉达、乌塞尔蒂亚和比尔埃尔阿利亚。图为 1 月 18 日上午在布阿拉达防御战中被德军布尔克战斗群俘虏的英军部队官兵（隶属于第 6 装甲师麾下的第 38 爱尔兰步兵旅）。

1 月 19 日晚，驻突尼斯法军部队总司令阿方斯·朱安（Alphonse Juin）上将向邻近的盟军发出求援电报。接到命令的美军第 1 装甲师 B 作战指挥部随即北进开往马克塔尔（Marktar），英军第 5 军也派遣第 78 步兵师的第 36 步兵旅前去增援凯比尔河谷。

1 月 20 日至 1 月 21 日，吕德尔战斗群向南突破至乌塞尔蒂亚（Ousseltia）– 比尔埃尔阿利亚（Bir el Alia）以北，却因 3 号坦克损失过半而使攻势陷入停滞状态，无法继续南进攻打凯鲁万隘口（Kairouan Pass）。1

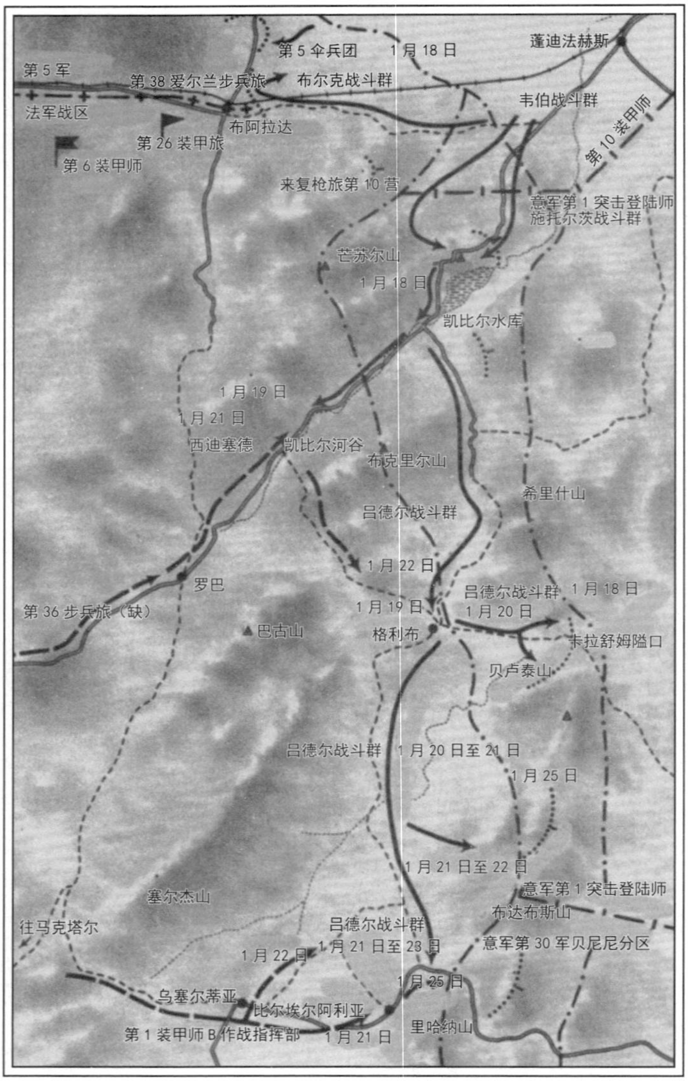

▲“信使1号”行动的作战过程示意图（1943年1月18日至1月25日）。

月23日，战斗群的122号“虎”式坦克被美军炮击击伤，后因油箱泄漏导致整车起火烧毁。1月23日晚，第5装甲集团军下令中止“信使1号”行动，并将所有部队撤回芒苏尔山–布克里尔山（Djebel Bou Kril）–里哈纳山（Djeble Rihana）一线设防固守。

到1月24日为止，阿尔尼姆策划的“信使1号”行动共造成3 449名法军官兵阵亡、负伤和失踪。盟军总共损失21辆坦克、36门火炮、16门反坦克炮、200辆运输车和300多匹战马。第5装甲集团军的具体损失情况不详，但因行动中途取消，所以实际上也未能达成既定任务目标。

1月30日，韦伯战斗群再次奉命从凯比尔河谷出击，作战代号为“信使2号”行动（Operation Eilbote II）。这次的攻击对象是占据着罗巴近郊公路的英军第36步兵旅。第501重装甲营一共调集11辆“虎”式坦克和14辆3号坦克，配合第69装甲掷弹兵团第2营和第756山地步兵团的2个步兵集群实施进攻。只可惜英军已经有所防备，提前在罗巴公路两侧埋设了地雷。1月31日下午，第501重装甲营第2连在罗巴东北方向的公路附近误入雷区，共损失2辆3号坦克，另有1辆“虎”式坦克严重受损。当天晚间，231号“虎”式坦克及2辆3号坦克试图再次闯关，结果遭到6磅反坦克炮伏击，致使3辆坦克全部中弹焚毁，第 2 连余部在 25 磅炮的轰击之下被迫撤退。次日上午，231 号的残骸被英军缴获，技术人员对其进行了仔细的测量和拍照后将其彻底摧毁。第 72 反坦克团 A 连 2 排的斯坦利·爱德华兹中尉凭借此战的出色表现获得了维多利亚十字勋章。

1 月 31 日的战斗使德军高层感到如果继续对第 36 步兵旅施压只会得不偿失。2 月 1 日，韦伯战斗群奉命返回凯比尔河谷的集结地域，草草结束了“信使 2 号”行动。

西迪布齐德之战

“信使 2 号”行动结束没多久，隆美尔就做出判断：突尼斯的盟军部队实力已经得到了极大增强，如果再不抢先动手的话，轴心国在突尼斯是肯定站不住脚的。照他看来，在下一个满月之日到来前，轴心国可利用盟军进行整补的机会提早发动攻势，尽力将英军第 1 集团军赶回突尼斯边界。蒙哥马利的第 8 集团军此刻仍在马雷特防线南面忙着补充兵力和物资，无暇支援第 1 集团军。

意军总参谋长维托里奥·安布罗西奥上将认为这个计划可行，便把隆美尔的想法透露给了冯·阿尔尼姆大将。阿尔尼姆起初表示反对，但当凯塞林于 2 月 9 日飞抵加贝斯机场与隆美尔和梅塞等人见面后，阿尔尼姆很快转变态度，同意让第 5 装甲集团军参与这次行动。2 月 11 日，意军最高统帅部下达了作战令，进攻地点位于凯比尔河谷南面的卡塞林–加夫萨（Kasserine–Gafsa）山口。根据第 5 装甲集团军制定的“春风”行动（Operation Fruhlingswind）方案，德军第 10、第 21 装甲师将作为主力部队攻打费德隘口（Faid Pass）和西迪布齐德（Sidi Bou Zid）。作为南翼支援部队的德意志非洲军战斗群（抽调自意大利第 1 集团军）将在 1–2 天内发起“晨风”行动（Operation Morgenluft），首先北上夺取加夫萨，然后配合第 10、第 21 装甲师共同肃清多尔塞勒山脉之间残存的盟军部队。

▲ 1 月 18 日上午，英军第 26 装甲旅的 1 辆“瓦伦丁”MK3 步兵坦克正领着一支车队驶往布阿拉达增援第 38 爱尔兰步兵旅。照片拍摄者为英军第 2 摄影照相部队的弗雷德里克·瓦克特中士。

战役实施前，德军第 10 装甲师一共为“春风”行动组建了 2 个战斗群。其中格哈特战斗群下辖第 7 装甲团第 1 装甲营、第 69 装甲掷弹兵团第 2

营、第 90 装甲歼击营第 1 连的 1 个排、第 90 装甲歼击营第 3 连的 1 个排、第 90 装甲炮兵团的 1 个 105 毫米榴弹炮连，以及第 49 装甲工兵营第 3 连的 1 个排，指挥官为第 7 装甲团团长鲁道夫·格哈特（Rudolf Gerhardt）上校。赖曼战斗群下辖第 86 装甲掷弹兵团第 2 营，第 501 重装甲营第 1 连的 6 辆“虎”式坦克、9 辆 3 号坦克，第 90 装甲歼击营第 1 连的 1 个排，第 242 突击炮营第 1 连，第 90 装甲炮兵团第 4 营第 12 连的 1 个 20 毫米高射炮分队，以及第 49 装甲工兵营的 1 个排，指挥官为第 86 装甲掷弹兵团团长汉斯·赖曼（Hans Reimann）上校。

▲ 1 月 24 日，美军第 1 装甲师 B 作战指挥部曾对马克纳西西面的轴心国铁路枢纽塞内德（Sened）发动过一次短暂的步坦联合突袭。第 13 装甲团第 2 坦克营和第 6 装甲步兵团第 1 营于当天中午进入，并于当天夜晚退出。1 月 31 日，B 作战指挥部再次袭击塞内德火车站，但这次第 5 装甲集团军早已调来第 334 步兵师第 334 快速营、意军第 50 特别旅第 15 中型坦克营及意军第 1“苏佩尔加”突击登陆师第 92 步兵团第 3 营，使美军付出了相当惨重的代价。2 月 2 日，第 2 军被迫命令第 1 装甲师取消攻势，撤回位于加夫萨的驻地。图为 1 月 24 日在塞内德火车站附近被地雷炸毁的 2 辆 M3 中型坦克残骸（隶属于第 13 装甲团第 2 坦克营）。

德军第 21 装甲师同样为“春风”行动组建了 2 个战斗群。其中施滕克霍夫战斗群下辖第 5 装甲团团部，第 5 装甲团第 1 装甲营，第 104 装甲掷弹兵团、第 155 装甲炮兵团团部，第 155 装甲炮兵团第 3 营第 7、第 8 连，以及第 609 防空营的 1 个 88 毫米高射炮分队，指挥官为第 5 装甲团团长施滕克霍夫（Stenkhoff）上校。许特战斗群下辖第 5 装甲团第 2 装甲营，第 104 装甲掷弹兵团团部，第 39 装甲歼击营，第 155 装甲炮兵团第 1 营第 1、第 3 连，以及第 609 防空营的 1 个 88 毫米高射炮分队和 1 个 20 毫米高射炮分队，指挥官为第 5 装甲团第 2 装甲营营长许特（Schuette）少校。

2 月 14 日清晨6点，“春风”行动如期打响。德军第 10 装甲师指派格哈特战斗群和赖曼战斗群在沙暴掩护下快速穿过费德隘口，径直扑向西迪布齐德附近的美军驻地。大约半小时后，位于西迪布齐德南面的德军第 21 装甲师也派出施滕克霍夫战斗群和许特战斗群北上袭击美军。面对 4 支德军的围攻，美军第 1 装甲师 A 作战指挥部指挥部猝不及防，只得匆忙抽调第 1 装甲团第 3 坦克营的 51 辆 M4 中型坦克向德军发起反击。赖曼战斗群和格哈特战斗群随即动用“虎”式坦克、3 号 F8 型突击炮和 Pak40 75 毫米反坦克炮对美军坦克展开远距离齐射，先后击毁 44 辆美军坦克。14 日下午 2 点，德军施滕克霍夫战斗群从比尔埃尔阿费（Bir el Hafey）方向迂回至美军背后，迫使 A 作战指挥部指挥官雷蒙德·麦奎林（Remond McQuillin）准将决定放弃西迪布齐德。撤退过程中，第 701 坦克歼击营 A 连损失了不少 M3 半履带反坦克炮车，第 91 装甲野战炮兵营的大部分半履带炮车也被遗弃。由于失去装甲部队掩护，美军“勒苏达”特遣队（Lessouda Force，下辖第 168 步兵团第 2 营、1 个轻型坦克连、1 个坦克歼击排）约有 1 000 人被格哈特战斗群围困在西迪布齐德北面的勒苏达山（Djebel Lessouda），美军第 168 步兵团团级战斗队（以第 168 步兵团第 3 营为主）约有 1 650 人被施滕克霍夫战斗群围困在西迪布齐德南面的克赛拉山（Djebel Ksaira）和加雷阿迪德山（Djebel Garet Hadid）。2 月 15 日，美军第 1 装甲师调遣由罗伯特·斯塔克（Robert Stack）上校率领的 C 作战指挥部南下驰援西迪布齐德，却同样惨遭失利。第 1 装甲团第 2 坦克营在突入瓦德鲁亚纳河谷（Wadi Oued Rouana）后不久便遭遇德军伏击，总共折损 40 辆 M4 中型坦克，仅有 4 辆坦克得以保存。

▲ 以上是 2 张德军战地摄影师在 1943 年 2 月初拍摄的照片，显示了惨遭德军工兵爆破摧毁的 M4 中型坦克残骸，这是其中的 3 辆。很多史料经常错误地将这批坦克称为卡塞林之战的牺牲品，但它们其实只是美军第 1 装甲团第 3 坦克营 G 连为了夺回费德隘口而损失的车辆，战损日期为 2 月 1 日。

2 月 14 日晚天降暴雨，英军第 1 集团军司令安德森中将担心西迪布齐德一旦被德军突破，将导致加夫萨的后路被截，于是下令美军和法军部队及时撤出该城，退往费里亚纳

▲ 德军战地摄影师拍摄的另外 3 辆 M4 中型坦克残骸，背景中的山峰是费德隘口北面的布德泽尔山（Djebel Bou Dzer）。

(Feriana)。

当盟军弃守加夫萨的消息传到美军第 2 军军部后，军长劳埃德 · R. 弗兰登道尔（Lloyd R.Fredendall）少将不顾部下的强烈反对，坚决要求第 1 装甲师和第 34 步兵师继续固守西迪布齐德。只是在战况不断恶化的状况下，美军“勒苏达”特遣队和第 168 团级战斗队这才决定自行突围。2 月 15 日深夜至 2 月 16 日凌晨，“勒苏达”特遣队约有 250 人侥幸撤至克恩路口（Kern's Crossroads）与第 6 装甲步兵团第 1 营会合，第 168 团级战斗队则几乎全部成了俘虏。德军宣称在西迪布齐德共俘获 2 400 名美军，其中包括“勒苏达”特遣队指挥官约翰 · 沃特斯（John Waters）上校及第 168 团级战斗队指挥官托马斯 · 德雷克（Thomas Drake）上校等人。在收拢溃兵之后，美军第 1 装甲师的 A、C 作战指挥部奉命向西退却，准备在斯贝特拉（Sbeitla）与保罗 · 罗比内特（Paul Robinett）准将率领的 B 作战指挥部一起共同御敌。

2 月 16 日下午，德军第 21 装甲师在格哈特战斗群掩护下由西迪布齐德赶往斯贝特拉，准备将退至当地的 3 个美军作战指挥部一网打尽。德军即将追至的消息引发了斯贝特拉守军的混乱状态，大批美军作战车辆几乎阻塞了整条斯贝特拉公路。2 月 17 日凌晨，弗兰登道尔少将终于意识到战况的危险性，命令第 2 军放弃斯贝特拉和费里亚纳。

德军自然不会留给美军任

▲ 1943 年 2 月 14 日，德军第 10、第 21 装甲师向西迪布齐德地区发动了策划已久的“春风”行动攻势。仅在 14 日当天，路易 · 海托华中校的第 1 装甲团第 3 坦克营就损失了 44 辆 M4 中型坦克。2 月 15 日，C 作战指挥部派遣詹姆斯 · 阿尔杰中校的第 1 装甲团第 2 坦克营从北面南下驰援第 3 坦克营，结果也被德军摧毁了 40 辆 M4 中型坦克。图为西迪布齐德之战结束后，正在现场忙着执行车辆爆破任务的德军工兵部队。

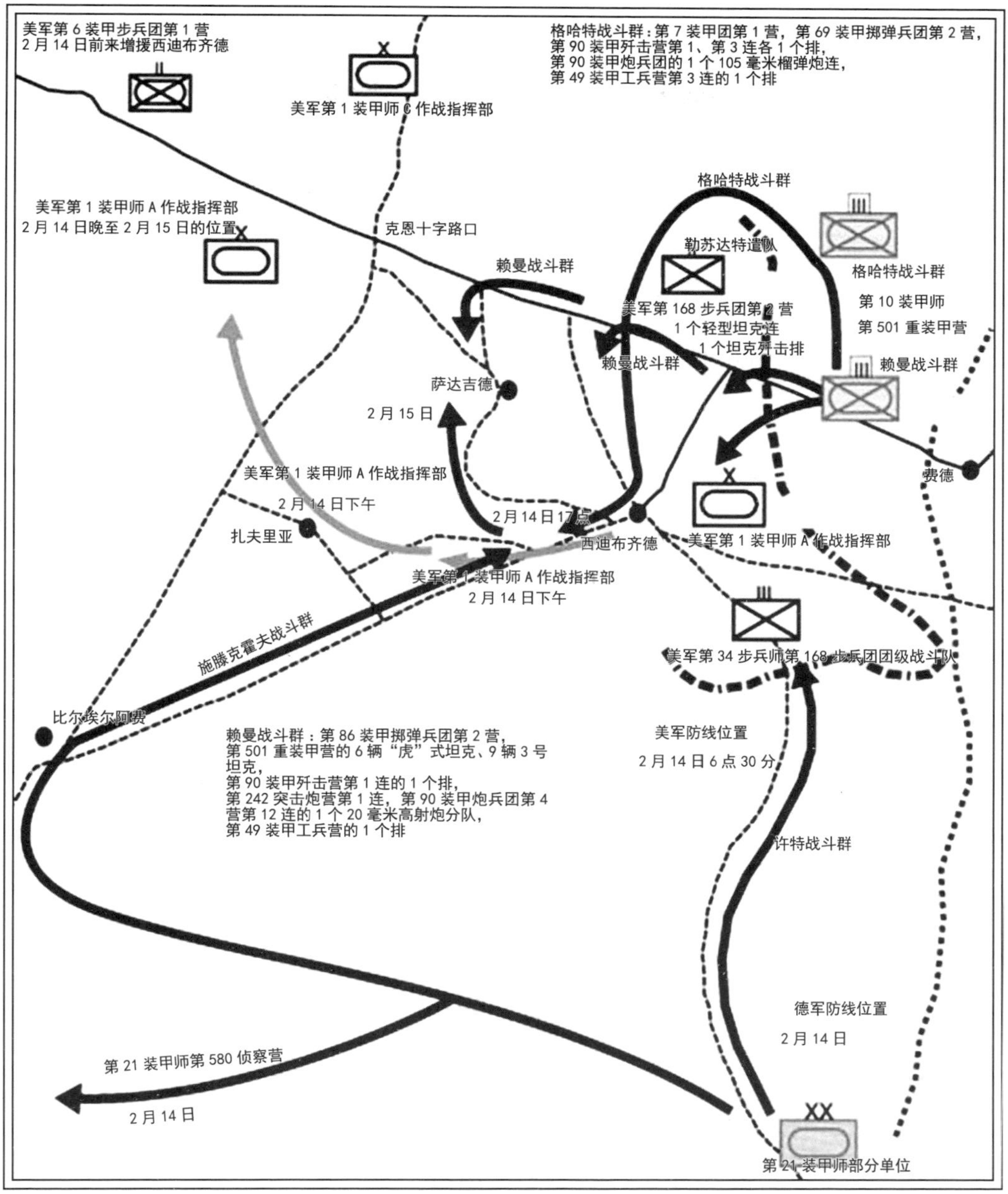

▲ 西迪布齐德之战过程示意图（1943 年 2 月 14 日至 2 月 15 日）。

2 月 14 日：隶属赖曼战斗群的第 501 重装甲营第 1 装甲连先后击退美军 A 作战指挥部发起的两次反击，总共击毁 20 辆美军坦克

2 月 15 日：鉴于美军 C 作战指挥部从战场北部南下，第 501 重装甲营第 1 装甲连奉命撤离西迪布齐德

施滕克霍夫战斗群：第 5 装甲团团部，第 5 装甲团第 1 装甲营，第 104 装甲掷弹兵团，第 155 装甲炮兵团团部，第 155 装甲炮兵团第 3 营第 7、第 8 连，第 609 防空营的 1 个 88 毫米高射炮分队

许特战斗群：第 5 装甲团第 2 装甲营，第 104 装甲掷弹兵团团部，第 39 装甲歼击营，第 155 装甲炮兵团第 1 营第 1、第 3 连，第 609 防空营的 1 个 88 毫米高射炮分队和 1 个 20 毫米高射炮分队

何喘息的机会。2 月 17 日天亮后，第 10 装甲师和第 21 装甲师抓紧时间对 4 个战斗群进行了补给。中午刚过，第 21 装甲师就向斯贝特拉南部展开猛攻。施滕克霍夫战斗群直击美军 B 作战指挥部的左翼，很快击溃了第 601 坦克歼击营，还击毁了第 13 装甲团第 2 营的 17 辆 M3 中型坦克。B 作战指挥部被迫于下午撤往卡塞林隘口。下午 5 点左右，德军攻入空无一人的斯贝特拉，迅速在全镇展开布防。

得知“春风”行动获胜的隆美尔于 2 月 15 日上午致电德意志非洲军军部，要他们立即着手实施“晨风”行动。15 日下午，德意志非洲军战斗群和意军第 131“半人马座”装甲师的 1 个混编集群在库尔特·冯·莱本施泰因（Kurt von Leibenstein）上校指挥下从盖塔尔（El Guettar）附近出发，打算途经加夫萨后向北开往费里亚纳。根据两者的编制，德意志非洲军战斗群主要由第 8 装甲团第 1 装甲营、非洲装甲掷弹兵团（前身为第 288 特战队）、第 33 装甲侦察营、第 33 装甲歼击营的 1 个连、非洲最高炮兵指挥部、非洲最高炮兵指挥部第 1 营、第 190 炮兵团第 1 营、第 71 火箭炮团的数个火箭炮连、第 200 工兵营的 1 个连和第 135 防空团团部所组成。意军第 131“半人马座”装甲师的混编集群主要由第 31 装甲团第 17 中型坦克营、第 5 狙击兵团第 14 狙击兵营、2 个步兵团，第 557 自行火炮群和第 204 集团军属炮兵集团所组成。

2 月 15 日傍晚，德军第 33 装甲侦察营向冯·莱本施泰因上校报告说加夫萨早已无人驻守。当天夜里，德意联军顺利控制了加夫萨。2 月 17 日中午，德意志非洲军战斗群经过一场短暂的交火，又从美军后卫部队手中占领了费里亚纳。2 月 18 日，德军前锋越过泰莱普泰（Thelepte），并在该镇附近的机场上缴获了 34 架盟军战机、20 吨航空燃油和 30 吨润滑油。当天晚上，由于莱本施泰因上校在 2 月 17 日的战斗中触雷负伤，战斗群指挥权被临时交给了德意志非洲军的工兵部队指挥官卡尔·比洛维乌斯（Karl Bulowius）少将。

▲ 2 月 15 日的反击行动失败后，美军第 1 装甲师被迫收兵撤往斯贝特拉。由于失去装甲部队的掩护，再加上第 2 军军长始终反对撤退，被德军包围在西迪布齐德山头的“勒苏达”特遣队和第 168 团级战斗队最终于 2 月 17 日举手投降。包括巴顿的女婿约翰·沃特斯上校及团级战斗队指挥官托马斯·德雷克上校在内，共有 2 400 人被德军俘虏。图为 2 月 17 日在德军押送下途经费德隘口的美军第 168 团级战斗队官兵，远处的山峰为布德泽尔山。

战后的统计数据显示，从 2 月 14 日至 2 月 17 日为止的短短 3 天时间里，美国陆军共有 101 辆中型坦克、15 辆轻型坦克、18 辆半履带榴弹炮车、3 辆半履带反坦克炮车、5 辆半履带高射炮车和 280 辆作战车辆被德军击毁和缴获，另有 2 546 人阵亡、负伤和被俘。这一结果对于刚刚踏入北非的美军而言，无疑是场彻彻底底的惨败。

“海啸”行动：进攻卡塞林隘口

2 月 17 日夜晚，盟军完成了向西多尔塞勒山脉的撤退行动。美军、英军和法军部队快速在斯比巴（Sbiba）、卡塞林和泰贝萨等地展开布防，以阻止轴心国军继续朝西北方向渗透。

根据德军侦察机在 17 日发回的空中侦察报告，卡塞林隘口西面和布舍布卡（Bou Chebka）附近均出现了明显的撤军迹象。隆美尔认为这是一个千载难逢的好机会，轴心国可趁敌虚弱之时一举攻占泰贝萨。冯・阿尔尼姆大将对此不置可否，隆美尔便将他的作战计划递交给了意军最高统帅部。2 月 18 日下午，凯塞林表示愿意支持隆美尔的进攻方案，第 10、第 21 装甲师将受命参与这次行动，归隆美尔直接调遣。

2 月 19 日早上，意军最高统帅部发来最新指示，要求隆美尔“全力突破盟军的防线，切断英军第 5 军的退路，并争取获得突尼斯战役的最后胜利”。意方规定初期任务目标是占领位于卡塞林北面的勒凯夫（Le Kef）。冯・阿尔尼姆将负责指挥区域性的骚扰作战，其中甚至还包括了在塔巴尔卡（Tabarka）实施的两栖登陆行动。

对于意军高层的“短视”决策，隆美尔感到极度失望。他觉得光是攻打勒凯夫“根本不能解决任何问题”，唯有歼灭泰贝萨的敌人才是关键。但毕竟在目前状态下，时间要比任务目标更为重要。隆美尔于是决定接受这项任命，并将进攻日期定在 2 月 19 日，代号“海啸”行动（Operaiton Sturmflut）。

▲ 作为轴心国“晨风”行动后续攻势的“海啸”行动于 2 月 19 日正式打响。战斗进行期间，隆美尔曾多次前往德意志非洲军战斗群的前线指挥部视察战况（日期分别为 19、20、22 日）。上面这张照片摄于 2 月 20 日下午，图中左起第 2 人为战斗群指挥官卡尔・比洛维乌斯少将，右起第 2 人为非洲装甲掷弹兵团团长奥托・蒙通上校。

为了能够尽快拿下勒凯夫，隆美尔对全军作了如下部署：在第一阶段，德意志非洲

▲ 一群陪同隆美尔进行视察的德军高级将领。照片左侧面对镜头的空军军官为德国驻突尼斯航空军司令汉斯·塞德曼（Hans Seidemann）少将。其右下方的背对镜头者为卡尔·比洛维乌斯少将。

军战斗群将从费里亚纳出发袭取卡塞林隘口，第21装甲师将从斯贝特拉出发袭取斯比巴。在第二阶段，德意志非洲军战斗群将继续北上袭取塔拉，第21装甲师也将北上袭取克苏尔（Ksour）和勒凯夫。行动期间，第10装甲师将从丰杜克－皮雄地区（Fondouk–Pichon）返回斯贝特拉（此为阿尔尼姆在2月17日布置的任务），可用于支援德意志非洲军战斗群和第21装甲师。

2月19日上午9点，德军第21装甲师率先吹响了“海啸”行动的进攻号角。该师沿着斯贝特拉公路快速向北挺进，约1小时后在斯比巴以南约10千米处为英军地雷所阻。虽然德军工兵及时开辟出1条进攻通道，英军设置的第2道地雷屏障及附属炮兵单位却给德军制造了更大难题。幸亏第21装甲师师长汉斯－格奥尔格·希尔德布兰特（Hans–Georg Hildebrandt）少将派遣第5装甲团第2装甲营的25辆坦克和第104装甲掷弹兵团第1营从东面绕过雷区，第21装甲师才得以继续前进。

▲ 德军在塞马马山附近缴获的美军半履带车大部分隶属于第6装甲步兵团第3营。德军为了避免造成误伤，马上为所有车辆喷涂了铁十字徽记。

与此同时，在卡塞林隘口方向，由隆美尔亲自指挥的晨间突袭同样也是相当不顺。第33装甲侦察营在隘口西侧的尚比山（Djebel Chambi）前遇到美军第19战斗工兵团的顽强阻击，非洲装甲掷弹兵团的1个营花了大半天工夫才沿着西侧山麓攻上塞马马山（Djebel Semmama），占领了主峰974号高地。当该团的另1个营试图从主峰下方的泽伯斯河谷

（Wadi Zebbeus）通过时，驻守塞马马山西北段的美军“斯塔克”特遣队（Stark Force，下辖第1步兵师第26步兵团第1营、第13装甲团第3营1连、第894坦克歼击营及第33野战炮兵营）射来密集的弹雨，将德军牢牢地压制在了山脚。19日下午，习惯在开阔沙漠地形作战的非洲装甲掷弹兵团一直都在缓慢而艰难地“爬行”，一时无法肃清西北山麓。

▲2月21日，非洲装甲掷弹兵团搭乘缴获的美军车辆离开尚比山，开往阿塔布河谷。

19日晚，隆美尔接到来自第21装甲师的报告，说斯比巴南面驻有美军第1步兵师的第18团级战斗队和英军第6装甲师的第16/5女王皇家枪骑兵团，很可能会对作战造成不利影响。经过再三考虑，隆美尔决定让第10装甲师先派部分兵力过来打通卡塞林隘口。但刚从丰杜克前线折返的第10装甲师此刻仍在忙着和泥泞路况、恶劣天气作斗争，尚未抵达斯贝特拉。

2月20日上午8点30分，卡尔·比洛维乌斯少将率领德意志非洲军战斗群再次顶着严寒和暴雨向卡塞林隘口发起猛攻。这次德军投入了第71火箭炮团、非洲装甲掷弹兵团和意军第5狙击兵团第14狙击兵营。战至中午，美军第26团级战斗队指挥官亚历山大·斯塔克（Alexander Stark）上校被迫指挥“斯塔克”特遣队和第19战斗工兵团沿着塔拉公路逐步后撤。应美方要求，英军第26装甲旅从勒凯夫方向抽调“戈尔”特遣队（下辖来复枪旅第10营C连、第2洛锡安人及边民义勇骑兵团C中队、第93反坦克团、自由法国军队的一些75毫米野战炮车）前来救助“斯塔克”特遣队，美军第6装甲步兵团也派出第3营开往塞马马山实施增援。

▲2月21日中午，隆美尔乘坐他的Kfz.21指挥车赶上第10装甲师，催促该师加速北进。注意图中这些德军乘坐的同样是缴获的美军M3半履带车。

20日下午，隆美尔驱车赶

▲ 2 月 21 日，隶属第 10 装甲师的 2 辆 Sdkfz.233 装甲侦察车正驶过塞马马山附近的阿塔布河谷公路，前去进攻塔拉。

往德意志非洲军战斗群的前线指挥部。在那儿，他遇见了卡尔·比洛维乌斯少将和第 10 装甲师师长弗里德里希·冯·布罗伊希少将（自菲舍尔中将于 2 月 1 日触雷身亡后，第 10 装甲师由布罗伊希指挥；布罗伊希自己的部队由哈索·冯·曼陀菲尔少将接管，改名为“冯·曼陀菲尔”师）。听完两人的汇报后，隆美尔严厉地斥责比洛维乌斯“不该在卡塞林隘口浪费这么多的时间”，此外他也对第 10 装甲师的行动迟缓感到极度不满，该师目前只能出动第 86 装甲掷弹兵团、第 10 摩托车营和第 90 装甲炮兵团来协助实施进攻。至于该师的其他单位，比如第 7 装甲团第 501 重装甲营、第 69 装甲掷弹兵团、第 90 装甲歼击营和第 49 装甲工兵营都被冯·阿尔尼姆以“需要预备队”为由扣在了斯贝特拉，暂时无法使用。

下午 4 点 30 分刚过，轴心国军在第 90 装甲炮兵团、第 71 火箭炮团第 1 营和第 190 炮兵团第 1 营的火力掩护下兵分两路展开突破。左翼是非洲装甲掷弹兵团、意军第 17 中型坦克营和第 14 狙击兵营，目标是通往泰贝萨的公路。右翼是第 8 装甲团第 1 装甲营、第 10 装甲师的第 86 装甲掷弹兵团和第 10 摩托车营，目标是占领通往塔拉的公路。在随后进行的战斗中，非洲装甲掷弹兵团的进展十分顺利，很快打通了泰贝萨公路。意军第 17 中型坦克营的部分 M14/41 中型坦克深入敌境约 12 千米，没有遇到任何抵抗。而在战场另一侧，施托滕（Stotten）少校的第 8 装甲团第 1 装甲营和汉斯·赖曼上校的第 86 装甲掷弹兵团联手突破了“戈尔”特遣队布置的塔拉公路封锁线，共击毁 11

▲ 2 月 22 日，隆美尔在拜尔莱因陪同下前往塔拉公路，查看一批在前日战斗中被德军第 10 装甲师击毁的英军作战车辆。图为第 17/21 枪骑兵团的 1 辆“十字军”MK3 巡洋坦克残骸。

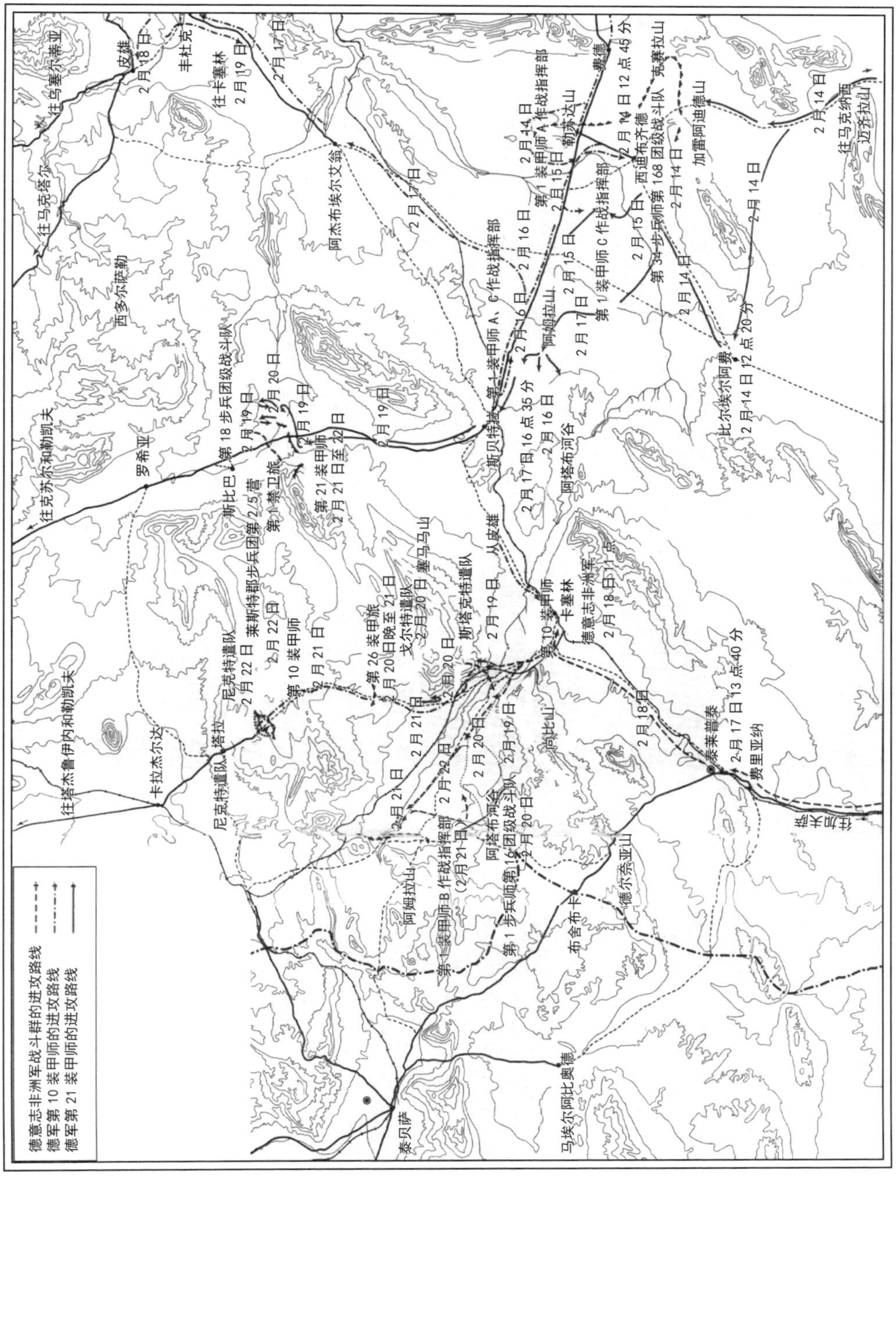

▲德军进攻卡塞林和塔拉的作战过程示意图（1943 年 2 月 14 日至 2 月 22 日）。

辆坦克及美军第 805 坦克歼击营派来的 5 辆半履带反坦克炮车。眼见英军溃败，驻守塞马马山东段的美军第 6 装甲步兵团第 3 营担心会被德军包围，只得抛弃运输车辆，徒步撤离了塞马马山。

至 20 日夜晚 7 点，卡塞林隘口的美军基本已被肃清。德军共缴获大约 20 辆盟军坦克和 30 辆半履带车，其中大部分属于美军第 13 装甲团第 3 营 1 连和第 6 装甲步兵团第 3 营，少数为“戈尔”特遣队的“瓦伦丁”步兵坦克和“十字军”巡洋坦克。

随着卡塞林隘口争夺战逐渐进入收尾阶段，德军第 21 装甲师在斯比巴的攻势却因遭受暴雨和泥泞的双重困扰而陷入停滞状态，第 5 装甲团在 1 天之内损失了 12 辆坦克。隆美尔始终不清楚防守斯比巴的盟军实力其实远超第 21 装甲师。除了美军第 18 团级战斗队和英军第 16/5 女王皇家枪骑兵团之外，英军 78 步兵师的第 1 禁卫旅，汉普郡步兵团第 2 营（临时加强给第 1 禁卫旅），第 72、第 93 反坦克团和法军轻机械化旅的部分轻型坦克也被调来防守该镇，从而让德军的获胜希望变得更加渺茫。

2 月 20 日上午，美军第 2 军军长弗兰登道尔少将发觉德军正从卡塞林隘口向泰贝萨和塔拉方向调兵遣将，于是派出美军第 1 步兵师第 16 团级战斗队进驻尚比山西面的阿塔布河谷。为以防万一，他还将保罗·罗比内特准将的第 1 装甲师 B 作战指挥部调往阿塔布河谷北面的阿姆拉山（Djebel Hamra）设防。2 月 20 日下午，由查尔斯·邓菲（Charles Dunphie）准将指挥的英军第 26 装甲旅受命承担塔拉公路的防御工作。英军第 6 装甲师副师长卡梅伦·尼克尔森（Cameron Nicholson）准将奉安德森中将之命赶往塔拉组建“尼克”特遣队（下辖莱斯特郡步兵团第 2/5 营，皇家东肯特郡步兵团第 10 营，汉普郡步兵团第 2 营的 1 个连，第 71 野战炮

▲ 一组反映德军第 7 装甲团在 2 月 21 日进攻塔拉的照片。可见 1 辆 2 号 F 型坦克和 2 辆 4 号 G 型坦克正沿着塞马马山脚的阿塔布河谷公路快速驶往塔拉。从 1943 年 3 月起，德军装备的长身管 4 号坦克数量开始直线上升，很快超过了 3 号坦克。

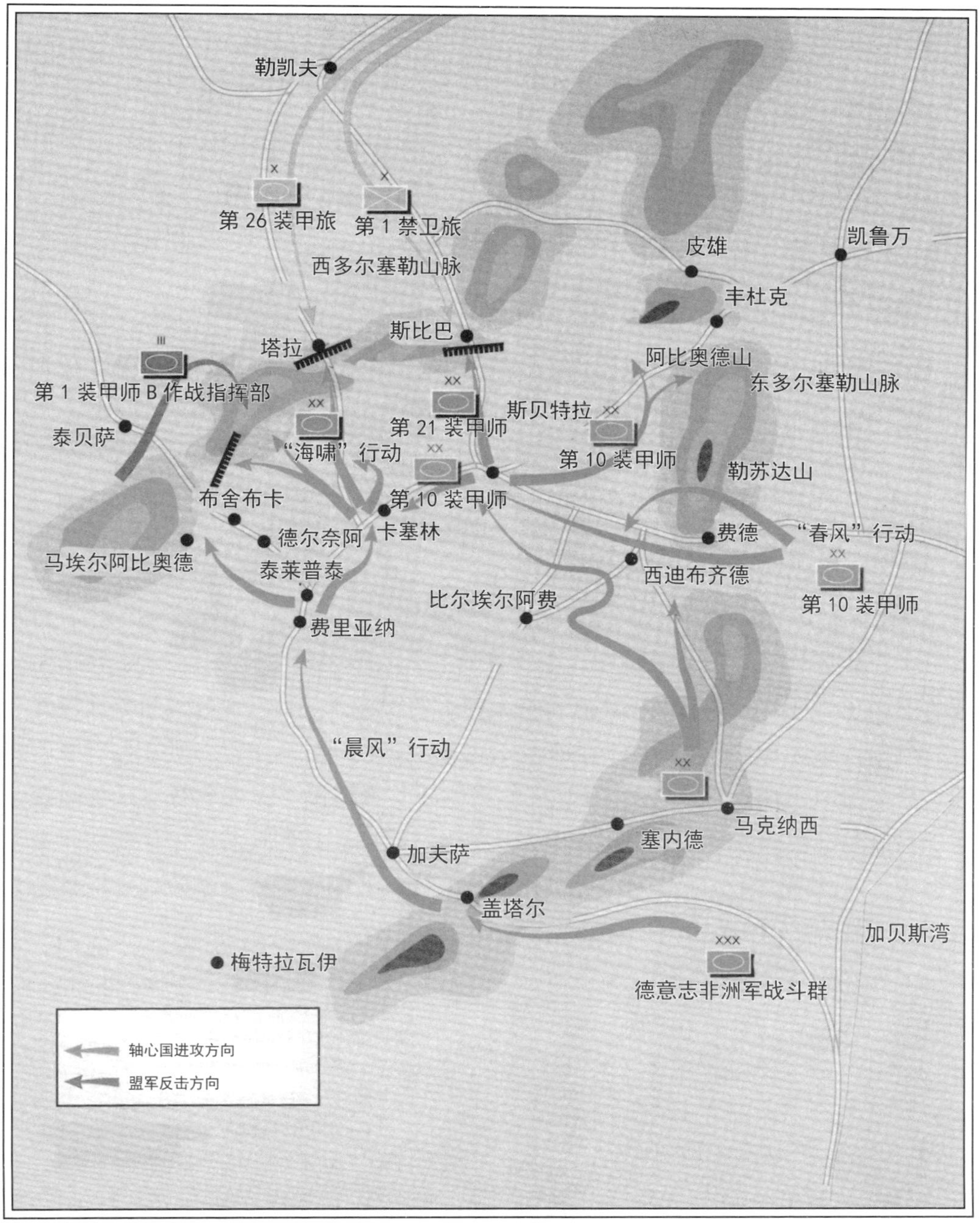

▲ 在这张展现德军“春风”“晨风”和“海啸”行动具体过程的示意图中，东、西两道多尔塞勒山脉明显构成了一个巨大无比的倒 Y 字。

▲ 2 月 21 日晚，一支由"瓦伦丁"步兵坦克率领的德军坦克纵队试图渗透塔拉附近的英军防线。幸亏第 12 乘骑炮兵团 F 连的安斯利中士在探查情况时听见了坦克车组之间的德语对话，从而意识到那并不是自己人的坦克。在随后爆发的混战中，领头的"瓦伦丁"步兵坦克及 2 辆德军坦克被莱斯特郡步兵团第 2/5 营彻底摧毁。剩余的德军坦克又从防线另一头重新发动进攻，击毁了第 17/21 枪骑兵团的部分坦克。这场战斗一直持续进行到 22 日天亮才结束，双方互有伤亡。图为在 21 日晚战损的"特洛伊战马"号"瓦伦丁"MK3 步兵坦克残骸，该车于 2 月 20 日被俘，立即被德国人漆上铁十字、第 10 装甲师师徽及第 7 装甲团团徽投入进攻，但最终还是毁于英军之手。

兵团，第 12 乘骑炮兵团，第 86 化学迫击炮连，第 23 集团军属野战炮兵团第 90、第 100 野战炮兵连，第 58 反坦克团第 229 反坦克连），并负责统一管理塔拉地区的英、美、法联合部队。

凯塞林元帅于 20 日中午来到卡塞林隘口与隆美尔见了面。在从突尼斯城机场返回罗马之前，凯塞林招来第 5 装甲集团军司令阿尔尼姆大将，批评他把第 10 装甲师主力扣留不用的做法是"极其愚蠢的决定"。但阿尔尼姆却为自己辩解说，他还需要第 10 装甲师来填补其他方向上的防御漏洞。阿尔尼姆表示他现在怀疑德意志非洲军战斗群的主要进攻方向是泰贝萨而不是计划中的勒凯夫。所以说，既然隆美尔都没有完成自己应尽的义务，第 5 装甲集团军也就不该遭受无端指责。凯塞林听后勃然大怒，严命阿尔尼姆尽快将第 10 装甲师拨给隆美尔指挥。阿尔尼姆则反复强调这是不可能马上做到的，至少还需要 2 天才能完成调动。见到眼前这位如此顽固不化的将领，凯塞林气恼之下致电隆美尔司令部，建议他在必要时应立即着手接管轴心国在突尼斯的所有单位——其中也包括阿尔尼姆的第 5 装甲集团军。

2 月 20 日深夜，沿着泰贝萨公路开往阿姆拉山的德军第 33 装甲侦察营和意军第 17 中型坦克营与美军 B 作战指挥部第 13 装甲团的团属侦察连发生接触，这表明阿姆拉山附近可能有重兵把守。21 日上午，双

▲ 盟军直到 2 月 25 日才派兵向卡塞林隘口方向展开追击。图为美军第 894 坦克歼击营的一支巡逻队正沿着泰贝萨公路驶往隘口。

方都在积极备战，等待对方先打出第一枪。附近的阿塔布河受到冬雨影响开始暴涨，致使德军无法集中兵力实施进攻。按照隆美尔的计划，比洛维乌斯少将的德意志非洲军战斗群将负责攻占泰贝萨，布罗伊希少将的第 10 装甲师将负责攻占塔拉。

▲ 2 月 26 日，美军第 16 步兵团第 2 营再度夺回了卡塞林隘口。图为一队正在隘口附近巡逻的美军步兵。

上午 11 点 45 分，德意志非洲军战斗群率先调动全军冲向美军据守的阿姆拉山。罗比内特准将的 B 作战指挥部当时辖有第 13 装甲团第 2 坦克营，第 6 装甲步兵团第 2 营，第 27 装甲野战炮兵营，第 33 野战炮兵营，第 601 装甲歼击营 A 连、B 连和第 19 战斗工兵团 A 连，士气高昂且弹药充足。经过大约 3 小时的激战，非洲装甲掷弹兵团和第 8 装甲团第 1 装甲营始终无法攻克美军第 13 装甲团第 2 坦克营的阵地，自己反倒损失了 5 辆坦克。天黑后，德意志非洲军战斗群放弃正面攻打阿姆拉山，转而尝试从阿塔布河谷附近包抄美军侧翼。但非洲装甲掷弹兵团在黑暗中意外迷路，与战斗群主力脱了节。在夜袭 812 号高地的战斗中，非洲装甲掷弹兵团虽然摧毁了第 33 野战炮兵营的 1 个连，却也暴露了自己的行踪。2 月 22 日上午，美军第 1 步兵师师长特里・M. 艾伦（Terry M.Allen）少将发现德军兵力分散，下令驻守阿塔布河谷南部的第 16 步兵团团级战斗队立即反攻 812 号高地，将非洲装甲掷弹兵团赶出了阿塔布河谷。下午 4 点，第 13 装甲团第 2 坦克营也派出部分坦克向德军右翼的意军第 5 狙击兵团展开反击，成功夺回了 732 号高地。

▲ 3 月 3 日，时任美国作战部长助理的约翰・J. 麦克洛伊（John J.McCloy）受命飞抵突尼斯前线进行一场为期 6 天的视察。图为麦克洛伊正在检查 1 辆在 2 月 20 日的阿姆拉山防御战中被美军摧毁的 4 号 F2 型坦克（隶属德军第 8 装甲团第 1 装甲营）。

正当轴心国军在泰贝萨方向上陷入困境时，第 10 装甲师对塔拉公路的突破则要顺利得多。2 月 21 日中午，第 7 装甲团、第 86 装甲掷弹兵团出动约30辆坦克和25辆装甲作战车辆朝英军第26装甲旅的外围防线袭来。下午3点左右，德军攻势开始增强，共造成第17/21枪骑兵团的15辆“瓦伦丁”步兵坦克和“十字军”巡洋坦克被毁。第26装甲旅旅长邓菲准将见德军来势凶猛，下令释放烟雾掩护部队后撤。第10装甲师随即展开追击，将第26装甲旅逼退到了距塔拉不远的最后一道防线。晚上7点，第7装甲团试图利用1辆缴获的“瓦伦丁”步兵坦克对英军阵地实施渗透，但被第12乘骑炮兵团F连的炮手识破。在一场十分混乱的交火中，第26装甲旅损失了23辆坦克和28门火炮。莱斯特郡步兵团第2/5营、皇家东肯特步兵团第10营和汉普郡步兵团第2营也有571人被俘。所幸第10装甲师师长布罗伊希少将自行否决了继续深入塔拉的计划，促使盟军从后方及时调来第34、第60、第84野战炮兵营和第60加农炮连参战。

布罗伊希少将本打算在2月22日早上彻底肃清塔拉，可第26装甲旅却在炮兵掩护下指派洛里安第2洛锡安人及边民义勇骑兵团仅存的10辆坦克朝德军发起了无畏冲锋。第10装甲师击毁了其中5辆，另有5辆因陷入沙地而被遗弃，但布罗伊希的进攻计划也因此被打乱。他向隆美尔请示转攻为守以抵御盟军的反扑，获得了后者的批准。借此机会，英军又陆续增调第16/5女王皇家枪骑兵团和第1禁卫旅前来支援塔拉。下午4点，见对方没有半点动静的布罗伊希再次尝试恢复进攻，美国陆军航空队紧急出动117架次的P–38战斗轰炸机，不断反复空袭德军阵地，使得布罗伊希的努力再次化作泡影。

2月22日傍晚，隆美尔带着随行人员赶往第10装甲师的驻地视察战况。在目

▲据轴心国统计，在2月16日至2月24日之间参加“海啸”行动的德军部队共有201人阵亡，536人负伤，252人失踪，总共损失39辆坦克和61辆作战车辆（其中20辆坦克全损）。图为在塔拉公路附近被毁的3号M型坦克及阵亡的车组乘员遗体（隶属德军第10装甲师第7装甲团）。

▲ 德军声称在卡塞林之战中共摧毁 235 辆盟军坦克和 95 辆运输车，俘虏近 3 700 人。据统计，美军在 2 月 14 日至 2 月 23 日之间共有 192 人阵亡，2 624 人负伤，2 459 人被俘。总共损失 183 辆坦克，194 辆半履带车，208 门火炮及 512 辆其他作战车辆。其中，光是美军第 1 装甲师就损失了 2 个坦克营和 1 400 名官兵，几乎达到全师可用兵力的一半以上。英军的具体损失数据不详，只知道英军第 6 装甲师总共损失了 64 辆坦克，约 600 人伤亡或被俘。图为一具在卡塞林之战中牺牲的美军士兵遗体。

睹了从塔拉以北射来的密集炮击弹幕之后，他意识到继续进攻下去只会得不偿失，于是命令布罗伊希少将鸣金收兵。凯塞林稍后抵达隆美尔的前线指挥部，通过对空中侦察照片的逐一辨析，凯塞林认为盟军已对泰贝萨–塔拉地区实施了全面封锁，轴心国想要挽回局面是根本不可能的。22 日午夜，意军最高统帅部正式下达停战令，指示各路部队尽快向东撤军。

2 月 23 日一整天，美军第 2 军都没有采取任何追击行动，任凭轴心国军顺利退出了卡塞林隘口。直到 2 月 25 日清晨，弗兰登道尔少将才终于批准第 2 军进行区域性的火力侦察。交战双方最终在阿杰布埃尔艾翁（Hadjeb el Aioun）–西迪布齐德–加夫萨一线进入对峙状态。

因不满弗兰登道尔在卡塞林之战中的拙劣表现，艾森豪威尔上将于 3 月 3 日下令将其撤职，由原驻摩洛哥的美军第 1 装甲军军长乔治·S. 巴顿（George S.Patton）少将接管指挥第 2 军。巴顿的首要任务便是尽一切可能恢复第 2 军的士气，并与英联邦军建立紧密的协作关系。与此同时，针对第 2 军的各种整训和补充计划也随之开始。

第 5 装甲集团军在突尼斯北部的攻势

2 月 23 日，隆美尔奉意军最高统帅部之命，率领德意志非洲军战斗群和第 10、第 21 装甲师从卡塞林隘口撤往加夫萨–梅特拉瓦伊（Metlaoui）–

▲ 在 2 月 26 日展开的“牛头”行动中，隶属第 10 装甲师朗战斗群的 823 号 4 号 G 型坦克，1 辆 2 号 F 型坦克及 1 辆 Sdkfz.252 半履带弹药运输车正穿越突尼斯北部的蜿蜒山道，前去攻打西迪恩希尔。

托泽尔（Tozeur）地区，准备从那儿转道前往马雷特防线抵御英军第8集团军。

▲ 823号4号G型坦克车组乘员正利用行军时的休息片刻用餐。

然而，冯·阿尔尼姆却不愿就此放弃第10、第21装甲师。2月24日，阿尔尼姆不经隆美尔准许就擅自飞往罗马与凯塞林见面，力争将第10、第21装甲师纳入自己麾下。他的想法是趁盟军虚弱之际，可对突尼斯北部的沿海地区及布阿拉达河谷再次展开强攻。阿尔尼姆坚信那里的盟军目前都被调往南面防守泰贝萨和卡塞林隘口，如能尽快发动进攻，必然能够全歼突尼斯北部之敌。凯塞林经此一说，批准了阿尔尼姆的计划。2月25日，阿尔尼姆通告第5装甲集团军，下令执行“牛头”行动（Operation Ochsenkopf）。

为了完成任务，轴心国这次一共动员了两支部队参战。由冯·曼陀菲尔少将指挥的“冯·曼陀菲尔”师将负责实施代号“卸载”行动（Operation Ausladung）的牵制性攻势。该师共分成3个战斗群，其中巴伦廷战斗群下辖德国空军猎兵团，热夫纳战斗群下辖意军第10狙击兵团，拉蒂尼战斗群下辖第11航空军直属伞降工兵营的2个连、德国空军猎兵团第10装甲歼击连的1个反坦克排、第190炮兵团第4连、第53防空团第1营第6连、意军第10狙击兵团第63狙击兵营和突尼斯第4野战步兵营第5连，最终目的是夺取突尼斯北部的塞杰纳内和阿比奥德山。

“牛头”行动本身由韦伯军级集群负责，该集群共编有5个战斗群，最终目的是攻占贝雅、泰布尔苏克（Teboursouk）和阿鲁萨（El Aroussa）。其中朗战斗群下辖第7装甲团的77辆3号、4号坦克，第501重装甲营的14辆“虎”式重型坦克，第69装甲掷弹兵团第1营，第86装甲掷弹兵团第1营，非洲第26行进步兵营，第90装甲炮兵团第9连，德国空军战斗联络队（30

▲ 还是上面插图中那辆823号4号G型坦克，摄于2月26日的西迪恩希尔东郊战场。位于该车右后方的是一辆触雷损毁的意军M75/18自行火炮，现已被德军工兵推至路边，防止交通阻塞。

人），德国空军凯塞林警卫连，2个210毫米火箭炮连，1个轻型防空排，2门88毫米高射炮，1个意军自行火炮连；埃德战斗群下辖第755掷弹兵团；奥多尔夫战斗群下辖第754掷弹兵团、“赫尔曼·戈林”掷弹兵团第1营；施米德战斗群下辖第7装甲团第2装甲营的1个连，第69装甲掷弹兵团第2营，第90装甲炮兵团第1营，非洲第33行进步兵营，第334工兵营第2连的1个排，“赫尔曼·戈林”猎兵团第2营，第190炮兵团第2营，第756山地步兵团，突尼斯第5野战步兵营，第190炮兵团第9连，第334工兵营第3连，意军第92步兵团第2营，预备战斗群下辖第47装甲掷弹兵团第1、第2营（2月26日起加入第21装甲师）。

“卸载”行动

2月26日拂晓，“冯·曼陀菲尔”师派遣巴伦廷战斗群和热夫纳战斗群从南北两翼迂回包抄阿瓦纳（El Aouna），前锋直指塞杰纳内。与此同时，拉蒂尼战斗群也在德国空军掩护下从塞拉特角（Cap Serrat）南部发起进攻，意图包抄法军部队的侧翼。

2月27日，驻守塞杰纳内河谷的法军被拉蒂尼战斗群击败，致使众多官兵被俘。同日，英军第5军紧急抽调第139步兵旅（第46步兵师）、第1突击队，第70野战炮兵团和第5中型炮兵团前来援助法军部队。但由于空中支援力量紧缺，再加上弹药严重不足，英法联军直到3月1日才勉强维持住战线，没让塞杰纳内落入敌手。

▲朗战斗群指挥官鲁道夫·朗上校（戴眼镜者）与德国空军猎兵团团长瓦尔特·巴伦廷上校（背对镜头者）刚刚结束会晤，准备各自率部投入战斗。朗曾于1941年8月获得过铁十字勋章，当时他还在负责指挥第1山地师的师属装甲歼击营。照片背景中可见触雷损毁的意军M75/18自行火炮及跟上来的sdkfz.252半履带弹药运输车。

3月2日上午，第139步兵旅派遣多汉姆轻步兵团第16营前去夺回阿瓦纳，结果损失惨重，余部被迫撤回塞杰纳内郊外的树林地带。当天下午，第5军又匆忙调来林肯郡步兵团第6营（第46步兵师第138步兵旅）及北爱尔兰义勇骑兵团的1个“丘吉尔”步兵坦克中队（第25集团军属坦克旅），并多次击退了巴伦廷战斗群和热夫纳战斗群。

3月3日，冯·曼陀菲尔少将命

▲ 2 月 26 日在攻打西迪恩希尔的行动中，朗战斗群派出了由埃里希·豪特上尉指挥的第 86 装甲掷弹兵团第 1 营，并让他们从小镇南面的山道迂回袭击英军汉普郡步兵团第 5 营的侧后。朗在其作战日志中写道："2 月 26 日傍晚，天空突降暴雨。在此之前我军已经清除了西迪恩西尔之敌，正在继续肃清附近的火车站。"图为 1 辆满载德军，拖着 1 门 Pak38 50 毫米反坦克炮的 Sdkfz.10 半履带牵引车正驶过西迪恩希尔火车站的入口，照片摄于 2 月 27 日。

令拉蒂尼战斗群加强塞杰纳内河谷方向的攻势。法军部队又一次发生溃败，使得第 139 步兵旅的左翼薄弱环节暴露出来。巴伦廷战斗群趁势向西发起猛攻，一举击溃舍伍德森林人步兵团第 2/5 营的 2 个连。

3 月 4 日，英法部队放弃塞杰纳内，退往距小镇西南约 15 英里的阿比奥德山设防。曼陀菲尔见盟军撤离，考虑到部队自身的受创情况及补给线长度，他决定将战线维持在塞杰纳内。5 天之后，3 个轴心国战斗群再度恢复进攻，拉蒂尼战斗群于 3 月 17 日占领了塔梅拉（Tamera）。3 月 18 日至 3 月 19 日，"冯·曼陀菲尔"师未能取得任何进展，"卸载"行动也因此不了了之。

"牛头"行动：南角

2 月 25 日晚至 2 月 26 日晨，德军奥多尔夫战斗群从古贝拉特（Goubellat）南面的驻地出发，朝西迪马姆德（Sidi Mahmoud）和斯卢贾（Sloughia）方向袭来。驻守这一地区的英军部队包括第 138 步兵旅和第 11 步兵旅，以及部分法国殖民地驻军。

德军的右翼攻势首先针对西迪马姆德（Sidi Mahmoud），接下来便是斯卢贾东面的"麦格雷戈堡"圆丘（Fort Mac Gregor knoll）。德国空军战机炸毁了不少公路沿途的英军运输车，"赫尔曼·戈林"掷弹兵团第 1 营在半履带车协助下猛烈攻打东萨里步兵团第 1 营 D 连驻守的"麦格雷戈堡"圆丘。虽然英军

▲ 当天火车站周围还停有许多其他车辆，其中甚至包括了 1 辆在"海啸"行动中被德军缴获的美军半履带车。

击退了德军的前两次进攻，但德军仍在第三轮冲锋中成功突破 D 连防线，将其大部歼灭。乘着胜利的余威，“赫尔曼·戈林”掷弹兵团第 1 营继续西进，很快又占领了“麦格雷戈堡”圆丘西南面的贾法山（Djebel Djaffa），俘虏不少法军殖民地部队官兵。

▲ 2 月 27 日晚，韦伯军级集群下令增派第 47 装甲掷弹兵团前来援助朗战斗群。2 月 28 日，该团第 1 营的首批先头部队陆续抵达西迪恩希尔火车站。图为 27 日下午，第 10 装甲师的医护兵正在照料一些在西迪恩希尔防御战中负伤的英军战俘。

东萨里步兵团第 1 营随后尝试夺回“麦格雷戈堡”圆丘，结果却功亏一篑，伤亡十分惨重。英军第 78 步兵师的师属炮兵单位被招来轰击德军阵地，且一轰就是几个小时。26 日下午，当东萨里步兵团第 1 营呐喊着冲上被烟雾环绕的“麦格雷戈堡”圆丘，却只找到遍地尸首及 6 名身患“弹震症”的德军幸存者。原来，之前还在耀武扬威的“赫尔曼·戈林”掷弹兵团第 1 营早已被英军炮击摧毁，余部只得慌乱地向东撤退（该营在突尼斯战役后期被第 2 营取代，且一直未能恢复实力）。接到捷报的英军第 5 军军长查尔斯·奥尔弗里中将马上命令兰开夏郡燧发枪兵团第 2 营、第 6 突击队、第 56 侦察团、第 17/21 轻骑兵团和第 25 集团军属坦克旅前来支援一线部队。当援军于 2 月 26 日到达后，东萨里步兵团第 1 营和第 17、第 21 轻骑兵团以极其轻微的代价收复了贾法山。

德军当然不会就这么轻易认输。26 日午夜，施米德战斗群偷袭位于里哈内山（Djebel Rihane）西面的“号角”路口（Tally Ho corner），使英军第 6 突击队损失了半数人马。施米德战斗群随后掉头南下，并在阿鲁萨以东约 10 英里处遭遇第 38 爱尔兰步兵旅和皇家装甲部队第 142 营 C 中队。在一场短暂交火中，英军损失了 1 辆“丘吉尔”MK3 步兵坦克，德军损失了 4 辆 4 号坦克和 1

▲ 2 月 27 日，第 86 装甲掷弹兵团的官兵在出发之前正在检查各自的装备。因持续不断的降雨，几乎所有人都身着军用雨衣。

门 88 毫米高射炮，另有 3 辆 3 号坦克丧失行动能力。27 日凌晨，第 38 爱尔兰步兵旅在皇家炮兵支援下展开反攻，将施米德战斗群赶回了原先的出发地。

2 月 28 日，英军第 5 军指派皇家坦克团第 51 营 A 中队配合第 1 禁卫旅的寒溪禁卫团第 2 营继续对施米德战斗群施加压力。他们这次所面对的敌人是防守里哈内山东面“压路机”农舍的“赫尔曼 · 戈林”猎兵团和第 69 装甲掷弹兵团第 2 营，共有 2 000 余人和各种口径的反坦克炮。下午 4 点左右，英军部队逐渐逼近农舍外围，德军则召唤了“施图卡”俯冲轰炸机，企图阻挡英军挺进。在反坦克火力和空中打击下，皇家坦克团第 51 营 A 中队损失了 5 辆“丘吉尔”步兵坦克。情急之中，A 中队第 1 分队的霍兰茨（Hollands）少尉和伦顿（Renton）少尉一同朝着 1 400 米外的德军阵地展开勇猛冲锋，连续击毁 2 辆 3 号坦克、2 门 88 毫米高射炮、2 门 81 毫米迫击炮、2 门 Pak 40 反坦克炮、2 门 Pak 38 反坦克炮，另外还冲撞碾压了 4 门较小口径的反坦克炮和 25 辆德军轮式车辆。按照“赫尔曼 · 戈林”师在师部作战日志中的记载：“今天有个英军坦克营发疯似的在本师防区内横冲直撞，迫使本师只好放弃了部分要地。”

“牛头”行动：北角

2 月 26 日凌晨，朗战斗群从驻地启程向西开往西迪恩希尔。利用当地的西迪恩希尔－克萨尔梅祖亚尔（Sidi Nsir–Ksar Mezouar）公路，战斗群便可南下袭取贝雅。

此时此刻，西迪恩希尔周围驻有汉普郡步兵团第 5 营、第 172 野战炮兵团（3 个 25 磅炮连）和第 155 野战炮兵连（8 门 25 磅炮）。他们正负责监视德军的动向，并把报告及时发往 15 英里外的亨特隘口（Hunt’s Gap）。

上午 6 点 30 分，德军动用 81 毫米迫击炮不断轰击小镇。45 分钟之后，德军坦克沿着公路发起进攻。好在英军早有准备，事先在公路上埋设了反坦克地雷。德军坦克一触雷，英军 4 门 25 磅炮便立即展开齐射，将跟随坦克的德军步兵击退。中午 11 点左右，德军又从公路左侧实施迂回，但第 172 野战炮兵团的 F 分队及时将其拦住，总共击毁 4 辆德军坦克。在此之后，德军步兵

▲ 为了对付经常出现的盟军战机，朗战斗群在火车站附近的旷野上部署了 20 毫米高射炮阵地。

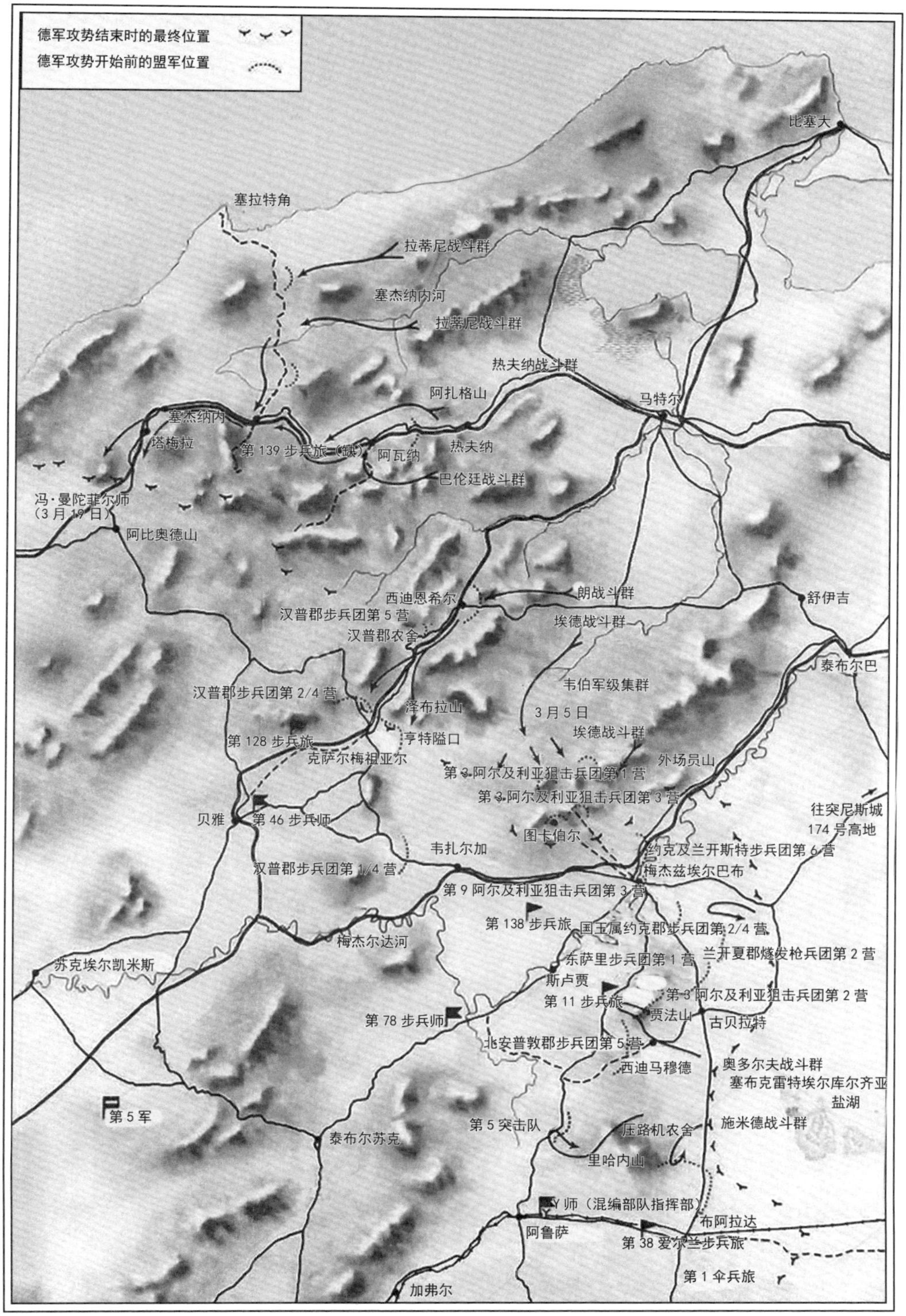

▲“卸载”行动与“牛头”行动的作战过程示意图（1943 年 2 月 26 日至 3 月 5 日）。

▲ 德军冒着瓢泼大雨将火车站的一队英军战俘押往设在突尼斯北部的战俘营。

曾两度展开突击，但均被汉普郡步兵团第5营B连和第172野战炮兵团粉碎。

下午1点，德军集中30辆坦克和数百名步兵，在空军支援下从公路的左右两翼同时包抄英军防线。英军设在山坡上的炮兵观察哨遭到坦克炮击，造成无线电通讯设施报销。其后方阵地也同样受到梅塞施密特战斗机的持续扫射，不少弹药堆积所和车辆被毁，令战况逐渐陷入混乱状态。

下午2点30分，由埃里希·豪特（Erich Haut）上尉指挥的第86装甲掷弹兵团第1营沿着南侧山麓小道成功渗透到了英军侧后。下午3点，1辆“虎”式坦克率领10多辆德军坦克从公路上驶来，猛烈压制英军炮兵阵地。25磅炮迅速更换穿甲弹，击毁其中3辆坦克，迫使德军放弃了当天的进攻。

26日傍晚突然下起倾盆大雨，将邻近区域变成了一片泽国。27日凌晨5点30分，又有大约一个连的德军坦克袭击了西迪恩希尔。尽管第172野战炮兵团声称击中了7辆德军坦克，德军的凶猛火力也使英军火炮逐一被毁。至天黑时，全团仅剩E分队的最后1门25磅炮和4挺布伦轻机枪还能开火。无奈之下，待在小镇后面“汉普郡”农舍的团长威廉·格拉汉姆（William Graham）少校下令放弃小镇。经此一战，第172野战炮兵团的130名参战官兵最后只有9人得以返回贝雅附近的英军战线。

▲ 图为2月26日战斗爆发前的亨特隘口，第128步兵旅的巡逻队正经过隘口旁的一座河谷桥梁。

西迪恩希尔之战无疑给亨特隘口的守军赢得了不少时间。英军第46步兵师在隘口两侧部署了第128步兵旅的汉普郡步兵团第1/4营和第2/4营，支援单位包括72门25磅炮、15门5.5英寸中型野战炮和北爱尔兰义勇骑兵团的2个“丘吉尔”步兵坦克中队。依靠这些兵力，英军精心打造了数个反坦克陷阱，每个陷阱都由反坦克地雷、反坦克炮和部署在反斜坡背面的“丘吉尔”步兵坦克构成。除地面部队外，第 128 步兵旅还获得了“飓风”式战斗轰炸机中队的空中支援，其装备的 40 毫米维克斯 S 型机关炮据称可有效击穿德军坦克的顶部装甲。

▲ 2 月 28 日晚，朗战斗群试图派遣第 47 装甲掷弹兵团第 2 营从泽布拉山南面包抄隘口守军，结果却因大雾和泥泞地形完全失去了方向，被迫撤回驻地。图为 2011 年的亨特隘口卫星地图。

2 月 28 日，韦伯少将致电朗战斗群要他们加快进军速度，并同意增派第 47 装甲掷弹兵团第 1、第 2 营协助攻打亨特隘口。清晨大约 5 点，10 辆 4 号坦克和 1 个营步兵在炮火掩护下扑向英军的北翼防线。汉普郡步兵团第 2/4 营在“丘吉尔”步兵坦克配合下共击毁 4 辆 4 号坦克，阻止了德军攻势。下午 2 点至 3 点间，德军再次开始进军，直接洞穿了 B 连、C 连阵地。北爱尔兰义勇骑兵团赶紧调来 1 个步兵坦克中队，于黄昏前收复了部分失地。

28 日夜晚，第 47 装甲掷弹兵团第 2 营尝试从左翼迂回包抄亨特隘口，但很快在泽布拉山（Djebel Zebla）南面的沼泽地带迷路而被迫撤回出发地。深夜 10 点，鲁道夫·朗上校收到韦伯军级集群发来的最新战报，称担任左翼支援部队的埃德战斗群在黑杜斯 – 图卡伯尔（Heidous–Toukabeur）一线陷入了苦战。从 3 月 26 日至今，德军第 755 掷弹兵团花费极大代价击败了法军第 3 阿尔及利亚狙击兵团，现在却与前来增援的约克及兰开斯特步兵团第 6 营撞了个满怀，无力继续南下攻打梅杰兹埃尔巴布。

▲ 至 3 月 1 日为止，朗战斗群在亨特隘口之战中共有 7 辆“虎”式坦克全损。为防止德军修复这批坦克，英美工兵部队迅速出动，将所有坦克统统爆破摧毁。图为被炸得支离破碎的 823 号、833 号“虎”式坦克残骸。

即使战况到了如此糟糕的地步，朗战斗群仍执意对亨特隘口实施进攻。29 日上午，大片迷雾遮盖了整个河谷地区，这也许正是促使朗上校决定进攻的因素之一。然而德军所不知道的是，莱斯特郡步兵团第 2/5 营现已抵达隘口，就算皇

▲ 同样遭到摧毁的 11 号“虎”式坦克残骸，距北面铁路边上的 823 号、833 号残骸约有 1 000 米远。

家空军无法出动，英军地面部队在防御火力上仍远远超过德军。短短 2 小时内，朗战斗群单单吃掉了莱斯特郡步兵团第 2/5 营 D 连的 1 个排，随后就被汉普郡步兵团第 1/4 营和皇家炮兵部队击溃。过了中午，雾气开始逐渐消散。皇家空军的 8 架“飓风”式战斗轰炸机立即起飞袭击德军补给纵队，配合炮兵击毁了大批运输车辆。

3 月 2 日，朗战斗群被迫丢下 40 多辆坦克和 60 辆作战车辆向北败走。英军在背后紧追不放，又俘虏了许多因为失去车辆而来不及撤离的德军。其中有不少俘虏供称自己曾在苏德战场打过仗，也经历过不少难关，但他们从未见识过像亨特隘口这样凶悍的炮兵火力。

亨特隘口之战结束后，隆美尔对朗战斗群的惨痛失败感到极为恼火，并在日记中痛斥在暴雨天气将“虎”式坦克投入狭窄河谷攻坚的决定“违反了最基本的战术原则”。尽管德军后来对战损坦克进行了拖救，其中仍有 7 辆“虎”式坦克和 15 辆 3 号、4 号坦克因受损过于严重而被除名。第 501 重装甲营营长吕德尔少校身负重伤，全营还有另外 2 名军官阵亡，11 名官兵负伤。战斗群指挥官鲁道夫·朗上校因而获得了一个十分丢脸的绰号——“坦克杀手”。

3 月 28 日，英军第 5 军调集第 138 步兵旅、第 36 步兵旅、第 1 伞兵旅和法军摩洛哥作战群向突尼斯北部的轴心国军展开全面反攻。经过 4 天的战斗，第 46 步兵师就收复了之前被“冯·曼陀菲尔”师占领的全部失地，俘虏 850 名德意部队官兵。4 月 1 日，塞杰纳内获得解放。

从整体上看，冯·阿尔尼姆大将的突尼斯北部攻势仅仅获得了有限的战果，主要目标一个也没达到。更糟糕的是，这次作战也给隆美尔即将在马雷特防线实行的反击计划带来了负面影响，使其无法如愿击败英军第 8 集团军。根据战后统计数据，第 5 装甲集团军在“卸载”行动和“牛头”行动期间的人员伤亡接近 2 800 人，另有 2 200 人被俘。英军第 5 军总共损失了 16 辆坦克、17 门火炮、13 门反坦克炮和 40 辆其他作战车辆，另有 1 800 人伤亡，2 300 人被俘。

突尼斯战役中轴心国坦克的实际可用状况分析（1942 年 11 月至 1943 年 5 月）

1942 年 11 月 8 日至 11 月 22 日：德军第 190 装甲营的 7 辆 2 号、52 辆 3 号（超过 50% 为 3 号 N 型）、10 辆 4 号（长身管）分别抵达班加西和比塞大，但在随后的一系列战斗中损失了大约 20 辆坦克，包括 11 月 26 日在突尼斯北部的热夫纳火车站附近损失 6 辆 4 号（长身管）坦克

1942 年 12 月 2 日：德军第 15、第 21 装甲师共有 4 辆 2 号、8 辆 3 号、22 辆 3 号（长身管）、16 辆 3 号 N 型、2 辆 4 号、12 辆 4 号（长身管），其中 55 辆可用

1942 年 12 月 19 日：德军第 21 装甲师共有 1 辆 3 号、9 辆 3 号（长身管）、5 辆 3 号 N 型和 4 号、4 辆 4 号（长身管）、3 辆指挥坦克可用

1942 年 12 月 30 日：德军第 10 装甲师、第 501 重型装甲营共有 103 辆坦克和 10 辆“虎”式坦克可用，第 190 装甲营共有 53 辆坦克可用（大部分为 3 号 N 型）

1943 年 1 月 1 日：德军第 15 装甲师共有 7 辆 3 号（长身管）、8 辆 3 号 N 型、13 辆 4 号（长身管）可用，第 21 装甲师共有 3 辆 3 号、7 辆 3 号（长身管）、6 辆 3 号 N 型和 4 号、14 辆 4 号（长身管）可用

1943 年 1 月 6 日：德军第 10 装甲师、第 501 重装甲营共有 120 辆坦克和 10 辆“虎”式坦克可用，第 15、第 21 装甲师共有 67 辆坦克可用，意军第 131“半人马座”装甲师共有 56 辆坦克可用

1943 年 1 月 13 日：德军第 10 装甲师、第 501 重装甲营共有 160 辆坦克和 13 辆“虎”式坦克可用

1943 年 1 月 15 日：德军第 21 装甲师的第 5 装甲团共有 13 辆 3 号（长身管）、8 辆 3 号 N 型、17 辆 4 号（长身管）可用（使用第 5、第 8 装甲团的部分坦克和“格伦”装甲营的坦克重建，第 5 装甲团第 2 装甲营于 1 月 17 日被移交给第 15 装甲师，成为第 8 装甲团第 2 装甲营）

1943 年 1 月 28 日：德军第 10 装甲师、第 501 重装甲营共有 155 辆坦克和 11 辆“虎”式坦克可用，被派去增援第 5 装甲集团军的第 21 装甲师共有 28 辆坦克可用

1943 年 1 月 29 日：德军第 10 装甲师、第 501 重装甲营共有 121 辆坦克和 11 辆“虎”式坦克可用，第 21 装甲师共有 73 辆坦克可用（第 190 装甲营已加强给第 5 装甲团，后于 2 月 6 日改名为第 5 装甲团第 2 装甲营）

1943 年 2 月 4 日：德军第 10、第 21 装甲师，第 501 重装甲营共有 203 辆坦克和 10 辆“虎”式坦克可用，第 15 装甲师共有 51 辆坦克可用

1943 年 2 月 8 日：德军第 10、第 21 装甲师，第 501 重装甲营共有 205 辆坦克和 15 辆“虎”式坦克可用

1943 年 2 月 11 日：德军第 10、第 21 装甲师，第 501 重装甲营共有 201 辆坦克和 14 辆“虎”式坦克可用

1943年2月13日：德军第10、第21装甲师，第501重装甲营共有112辆坦克和11辆“虎”式坦克可用，第15装甲师共有53辆坦克可用，意军第131“半人马座”装甲师共有24辆坦克可用

1943年2月14日“春风”行动：德军第10装甲师（第7装甲团团部及第7装甲团第1装甲营）共有50辆坦克参战，第21装甲师共有64辆3号坦克、21辆4号坦克参战，第501重装甲营共有6辆“虎”式坦克、9辆3号N型坦克参战，第15装甲师共有16辆3号坦克、10辆4号坦克参战

1943年2月17日：德军第21装甲师共有55辆3号坦克、14辆4号坦克可用

1943年2月20日：德军第21装甲师共有5辆2号、2辆3号、15辆3号（长身管）、18辆3号N型、13辆4号（长身管）可用，另有3辆3号、12辆3号（长身管）、14辆3号N型、15辆4号（长身管）处于维修状态

1943年2月28日：德军第21装甲师共有5辆2号、2辆3号、26辆3号（长身管）、23辆3号N型、27辆4号（长身管）可用，另有3辆3号、5辆3号（长身管）、9辆3号N型、8辆4号（长身管）处于维修状态

1943年3月4日：德军第21装甲师返回马雷特防线参加“梅德尼内”攻势，全师共有46辆坦克可用，第10装甲师（第7装甲团团部及第7装甲团第1装甲营）共有35辆坦克可用，第15装甲师共有60辆坦克可用

1943年3月10日：德军第21装甲师共有4辆2号、3辆3号、20辆3号（长身管）、21辆3号N型、17辆4号（长身管）可用，另有1辆2号、2辆3号、8辆3号（长身管）、7辆3号N型、13辆4号（长身管）处于维修状态

1943年3月20日：德军第10、第21装甲师共有110辆坦克可用，第15装甲师共有40辆坦克可用

1943年3月23日：德军第10装甲师出动57辆坦克进攻盖塔尔，损失了30辆坦克

1943年3月27日：德军第21装甲师出动77辆坦克攻打哈马隘口，损失了24辆坦克

1943年4月3日：德军第21装甲师共有4辆2号、4辆3号、18辆3号（长身管）、10辆3号N型、15辆4号（长身管）可用，另有6辆3号（长身管）、9辆3号N型、6辆4号（长身管）处于维修状态

1943年4月29日：德军第10、第15、第21装甲师，第501、第504重装甲营共有70辆坦克可用

1943年5月1日：德军第10、第15、第21装甲师共有69辆坦克可用，第501、第504重装甲营共有4辆“虎”式坦克可用

突尼斯战役中德军新增的武器装备（1942年11月至1943年5月）

团属支援武器

GrW42 120毫米迫击炮（最大射程6 060米）

坦克

3号M型坦克

1942年11月投入北非战场，是3号L型坦克的简化生产型号，部分加装了炮塔围栏和侧裙板，用以对抗美军的巴祖卡反坦克火箭筒

3号N型坦克

1942年11月投入北非战场，重约21.5吨，武备为1门Kwk37 75毫米L24坦克炮和2挺MG34轻机枪，加装了20毫米附加装甲、炮塔围栏和侧裙板，主要用于掩护重装甲营的“虎”式重型坦克

4号G型坦克

1942年11月投入北非战场，重约25吨，武备为1门Kwk40 75毫米L48坦克炮和2挺MG34轻机枪，加装了30毫米附加装甲

“虎”式重型坦克早期型

1942年11月少量投入北非战场，重约56吨，武备为1门Kwk36 88毫米L56坦克炮和2挺MG34轻机枪，最大正面装甲厚度为120毫米

反坦克炮、突击炮、自行火炮、坦克歼击车及防空武器

Pak40 75毫米反坦克炮（500米距离上可穿透128毫米均质垂直装甲）

1942年11月投入北非战场，是“二战”后期德军产量最大的反坦克炮，可有效对付北非战场上所有的盟军装甲作战车辆

3号F8型突击炮

由3号坦克底盘改造而成，1942年11月投入北非战场，重约23.2吨，武备为1门Stuk40 75毫米L48突击炮和2挺MG34轻机枪，加装了30毫米附加装甲。该车在北非十分罕见，只有第242突击炮营第1连编有4辆3号F8突击炮，1943年4月改名为第90突击炮连，加入第10装甲师

Sdkfz.135“貂鼠”1坦克歼击车

由法制“洛林”37L牵引车底盘改造而成，1943年1月投入北非战场，重约8.2吨，武备为1门Pak40 75毫米L46反坦克炮和1挺7.92毫米机枪，最大正面装甲厚度为12毫米。该车主要装备第334步兵师第334快速营的装甲歼击连，1943年3月起被Sdkfz.138“貂鼠”3H坦克歼击车取代

Sdfkz.131“貂鼠”2 坦克歼击车

由 2 号坦克底盘改造而成，1942 年 12 月投入北非战场，重约 10.8 吨，武备为 1 门 Pak40 75 毫米 L46 反坦克炮和 1 挺 7.92 毫米轻机枪，最大正面装甲厚度为 35 毫米。该车主要装备德军“赫尔曼·戈林”师的装甲歼击连，用于取代 Pak38 50 毫米反坦克炮

Sdkfz.138“貂鼠”3H 坦克歼击车

由捷克 38T 坦克底盘改造而成，1943 年 1 月投入北非战场，重约 10.7 吨，武备为 1 门 Pak40 75 毫米 L46 反坦克炮和 1 挺 7.92 毫米轻机枪，最大正面装甲厚度为 50 毫米。该车主要装备德军的部分装甲歼击营，用于取代 Pak38 50 毫米反坦克炮

Sdkfz.6/2 半履带高射炮车

1942 年 11 月投入北非战场，重约 10.5 吨，武备为 1 门 Flak36 37 毫米 L57 高射炮（射速 150 发 / 分钟，有效射高 4 200 米）。该车主要装备陆军防空营，承担各种防空作战任务

突尼斯战役中北非意军新增的武器装备（1942 年 11 月至 1943 年 5 月）

装甲侦察车

AB40 装甲侦察车

1942 年 11 月少量投入北非战场，重约 7.2 吨，武备为 3 挺 8 毫米机枪，最大正面装甲厚度为 17 毫米，主要装备意军非洲集团的第 13“蒙费拉托”骑兵团第 3 装甲侦察群

自行火炮

47/32 L40 自行火炮

由 L6/40 轻型坦克底盘改造而成，重约 6.5 吨，1942 年 11 月投入北非战场，武备为 1 门 47 毫米 L32 反坦克炮，最大正面装甲厚度为 30 毫米，突尼斯战役中开始少量装备意军自行火炮群

75/18 M41 自行火炮

由 M14/41 中型坦克底盘改造而成，重约 14 吨，1942 年 11 月投入北非战场，武备为 1 门 75 毫米 L18 榴弹炮，最大正面装甲厚度为 50 毫米，突尼斯战役中开始装备意军自行火炮群

隆美尔离职

1943 年 2 月至 3 月间，进抵马雷特防线南部的英军第 8 集团军正在积极备战。轴心国针对英军第 1 集团军的大规模反攻恰恰满足了蒙哥马利的需要，使他在短短 14 天内将大批武器弹药和兵员从的黎波里运往马雷特前线。

3 月 1 日，隆美尔答应凯塞林向第 8 集团军发动一次牵制性攻势，进攻地点是

位于第 8 集团军防线中央的交通枢纽——梅德尼内（Medenine）。为了占领梅德尼内，隆美尔打算从沿海地区的布格拉拉（Bou Grara）方向迂回英军侧翼，但意大利第 1 集团军的下属军官均反对这一计划。他们认为布格拉拉附近的地形不适合坦克行动，英军早已在那里大规模布雷，如果采用隆美尔的方案实施进攻必然会遭致惨败。在疲惫和厌倦情绪困扰下，隆美尔没有做过多的争辩，而是把具体行动细节交给梅塞上将和海因茨·齐格勒中将来处理。

按照梅塞制定的“卡普里”行动（Operation Capri）计划，意大利第 1 集团军必须从西北、西面和西南三个方向同时展开进攻，尽力割裂驻扎梅德尼内的第 8 集团军。参战兵力包括 141 辆坦克和 1 万名步兵，其中第 10 装甲师共有 35 辆可用坦克，第 15 装甲师共有 60 辆可用坦克，第 21 装甲师共有 46 辆可用坦克。

3 月 5 日，接替齐格勒担任德意志非洲军军长的汉斯·克拉默中将下令全军集结，决定在次日执行“卡普里”行动。届时，负责正面进攻的德军第 15、第 21 装甲师将从图雅内（Toujane）出发袭取泽姆雷特埃尔勒贝内岭（Zemlet el Lebene

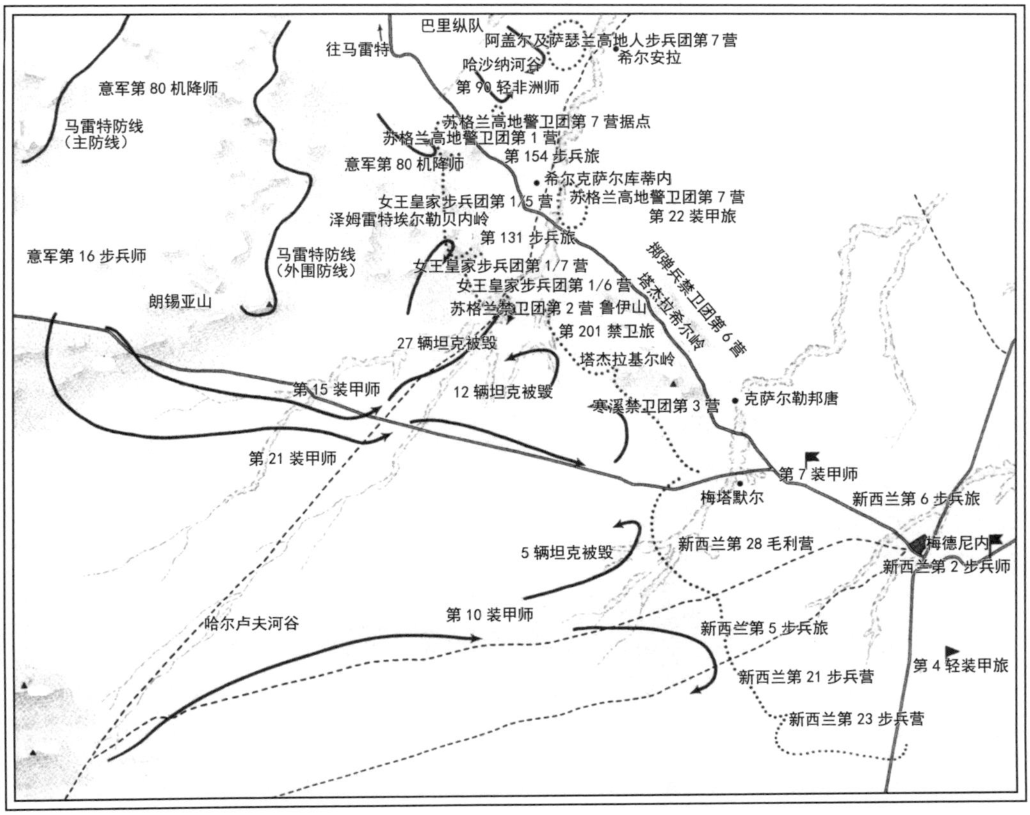

▲ 梅德尼内之战过程示意图（1943 年 3 月 6 日），德军在短短一天之内总共损失了 44 辆坦克。

ridge）和希尔克萨尔库蒂内（Hir Ksar Koutine），摧毁部署在这一地区的英军炮兵。德军第10装甲师将从右翼的哈尔卢夫河谷（Wadi Hallouf）出发，占领梅塔默尔（Metameur）和梅德尼内。由意军第80“拉斯佩齐亚”机降师一部和德军第90轻非洲师一部（4个营）组成的巴里纵队将从左翼沿着马雷特–梅德尼内公路南下，协助第15、第21装甲师肃清泽萨尔河谷（Wadi Zessar）。除此之外，第164轻非洲师和卢克侦察集群（下辖第3、第33装甲侦察营、德意志非洲军战斗队和第53防空团第1营的1个重型防空连）将被派往第10装甲师南面，阻止英军从塔塔乌伊内（Tatahouine）向梅德尼内增派援军。

▲ 3月12日，苏格兰禁卫团第2营的官兵正在检查塔杰拉基尔岭附近损毁的1辆4号G型坦克（隶属德军第21装甲师第5装甲团）。

尽管梅塞的计划本身问题不大，但关键在于“超级机密”破译机构其实已经知晓轴心国即将发动攻击，促使蒙哥马利提前将第30军和第10军的部分兵力调往梅德尼内地区支援新西兰第2步兵师，从而令“卡普里”行动丧失了进攻突然性。

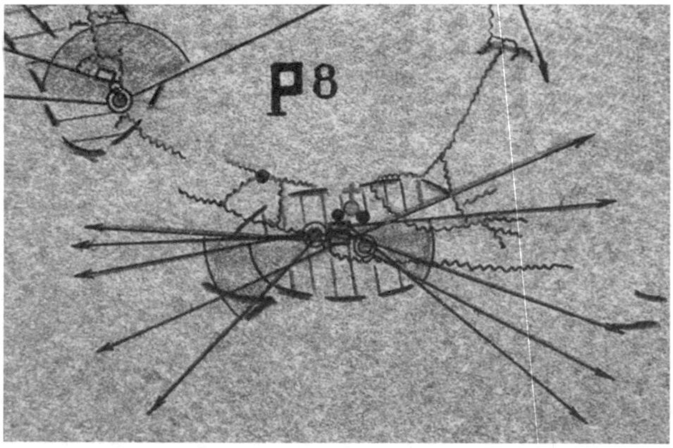

▲ 位于马雷特南面的法军防线总长近30千米，共分布着28座防御工事。图为位于沿海齐格扎乌河谷（Wadi Zigzaou）的P8号工事结构示意图，这座工事共有2座75毫米野战炮掩体（双圈）、1座机枪掩体（方块）、3座混凝土碉堡（黑色圆圈）和1座混凝土指挥所（带十字的圆圈），并可实现全向压制射击。

3月5日，皇家空军发来空中侦察报告称在哈尔卢夫河谷一带发现有德军大批坦克活动的迹象（指第10装甲师），蒙哥马利随即命令第8集团军进入一级战备状态。他的布防策略如下：第51步兵师的第154步兵旅负责防守泽萨尔河谷；第7装甲师的第131步兵旅、第22装甲旅负责防守泽姆雷特埃尔勒贝内岭和希尔克萨尔库蒂内；第201禁卫旅负责防守塔杰拉基尔岭（Tadjera Khir

▲ 相比过于狭小的野战炮掩体，P8 号工事的机枪掩体内部空间反而要大得多（约 8.5 米长，6.5 米宽）。该掩体共有 2 处射击口，每处射击口可容纳 2 挺机枪。

ridge）和塔杰拉希尔岭（Tadjera Shir ridge）；新西兰第 2 步兵师及第 4 轻装甲旅负责防守梅塔默尔和梅德尼内。全军共有 460 门反坦克炮，350 门 25 磅炮，以及 4.5 英寸、5.5 英寸中型野战炮，近 300 辆各型坦克。

借助浓雾的掩护，轴心国于 3 月 6 日早上 6 点发起进攻。在右翼，第 10 装甲师没过多久就遭遇了梅塔默尔西南面的新西兰前哨阵地，结果损失了 5 辆坦克。与此同时，沿着中央路线推进的第 15 装甲师遭到皇家炮兵部队的猛烈轰击，被迫停下来等待己方的炮兵单位为其提供火力支援。配合该师的第 21 装甲师虽然超越了友军，最后却在塔杰拉基尔岭以西约 3 英里处被英军炮火挡住去路。至上午 10 点，德军的正面主攻完全陷入停滞状态。

在左翼，由德意部队混编而成的巴里纵队起初进展不错，但英军第 154 步兵旅很快出兵实施反击，将巴里纵队赶回了哈沙纳河谷（Wadi Hachana）。

▲ 虽然这张照片是在 2 月 22 日卡塞林隘口之战结束当天拍摄的，却依然可以如实反映出突尼斯战役后期凯塞林、隆美尔和拜尔莱因等人的郁闷心情。

6 日下午 3 点，德军第 15、第 21 装甲师重新展开进攻。这次尝试同样因为英军密集的炮击而功亏一篑，仅仅向东推进了数百米而已。

由于缺乏足够的弹药继续

▲3月10日，隆美尔受命离职回国，由冯·阿尔尼姆大将接管了整个非洲集团军群，第5装甲集团军被委托给古斯塔夫·冯·韦尔斯特装甲兵上将负责指挥。图为阿尔尼姆在集团军群司令部与韦尔斯特亲切握手时拍摄的照片。

维持攻势，梅塞上将建议取消行动。夜晚8点30分，隆美尔同意撤军。撤退过程中，又有不少战损坦克被轴心国军遗弃。

根据战后统计，意大利第1集团军在3月6日至3月7日共有650人伤亡，损失坦克44辆。而英军第8集团军仅有50人被俘，损失6辆坦克、32门火炮及反坦克炮。促成英军获胜的关键因素自然是第30军的炽烈炮火（3月6日总共发射近3万发炮弹），但轴心国方面糟糕的战前计划和拙劣的战术配合也使最终结局变得毫无悬念。

“卡普里”行动是隆美尔在北非战场参与的最后一次战斗。3月9日，他从斯法克斯（Sfax）机场黯然搭机回国。3月10日，冯·阿尔尼姆正式升任非洲集团军群司令，其第5装甲集团军被委托给古斯塔夫·冯·韦尔斯特装甲兵上将指挥。同日夜晚，希特勒在东普鲁士的“狼穴”接见了隆美尔。他一面要求轴心国部队严防死守突尼斯，一面却拒绝让隆美尔重返北非。3月11日，希特勒授予隆美尔钻石宝剑橡叶骑士十字勋章，然后要他回到奥地利的塞默林山区去继续进行疗养。在接下来的2个月内，无论是德国国内还是突尼斯战场，盟军部队全都浑然没有察觉到隆美尔其实已经离职，双方的前线报道依然将其称为北非的德意联军最高统帅。直到1943年5月轴心国军在突尼斯缴械投降，真相才终于得以浮出水面。

“拳击手飞驰”行动

1943年1月至2月初，英军第8集团军的侦察部队曾对马特马塔山脉（Matmata mountains）的西侧山道做过勘察，并与托泽尔附近的英军第1集团军取得了联系。根据他们发回的侦察报告，蒙哥马利认为第8集团军完全可以通过侧翼迂回绕过重兵把守的哈马隘口（El Hama gap），由此便可瓦解整条马雷特防线。

这次新的作战行动代号为“拳击手飞驰”行动（Operation Puglist Gallop），定于3月20日晚执行。届时第8集团军将动用1个军的兵力实施正面进攻，另派1个军从左翼绕过马雷特防线。一旦行动获得成功，2个英军装甲师将立即加入左翼攻势，最终目标是拿下位于马雷特以北的斯法克斯。

经过深思熟虑，蒙哥马利把最为关键的侧翼迂回任务交给了弗赖伯格少将指挥的新西兰军。该军下辖新西兰第 2 步兵师、英军第 8 装甲旅和自由法国“勒克莱尔”特遣队。奥利弗·利斯中将的英军第 30 军将负责正面进攻，其麾下包括第 50、第 51 步兵师，印度第 4 步兵师和第 201 禁卫旅。布里安·霍罗克斯中将的英军第 10 军下辖第 1、第 7 装甲师和第 4 轻装甲旅，准备留在后续的扫荡作战中使用。

▲“拳击手飞驰”行动的作战过程示意图（1943 年 3 月 20 日至 3 月 22 日）。

至 1943 年 3 月中旬为止，由梅塞上将指挥的意大利第 1 集团军一直都在驻守马雷特防线。该集团军一共包括 2 个军，即意军第 20 军和第 21 军。第 20 军下辖第 136“法西斯青年”摩托化步兵师、第 101“的里雅斯特”摩托化步兵师和德军第 90 轻非洲师——其中意军 2 个师负责防守左翼沿海地区，第 90 轻非洲师负责防守中部的齐格扎乌河谷。第 21 军下辖第 16“皮斯托亚”步兵师、第 80“拉斯佩齐亚”机降师和德军第 164 轻非洲师，主要负责防守右翼内陆地区。除此之外，梅塞还在防线背后的泽尔基内河谷（Wadi Zerkine）沿途部署了一支集团军属预备队。该预备队下辖德军第 10、第 15、第 21 装甲师，非洲装甲掷弹兵团及德国空军第 1 猎兵旅。其中德国空军第 1 猎兵旅（目前仅剩 1 个营的规模）位于意军第 136“法西斯青年”摩托化步兵师背后的海岸，非洲装甲掷弹兵团负责把守马雷特至加贝斯的公路，德军第 15 装甲师负责封锁马特马塔山道，第 21 装甲师位于加贝斯西南方向，第 10 装甲师位于加贝斯以北的苏塞（Sousse）附近。

在装备数量方面，第8集团军共有超过600辆坦克和1 480门火炮，而意大利第1集团军因受之前“卡普里”行动惨败的影响，全军上下只有150辆坦克和680门火炮，蒙哥马利在整体实力上占有2比1的优势。

▲ 第151步兵旅攻势失利1周之后，英军战地摄影师为重现这场战斗补拍了不少照片。图为一些英军步兵正用木梯攀爬齐格扎乌河谷的陡峭河壁。

自从隆美尔与希特勒在3月10日会晤之后，国防军最高统帅部于3月14日建议将意军第16“皮斯托亚”步兵师和第80“拉斯佩齐亚”机降师调回马雷特防线北部的阿卡里特河谷设防。凯塞林本打算尽量拖延时间，试图找机会说服最高统帅部收回成命。但冯·阿尔尼姆却对此毫无察觉，他立刻亲自赶往意大利第1集团军司令部，监督梅塞上将是否按时将2个意军师派往阿卡里特河谷。梅塞见阿尔尼姆突然现身，同样也是吃惊不已。毕竟德军高层之前还在严令一定要死守马雷特防线，怎么风向突然间就发生了如此大的变化！凯塞林得知此事后，只好使出浑身解数来回进行游说。又过了2天，希特勒和梅塞终于达成协议，决定撤销部分意军部队的后撤令。这番折腾，无疑加深了意军方面对德军高层的不信任感，给两国间的关系增添了裂痕。

▲ 皇家坦克团第50营在“拳击手飞驰”行动中损失了不少车辆装备。图为1辆陷在洼地浅滩中的“瓦伦丁”MK3步兵坦克。

3月18日，德国空军的侦察报告显示盟军正在马雷特防线南部忙着调兵遣将。3月19日，德意两军认定盟军很可能将在未来3–4天之内向马雷特防线和哈马隘口发动进攻。德军第164轻非洲师随即赶往防线西侧的泰巴加–马拉布山（Tebaga–Djebel Malab）一带固守，德军第10装甲师也从苏塞附近南下，准备在马哈雷斯

（Mahares）抵御来自加夫萨方向美军第 2 军的袭击。

3 月 20 日深夜，英军第 30 军果然动用超过 300 门火炮对轴心国阵地发起了大规模炮击。炮击过后，第 50 步兵师第 151 步兵旅（下辖多汉姆轻步兵团第 6、第 8、第 9 营）在皇家坦克团第 50 营支援下，兵分三路开始攻打位于齐格扎乌河谷的马雷特防线西南段。英军原计划使用"马蒂尔达""蝎"式扫雷坦克分队清除雷区，可因为天色过暗，行动失败，皇家工兵于是出动进行人工排雷。皇家坦克团第 50 营的首次突破也并不顺利，领头的 1 辆"瓦伦丁"步兵坦克意外发生陷车，结果挡住了雷区通道。皇家工兵被迫再从另一方向重新开辟通道，才使 4 辆"瓦伦丁"步兵坦克得以通过雷场。然而祸不单行，很快又有 1 辆"瓦伦丁"步兵坦克在新通道跟前抛锚弃车。午夜过后，第 151 步兵旅旅长丹尼尔·比克（Daniel Beak）准将下令所有剩下的步兵坦克全部撤回集结地待命。

利用英军迟滞不前的机会，轴心国迅速从后方调来非洲装甲掷弹兵团的 1 个营及第 15 装甲师的部分火炮和反坦克炮增援意军第 8 狙击兵团（该团当时被临时加强给第 136"法西斯青年"摩托化步兵师）。

2 月 21 日拂晓，第 151 步兵旅和皇家坦克团第 50 营在第 69 步兵旅部分兵力的掩护下又一次展开攻势。这次他们不再分散行动，而是集中于中央地段实施突破，意图将非洲装甲掷弹兵团和意军第 8 狙击兵团分割开来。经过半天交战，英军终于取得成功，共有 42 辆"瓦伦丁"步兵坦克成功越过轴心国防线进入纵深地带。

21 日下午，德军第 15 装甲师出动 30 辆坦克和 2 个装甲掷弹兵营反击英军第 151 步兵旅。两军在泥沼地持续混战了约 3 小时，双方互有伤亡。当天傍晚，比克准将命令部队暂时后撤。德军宣称共击毁和缴获 30 辆"瓦伦丁"步兵坦克，俘虏约 200 名英军官兵。

▲ 又一张在事后进行补拍的宣传照，表现第 69 步兵旅属东约克郡步兵团第 5 营正在肃清马雷特防线的 P3 号工事。

尽管第 30 军在马雷特防线面前受阻，新西兰军的"左勾拳"迂回行动倒是没有遇到任何抵抗。至 3 月 21 日下午，新西兰军已顺利抵达哈马隘口南部。21 日晚，新西兰第 2 步兵师的前锋拿下了距隘口不到 3 英里远的 201 号高地。德军第 21 装甲师曾受命南下阻击新西兰军，但由于顾虑当地的糟糕地

▲ 当第 30 军对马雷特防线的正面进攻受挫之后，蒙哥马利于 3 月 22 日晚决定将第 1 装甲师派去协助新西兰军的侧翼迂回攻势。图为基廷上尉拍摄的照片，可见第 2 装甲旅第 9 女王皇家枪骑兵团的 1 辆“十字军”MK3 巡洋坦克正驶过皇家工兵部队开辟出的山道，向北开往泰巴加隘口参战。

▲ 正当新西兰军和英军第 10 军从左翼迂回马雷特防线之际，印度第 4 步兵师的部队正沿着梅德尼内－克雷达谢地区的崎岖公路，北上攻打泰希内、图雅内和贝尼泽尔唐。

形，第 21 装甲师于次日凌晨取消了反攻。

“增压 2 号”行动

2 月 22 日晚，蒙哥马利意识到“拳击手飞驰”行动已无获胜可能，便决定将主攻任务移交给新西兰军。霍罗克斯的第 10 军此时已把第 1 装甲师调往马雷特防线西侧，利斯的第 30 军则继续留在防线正面牵制住轴心国部队。按照计划，印度第 4 步兵师将向克雷达谢（Kreddache）、泰希内（Techine）、图雅内和贝尼泽尔唐（Beni Zelten）连续展开侧翼迂回攻势，阻止意大利第 1 集团军派兵增援泰巴加地区。

3 月 23 日清晨，蒙哥马利致电弗赖伯格少将，通知他有关计划改变的消息。只不过当第 10 军的装甲部队逐步向新西兰军靠拢时，蒙哥马利并未特别指定改由谁来负责指挥这次联合作战。3 月 24 日下午，霍罗克斯提前抵达新西兰军的前沿指挥部。弗赖伯格显然觉得蒙哥马利干涉了他的职权，坚决不肯让霍罗克斯介入。

对于弗赖伯格的冷漠态度，蒙哥马利直截了当地命令新西兰军应立即展开全线攻势。弗赖伯格试图说服蒙哥马利重新调整部署，同样也被驳回。“这次作战名为‘增压’，我保证会为你提供百分之百的空中支援。到时候皇家空军会日夜不停地轰炸轴心国防线，所以你只需要给我一个具体进攻日期就行了。”在蒙哥马利的催促之下，弗赖伯格赶紧找来霍罗克斯商讨行动计划，并将进攻日期定在 3 月 26 日。

早在 3 月 23 日，德国空军就一直都在密切关注马雷特防线南部的英军调动情况。3 月 24 日，梅塞上将察觉到了蒙哥马利极有可能改变主攻方向，于是把第 15 装甲师火速调往加贝斯西南约 25 千米处设防，企图阻止第 8 集团军袭取哈马隘口。梅塞曾经考虑派兵夺回隘口南面的 201 高地，但到最后还是放弃了这个想法。目前担任泰巴加地区防御任务的德军指挥官是第 164 轻非洲师师长冯 · 莱本施泰因少将（3 月 1 日就任），他的部队当时正沿着凯比利 – 哈马小道（Kebili–Hama track）展开布防，东面是德军第 15、21 装甲师，主要用来支援第 164 轻非洲师。

▲ 3 月 28 日下午，驶入哈马镇内的第 9 女王皇家枪骑兵团属“十字军”MK1 巡洋坦克（领头者）和“十字军”MK3 巡洋坦克（后面 2 辆）。

可偏偏在这个时候，冯 · 阿尔尼姆大将却因为担心美军第 2 军一旦攻克马克纳西，很可能会导致马雷特防线的大后方发生崩盘，他于 3 月 24 日警告梅塞“务必在 72 小时之内将意大利第 1 集团军全部撤往阿卡里特河谷”。3 月 25 日，梅塞向非洲集团军群司令部提出强烈抗议，请求延缓撤军日期，并要阿尔尼姆为莱本施泰

▲ 面对突如其来的英军攻势，轴心国位于泰巴加隘口的防线很快濒临崩溃。冯 · 莱本施泰因少将匆忙抽调第 21 装甲师和一批反坦克炮，并将他们派往哈马隘口南面试图阻挡英军第 1 装甲师。图为 3 月 27 日，3 名英军皇家工兵部队成员正在检查 1 门被遗弃的 88 毫米高射炮及其牵引车，地点位于哈马隘口以南约 5 千米处。

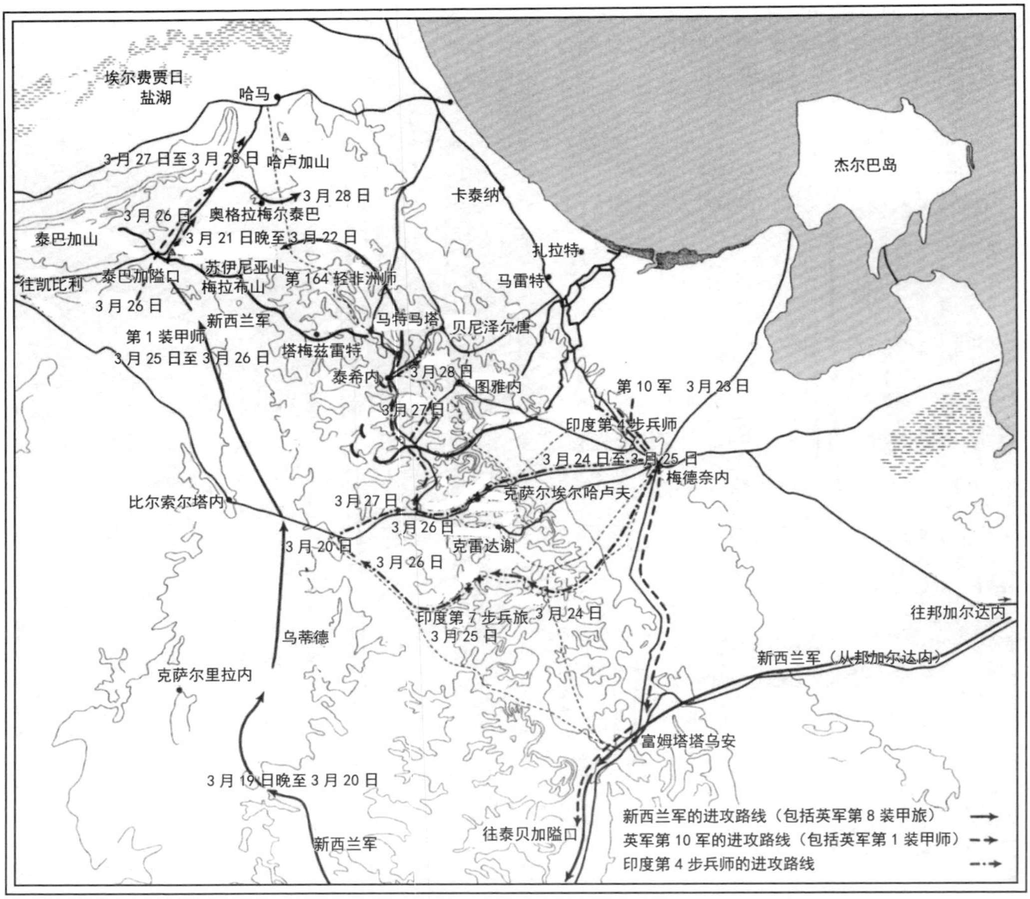

▲ 英军第 8 集团军突破马雷特防线的作战过程示意图（1943 年 3 月 19 日至 3 月 28 日）。

因少将提供更多援军。然而阿尔尼姆决心已定，他非但拒绝增援泰巴加地区，甚至还想从莱本施泰因这边抽调部队过去协助防守马克纳西，结果搞得这次协商不欢而散。

3 月 25 日下午，英军轰炸机群开始猛烈空袭泰巴加附近的机场，“飓风”式战斗轰炸机也不断袭扰哈马隘口西南方的德军装甲部队驻地。这场空中打击一直持续进行到 3 月 26 日早上沙暴降临，皇家空军才收兵返航。

26 日下午 4 点，随着沙暴渐渐消散，英军及新西兰炮兵部队向泰巴加的轴心国防线发起大规模炮击，皇家空军也再次出动，掩护第 8 装甲旅和新西兰第 2 步兵师朝敌军阵地扑去。起初德军由于漫天沙尘，弄不清楚到底有多少英军杀来，一时乱了阵脚。仅仅 2 小时内，德军第 164 轻非洲师靠中间位置设防的第 125 装甲掷弹兵团第 1 营和第 382 装甲掷弹兵团第 1 营均被击溃。英军第 1 装甲师马上抽调第 2 装甲旅通过防线突破口，第 8 装甲旅则紧跟其后。当夜幕降临时，英军坦克已深入轴心国防线约 3 千米。午夜过后，第 2、第 8 装甲旅继续朝东北方向快速进军，准备赶在 3 月 26 日之前攻占哈马隘口。

3 月 27 日凌晨 2 点 30 分，第 164 轻非洲师师长冯・莱本施泰因少将下令泰巴加防线右翼的所有守军部队立即撤往哈马隘口。然而在春季清晨的黑暗中，第 433 装甲掷弹兵团第 1、第 2 营和英军装甲部队相互交织在了一起，根本无法及时撤回。莱本施泰因见前线指挥失灵，只得临时集中起 3 门 88 毫米高射炮、4 门 50 毫米反坦克炮和 4 门意大利 100 毫米野战炮，在哈马隘口南面约 5 千米处设立了一道反坦克屏障。德军第 21 装甲师第 5 装甲团的 77 辆坦克和第 104 装甲掷弹兵团之后也赶来加入这场混战，并以损失 24 辆坦克为代价击退了英军第 2 装甲旅。霍罗克斯意识到单凭坦克突击是不行的，于是通告第 2、第 8 装甲旅停止前进，等新西兰第 2 步兵师到达后再恢复进攻。

▲ 3 月 29 日，加贝斯落入英军第 30 军手中，成为第一座被第 8 集团军攻占的突尼斯大城市。图为 4 月 1 日在加贝斯中央广场上举行阅兵庆典的苏格兰高地警卫团。

3 月 27 日至 3 月 28 日，霍罗克斯和弗赖伯格都在忙着从泰巴加南部调兵。印度第 4 步兵师虽然胜利攻占了泰希内、图雅内和贝尼泽尔唐，但该师的补给也基本消耗殆尽，没有机会追击轴心国军。在此期间，意大利第 1 集团军正逐步放弃马雷特防线。他们的后卫部队于 3 月 28 日撤离哈马隘口，3 月 29 日晚退至阿卡里特河谷。3 月 30 日，梅塞向阿尔尼姆报称意大利第 1 集团军安全到达了指定地点，正在积极展开布防。

同日，蒙哥马利给弗赖伯格发去一份电报，赞扬他和霍罗克斯共同取得的巨大战果。但就轴心国的实际损失而言，“增压 2 号”行动只是攻破了马雷特防线，却未能成功合围意大利第 1 集团军，后面还有许多战事等着英军去完成。

3 月 31 日，达成使命的新西兰军就此宣布解散。弗赖伯格少将受命继续指挥他的新西兰第 2 步兵师，其他英军支援单位也纷纷归建。

1942 年末抵达突尼斯边境的盟军部队

英军第 1 集团军（肯尼斯 · 安德森中将）

英军第 78 步兵师（维维安 · 伊夫利少将）

第 11 步兵旅（爱德华 · 厄恩肖 · 伊登 · 卡斯准将）

第 36 步兵旅（伯纳德 · 豪利特准将）

英军第 6 装甲师（查尔斯 · 凯特利少将）

“哈特”特遣队

“布莱德”特遣队

英军第 1 伞兵旅（埃德温 · 弗拉韦尔准将）

美军第 2 军（劳埃德 · 弗兰登道尔少将）

美军第 1 装甲师（奥兰多 · 沃德少将）

B 作战指挥部（保罗 · 罗比内特准将）

美军第 3 步兵师（乔纳森 · W. 安德森少将）

第 3 步兵师在突尼斯战役中负责驻守法属摩洛哥，并未参加战斗

美军第 1 装甲军（乔治 · S. 巴顿中将）

第 1 装甲军下辖第 2 装甲师和 2 个独立坦克群，驻地位于法属摩洛哥和阿尔及利亚。其主要职责是充当装甲预备队，用于补充第 1 装甲师在突尼斯前线的作战损失，1943 年 3 月起派遣 1 个独立坦克营加入对轴心国的最后攻势

第 2 装甲师（拉巴特）

师长最初为恩尼斯特 · N. 哈蒙少将，1943 年 4 月 6 日更换为艾伦 · F. 金曼少将

第 66 装甲团（3 个坦克营，装备 M3A1 轻型坦克和 M4A1 中型坦克）

第 67 装甲团（3 个坦克营，装备 M3A1 轻型坦克和 M4A1 中型坦克）

第 41 装甲步兵团（3 个装甲步兵营）

第 1 独立坦克群

第 2 独立坦克群

1942 年末至 1943 年初投入突尼斯战役的美军第 1 坦克歼击群

第 601 坦克歼击营（装备 M3 半履带反坦克炮车，1942 年 12 月参战）

第 701 坦克歼击营（装备 M3 半履带反坦克炮车，1942 年 12 月参战）

第 805 坦克歼击营（装备 M3 半履带反坦克炮车，1943 年 2 月参战）

第 813 坦克歼击营（装备 M3 半履带反坦克炮车和 M6 反坦克炮车，1943 年 2 月参战）

第 776 坦克歼击营（装备 M10 坦克歼击车，1943 年 2 月参战）

第 894 坦克歼击营（装备 M3 半履带反坦克炮车，1943 年 2 月参战）
第 899 坦克歼击营（装备 M10 坦克歼击车，1943 年 2 月参战）

背水一战

到了 1943 年 3 月下旬，唯一能让冯·阿尔尼姆大将感到锋芒在背的威胁，便是美军第 2 军随时都有可能从后方袭击马雷特防线。

阿尔尼姆的预感或许有些道理，难怪他之后会再三敦促梅塞上将将意大利第 1 集团军全部撤往阿卡里特河谷固守。早在 2 月下旬，盟军第 18 集团军群司令亚历山大上将曾对卡塞林之战中美国陆军的糟糕表现深表失望。不过自从乔治·S. 巴顿少将就任第 2 军军长之后，美军的训练状况已有大幅改善，士气也得到了提升。3 月 15 日，第 2 军受命执行“意大利佬”行动（Operation Wop），目的是将轴心国军的注意力从蒙哥马利身上引开，以方便第 8 集团军攻打马雷特防线。

3 月 16 日晚，获得上级命令的巴顿立即展开行动。第 1 步兵师的第 16、第 18 步兵团于 3 月 17 日攻占加夫萨。3 月 18 日，第 1 游骑兵营又拿下了盖塔尔。3 月 19 日，第 1 装甲师 A、C 作战指挥部和第 9 步兵师第 60 步兵团冒着倾盆大雨开往塞内德。驻守当地火车站的意军第 50 特别旅未能料到 A 作战指挥部会从左后方抄其后路，被迫放弃车站向东败退，致使塞内德火车站于 3 月 23 日失守。美军本打算实施一场区域性攻势，但如今受到前线战况的鼓舞，巴顿和亚历山大于是决定将地处塞内德东面的马克纳西也列入攻击目标。3 月 21 日，蒙哥马利建议亚历山大干脆让巴顿放开手脚，直接一路向东袭取马雷特防线大后方。但亚历山大觉得这么做多少有些过于冒险，仍将第 2 军的作

▲ 3 月 6 日早上，巴顿（面朝车头者）与随行人员搭乘指挥车，风驰电掣般地赶往库伊夫山的第 2 军军部，正式走马上任。

战范围限制在马克纳西近郊。

3月22日，冯·阿尔尼姆觉得不能再让美军继续肆意妄为下去，他立即指示第5装甲集团军司令古斯塔夫·冯·韦尔斯特装甲兵上将，要他从德军第10装甲师调派朗战斗群和赖曼战斗群前去反击巴顿，同时还必须尽一切可能守住马克纳西。其实，韦尔斯特当时已经提前把德意志非洲军战斗队和第504重装甲营的12辆“虎”式重型坦克派往马克纳西南面把守322号高地。3月22日下午，美军第6装甲掷弹兵团第1营和第60步兵团第3营曾轮番攻打马克纳西，甚至成功夺取了小镇周围的部分山头，然而德意志非洲军战斗队和第504重装甲营始终坚守322号高地不放，并连续击退了美军的数次冲锋。3月23日，朗战斗群的第69装甲掷弹兵团第1营也从东面赶来增援马克纳西。得知进攻受阻的巴顿愤怒地命令第1装甲师师长奥兰多·沃德（Orlando Ward）少将亲自上阵指挥战斗。3月25日，美军第6装甲步兵团第1营在炮火掩护下多次尝试夺取322号高地。无奈德军坦克的火力过于凶猛，美军的所有努力全都打了水漂。

▲3月8日，盟军第18集团军群从英军第1集团军手中正式接管美军第2军。3月17日，艾森豪威尔上将与亚历山大上将一同前往费里亚纳与新任第2军军长乔治·S.巴顿会面，商议有关“意大利佬”行动的后续作战细节。图为3人见面时拍摄的照片，地点位于费里亚纳的税务所门口。

就在马克纳西争夺战逐渐达到高潮之时，美军第1步兵师于3月20日从盖塔尔隘口出动，准备北上袭击部署在加夫萨–斯法克斯公路沿途的意军第131“半人马座”装甲师。由于当地全是零散崎岖的山地地形，第1步兵师的3个团全都分散开来，各自朝着作战目标前进。3月23日凌晨5点，朗战斗群和赖曼战斗群派出大批部队前来阻截美军。第7装甲团、第69装甲掷弹兵团第2营、第86装甲掷弹兵团第2营和第10摩托车营沿着加贝斯–加夫萨公路向西挺进，丝毫没有发觉自己已经落入了美军第1步兵师设在姆舍尔塔特山（Djebel el Mcheltat）南麓482、336号高地上的伏击圈。在一场教科书式的反坦克防御战中，美军以地雷、第601坦克歼击营（装备M3半履带反坦克炮车）

和第 5、第 32 野战炮兵营（装备 105、155 毫米榴弹炮）从正面牵制住德军，另派第 16、第 18 步兵团从南北两翼同时阻击德军后路。第 10 装甲师匆忙应战，却因之前保持的标准行军队形（坦克在前，步兵在后）而陷入被动挨打的境地。23 日下午，巴顿亲临战场指挥防御。德国空军出动“施图卡”俯冲轰炸机为第 10 装甲师提供空中支援，但对美军山岭上的预设阵地攻击收效甚微。下午 4 点 45 分，第 10 装甲师被迫改变了进攻阵型（步兵在前，坦克在后），与美军新近抵达战场的第 26 步兵团、第 899 坦克歼击营（装备 M10 坦克歼击车）和第 17 野战炮兵团（装备 155 毫米榴弹炮）进行了无比激烈的交锋。战斗持续进行到晚上 6 点 45 分才宣告终结，德军最终在美军炮兵火力面前败下阵来，悻悻地撤离了加贝斯 – 加夫萨公路。经过此战，第 10 装甲师参战的 57 辆坦克一共损失了 31 辆，当晚仅剩 26 辆坦克可用。然而美军也并非毫发无伤，光是第 601 坦克歼击营就损失了 27 辆 M3 半履带反坦克炮车，战后仅剩 9 辆半履带反坦克炮车可用。

尽管由巴顿指挥的美军部队在盖塔尔暂时挡住了德军的突破，但第 10 装甲师毕竟也是久经沙场的老手，绝不可能就此放弃进攻。3 月 24 日，布罗伊希少将指派豪特战斗群协助意军第 131“半人马座”装甲师再次袭击加贝斯 – 加夫萨公路。豪特战斗群组建于 3 月 20 日，包括突尼斯第 3、第 4 野战步兵营，非洲第 30 行进步兵营，第 11 航空军属伞降工兵营，非洲第 2 炮兵团第 4 营营部，非洲第 2 炮兵团第 4、第 11、第 12 连、第 90 装甲炮兵团第 4 连，德国空军猎兵团装甲歼击连的 1 个排和德国空军猎兵团第 3 防空营第 1 连（8 门 20 毫米高射炮），主要用于补充第 10 装甲师之前的战斗损失。经过持续 2 天的激战，美军第 18 步兵团失去了对贝尔达山（Djebel Berda）的控制权，被迫撤回盖塔尔镇设防。

3 月 25 日，亚历山大上将认为轴心国在马克纳西一带仍然实力雄厚，直接正面进攻肯定是行不通的。因此他决定让美军第 1 装甲师和第 9 步兵师从盖塔尔出发，袭取位于马克纳西南面的加贝斯。另外他还指派美军第 34 步兵师北上攻打丰杜克，借以分散德军的防御力量。

▲ 3 月 16 日，艾森豪威尔上将抵达库伊夫山的第 2 军军部进行视察，同时晋升巴顿为 3 星中将。这是一座位于泰贝萨以北约 25 千米远的矿产小镇，照片拍摄地点位于当地的柴油发电厂附近。

▲ 3 月 20 日，巴顿命令第 1 步兵师前去攻打加夫萨东面的盖塔尔，以确保第 2 军侧翼的安全。3 月 22 日清晨，第 1 步兵师成功夺取了盖塔尔，俘虏约 700 名意军官兵。图为 3 月 21 日，美军第 18 步兵团 D 连正在盖塔尔南面的阿斯克尔山（Djebel Asker）上挖掘散兵坑，背景中可见从加夫萨通往加贝斯的重要公路。

3 月 28 日至 3 月 29 日，第 9 步兵师通过崎岖难行的盖塔尔南部山区，朝加贝斯实施侧翼迂回。可惜的是，德军豪特战斗群和意军第 131“半人马座”装甲师一部早已在贝尔达山东面严密设防，令美军第 39、第 47 步兵团一度陷入停滞不前的困境。相比之下，还是沿着加贝斯 – 加夫萨公路北侧前进的美军第 1 步兵师进展颇为神速，第 16、第 26 步兵团深入姆舍尔塔特山腹地约 2 英里，成功夺取了 574 号高地。

与此同时，在盖塔尔东北方向，美军第 34 步兵师针对丰杜克的牵制性攻势不断遭到德军的顽强抵抗。刚刚抵达丰杜克的沃尔夫战斗群（下辖第 961 掷弹兵团第 1、第 2 营及部分装甲歼击单位和炮兵支援单位）牢牢守住了小镇附近的重要隘口，使得美军无法顺利通过。3 月 29 日，亚历山大致电第 2 军军部，命令巴顿加大对加贝斯的攻击力度，为第 8 集团军进攻阿卡里特河谷的作战铺平道路。而在轴心国方面，冯 · 阿尔尼姆大将利用马雷特防线撤空的短暂时机，将第 21 装甲师和非洲装甲掷弹兵团全部调往盖塔尔地区援助第 10 装甲师，试图阻止美军攻占加贝斯。

▲“意大利佬”行动进行期间，巴顿在加夫萨附近设立了新的第 2 军军部。图为马耳他岛总督约翰 · 戈特中将于 3 月 18 日造访第 2 军军部时拍摄的照片。

3 月 30 日早上，巴顿派遣美军第 1 装甲师的本森特遣队（3 月 22 日组建，下辖第 13 装甲团第 3 坦克营、第 60 步兵团团级战斗队及 2 个野战炮兵营，指挥官为第 13 装甲团团长克拉伦斯 · C. 本森上校）从盖塔尔出发开往加贝斯。中午时分，美军前锋在姆舍尔塔特山南面误入德军雷区，被迫停止前进。3 月 31 日，本森特遣队从 369

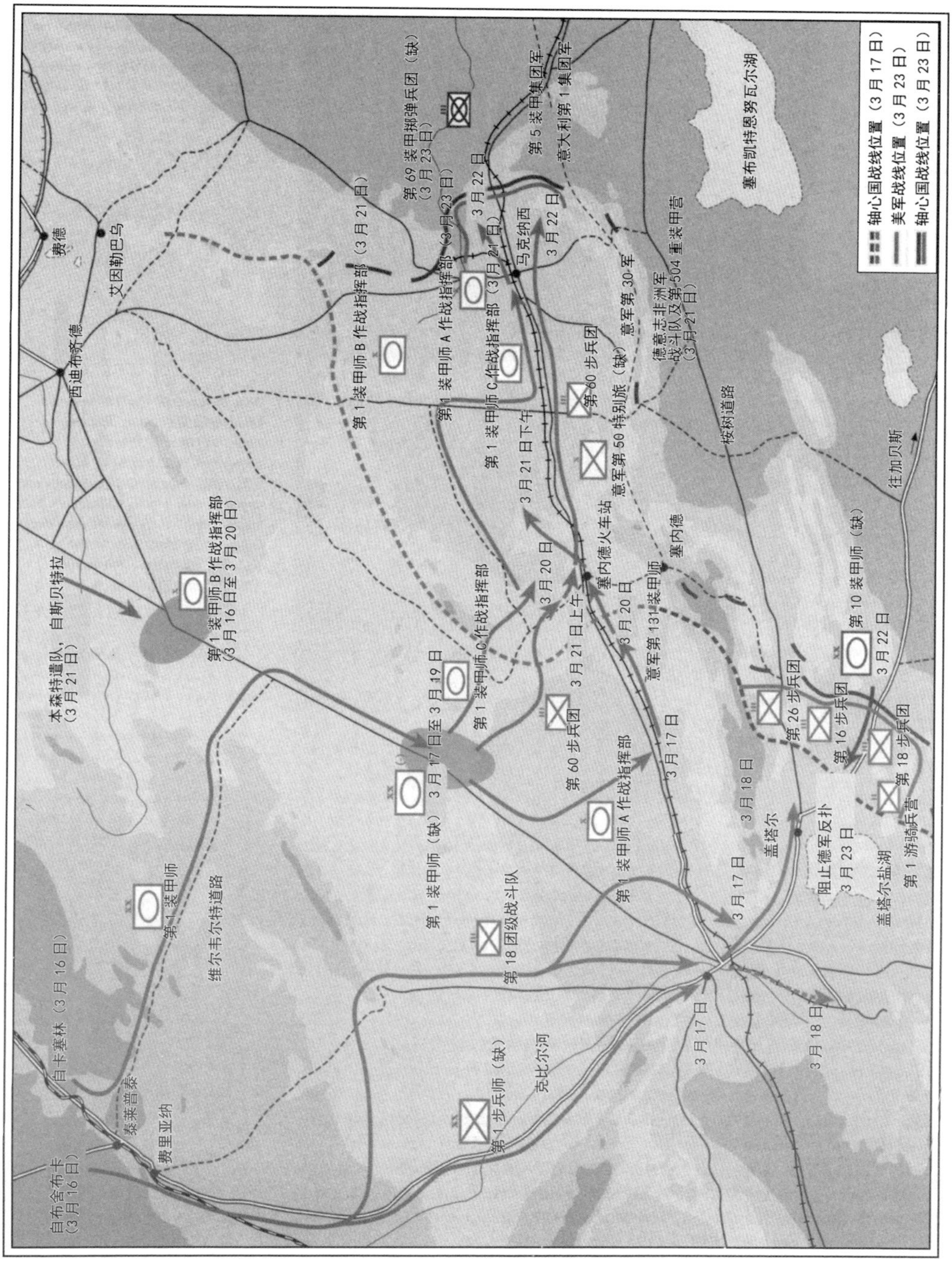

▲“意大利佬”行动的作战过程示意图（1943 年 3 月 17 日至 3 月 22 日）。

▲ 曾在 1 月间多次遭到美军袭击的塞内德火车站，终于在 3 月 20 日落入美军手中。图为车站附近被击毁的 1 辆 75/18 自行火炮［隶属于意军第 50 特别旅第 557 自行火炮群（加强自第 131“半人马座”装甲师）］。

号高地方向和加夫萨－加贝斯公路以北同时出击，虽然占领了部分要地，但德军第 21 装甲师和非洲装甲掷弹兵团在德国空军支援下，凭借凶猛的反坦克火力将美军挡在了加贝斯以西，令本森特遣队接连损失 13 辆 M4 中型坦克。

4 月 1 日，美军第 1 装甲师 A 作战指挥部在马克纳西以北再次发起突击，德军第 10 装甲师的朗战斗群、豪特战斗群和赖曼战斗群联手击退了这次攻势，迫使亚历山大和巴顿又一次变更计划，将装甲突破战术改为步兵渗透战术。巴顿对盟军的空中配合感到极为不满，4 月 1 日当天，他正好和一些盟军空军高级将领在自己的前线指挥部内开会，结果却遭到德军空袭，险些中弹。

▲ 3 月 22 日下午，美军第 1 装甲师在与德军激烈交火之后占领了马克纳西。图为在马克纳西火车站旁小歇片刻的第 6 装甲步兵团官兵。

自 4 月 2 日起，美军第 2 军与第 5 装甲集团军在马克纳西－加贝斯一带展开了持续 3 天的步兵拉锯战，导致双方伤亡惨重。巴顿在此期间撤掉了第 1 装甲师师长奥兰多·沃德少将，起用第 2 装甲师师长欧内斯特·哈蒙（Ernest Harmon）少将来执掌该师。

4 月 6 日，蒙哥马利率领第 8 集团军向轴心国据守的阿卡里特河谷防线展开全面攻势。为

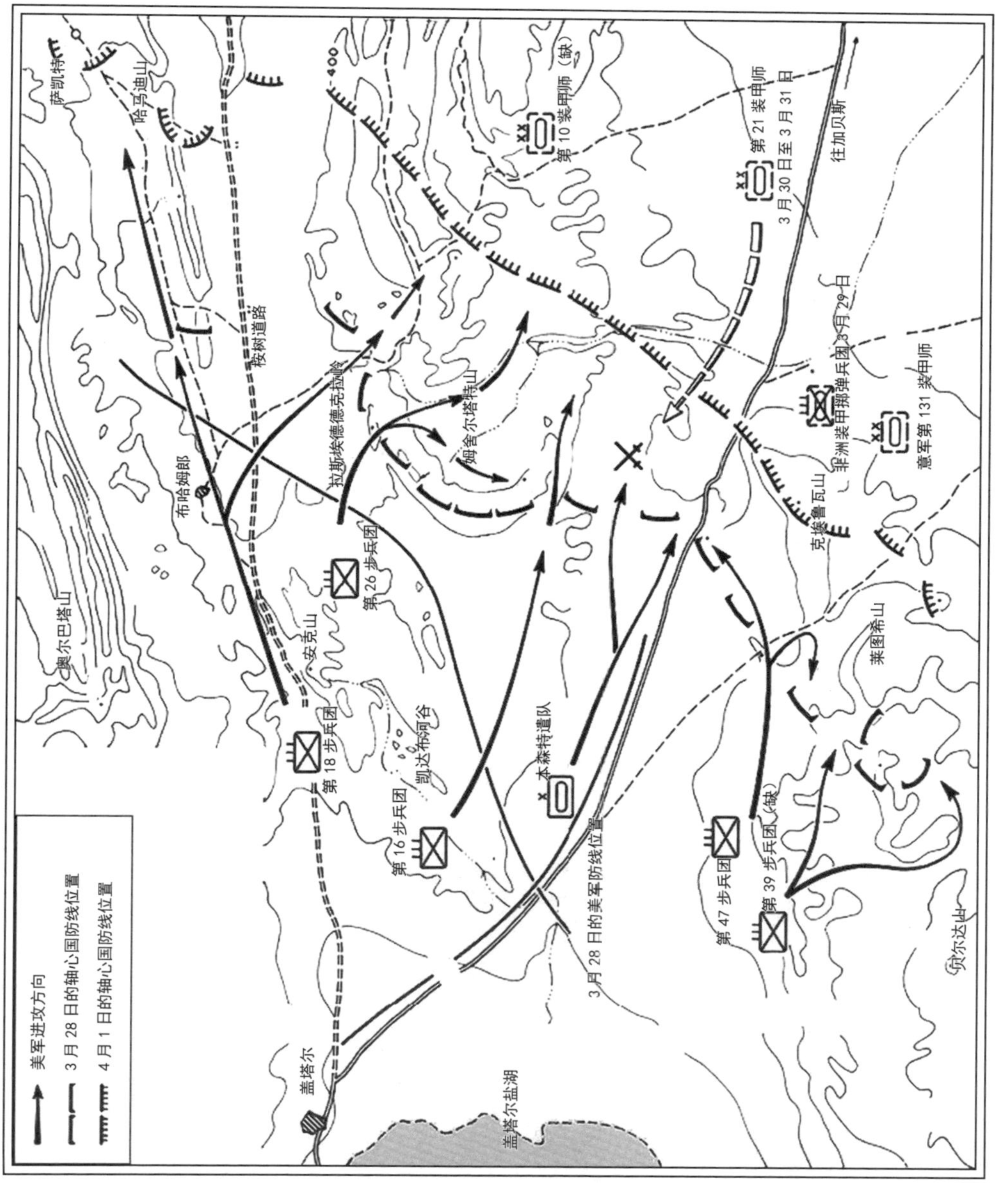

▲ 美军第 2 军在盖塔尔附近的作战过程示意图（1943 年 3 月 28 日至 4 月 1 日）。

配合这次行动，亚历山大命令巴顿必须在次日“不计代价”地拿下加贝斯。然而，德军第5装甲集团军当时已经决定放弃马克纳西–加贝斯地区。德军第10、第21装甲师，德意志非洲军战斗队，第504重装甲营，意军第131“半人马座”装甲师及意军第50特别旅在炮兵火力掩护下悄悄向北撤走。4月7日上午，美军部队仅仅遇到十分微弱的抵抗，巴顿于是命令本森特遣队赶快前去夺取加贝斯。下午3点25分，本森特遣队与英军第12枪骑兵团在塞布克凯特恩努瓦尔湖（Sebkhet en Noual）西南面的加夫萨–加贝斯公路上胜利会师，标志着美军第2军在突尼斯西南部的战斗已基本结束。

阿卡里特河谷之战

1943年3月底，从马雷特防线脱身的意大利第1集团军陆续抵达阿卡里特河谷，但突尼斯的危机局面却丝毫没有改善的迹象。3月29日早上，冯·阿尔尼姆大将在发给国防军最高统帅部、意军最高统帅部和南方司令部的报告中称：“我军补给匮乏，弹药短缺，只够维持1–2天，部分支援火炮甚至已经耗光了炮弹。库存油料同样也是差不多的情况，不少部队已无法实施远距离机动。”

就其战略位置而言，阿卡里特河谷是从沿海地区通往突尼斯城的最后一道天然屏障。河谷西侧坐落着大片有着陡峭岩壁的山峦，总长约24千米。河谷本身是片6千米宽的洼地，且一路向东直达海边。

由于轴心国之前在固守马雷特防线时消耗了过多精力，阿卡里特河谷的防御计划直到4月1日才刚刚出炉。意军最高统帅部命令梅塞上将将意军第20军派去修筑工事，军长为塔代奥·奥兰多（Taddeo Orlando）中将。在无山可守的沿海地区，奥兰多率军构筑了许多战壕和反坦克壕，布设了超过4 000枚地雷，其范围覆盖鲁马纳山（Djebel Roumana）、梅达山（Djebel Meida）、泰巴加法特纳萨山（Djebel Tebaga Fatnassa）和整片海岸。尽管如此，该防线的主要问题在于缺乏防御纵深，在拥有压倒性实力的盟军面前很可能坚持不了多久。

▲3月13日，刚刚出院的冯·莱本施泰因少将受命接管指挥德军第164轻非洲师，并率部参加了在阿卡里特河谷的防御战。

在具体布防上，梅塞基本

▲ 1943 年 4 月 6 日，英军西部沙漠航空队总共出动 830 架次，用于支援第 8 集团军对阿卡里特河谷的地面攻势。图为皇家空军第 6 战斗机中队的“飓风”II D 型战斗轰炸机正从加贝斯机场起飞，前去执行对地反坦克任务。4 月 7 日，刚到北非才几个星期的德军第 10 装甲师参谋长克劳斯・申克・冯・施陶芬贝格（Claus Schenk Graf von Stauffenberg）伯爵上校在塞布凯特恩努瓦尔湖以北的山道隘口指挥撤退行动时，遭到英军战斗轰炸机的袭击而身负重伤（他原是来接替 2 月 1 日触雷负伤的乌利希・比尔克中校的职务）。这次意外令施陶芬贝格失去一眼、一手和两根手指，并使其直接卷入了日后著名的刺杀希特勒事件。

照搬了马雷特防线的作战经验。意军第 20 军将负责防守沿海地区、鲁马纳山和梅达山。自东向西依次部署了意军第 136“法西斯青年”摩托化步兵师（4 个营）、德军第 90 轻非洲师（2 个营）、意军第 101“的里雅斯特”摩托化步兵师（2 个营）、意军第 80“拉斯佩齐亚”机降师（2 个营），并加强有德军第 90 轻非洲师的 2 个装甲掷弹兵营、1 个装甲歼击营，意军的 1 个狙击兵团、1 个伞兵营和 2 个海军步兵营。泰巴加法特纳萨山以西则是意军第 21 军的防区，该军自西向东依次部署了意军第 16“皮斯托亚”步兵师（5 个营）、德军第 15 装甲师、第 164 轻非洲师和意军非洲集团的部分兵力（包括 22 辆德军坦克和 4 辆意军坦克）。德军第 21 装甲师和非洲装甲掷弹兵团当时已被调往盖塔尔 – 加贝斯地区支援德军第 10 装甲师和意军第 131“半人马座”装甲师，因此无缘参加阿卡里特河谷防御战。

3 月 29 日，意军总参谋长维托里奥・安布罗西奥上将认为如果冯・阿尔尼姆仍打算继续死守阿卡里特河谷，他将无法应对来自马克纳西地区美军部队的侧翼威胁。为避免发生这种情况，非洲集团军群就应当尽早撤往芒苏尔山至昂费达维尔（Enfidaville）一线。然而，凯塞林却以“弃守阿卡里特河谷违背了希特勒的意志”为由，坚决反对让轴心国部队撤离河谷。

最终，德意两国同意派遣南方司令部的作战处长西格弗里德・韦斯特法尔上校前往突尼斯与阿尔尼姆进行协商。3 月 31 日，韦斯特法尔奉命抵达非洲集团军群司

▲ 轴心国军在阿卡里特河谷东段总共布设了大约 4 000 枚地雷。图为 4 月 6 日，皇家工兵部队正用白色布条标记已经探测到的德军雷区，为第 51 步兵师第 152 步兵旅的进攻开道。

令部。在经过一番激烈的唇枪舌剑之后，阿尔尼姆于 4 月 1 日通告凯塞林和意军最高统帅部，表示只有在获得更多物资的前提下，他才会考虑是否需要率军撤退。安布罗西奥对此答复说，要在 4 月 6 日之前筹集到 1 万吨补给和 8 000 吨油料是办不到的。但如果将时间放宽到 4 月 12 日的话，他能为非洲集团军群提供大约 2.5 万吨补给和油料。

韦斯特法尔的到访很快引起了广大德意官兵们的注意。4 月 5 日，意军最高统帅部接到有关“撤退情绪”在军队中蔓延的报告。意大利第 1 集团军随即发布戒令，再三强调“一旦发现有人随意散播撤军消息，必将受到撤职处分”。

与此同时，在盟军这边，蒙哥马利起初并不愿意把过多的兵力用于攻打阿卡里特河谷。3 月 30 日，英军第 10 军军长霍罗克斯中将接到来自蒙蒂的指示，要他不间断地派人彻查阿卡里特河谷的轴心国布防情况。3 月 31 日，霍罗克斯向第 8 集团军司令部汇报说，他认为光凭第 10 军“必然无法突破河谷”，促使蒙哥马利决定让利斯中将的第 30 军前来协助第 10 军攻打轴心国防线。至 4 月 1 日为止，两军总共拥有 462 辆坦克，其中包括 210 辆“格兰特”和“谢尔曼”坦克。

▲ 位于鲁马纳山和泰巴加法特纳萨山之间的德军反坦克壕。照片摄于 4 月 6 日下午，当时一队第 8 装甲旅的“谢尔曼”巡洋坦克正在苏格兰高地警卫团第 5 营士兵的注视下从这里经过。背景中的山峰为拉斯祖艾岭（左）和梅达山（右）。

根据利斯和霍罗克斯制定的作战计划，第 30 军将在 4 月 5 日晚出动 3 个步兵师对阿卡里特河谷实施强攻，等达成突破之后第 10 军的 2 个装甲

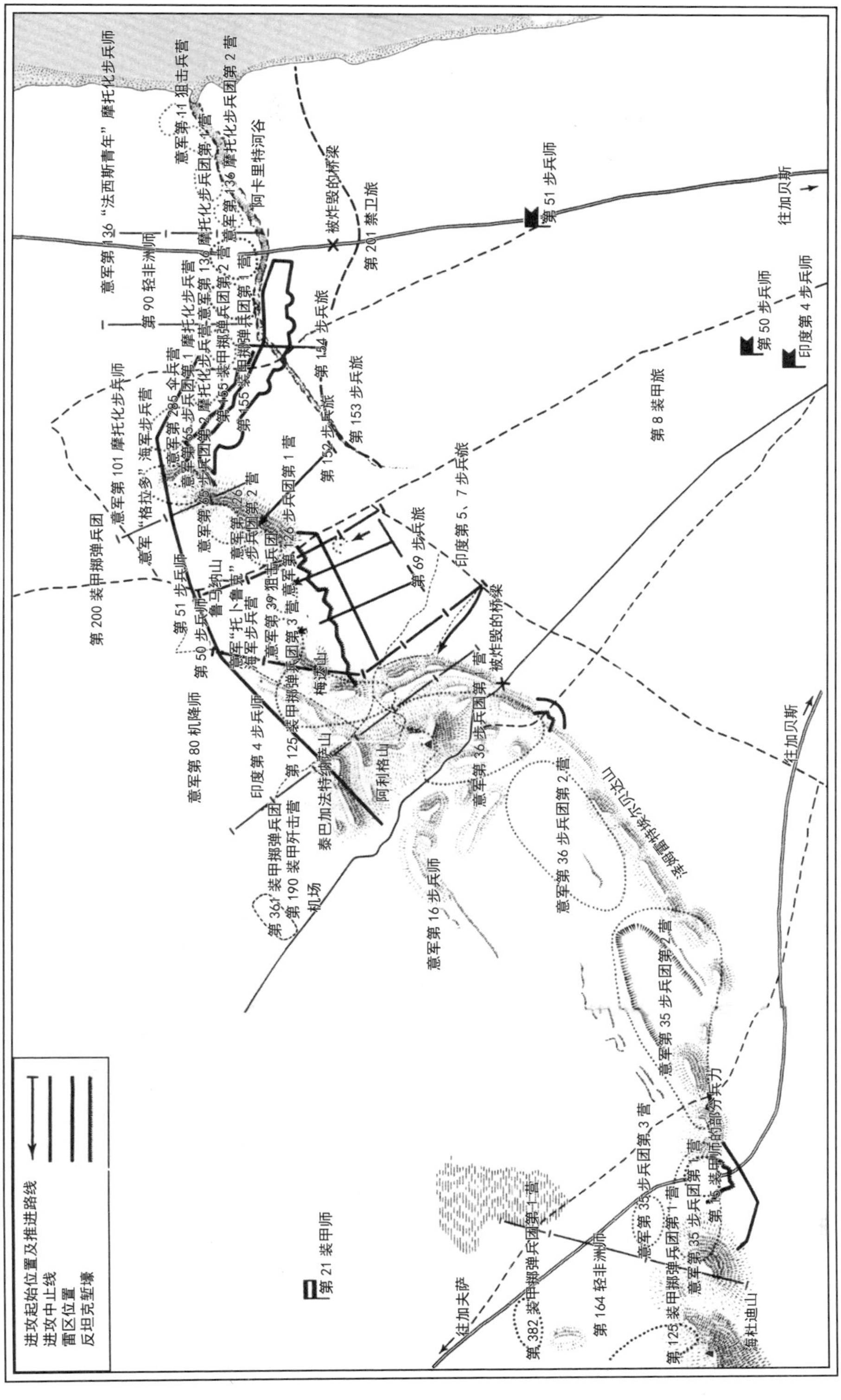

▲ 阿卡里特河谷之战过程示意图（1943 年 4 月 6 日）。

▲ 4 月 6 日晚，轴心国军匆忙抛弃大批作战车辆撤出了阿卡里特河谷。4 月 7 日，新西兰第 2 步兵师开始发动追击，切断了马哈雷斯至马克纳西的主要公路。图为 1 辆在里尔埃尔雷巴亚（Rir er Rebaia）附近被新西兰人缴获的德军 Sdkfz.233 装甲侦察车。

师再跟进歼灭残存之敌。届时，印度第 4 步兵师将从左翼攻打泰巴加法特纳萨山，英军第 50 步兵师将从中央突破德军反坦克屏障，第 51 步兵师将从右翼占领鲁马纳山，所有进攻行动均位于海岸公路西侧，也就是意军第 16“皮斯托亚”步兵师、第 80“拉斯佩齐亚”机降师及第 101“的里雅斯特”摩托化步兵师的防御地段内。

第 8 集团军的进攻于 4 月 6 日凌晨 5 点开始，至上午 8 点 30 分，印度第 4 步兵师基本占领了泰巴加法特纳萨山，俘虏大批意军。英军第 50 步兵师因受到德军反坦克壕阻碍，到中午过后才基本达到任务目标。利斯中将见侧翼突破较为迅速，于是命令英军第 50 步兵师尽快向印度第 4 步兵师方向靠拢，第 51 步兵师则被留在鲁马纳山附近继续牵制轴心国军。

上午 8 点至 10 点，德军第 90 轻非洲师抽调第 200、第 361 装甲掷弹兵团向第 30 军展开反击。德军第 10、第 21 装甲师的 80 辆坦克此时已从盖塔尔地区撤出，正火速赶来增援意大利第 1 集团军。

临近中午，德军第 200 装甲掷弹兵团虽然夺回了鲁马纳山的大部分失地，但该团弹药几乎耗尽，不久就被第 51 步兵师派来的援军击败。下午 2 点，德军第 15 装甲师抽调 20 辆坦克联合第 10、第 21 装甲师的 40 辆坦克一同袭击泰巴加马特纳萨山西面的 152 号高地。印度第 4 步兵师在第 50 步兵师的积极配合下连续粉碎了德

▲ 4 月 7 日，新西兰第 2 步兵师麾下的第 28 毛利营在追击轴心国军的过程中俘虏了意军非洲集团指挥官阿尔贝托・曼内里尼少将（见图）。曼内里尼曾长期负责指挥北非意军的沙漠突袭战，被誉为“意大利的大卫・斯特林”，而大卫・斯特林本人恰恰在 3 个月前被其非洲集团所俘虏。

军的 3 次大规模突击，迫使梅塞和拜尔莱茵于下午 5 点左右下令停战。当晚 8 点至 10 点，意大利第 1 集团军开始撤离阿卡里特河谷，北上退往昂费达维尔。

▲ 4 月 9 日晚，德军后卫部队撤离了斯法克斯。4 月 10 日早上，英军第 23 装甲旅皇家坦克团第 50 营的一队“瓦伦丁”步兵坦克驶入斯法克斯，受到当地居民的热烈欢迎。

4 月 7 日一大早，第 30 军发现轴心国军撤退，马上展开追击，总共俘获 5 300 名德意官兵。4 月 8 日，第 30 军又再次俘虏近 2 000 人，使战俘总数升至 7 000 人。经过此战，德军第 164 轻非洲师遗弃了大部分重型武器和装备，第 90 轻非洲师和意军第 16“皮斯托亚”步兵师伤亡惨重。意军第 80“拉斯佩齐亚”机降师近乎全灭，第 101“的里雅斯特”摩托化步兵师只剩下不到 3 个营的兵力，而英军自身仅仅损失了 1 290 人及 32 辆坦克。

为了阻截轴心国溃军，亚历山大下令英军第 1 集团军派出刚组建的英军第 9 军协助美军第 34 步兵师从丰杜克隘口实施突破，准备赶在梅塞的部队抵达昂费达维尔之前就将他们包围起来。只可惜事与愿违，德军第 961 掷弹兵团始终坚守丰杜克隘口不退。英军第 6 装甲师的进攻从 4 月 6 日一直持续到 4 月 10 日都未能拿下隘口，使得意大利第 1 集团军的残兵败将得以侥幸逃往昂费达维尔。

对丰杜克隘口的作战失利大大加深了英美之间的内部矛盾。英军第 9 军军长约翰 · 克罗克（John Crocker）中将指责美军第 34 步兵师根本无意配合英军装甲部队，而美军指挥官却认为是英军的作战计划太过草率才会招致失败。最后还是依靠艾森豪威尔和亚历山大出面干涉，才勉强压住两派之间的怒火。

4 月 10 日，英军第 8 集团军拿下了斯法克斯。当晚，最后一批德军后卫部队从苏塞向西北方向溃逃，于 11 日上午抵达昂费达维尔。4 月 12 日，第 8 集团军攻克了苏塞。同日傍晚，第 10 军前锋部队与英军第 1 集团军麾下的第 9 军在凯鲁万附近胜利会师。至 4 月 13 日，盟军第 18 集团军群的包围网已经形成。轴心国非洲集团军群只能龟缩于突尼斯东北角，陷入了四面楚歌的境地。

尽管盟军现已掌握了战略主动权，艾森豪威尔上将却仍对美军第 2 军之前在突尼斯南部的表现感到不满。他一再提醒亚历山大，要第 2 军积极参与一线作战，以此来获取更多的实战经验。亚历山大起初想让第1集团军来指挥第2军，但被巴顿拒绝。照巴顿看来，自丰杜克隘口一役后，英军内部还有许多喜欢对美军指指点点的人存在。经过亚历山大苦口婆心式的反复劝导，巴顿最后总算作出了让步。第2军将被配置在第1集团军左翼，负责肃清突尼斯北部沿海地区的轴心国军。该军在名义上直属于亚历山大，只是同时也可接受第1集团军司令安德森中将的差遣。4月10日起，美军第2军被逐步调往贝雅以北。4月15日，巴顿因受命制定未来的西西里岛登陆计划，而将第2军指挥权交给了他的副手奥马尔·N.布拉德利（Omar N.Bradley）少将。布拉德利将率领第2军实施美军在突尼斯境内的最后一次战役，直至比塞大港解放为止。

突尼斯战役中的盟军作战序列（1943年3月）

盟军第18集团军群（哈罗德·亚历山大上将）
- 美军第2军（乔治·S. 巴顿中将）
  - 美军第1装甲师（奥兰多·沃德少将）
    - 第1装甲团
    - 第13装甲团
    - 第6装甲步兵团
  - 美军第1步兵师（特里·M. 艾伦少将）
    - 第16步兵团
    - 第18步兵团
    - 第26步兵团
  - 美军第9步兵师（门顿·S. 埃迪少将）
    - 第39步兵团
    - 第47步兵团
    - 第60步兵团
  - 美军第34步兵师（查尔斯·W. 赖德少将）
    - 第133步兵团
    - 第135步兵团
    - 第168步兵团

- 英军第1集团军（肯尼斯·安德森中将）
  - 英军第5军（查尔斯·奥尔弗利中将）

英军第 6 装甲师（查尔斯·凯特利少将）
第 26 装甲旅（A.L. 查尔斯·邓菲准将）
第 38 爱尔兰步兵旅（纳尔逊·拉塞尔准将）（1943 年 2 月 16 日退出）
第 1 禁卫旅（F.A.V. 科普兰 - 格里菲思准将）（1943 年 3 月 24 日加入）
英军第 1 步兵师（沃尔特·克拉特巴克少将）
第 2 步兵旅（埃里克·爱德华·詹姆斯·穆尔准将）
第 3 步兵旅（H.A.E. 马修斯准将）
第 24 禁卫旅（理查德·比尔·劳斯·科尔文准将）
英军第 46（北米德兰）步兵师（哈罗德·弗里曼 - 阿特伍德少将）
第 128 步兵旅（曼利·安杰尔·詹姆斯准将）
第 138 步兵旅（G.P. 哈丁准将）
第 139 步兵旅（罗利·查尔斯·约瑟夫·奇切斯特 - 康斯特布尔准将）
英军第 78 步兵师（维维安·伊夫利少将）
第 1 禁卫旅（F.A.V. 科普兰 - 格里菲思准将）（1943 年 3 月 15 日退出）
第 11 步兵旅（爱德华·厄恩肖·伊登·卡斯准将）
第 36 步兵旅（伯纳德·豪利特准将）
第 38 爱尔兰步兵旅（纳尔逊·拉塞尔准将）（1943 年 3 月 15 日加入）
法军第 19 军（马里 - 路易·科尔茨中将）
法军“摩洛哥”行进步兵师（莫里斯·马特内少将）
法军“奥兰”行进步兵师（皮埃尔 - 菲利克斯·布瓦索少将）
法军“阿尔及利亚”行进步兵师（皮埃尔 - 菲利克斯·科纳少将）

英军第 8 集团军（伯纳德·蒙哥马利中将）
第 8 集团军在突尼斯战役中的师级部队编制与第二次阿拉曼战役时的编制基本相同
新西兰军（伯纳德·弗赖伯格少将）
英军第 8 装甲旅（查尔斯·哈维准将）（加强）
新西兰第 2 步兵师（伯纳德·弗赖伯格少将）
新西兰第 5 步兵旅（霍华德·基彭伯格准将）
新西兰第 6 步兵旅（威廉·金特里准将）
自由法国“勒克莱尔”特遣队（菲利普·勒克莱尔少将）
“勒克莱尔”特遣队组建自法属乍得，共有 500 名法军、2 700 名非洲士兵（主要来自第 1 行进步兵营和第 1 摩洛哥斯帕伊行进团）、1 个 200 人的希腊特别突击连，还有自由法国第 1 坦克连的 16 辆“十字军”MK2 巡洋坦克和 350 辆运输车

英军第10军（布里安·霍罗克斯中将）
英军第1装甲师（雷蒙德·布里格斯少将）
第2装甲旅（阿瑟·费希尔准将）
第7摩托化步兵旅（托马斯·J. 博斯维尔准将）
英军第7装甲师（乔治·厄斯金少将）
第4轻装甲旅（约翰·塞西尔·库里准将）
第22装甲旅（威廉·罗伯特·诺里斯·辛德准将）
第131步兵旅（拉什莫·惠斯勒准将）
英军第30军（奥利弗·利斯中将）
英军第50步兵师（约翰·尼科尔斯少将）
第69步兵旅（爱德华·C. 库克－科利斯准将）
第151步兵旅（丹尼尔·马库斯·威廉·比克准将）
第168步兵旅（肯尼斯·奇泽姆·戴维森准将）（1943年4月27日加入）
英军第51步兵师（道格拉斯·温伯利少将）
第152步兵旅（乔治·默里准将）
第153步兵旅（道格拉斯·格雷厄姆准将）
第154步兵旅（亨利·W. 霍德斯沃思准将）
印度第4步兵师（弗朗西斯·图克少将）
印度第5步兵旅（唐纳德·罗兰·埃德温·罗恩·贝特曼准将）
印度第7步兵旅（奥斯蒙德·德·特维尔·洛维特准将）
印度第161步兵旅（弗朗西斯·E.C. 休斯准将）
第30军直属部队
英军第201禁卫旅（朱利安·阿尔弗利·加斯科因准将）

突尼斯战役的结局

1943年4月7日，希特勒和墨索里尼在萨尔茨堡附近的克勒斯海姆堡（Klessheim castle）举行紧急磋商，以共同商讨该如何应对未来的突尼斯局势。这次会谈不仅包括阻止盟军登陆欧洲大陆的议题，甚至还包括通过进攻西班牙、西属摩洛哥或西属巴利亚利群岛的方式从背后袭击盟军。可想而知，德国对于意大利方面提出的这类建议丝毫不感兴趣，只是表示当前一定要继续死守突尼斯。毕竟一旦突尼斯陷落，可能会导致意大利退出战争，所以是政治上的考量占据了上风，促使德国不得不做出这项决策。

墨索里尼在面对希特勒时，曾再三保证会派遣大量意军战舰和运输船为突尼斯前线运送军火物资。可当他后来回到罗马时却又很快变了卦，想要竭力收回自己的承诺。4 月 12 日，他通知凯塞林说："意军高层几乎所有人都认为美军在搞定突尼斯之前不会对撒丁岛、西西里岛和克里特岛动手。突尼斯必须坚守至 1943 年秋，使盟军失去在夏季最佳时节登陆欧洲的机会。在我看来，这场战事将会拖延至冬季，或是明年。"

身在突尼斯城的冯·阿尔尼姆大将不久后也得知了这个消息，虽说很不情愿，但上级下达的命令自然是无法违抗的。如今轴心国的非洲集团军群仍具有一定实力，第 5 装甲集团军和意大利第 1 集团军正负责固守北起凯夫阿贝德（Kef Abbed），南至昂费达维尔的 200 千米战线，其西南突出部位于布阿拉达近郊及米利亚内河（Miliane river）河口。第 5 装甲集团军的主要防区在突尼斯中北部，该集团军自北向南依次部署了"冯·曼陀菲尔"师、第 334 步兵师、第 999 轻非洲师和"赫尔曼·戈林"师。意大利第 1 集团军的主要防区在突尼斯南部，该集团军下属的意军第 20 军负责防守沿海地区，意军第 21 军负责防守内陆地区。

在装甲预备队方面，德意志非洲军最初被配置于两大集团军之间。该军下辖德军第 10、第 21 装甲师，意军第 1"苏佩尔加"突击登陆师，意军第 50 特别旅及为数众多的意军支援单位。但从 4 月 21 日起，阿尔尼姆下令德意志非洲军全线后撤，并将第 10 装甲师调往突尼斯城西面的梅杰尔达平原，用来抗击随时可能袭取突尼斯城的盟军装甲部队。

至于其他德意部队的状况真可谓江河日下。德军第 15 装甲师目前的全部战力已锐减到不足一个战斗群，第 90、第 164 轻非洲师加一起才勉强达到 1 个普通步兵师的水准。意军第 16"皮斯托亚"步兵师、第 101"的里雅斯特"摩托化步兵师和第 136"法西斯青年"摩托化步兵师的可用步兵数

▲ 4 月 7 日，墨索里尼乘坐专列前往奥地利的克勒斯海姆堡，与希特勒共同商讨该如何应对未来的突尼斯局势。据戈培尔的日记描述："元首在会上尽其所能地为神情沮丧的领袖打气，以使意大利重回正轨。"

▲ 随着盟军不断加强对地中海的封锁，德军意图增援非洲集团军群的企图几乎全部落空。图为 1943 年 4 月在突尼斯境内作战的 3 号 F8 型突击炮（隶属德军第 90 突击炮连）。该连最初名为第 242 突击炮营第 1 连，1942 年底从西西里岛被派往突尼斯参战，航程途中曾遭受皇家空军袭击，因而损失了 2 辆突击炮。剩余的 4 辆 3 号 F8 型突击炮先是作为独立单位被投入卡塞林之战，4 月时改名为第 90 突击炮连，并跟随第 10 装甲师、德国空军第 1 猎兵旅和“冯·曼陀菲尔”师参加了突尼斯战役末期的一系列战斗。

量为 11 个营，最惨的第 80“拉斯佩齐亚”机降师的可用兵力最多只有一个半连。

冯·阿尔尼姆警告梅塞，由于意大利第 1 集团军现拥有非洲集团军群约五分之三的炮兵单位和三分之二的步兵单位，所以如果英军第 1 集团军想要夺取梅杰兹埃尔巴布或布阿拉达，他可以理所当然地从梅塞这里抽调部队，且不接受任何抗议。

除了补给吃紧之外，轴心国如今还面临援军短缺和无法撤军的窘境。大部分德意中下级军官都认为突尼斯战役已经输了，至于末日何时到来只是时间问题而已。4 月 12 日和 4 月 14 日两天，阿尔尼姆连续多次发布戒令，禁止散布任何有损军队士气的不利信息。4 月 20 日，凯塞林通过广播为非洲集团军群全体官兵打气，号召他们“在这历史性的时刻积极奋战到底，并以大无畏的精神和坚定不移的意志，彻底摧毁敌人的希望”。

▲ 突尼斯战役结束后，131 号“虎”式坦克依靠自己的动力从拉古莱特驶往比塞大，在那儿登船被运往英国，后于 10 月抵达格拉斯哥。1951 年，该车被托付给博文顿坦克博物馆。1990 年至 2004 年，英国方面的技术人员将该车重新修复。如今，131 号车仍是全球唯一一辆能自行开动的“虎”式重型坦克，并有幸参演了美国影片《狂怒》，受到全球影迷的一致好评。

如此一来，无论是德军还是意军高层，均不再制定任何撤军计划。凯塞林于 4 月 16 日通知梅塞：“要从突尼斯境内一下子撤出 30 万人是根本不可能的。”再说了，就算轴心国愿意撤退，盟军目前庞大的海空军力量也决不会允许他们逃出非洲大陆。事实上，盟军已经制定了“惩罚”行动（Operation Retribution）计划，其主要目的就是全面封锁突尼斯海岸线，

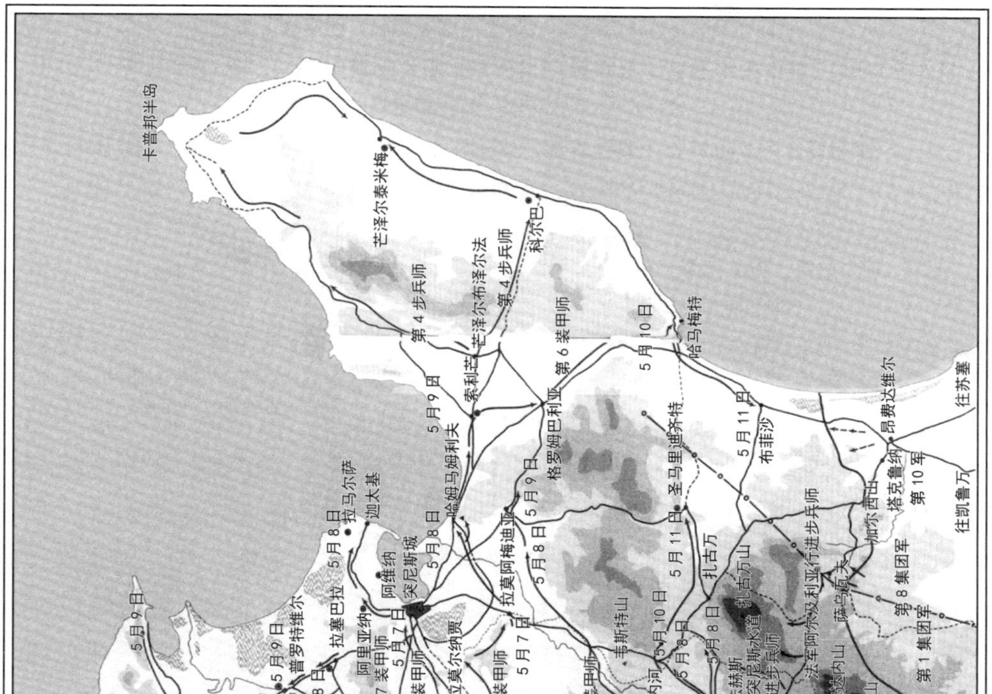

▲突尼斯战役后期盟军发起的“火神”行动和“打击”行动作战过程示意图（1943 年 4 月 22 日至 5 月 13 日）。

防止轴心国部队从地中海撤往意大利本土或西西里岛。

另一方面，待在塞默林山区疗养的隆美尔此刻仍在密切关注北非战况。他曾一再要求将高斯、拜尔莱因和比洛维乌斯等人救出突尼斯。4月20日，德意两国在罗马举行了一次研讨会，专门商议应当从北非撤出哪些高级将领。在这之后，担任德国陆军人事处长的鲁道夫·施蒙特（Rudolf Schmundt）中将向约德尔报告，说目前的确存在这种可能。然而，当约德尔和凯塞林会面后，他却以“撤出高级指挥官会大大损害士气”为由取消了救援计划。5月7日，施蒙特再次尝试说服约德尔，终于让部分救援名单获得通过。自4月底起，多名德军师长声称自己“突然患病，急需休养”，陆续搭机从突尼斯飞往意大利本土，其中包括第334步兵师师长弗里德里希·韦伯少将，“冯·曼陀菲尔”师师长冯·曼陀菲尔少将和第999轻非洲师师长恩斯特－京特·巴德少将，另外还有担任意大利第1集团军参谋长的拜尔莱因少将。

5月4日，冯·阿尔尼姆大将指派非洲集团军群参谋长高斯中将前去参加在罗马举行的例行会议，结果却使高斯幸运地逃脱了被俘的命运。在此之前，赫尔曼·戈林早已下令让德国空军的高级指挥官们秘密撤离突尼斯，其中就包括“赫尔曼·戈林”师师长约瑟夫·施米德少将、第11航空军直属伞降工兵营营长鲁道夫·维齐希少校，以及“赫尔曼·戈林”第2掷弹兵团（原“赫尔曼·戈林”猎兵团）团长格哈特·席尔默（Gerhart Schirmer）少校等人。

▲ 在亚历山大上将的“火神”行动计划中，美军第2军将负责肃清突尼斯北部占领比塞大港，英军第1、第8集团军将从中部和南部夹击轴心国军并阻止对方逃往西西里岛和意大利本土。图为1943年4月拍摄的亚历山大标准宣传照。

就在这批轴心国高官们纷纷出逃之前，亚力山大上将于4月16日主持制定了“火神”行动（Operation Vulcan），作战日期定于4月22日。作为突尼斯战事的终结之战，英军第1集团军将负责攻打突尼斯城，同时协助美军第2军占领比塞大港。英军第8集团军将北上肃清昂费达维尔，并全力阻止轴心国军从卡普邦半岛撤往西西里岛。

为了能够尽早解放突尼斯城，安德森中将对第1集团军所辖的4个军作了如下安排：英军第5军的首要任

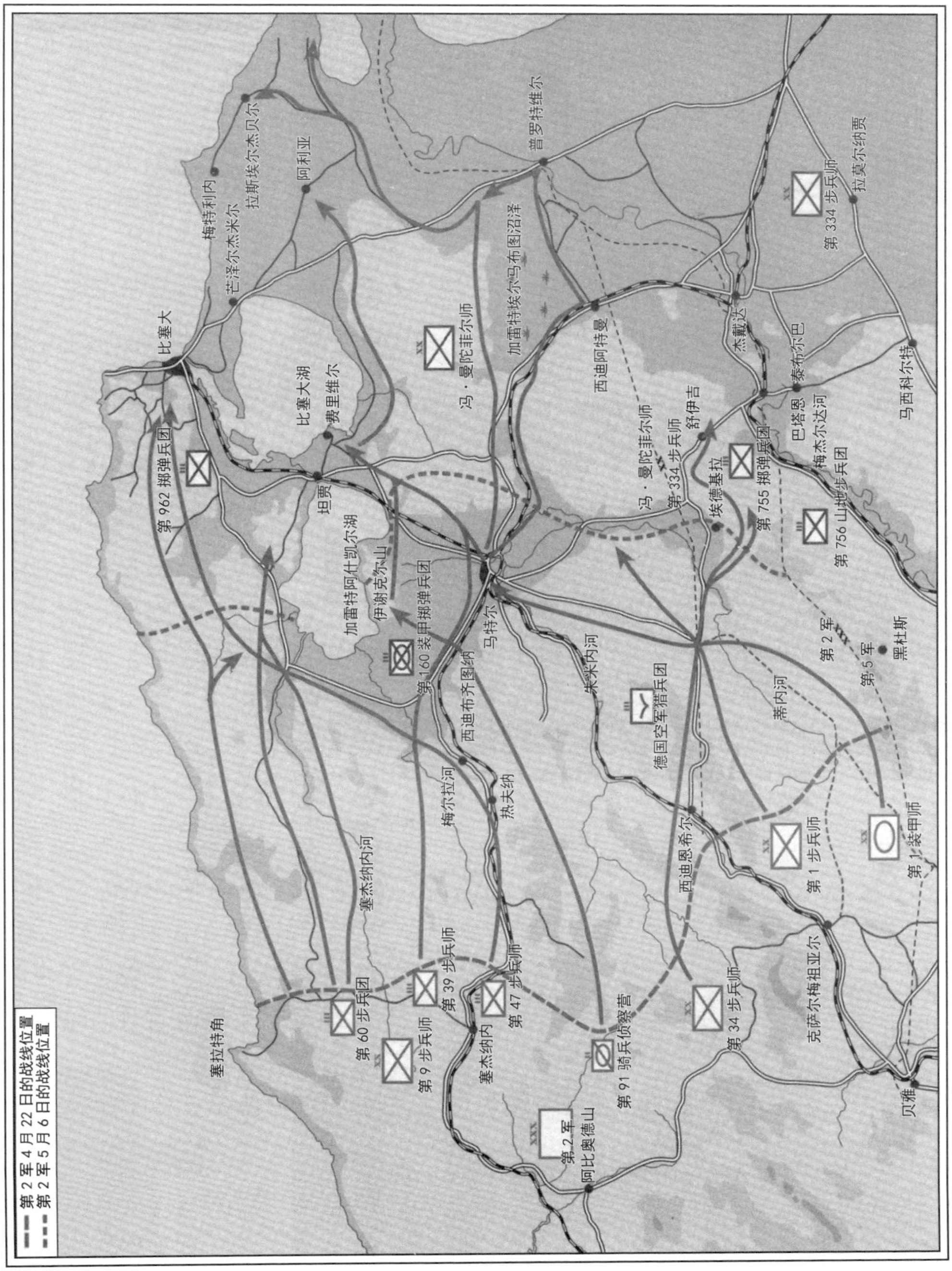

▲ 美军第 2 军在突尼斯北部的攻势（1943 年 4 月 23 日至 5 月 9 日）示意图。

务是夺取巴塔恩和马西科尔特（Massicault）。英军第9军的首要任务是肃清古贝拉特平原（Goubellat plain），然后派它的2个装甲师朝马西科尔特方向进军，吸引德军调动装甲预备队实施反击，并将其摧毁。美军第2军被布置在左翼，该军会以一个钳形攻势拿下舒伊吉隘口和塞杰纳内，接着向比塞大方向挺进。法军第19军被布置在右翼，目标是占领蓬迪法赫斯。

然而令盟军方面始料未及的是，轴心国这次却抢在盟军前头主动出手实施进攻。4月19日，冯·阿尔尼姆大将采纳了施米德少将提出的建议，决定对位于梅杰兹埃尔巴布和古贝拉特平原之间的盟军防线发动一次牵制性攻势，行动代号“丁香花”（Operation Unternehmen Fliederblute）。德军先后调集了第501重装甲营（包括5辆“虎”式坦克、6辆3号N型坦克、3辆3号M型坦克）、第504重装甲营（包括6辆“虎”式坦克、2辆3号M型坦克、8辆4号G型坦克）、奥多尔夫战斗群（下辖第754掷弹兵团）、丰克战斗群（下辖“赫尔曼·戈林”猎兵团第1营）及席尔默战斗群（下辖第7装甲团、“赫尔曼·戈林”猎兵团第3营和部分炮兵支援单位）投入此战，第334步兵师将为进攻部队提供侧翼掩护。4月20日晚，德军向英军第5军的前沿阵地展开攻击，一度深入英军战线约8千米。至4月21日，英德两军在梅杰兹埃尔巴布南面的贾法山附近进行了多次拉锯战。激战中，第501重装甲营第1连连长施罗特中尉（Schroter）的712号“虎”式坦克遭皇家坦克团第48营A中队的“丘吉尔”步兵坦克击伤炮塔侧下方，致使炮塔完全卡死。施罗特及其车组乘

▲ 1942年12月至1943年4月间，盟军与德军为了争夺梅杰尔达河谷的战略要地“外场员”山，而展开了一场旷日持久的消耗战。12月22日，英军第1禁卫旅曾一度攻占“外场员”山西侧的290号高地，但很快就被从243号高地赶来的德军部队逐出了山头。在这之后，美军第18步兵团取代英军重占290号高地。可德军却于23日展开反攻，重创美军并收复了高地。圣诞节前夜，英军寒溪禁卫团第2营对290号高地发动夜袭，再次将其占领。12月25日，德军发起第三次反击，迫使英军第5军军长奥尔弗里中将下令放弃290号高地。1943年4月“火神”行动期间，亚历山大上将指派第78步兵师和第25集团军属坦克旅前去肃清“外场员”山。4月22日深夜，英军第36步兵旅通过激烈的白刃战终于击败德军第756山地步兵团，290号高地落入阿盖尔及萨瑟兰高地人团第8营手中，约翰·麦凯勒·安德森（John Mckellar Anderson）少校因指挥有功荣获一枚维多利亚十字勋章。战至4月26日，邻近的243号高地也被北爱尔兰义勇骑兵团和皇家东肯特步兵团第5营拿下，“外场员”山之战至此宣告结束。图为2011年拍摄的290号高地（左）及位于东北方的243号高地（右）。

员弃车徒步逃走，712 号被英军第 11 步兵旅的东萨里步兵团第 1 营俘虏，之后被装船运往美国本土，现保存于阿博丁装甲兵与骑兵博物馆。

4 月 22 日，亚历山大上将为了抗击德军反扑，下令盟军发起“火神”行动。英军第 9 军火速派遣第 6 装甲师、第 46 步兵师从右翼赶来支援第 5 军。英军第 1 集团军也陆续抽调第 21、第 25 集团军直属坦克旅前来参战。至 22 日傍晚，英军最终以损失 40 辆坦克的代价粉碎了德军的“丁香花”行动，将德军部队逐退近 16 千米。当天，德军第 504 重装甲营的 131 号“虎”式坦克、1 辆 3 号 M 型坦克和 1 辆 4 号 G 型坦克（加强自“赫尔曼·戈林”装甲团第 3 装甲连）正在梅杰兹埃尔巴布东面的 174 号高地上驻防，因天气过热而将舱门全部打开以方便透气。174 号高地不久即遭到皇家坦克团第 48 营 B 中队、皇家装甲部队第 142 营混编中队及舍伍德森林人步兵团第 2 营的袭击。担任护卫的 3 号、4 号坦克均在交战中损毁，131 号则被“丘吉尔”步兵坦克命中 2 弹，其中一枚从主炮炮管下部反弹的 6 磅穿甲弹洞穿了薄弱的车体顶部装甲，击毁 131 号的无线电台。另一枚则命中敞开的装填手舱门，使得大量破片飞进车内，造成装填手负伤。车组乘员弃车后，131 号落入英军手中，后被移交给博文顿坦克博物馆。

4 月 24 日晚，英军第 9 军军长约翰·克罗克中将出动第 1 装甲师驰援第 6 装甲师，继续对德军进行施压。4 月 26 日，安

▲ 除英军第 1 集团军外，英军第 8 集团军和法军第 19 军同样在塞弗苏夫山（Djebel Sefsouf）至昂费达维尔一线与意大利第 1 集团军爆发了激烈战斗。从地图上看，这条横贯突尼斯中部的濒海防线总长约有 20 英里，其西部防御并不强，但东面的昂费达维尔却被塔克鲁纳——一座矗立在山顶上的小镇所掌控（情况十分类似 1944 年的卡西诺战役）。驻守当地的意军第 20 军采取了“添油”防御战术，第 15 装甲师（仅 4 辆可用坦克）则作为预备队部署在塔克鲁纳以北。4 月 19 日晚，新西兰第 2 步兵师在英军第 50 步兵师的侧翼掩护下对塔克鲁纳发起首次进攻，印度第 4 步兵师同时袭击该镇西面约 12 英里外的加尔西山（Djebel Garci）。尽管新西兰部队在此次行动中伤亡惨重，但在 4 月 20 日早上，第 28 毛利营的部分士兵陆续渗透至山顶，并从高地上成功压制了躲藏在半山腰的轴心国部队。4 月 21 日，塔克鲁纳终于被新西兰军肃清。与此同时，印度第 4 步兵师在西部战线的突破作战同样不利，只有印度第 5 步兵旅于 4 月 21 日晚攻占了加尔西山的西侧山麓，却始终无法占领主峰。蒙哥马利认为与其在此继续纠缠下去，不如改道沿着海岸公路北上绕过轴心国阵地。4 月 22 日，新近到达的英军第 56 步兵师奉命迂回至敌军防线背后夺取了昂费达维尔。4 月 28 日至 4 月 29 日，第 56 步兵师和新西兰第 2 步兵师又在泰尔胡纳山和斯拉费山附近陷入苦战，因此耗费了不少兵力。4 月 30 日，亚历山大上将命令第 8 集团军将部分单位调拨给第 1 集团军，使得蒙哥马利被迫停止了在突尼斯中部沿海地区的攻势。图为 4 月 24 日，正遭受德军炮击的塔克鲁纳。

▲在马西科尔特近郊被摧毁的1门德军NbW41型150毫米6管火箭炮。由于横卧炮架的德军尸体此后又在其他照片中陆续现身，所以这很可能是英军宣传单位特意拍摄的一张宣传照。

德森中将将第6装甲师调回后方补充作战损失。

在英军第5军方向上，印度第4步兵师于4月24日投入战斗，支援第1、第78步兵师。4月26日，英军第36步兵旅经过激烈的白刃战，胜利攻克了位于“外场员”山最北端的243号高地，迫使德军第756山地步兵团开始逐步撤离“外场员”山。

在美军第2军方向上，布拉德利少将的部队于4月27日收复了西迪恩希尔。在法军第19军方向上，马里–路易·科尔茨（Marie–Louis Koeltz）中将的部队正朝蓬迪法赫斯–昂费达维尔公路方向推进。

与此同时，英军第8集团军正在突尼斯南部筹划一场新的区域性攻势。4月19日至4月22日，新西兰第2步兵师和英军第56步兵师通过多次侧翼迂回成功解放了塔克鲁纳（Takrouna）与昂费达维尔。第10军军长霍罗克斯中将在4月28日晚命令第56步兵师的第169步兵旅协助新西兰部队夺取塔克鲁纳以北的泰尔胡纳山（Djebel Terhouna）和斯拉费山（Djebel Srafi），但意军第20军在4月29日早上迅速发动反击，将缺乏实战经验的第169步兵旅赶下了斯拉费山。得知此事的蒙哥马利担心第8集团军有可能无法及时北上肃清卡普邦半岛，于是请来亚历山大上将与他商议对策。4月30日，亚历山大建议第8集团军转攻为守，并将英军第7装甲师、印度第4步兵师和英军第201禁卫旅临时加强给第1集团军，帮助安德森的部队尽快沿着中路进攻轴线夺取突尼斯城。

▲5月7日下午4点15分，美军第9步兵师的第9侦察分队在第751坦克营A连和第894坦克歼击营A、B连的支援下攻入了比塞大港。图为美军侦察兵正跟随1辆第9侦察分队的M3“斯图亚特”轻型坦克朝比塞大市中心前进。一旦前面的轻型坦克发现任何敌情，就会召唤后面的侦察兵上前肃清敌人。

这次作战的代号名为“打击”行

动（Operation Strike），其具体步骤包括：英军第 4 步兵师和印度第 4 步兵师将从梅杰兹埃尔巴布以东突破轴心国防线，英军第 6、第 7 装甲师将跟随其后扩大突破口，赶在轴心国组织起有效抵抗之前拿下突尼斯城。作为左翼进攻部队，美军第 2 军将负责抢占舒伊吉隘口西北面的所有重要高地，然后一路向东直取泰布尔巴、杰戴达和比塞大港。作为右翼进攻部队，英军第 5 军将攻打布阿韦卡兹山（Djebel Bou Aoukaz），英军第 9 军将攻打布库尔尼内山（Djebel Bou Kournine），法军第 19 军将夺取扎古万山（Djebel Zaghouan）。

4 月 27 日，由于英军第 9 军军长克罗克中将在一次 PIAT（即步兵反坦克榴弹发射器）的试射训练中意外负伤，霍罗克斯中将于 4 月 30 日临时接管了第 9 军，英军第 10 军被交给弗赖伯格少将指挥。

轴心国方面，非洲集团军群为了尽可能地减少装甲部队消耗，从 4 月 24 日起将德军第 5、第 7、第 8 装甲团，第 501 重装甲营，第 47 装甲掷弹兵团，第 754 掷弹兵团及部分德意炮兵 / 防空单位合编为伊尔肯斯战斗群（旅级规模）。除此之外，加强有第 504 重装甲营的“赫尔曼 · 戈林”师和第 334 步兵师同样也是损失不小。

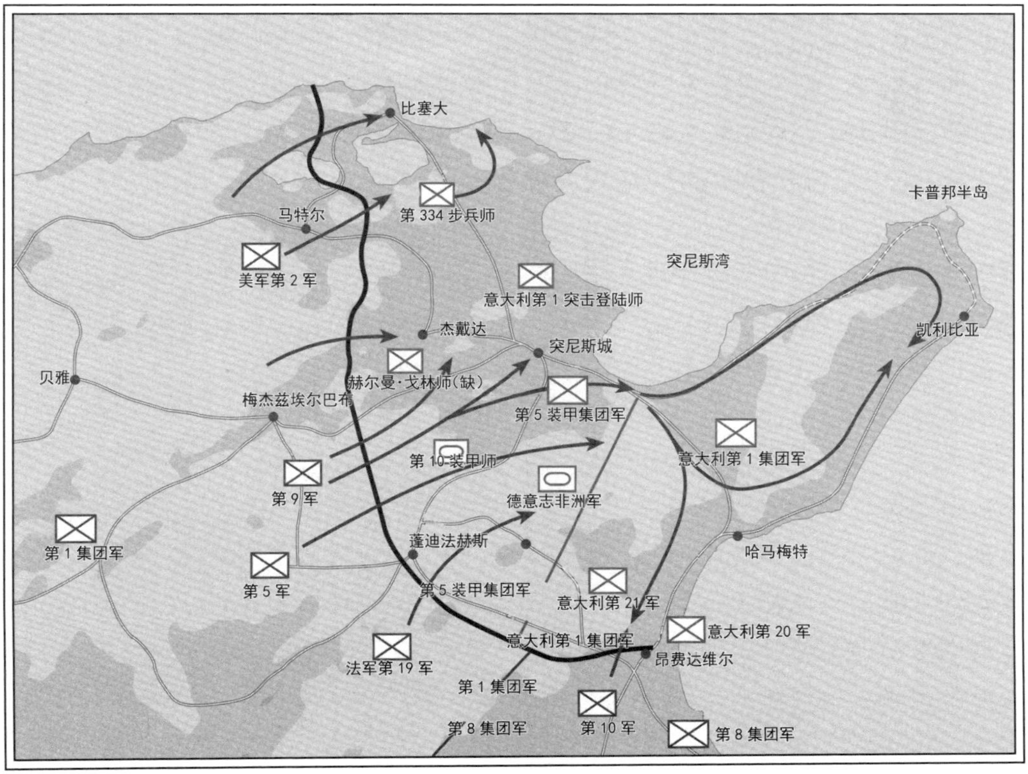

▲ 突尼斯战役的终结（1943 年 5 月 6 日至 5 月 13 日）示意图。

▲ 从 5 月 8 日起，第 751 坦克营 A 连奉命留守比塞大，用以防备轴心国军向港口发起反攻。图为在市中心街道上巡逻的 2 辆 M3 中型坦克，第 751 坦克营的其他 2 个连此时均已换装 M4A1 中型坦克。

冯·阿尔尼姆大将只好把第 15 装甲师的剩余兵力也全部派去支援这两个师。

5 月 5 日晚，第 5 军下属的英军第 1 步兵师在 600 门火炮支援下攻占了布阿韦卡兹山，为第 9 军的进攻铺平道路。

5 月 6 日凌晨 3 点，第 9 军集中军属炮兵部队猛烈轰击轴心国的前沿阵地，在短短 2 小时内总共发射超过 1.6 万发炮弹。英美空军先后出动约 2 000 架次，对马西科尔特和圣西普里安（St Cyprien）之间的平原地带展开密集轰炸。当炮击和空袭结束后，印度第 4 步兵师和英军第 4 步兵师立即越出战壕冲向敌军防线。没用多久，印度第 4 步兵师就迅速控制住了梅杰兹埃尔巴布至突尼斯城的主要公路。临近 11 点左右，英军第 6、第 7 装甲师从后方跟了上来，超越了步兵部队直扑马西科尔特。此次突破令德军第 15 装甲师猝不及防，尚未完成重建的第 115 装甲掷弹兵团共有 2 个营被英军歼灭。等夜幕降临时，第 6、第 7 装甲师已经占领了马西科尔特，正离开小镇继续朝东北方向前进。

▲ 虽然大部分轴心国部队早已从突尼斯城撤离，但市内仍有部分残余守军在负隅顽抗。图为英军第 131 步兵旅属女王皇家步兵团第 1/7 营的官兵正借助 1 辆通用输送车执行街区肃清任务。

对于阿尔尼姆而言，5 月 6 日的惨痛失利造成突尼斯中北部的局势完全失控。当晚，非洲集团军群司令部向第 5 装甲集团军下达了撤退命令。古斯塔夫·冯·韦尔斯特装甲兵上将被迫指挥集团军的中部和左翼部队向泰布尔巴和韦斯特山（Djebel Oust）方向撤退。德意志非洲军也向韦斯特山和扎古万一带退去。只有梅塞指挥的意大利第 1 集团军目前仍在据守卡普邦半岛及位于突尼斯城东南部的沿海地区。

雪上加霜的是，非洲集团军群在 5 月 3 日仅剩可供全军半天之用的库存油料，各类武器弹药也是极度短缺。事实上，冯·阿尔尼姆最后是靠从岸边寻获的一只航空燃油油桶，才勉强将集团军群司令部从卡普邦半岛以北迁往扎古万和哈马梅特之间的山区，与德意志非洲军军部会合。

▲ 5 月 8 日，突尼斯城市民聚集在市中心的巴黎大道上欢迎印度第 4 步兵师的通用输送车队。

在与韦尔斯特商议之后，阿尔尼姆决定放弃固守比塞大和突尼斯城。5 月 6 日中午，比塞大港和费里维尔的港口设施、弹药库及油库遭德意工兵部队爆破摧毁。

5 月 7 日上午，英军第 6、第 7 装甲师离开马西科尔特的驻地，开始快速向东挺进。他们在进攻途中几乎没有遇到任何阻碍，很快于下午 2 点 30 分进抵突尼斯城外围。下午 4 点前天降暴雨，由皇家坦克团第 1 营、第 1 德比郡义勇骑兵团和第 11 轻骑兵团派出的数支单位不顾雨水和疲劳，直接冲进突尼斯城市中心，遇到大批市民的热烈欢迎。几乎同一时刻，美军第 2 军麾下的第 9 步兵师也在第 751 坦克营和第 894 坦克歼击营支援下突入了比塞大港，对德军第 962 掷弹兵团据守的市区街道实施了清除作业。这是“二战”中美军首次采用将独立坦克营和坦克歼击营加强给步兵师进行巷战的范例，极大地增强了美军的多兵种协同战术。

▲ 5 月 10 日至 5 月 11 日，英军第 6 装甲师终于攻破了德军弗朗茨战斗群据守的哈姆马姆利夫峡谷，并与第 8 集团军的第 23 装甲旅在布菲沙附近会合。图为第 16/5 女王皇家枪骑兵团的“谢尔曼”巡洋坦克车组正与第 23 装甲旅的“瓦伦丁”步兵坦克车组进行交谈。

下午 4 点 30 分，英军第 6 装甲师接到第 1 集团军司令安德森中将的指示，要他们暂时离开突尼斯城并朝东南方向迂回，以此切断轴心国军的退路，阻止他们撤往卡普邦半岛。在随后进行的机动作战中，第 6 装甲师的前锋单位遭遇哈姆

▲ 第 25 集团军属坦克旅属北爱尔兰义勇骑兵团 C 中队的 2 辆“丘吉尔”MK3 步兵坦克正驶过泰布尔巴的街道。其领头坦克的车首右侧挡泥板上写有“不要安放在甲板上”的警告，提醒坦克在船运期间最好进入船舱，否则将受到海水和潮湿气候的腐蚀。至于车体下方有关引擎需要注入冷凝剂的说明，实际对于突尼斯的热带环境毫无意义。自从英军第 8 集团军在第二次阿拉曼战役期间实验性地投入了“金”特遣队之后，“丘吉尔”步兵坦克于 1943 年 2 月起正式参加突尼斯战役，曾先后装备过第 21 集团军属坦克旅（下辖皇家坦克团第 12 营、皇家坦克团第 48 营、皇家装甲部队第 145 营）和第 25 集团军属坦克旅（下辖北爱尔兰义勇骑兵团、皇家坦克团第 51 营、皇家装甲部队第 142 营）。按照规定，每个步兵坦克营共编有 A、B、C 3 个中队，每个中队下辖 5 个分队，每个分队拥有 3 辆步兵坦克，中队指挥分队拥有 3 辆步兵坦克，营部指挥分队拥有 4 辆步兵坦克，全营共计 58 辆“丘吉尔”步兵坦克。据此推算，参与突尼斯作战的“丘吉尔”步兵坦克总数大约在 250 辆左右。

马姆利夫峡谷（Hammam Lif defile）附近德军弗朗茨战斗群的激烈抵抗（指挥官为第 19 防空师师长戈特哈德·弗朗茨中将）。德军凭借 88 毫米高射炮和各种炮兵支援单位据守峡谷约 2 天之久，有力支援了轴心国军的撤军行动。

至 5 月 8 日为止，由于突尼斯城被英军第 1 集团军占领，阿尔尼姆的非洲集团军群一下子被分割成了南北两部分。北部是韦尔斯特的第 5 装甲集团军，如今正龟缩于拉斯埃尔杰贝尔（Ras el Djebel）和西迪阿特曼（Sidi Athman）附近的 2 个袋形阵地内。其中一个包括第 5 装甲集团军司令部、“冯·曼陀菲尔”师、第 15 装甲师和第 10 装甲师的部分单位，另一个则包括第 334 步兵师、“赫尔曼·戈林”师余部和部分德意支援单位。非洲集团军群的南部残军基本隶属于意大利第 1 集团军，阿尔尼姆此时仍考虑让梅塞在卡普邦半岛建立防线死守到底，但这一决策同时也意味着轴心国的所有希望已经彻底破灭。

5 月 9 日上午 9 点 30 分，古斯塔夫·冯·韦尔斯特在阿利亚（El Alia）的第 5 装甲集团军司令部里向阿尔尼姆发出了最后一封电报：“我军的装甲部队和炮兵部队已被盟军摧毁，弹药和油料也已耗尽。我军将战斗到最后一刻。”大约半小时后，韦尔斯特派了一名特使前去求见美军第 1 装甲师师长哈蒙少将，请求美军准许实行停火。过了不久，第 2 军军长布拉德利少将也得知了这个消息。他立即制定了一份无条件投降协议条款，并派人通知韦尔斯特。当天中午，韦尔斯特宣布接受布拉德利开出的全部停战条件，从而使第 5 装甲集团军成为在第二次世界大战期间第二个缴械投降的德军集团军（第一个为 1943 年 2 月 2 日在斯大林格勒向苏军投降的德军第 6 集团军）。

据统计，第 5 装甲集团军的投降总人数高达近 4 万人。除集团军司令韦尔斯特外，第 334 步兵师师长弗里茨·克劳斯（Fritz Krause）少将、“冯·曼陀菲尔”师师长卡尔·比洛维乌斯少将、第 15 装甲师师长维利巴尔德·博罗维茨（Willibald Borowietz）少将、突尼斯城–比塞大港筑垒地区司令格哈德·巴森格（Gerhard Bassenge）少将和第 20 防空师师长格奥尔格·诺伊弗（Georg Neuffer）中将全都成了盟军的阶下囚。他们在 5 月 9 日至 5 月 10 日被押往设在马特尔的美军第 2 军军部，然后才被遣送至英军第 1 集团军司令部关押起来。

▲ 5 月 8 日，盟军海军司令安德鲁·坎宁安海军上将下令执行“惩罚”行动，要求“摧毁突尼斯沿岸的所有轴心国运输船”。从 5 月 9 日起，盟军总共调集 12 艘驱逐舰和众多鱼雷艇，不停地往返巡视突尼斯近海海域，防止德意联军从卡普邦半岛撤往西西里岛和意大利本土。图为一批被皇家海军截获的小艇，船上尽是德军防空单位的高射炮手。

在伊谢克尔山（Djebel Ichkeul）东麓的深邃岩洞内，“赫尔曼·戈林”侦察营的 300 余人一直坚守到 5 月 10 日才向盟军投降。

5 月 9 日下午，英军第 6 装甲师以损失 22 辆“谢尔曼”坦克为代价，终于攻克了德军据守的哈姆马姆利夫峡谷。在此之后，第 6 装甲师飞速向哈马梅特方向进军，其间俘虏了越来越多的轴心国军。5 月 10 日清晨，索利芒（Soliman）被英军占领。同日下午 5 点，第 6 装甲师前锋已突破至格罗姆巴利亚（Grombalia）郊外。与此同时，第 12 枪骑兵团的一支南进巡逻队也与从扎古万方向开来的法军第 19 军部队取得了联系。

▲ 这是 20 世纪 60 年代蒙哥马利重访自己在“二战”北非战场所用指挥车时的照片，车内的壁板上还贴有多幅他的敌手们的肖像，其中包括了隆美尔、莫德尔和凯塞林。

5 月 11 日，英军第 4 步兵师派出 2 个旅对卡普邦半岛发起钳形攻势。沿着海岸线挺进的第 10 步兵旅与从内陆方向过来的第 12 步兵旅在芒泽尔布泽尔法（Menzel Bou Zelfa）附近会师。当天傍晚6点左右，由哈马梅特出发的英军第6装甲师进抵布菲沙（Bou Ficha）。晚上7点，位于布菲沙西面的法军第19军接受了德军第21装甲师普法伊夫战斗群的投降，俘虏近1万人，缴获大量物资和装备。

5月12日，英军第1集团军司令安德森中将公开敦促所有残存的轴心国军必须立即放下武器无条件投降，且不得随意销毁他们的库存弹药，各地设置的雷区地图则需统统上交给盟军方面处理。

12日上午，走投无路的冯·阿尔尼姆大将下令拆毁非洲集团军群司令部的无线电设施，切断了司令部与外界的一切通讯联络。午夜12点过后，德意志非洲军军部发出了最后一条信息："由于弹药极度短缺，武器装备应被立即摧毁。就目前的状况而言，非洲军已无力继续战斗下去，但德意志非洲军必将再次崛起。黑亚萨法里（Heia Safari），军长克拉默。"

5月13日下午1点15分，设在罗马的德军无线电台向国防军最高统帅部发去了一则通报："意大利第1集团军的第13号无线电通讯站于今日下午1点12分宣布关闭，罗马此后再也没有收到过任何来自非洲大陆的通讯信号。"

5月13日中午，冯·阿尔尼姆大将向英军第5军军部派出了自己的特使。第5军军长查尔斯·奥尔弗里中将和印度第4步兵师师长塔克少将随后应邀前往位于圣马里迪齐特（Sainte Marie du Zit）以北山区的非洲集团军群司令部与阿尔尼姆会面。在会上，阿尔尼姆坚持表示他还没能来得及与他的部下取得一致意见，因此当前他只能将非洲集团军群司令部和德意志非洲军军部移交给盟军。奥尔弗里中将不敢自作主张，于是带着阿尔尼姆、克拉默和部分随行参谋前往英军第1集团军司令部面见安德森中将。大约过了数小时，德军第90轻非洲师师长特奥多尔·冯·施波内克（Theodor von Sponeck）中将和他的部队正式宣布向盟军投降。

▲ 如今在伦敦兰贝斯区的帝国战争博物馆里公开展出的2辆蒙蒂指挥车（中、右）。

5 月 12 日晚，刚刚晋升为意大利末代元帅的梅塞委派意大利第 1 集团军参谋长朱塞佩·曼奇内利（Giuseppe Mancinelli）少将前往英军第 10 军军部与霍罗克斯中将商讨有关“荣誉受降”的具体事宜。5 月 13 日早上，弗赖伯格少将抵达第 10 军军部，但他坚决不同意意方提出的建议，一再声明他只接受无条件投降。中午 12 点 20 分，梅塞被迫下令全军立即向英军缴械投降。5 月 13 日，梅塞元帅和德军第 164 轻非洲师师长冯·莱本施泰因少将前往第 10 军军部，向英军投降。

5 月 13 日下午 1 点 16 分，盟军第 18 集团军群司令亚历山大上将向英国首相丘吉尔发出了如下电文：“首相阁下，请容许我荣幸地向您宣告，突尼斯战役胜利结束了。所有敌人全都停止了抵抗，我们现已成为北非的主宰。”

根据盟军方面的统计，轴心国在突尼斯战败时至少有 23 万人被俘，大量武器装备及超过 600 架战机落入盟军手中。1943 年 5 月 25 日的战俘营记录显示，德意方面共有 238 244 人被关押在突尼斯（包括 101 784 名德军，89 443 名意军，47 017 名不明国籍者）；第 18 集团军群的作战日志显示从 1943 年 3 月 20 日至 5 月 13

摘自伯纳德·蒙哥马利上将 1943 年 5 月 14 日对第 8 集团军的公开演说

既然北非战役已经结束，我想告诉你们，我的士兵们，我为你们所做的事情感到无比自豪。

在我们去年 10 月开始埃及战役之前，我便对你们说过，我们会在 6 月内将隆美尔及所有轴心国军彻底赶出北非。

如今这个任务已经完成了。自阿拉曼之后，那些著名的敌军师团都在数百英里外的突尼斯境内全部向我军投降。突尼斯海滩上并未出现所谓的“敦刻尔克”奇迹，这是因为皇家海军和皇家空军均认为绝不该让敌人从海上逃脱，所以他们只能被迫投降，这对敌人而言无疑是场巨大的灾难。

你们对于彻底消灭北非之敌所做的贡献自然无可争议。正如我们首相 2 月份在的黎波里所说的那样，未来几年能够讲出“我曾与第 8 集团军共同前进和战斗过”这句话，本人感到由衷的荣幸。

那么未来将会是什么样？我们中的许多人可能十分想念留在国内的家人，并想知道什么时候能够再见到他们。但我会告诉你，我们今天只能有一个想法，那就是直到这场战争结束，我们才能荣归故里，并与家人再度团圆。

因此，让我们以这种方式思考未来。无论它将给我们带来什么，我都会祝你们好运。在即将到来的战斗中，我们将一起共同战斗。

在你我的共同努力下，我们必然会在最后达成这一目标。

▲所有在突尼斯战役中被俘的轴心国高级将领先是飞往阿尔及利亚，然后再被遣送至英国本土关押起来。图为在阿尔及尔麦森布兰谢机场走下 C-47 型运输机舷梯的冯·阿尔尼姆大将，照片拍摄者为英军战地摄影师格伦中士。

▲6月1日，英国首相丘吉尔、帝国总参谋长艾伦·布鲁克上将（左）和外务大臣安东尼·艾登等人一同走访了古罗马迦太基圆形剧场附近的第1集团军驻地，并发表公开演说："要记住的是，那位希特勒下士一直都在协助我们。当你们宰杀肥鹅的时候，这个以前依靠白手起家，如今又在自我毁灭的家伙仍在忙着往锅子里添加佐料。"

日，盟军总共俘虏24.5万名轴心国官兵；美国官方则把这一数字定为27.5万人。

除大量俘虏外，轴心国还有32名高级将领于5月13日前后被俘。16名德国将领里有12人来自陆军，其中包括非洲集团军群总司令汉斯–于尔根·冯·阿尔尼姆大将、第15装甲师师长维利巴尔德·博罗维茨少将、第10装甲师师长弗里德里希·冯·布罗伊希少将、"冯·曼陀菲尔"师师长卡尔·比洛维乌斯中将、德意志非洲军军长汉斯·克拉默中将、第21装甲师师长海因里希–赫尔曼·冯·许尔森少将、第334步兵师师长弗里茨·克劳斯少将、第164轻非洲师师长库尔特·冯·莱本施泰因少将、第5装甲集团军参谋长奥古斯特–维克多·冯·夸斯特少将、第90轻非洲师师长特奥多尔·冯·施波内克少将、第5装甲集团军司令古斯塔夫·冯·韦尔斯特装甲兵上将。16名意大利将领则包括了意大利第1集团军司令梅塞元帅、意大利第1集团军特别军事法庭审判长亚历山德罗·阿波蒂准将、意大利第1集团军炮兵部队指挥官彼得罗·贝莱蒂少将、第30军"贝尼尼"分区指挥官阿尔图诺·贝尼尼准将、第21军军长保罗·贝拉尔迪中将及埃瓦里斯托·切科尼准将（无现职，被英军在突尼斯城的一所战地医院内俘虏）、第131"半人马座"装甲师副师长朱塞佩·科斯塔准将、第16"皮斯托亚"步兵师师长朱塞佩·法卢吉少将、第1“苏佩尔加”突击登陆师师长费尔南多·杰利克少将、第30军工兵部队指挥官弗拉维奥·焦亚准将、第101“的里雅斯特”摩托化步兵师师长弗兰奇斯科·拉·费拉少将、非洲集团指挥官阿尔贝托·曼内里尼少将、第20军军长塔代奥·奥兰多中将、第20军炮兵部队指挥官阿尔贝托·罗达准将、第80“拉斯佩齐亚”机降师副师长阿尔图诺·斯卡蒂尼准将、第30军军长维托里奥·索尼奥中将。

▲ 出席突尼斯城阅兵庆典的艾森豪威尔上将（左）和杰罗少将（右）。令人感到意外的是，英军第8集团军司令蒙哥马利却以“身体不适”和“参与西西里岛登陆计划”为由谢绝了庆典邀请，并于5月16日提前返回英国。为保密起见，蒙哥马利在伦敦的克拉里奇酒店入住时甚至还使用了“莱诺克斯上校”这一假名。

突尼斯战役结束之后，冯·阿尔尼姆大将先是在英国军官陪同下搭机经阿尔及尔飞往英国本土待了数个月，接着又与其他德军将领一起被移送至美国密

蒙哥马利的战利品

1944年初，英国方面在伦敦和伯明翰等地先后举办了名为“蒙哥马利将军的沙漠大篷车”展览会，公开向广大群众展示2辆曾被蒙蒂用于办公和休息之用的轴心国运输车辆。参展的2辆运输车之一来自意军第23军军长贝尔贡佐利中将所用的意大利指挥车，于1941年2月在贝达富姆之战中被西部沙漠军缴获，1942年5月起成为里奇中将的指挥车。该车原采用兰奇亚底盘（车号L4410754），后被换成了英制莱兰德底盘（车号相应变成了01YX39）。1942年8月，蒙哥马利接替里奇成为新任第8集团军司令，并将该车沿用至1943年5月。在这之后，蒙蒂又换用了梅塞元帅的指挥车。贝尔贡佐利的指挥车随即被改造成1辆配有茶几、写字台和躺椅的办公用车。梅塞元帅的指挥车起初同样采用兰奇亚底盘，后被更换为美制马克底盘。梅塞甚至还私下告诉蒙哥马利，隆美尔在突尼斯战役期间也曾使用过该车。整个战争期间，蒙哥马利将梅塞的指挥车作为起居休息之用，且一直沿用至欧战结束。战后，上述2辆指挥车被英国政府判给了蒙哥马利，并由澳大利亚及加拿大政府出资帮忙在汉普郡伊斯灵顿米尔（Islington Mill）附近的蒙蒂居所旁修建了1座大型车棚用于安置车辆。

自1976年蒙哥马利去世后，两车先由皇家运输部队第12驾驶员训练团租借使用，后被捐赠给伦敦兰贝斯区的帝国战争博物馆。

西西比的克林顿战俘营关押起来，直至 1947 年 7 月 1 日获释为止。

1943 年 5 月 20 日，盟军为庆祝胜利解放北非而在突尼斯城举行了规模盛大的阅兵式，英美法三国和皇家空军共有 2.6 万人参加了这次阅兵。站在甘贝塔大道主席台上的盟军高级将领包括艾森豪威尔上将、杰罗少将、亚历山大上将、安德森中将、朱安上将、坎宁安海军上将、休伊特海军中将、特德空军上将，另外还有代表首相官邸出席庆典的哈罗德·麦克米兰和罗伯特·墨菲等英国政府要员。令人感到意外的是，英军第 8 集团军司令蒙哥马利以“身体不适”和“参与西西里岛登陆计划”为由谢绝了庆典邀请，并于 5 月 16 日提前返回英国。

6 月 17 日，英王乔治六世飞抵阿尔及利亚，开始其战时的首次出国访问之旅。6 月 18 日，乔治六世前往突尼斯城检阅了英军第 24 禁卫旅，参观了 131 号“虎”式坦克，接见了数次冒险拯救盟军战俘的法国女向导波利娜·巴托里（Pauline Bartoli），并在艾森豪威尔、亚历山大、克拉克和巴顿等人的陪同下，前往美军第 2 军和英军第 51 步兵师的部队驻地进行了实地考察。

突尼斯战役后期英军第 1 集团军的作战序列（1943 年 4 月）

- 英军第 1 集团军（肯尼斯·安德森中将）
  - 英军第 5 军（查尔斯·奥尔弗利中将）
    - 英军第 1 步兵师（沃尔特·克拉特巴克少将）
    - 英军第 4 步兵师（约翰·霍克斯沃思少将）
    - 英军第 78 步兵师（维维安·伊夫利少将）
  - 英军第 9 军（约翰·克罗克中将）
    - 英军第 1 装甲师（雷蒙德·布里格斯少将）
    - 英军第 6 装甲师（查尔斯·凯特利少将）
    - 英军第 46 步兵师（哈罗德·弗里曼－阿特伍德少将）
  - 法军第 19 军（马里－路易·科尔茨中将）
    - 法军轻机械化旅（坦克集群）
    - 英军第 1 国王龙骑禁卫团（加强）
    - 法军“摩洛哥”行进步兵师（莫里斯·马特内少将）
    - 法军“奥兰”行进步兵师（皮埃尔－菲利克斯·布瓦索少将）
    - 法军“阿尔及利亚”行进步兵师（皮埃尔－菲利克斯·科纳少将）
  - 美军第 2 军（奥马尔·布拉德利少将）
    - 美军第 1 装甲师（恩尼斯特·N. 哈蒙少将）（缺 1 个装甲团）

美军第 1 步兵师（特里 · M. 艾伦少将）
美军第 9 步兵师（门顿 · S. 埃迪少将）
美军第 34 步兵师（查尔斯 · W. 赖德少将）

突尼斯战役后期英军第 1 集团军的作战序列（1943 年 5 月）

英军第 1 集团军（肯尼斯 · 安德森中将）
英军第 5 军（查尔斯 · 奥尔弗利中将）
英军第 46 步兵师（哈罗德 · 弗里曼 - 阿特伍德少将）（缺第 139 步兵旅）
英军第 78 步兵师（维维安 · 伊夫利少将）
英军第 9 军（布里安 · 霍罗克斯中将）
英军第 4 步兵师（约翰 · 霍克斯沃思少将）
印度第 4 步兵师（弗朗西斯 · 图克少将）
英军第 6 装甲师（查尔斯 · 凯特利少将）
英军第 7 装甲师（乔治 · 厄斯金少将）
法军第 19 军（马里 - 路易 · 科尔茨中将）
法军“摩洛哥”行进步兵师（莫里斯 · 马特内少将）
法军“奥兰”行进步兵师（皮埃尔 - 菲利克斯 · 布瓦索少将）
法军“阿尔及利亚”行进步兵师（皮埃尔 - 菲利克斯 · 科纳少将）
美军第 2 军（奥马尔 · 布拉德利少将）
美军第 1 装甲师（恩尼斯特 · N. 哈蒙少将）（缺 1 个装甲团）
美军第 1 步兵师（特里 · M. 艾伦少将）
美军第 9 步兵师（门顿 · S. 埃迪少将）
美军第 34 步兵师（查尔斯 · W. 赖德少将）
英军第 1 集团军预备队
英军第 139 步兵旅
英军第 1 装甲师（雷蒙德 · 布里格斯少将）
自由法国第 1 步兵师（埃德加 · 德 · 拉米纳少将）
1943 年 2 月 1 日组建完毕，1943 年 5 月参加了盟军对突尼斯的最后攻势的部队
自由法国第 1 步兵旅（皮埃尔 - 保罗 · 勒隆准将）
自由法国第 2 步兵旅（迪耶戈 - 查尔斯 - 约瑟夫 · 布洛塞准将）
自由法国第 4 步兵旅（皮埃尔 · 科尼格准将）

伤亡统计

可惜的是，有关北非战役交战各国的伤亡情况，尤其是突尼斯战役后期轴心国方面的人员损失，至今仍没有获得十分准确的统计数字。

1940 年 6 月至 1943 年 5 月，盟军在北非约有 25.8 万人阵亡、负伤和失踪。其中英联邦军约为 22 万人，其中 3.55 万人阵亡；美军约为 1.82 万人，其中 2 715 人阵亡；法军约为 1.95 万人，其中 2 156 人阵亡。

轴心国在北非战役中总共损失约 62 万人，其中包括那些在突尼斯向盟军投降的部队。德军损失约 20 万人，其中 1.9 万人阵亡；意军损失约 42 万人，其中 1.75 万人阵亡。除上述这些伤亡数字外，轴心国还在北非前线和地中海航运途中损失了约 240 万吨补给、8 000 架战机、2 500 辆坦克、6 200 门火炮和 7 万辆卡车。

盟军在 1942 年 11 月至 1943 年 5 月进行的突尼斯战役中共损失约 7.6 万人，其中 1.1 万人阵亡，4.1 万人负伤，2.4 万人失踪。

如今分布在突尼斯境内的 12 处英联邦战争墓地，埋葬有超过 8 500 人，其中近 800 人仍身份不明。英联邦军的最大一处战争墓地位于梅杰兹埃尔巴布，共葬有 2 903 人，包括 2 000 名来自英军第 1、第 8 集团军的官兵遗骸。其次便是位于斯法克斯的英联邦战争墓地，共葬有 1 253 人，绝大多数均为参与攻打马雷特防线和阿卡里特河谷防线战斗中的牺牲者。至于其他墓地，比如葬于马西科尔特的 1 576 人和昂费达维尔的 1 551 人，则基本都在 1943 年 4 月至 5 月对突尼斯城的最后攻势中阵亡。

▲ 如今位于托卜鲁克东南的德国战争墓地共葬有 6 026 具德军遗骸，是战后德国在北非的第二大战争墓地。其院落四周挂着 3 块刻有阵亡者姓名的牌匾。其中一块牌匾的正前方竖立着一座雕像，形象为 3 名半跪着的无名战士。牌匾名单上的著名人物包括第 15 装甲师师长海因里希·冯·普里特维茨少将，第 8 机枪营营长古斯塔夫·波纳特中校，德意志非洲军人事处长汉斯－约阿希姆·施莱普勒上尉，第 15 装甲师师长瓦尔特·纽曼－西尔科夫少将和“非洲之星”汉斯－约阿希姆·马尔塞尤上尉等人。

与英联邦的做法不同，美军没有硬性规定突尼斯战役的牺牲者就必须安葬在突尼斯。大约 60% 阵亡将士的遗骸都被运回了美国本土。坐落在迦太基古城附近的美军战争墓地共葬有2 841名官兵。

▲ 突尼斯加马尔特附近的法军战争墓地，共葬有4 189名法军官兵遗骸。

法军在突尼斯的最大一处战争墓地位于突尼斯城北面的加马尔特（Gammarth），共葬有4 189人，其中1 220人身份不明。规模较小的一处法军战争墓地位于塔克鲁纳，共葬有235人，基本都是1942年11月至1943年2月阵亡的。除此之外，法军为北非穆斯林将士也建造了2处墓地，它们分别是位于布阿拉达附近的塔夫埃希谢纳战争墓地（Tarf Ech Chena，共葬有442人）和位于凯鲁万西面的哈弗兹战争墓地（Haffouz，共葬有317人）。

轴心国在突尼斯战役中共损失近4万人，其中约有1.2万人阵亡，包括8 500名德军和3 700名意军。德军最大的一处战争墓地位于突尼斯城以东约40千米的博尔吉塞德利亚（Bordj Cedria），共葬有8 562名德军阵亡官兵，其中大部分是战后从斯法克斯、马特尔、比塞大等地的德军临时墓地转移至此重新进行安葬。

另外按照意大利官方公布的数据，1911年至1943年间共有20 892名意军官兵在利比亚境内阵亡。20世纪50年代中期建成的的黎波里哈曼吉意大利战争墓地旧址共葬有15 552具意军遗骸和2 420具利比亚部族官兵遗骸。1972年利比亚革命爆发之后，该墓地的大部分意军遗骸都被遣返回意大利本土重新安葬。其中约2 300具由家属自行认领，剩下的则被葬在巴里郊外的古罗马神殿附近。

突尼斯战役中的美国陆军（1942年11月至1943年5月）

早在1940年，当美国陆军开始扩军备战之际，美军装甲师就采用了类似德军装甲师的编制，即坦克较多，步兵、炮兵较少的模式。虽然美军于1942年3月相应减少了装甲师坦克数量，可坦克营、步兵营、炮兵营比例依旧维持在6:3:3。除此之外，当时影响美军装甲部队发展之路的还有另一重要因素。正如英国拥有坚持“坦克制胜论”的霍巴特少将一样，美国也有崇尚“反坦克优势论”的陆军地面部队司令莱斯利·麦克奈尔中将。但与英方看法不同的是，麦克奈尔认为对付坦克的最佳武器不是坦克，而是反坦克炮和坦克歼击车。他的理论倡导进攻方在步兵师和独立坦克营完成先期突破后，应尽快调遣坦克歼击单位摧毁敌方派来堵漏的装甲集群，待威胁消除后再命令己方装甲部队向纵深地区实施快速突破，进而击败对手。从表面来看，麦克奈尔的主张的确是一种行之有效的进攻方法。例如 1941 年秋在路易斯安那举行的大规模军演便“证实”了坦克歼击部队的潜在价值，毕竟当时红方的 2 个装甲师面对蓝方的反坦克屏障时的确损失了大量坦克，第 1 装甲师甚至一度被判定为全灭。但麦克奈尔或许有些被胜利冲昏了头脑，他显然没有意识到美军装甲师的协同作战能力其实很糟，坦克没有足够的步兵掩护，肯定无法有效突破由反坦克炮车组成的防线。演习结束不久，麦克奈尔意图建立强大坦克歼击部队的主张就遭到了美军地面部队副司令雅各布·德弗斯少将等人的强烈反对。尽管他最后运用权限压制了争议，并建立了以安德鲁·D. 布鲁斯少将为首的胡德堡坦克歼击部队司令部，但“坦克与坦克歼击车”之争、“坦克歼击车与反坦克炮”之争却始终无法平息。麦克奈尔最后不得不做出妥协，命令各个装甲师模仿德军战斗群的编组方式成立了 2 个战斗群，用于协调不同兵种间的指挥工作。然而现实很快就证明，美军的战前努力远远没能达到预期效果。在 1943 年 2 月进行的卡塞林战役中，美军被强大而富有经验的德意联军击败。麦克奈尔推崇的坦克歼击部队根本无法挽救颓势，损失相当惨重。艾森豪威尔上将因此深受震动，立即下令着手调查败因。根据战后美国军事调查组的研究结果，盟军方面除了情报失误，未能准确判定德军的主攻方向之外，美军装甲部队的分散部署，编制结构失衡，反坦克能力低下和训练不足才是造成卡塞林之战失利的真正主因。纵观整个战役，第 1 装甲师为了掩护突尼斯的中部地区，将全师一共分成了 5 个作战指挥部（A、B、C、D、R 作战指挥部）。当面对 2 个德军装甲师的大规模突击时，美军坦克缺少步兵和反坦克火力掩护的毛病立刻暴露出来，以至于连续遭到对手的重创。直到 2 月 21 日隆美尔的补给告罄，盟军才从南北两翼杀出回马枪，将轴心国部队赶回马雷特防线背后。经过这场大战，美军高层于 1943 年 3 月下令撤换了一批将领，改由乔治·S. 巴顿中将指挥第 2 军。3 月 23 日，经过短期训练的第 1 步兵师、第 601 坦克歼击营（装备 M3 半履带反坦克炮车）和第 899 坦克歼击营（装备 M10 坦克歼击车）终于在盖塔尔附近以较大代价击退德军第 10 装甲师，赢得了自卡塞林惨败后的首场胜利。但此次成功很大程度上应归功于师属炮兵的出色表现和坦克歼击营相对静态的防御战术，而不是麦克奈尔所强调的“机动与歼灭”原则，实在是一大讽刺。盖塔尔之战的经验教训再次证明了多兵种协同战术的正确性，就连盟军地中海战区司令部也承认了这点，即光凭少数机动反坦克车辆来抵御德军坦克是远远不够的，必须将独立坦克营和坦克歼击营的指挥权移交给步兵师，才能提高部队的综合战斗力。2 个月后，在攻打比塞大港的作战行动中，美军第 9 步兵师与第 751 坦克营、第 894 坦克歼击营紧密合作，收获颇丰。只可惜突尼斯战役当时已经接近尾声，妨碍了美军的编制改组计划，使其在整体战斗力上依然明显落后于英军第 8 集团军。

突尼斯战役中美军的武器装备（1942 年 11 月至 1943 年 5 月）

步兵武器

普通士兵

M1 加兰德 7.62 毫米半自动步枪（有效射程 457 米）

M1903A3 斯普林菲尔德 7.62 毫米步枪（有效射程 550 米，带枪榴弹）

M1903A4 斯普林菲尔德 7.62 毫米狙击步枪（有效射程 914 米）

M26 手雷

班长 / 排长

M1A1 汤普森 11.43 毫米冲锋枪（有效射程 150 米）

M1　7.62 毫米卡宾枪（有效射程 270 米）

M1A1　7.62 毫米卡宾枪（伞兵用）

军官

M1911A1　11.43 毫米手枪（有效射程 50 米）

步兵反坦克武器

M1A1 巴祖卡反坦克火箭筒（有效射程 175 米，100 米上可穿透 76 毫米均质垂直装甲）

营连属支援武器

M1918 勃朗宁 7.62 毫米自动步枪（有效射程 1 372 米）

M1919A4 勃朗宁 7.62 毫米中型机枪（有效射程 1 400 米）

M1917A7 勃朗宁 7.62 毫米重机枪（有效射程 2 000 米）

M2HB 勃朗宁 12.7 毫米重机枪（有效射程 1 800 米）

M2　60 毫米迫击炮（最大射程 1 816 米）

M1　81 毫米迫击炮（最大射程 3 007 米）

坦克

M3 轻型坦克

1942 年 11 月投入北非战场，重约 15.2 吨，武备为 1 门 M6　37 毫米坦克炮和 3 挺勃朗宁 7.62 毫米机枪，最大正面装甲厚度为 38 毫米

M3A1 轻型坦克

1942 年 11 月投入北非战场，重约 15.2 吨，主要变化为更换了炮塔

M5 轻型坦克

1942 年 11 月投入北非战场，重约 15.5 吨，主要变化为更换了引擎和炮塔

M5 A1 轻型坦克

1942 年 11 月投入北非战场，重约 15.5 吨，主要变化为更换了炮塔

M3 中型坦克

1942 年 11 月投入北非战场，重约 27 吨，武备为 1 门 M2/M3　75 毫米坦克炮，1 门 M5/M6

37 毫米坦克炮和 2-4 挺勃朗宁 7.62 毫米机枪，最大正面装甲厚度为 51 毫米

M4A1 中型坦克

1942 年 11 月投入北非战场，重约 33 吨，武备为 1 门 M3 75 毫米坦克炮，1 挺勃朗宁 12.7 毫米机枪和 2 挺勃朗宁 7.62 毫米机枪，最大正面装甲厚度为 76 毫米

反坦克炮，自行火炮，坦克歼击车和防空武器

M3 37 毫米反坦克炮

1942 年 11 月投入北非战场，500 米上可穿透 36 毫米均质垂直装甲

M3GMC 半履带反坦克炮车

1942 年 11 月投入北非战场，由 M3 半履带车改造而成，重约 9.1 吨，武备为 1 门 M1897A5 75 毫米野战炮，500 米上可穿透 96 毫米均质垂直装甲

M6 GMC 反坦克炮车

1942 年 11 月投入北非战场，由道奇 WC52 卡车改造而成，重约 3.3 吨，武备为 1 门 M3 37 毫米反坦克炮，500 米上可穿透 36 毫米均质垂直装甲

T19HMC 半履带榴弹炮车

1942 年 11 月投入北非战场，由 M3 半履带车改造而成，重约 8.65 吨，武备为 1 门 M2A1 105 毫米榴弹炮和 1 挺勃朗宁 12.7 毫米机枪，最大正面装甲厚度为 13 毫米

T30 HMC 半履带榴弹炮车

1942 年 11 月投入北非战场，由 M3 半履带车改造而成，重约 9.3 吨，武备为 1 门 M1 75 毫米榴弹炮，最大正面装甲厚度为 13 毫米

M10 坦克歼击车

1943 年 3 月投入北非战场，由 M4 中型坦克底盘改造而成，重约 29.5 吨，武备为 1 门 M7 3 英寸炮和 1 挺勃朗宁 12.7 毫米机枪，最大正面装甲厚度为 54 毫米

M7“牧师”自行榴弹炮

1942 年 11 月投入北非战场，由 M4 中型坦克底盘改造而成，重约 23 吨，武备为 1 门 M1/M2 105 毫米榴弹炮，最大正面装甲厚度为 38 毫米

T1E4 半履带高射机枪车

1942 年 11 月投入北非战场，重约 8.2 吨，武备为 1 座马克森 M33 双联装 12.7 毫米机枪塔，最大正面装甲厚度为 13 毫米

T28E1 半履带高射炮车

1942 年 11 月投入北非战场，由 M3 半履带车底盘改造而成，重约 9.1 吨，武备为 1 门 M1A2 37 毫米机关炮（射速 120 发 / 分钟，有效射高 3 200 米）

其他装甲作战车辆

M2 半履带车

1942 年 11 月投入北非战场，重约 9 吨，武备为 1 挺勃朗宁 12.7 毫米机枪，最大正面装

甲厚度为 12 毫米

M3 半履带车

1942 年 11 月投入北非战场，重约 9 吨，武备为 1 挺勃朗宁 12.7 毫米机枪和 1 挺勃朗宁 7.62 毫米机枪，最大正面装甲厚度为 13 毫米

M3A1 侦察车

1942 年 11 月投入北非战场，重约 4 吨，武备为 1 挺勃朗宁 12.7 毫米机枪和 1 挺勃朗宁 7.62 毫米机枪，最大正面装甲厚度为 13 毫米

M4 MMC 半履带迫击炮车

1942 年 11 月投入北非战场，重约 9.1 吨，武备为 1 门 M1 81 毫米迫击炮和 1 挺勃朗宁 7.62 毫米机枪，最大正面装甲厚度为 12 毫米

炮兵

M2 4.2 英寸迫击炮（射速 1 发 / 分钟，最大射程 4 400 米）

1942 年 11 月投入北非战场，主要装备化学迫击炮单位，用于释放烟雾

M2A1 105 毫米榴弹炮（最大射程 11 270 米）

1942 年 11 月投入北非战场，曾广泛装备各个野战炮兵营，是美军的师属制式火炮之一

M1 155 毫米榴弹炮（最大射程 14 784 米）

1942 年 11 月投入北非战场，曾广泛装备各个野战炮兵营，是美军的师属制式火炮之一

M1A1 “长汤姆” 155 毫米加农炮（最大射程 23 700 米）

1942 年 12 月 24 日首次装备驻突尼斯的第 36 野战炮兵营 A 连，是款性能十分出色的远程压制火炮，后成为美军的师属制式火炮之一

突尼斯战役中英联邦军新增的武器装备（1942 年 11 月至 1943 年 5 月）

坦克

“斯图亚特” MK3 轻型坦克（M3A1）：

1942 年 11 月投入北非战场，重约 15.2 吨，武备为 1 门 M6 37 毫米坦克炮和 3 挺勃朗宁 7.62 毫米机枪，最大正面装甲厚度为 38 毫米

其他装甲车辆

AEC MK1 装甲侦察车

1942 年 11 月投入北非战场，重约 11 吨，武备为 1 门 2 磅炮，1 挺贝莎 7.92 毫米机枪和 1 挺布伦轻机枪，最大正面装甲厚度为 65 毫米

“斯图亚特” 侦察车

1943 年 1 月投入北非战场，由去掉炮塔的 “斯图亚特” MK3 轻型坦克底盘改造而成，重

约 11 吨，武备为 1 挺勃朗宁 12.7 毫米机枪和 1 挺勃朗宁 7.62 毫米机枪，最大正面装甲厚度为 38 毫米

"斯图亚特""袋鼠"输送车

1943 年 1 月投入北非战场，由去掉炮塔的"斯图亚特"MK3 轻型坦克底盘改造而成，重约 10.9 吨，武备为 1 挺勃朗宁 12.7 毫米机枪，最大正面装甲厚度为 38 毫米

M5 半履带车

1942 年 11 月投入北非战场，重约 9.1 吨，武备为 1 挺勃朗宁 12.7 毫米机枪和 1 挺勃朗宁 7.62 毫米机枪，最大正面装甲厚度为 13 毫米

反坦克炮

17/25 磅反坦克炮（500 米距离上可穿透 163 毫米厚的均质垂直装甲）

英国陆军最新研制的大威力中型反坦克炮，为应对德军"虎"式重型坦克造成的威胁而被匆忙投入突尼斯战役，初期使用 25 磅炮架，代号为"雉"。1943 年 2 月首次亮相，并参加了 1943 年进行的梅德尼内之战。

皇家炮兵

3.7 英寸山炮（射速 2 发 / 分钟，最大射程 5 394 米）

英国"一战"时期研制的山地榴弹炮，北非突尼斯战役中继续在英联邦国家的野战炮兵连中服役

战后余响

随着第二次世界大战的胜利结束，散落于北非各地的成千上万辆战损车辆不是被当地人拆解变卖，就是被运往那不勒斯回炉销毁，其中只有极少数车辆能够继续留存至今。

被称为"沙漠之狐"的埃尔温·隆美尔未能在战争中幸免。他因在 1944 年卷入了著名了"7·20"事件，而被希特勒勒令服毒自尽。也正是因为这

▲ 蒙哥马利正对埃及军官解释他在第二次阿拉曼战役期间所采用的战术策略。陪同的还有前第 8 集团军参谋官修·梅因沃林（Hugh Mainwaring）准将及前第 30 军军长奥利弗·利斯中将（正坐在自己的折叠座手杖上）。

▲ 1956 年，阿拉曼战争博物馆在马特鲁的英联邦军战争墓地附近正式落成，1992 年曾获得整修。该馆共分为 5 个区，分别为英国区、德国区、意大利区、埃及区和混展区，陈列有包括坦克、车辆、武器、制服等各式各样的展品。图为在英国区展出的 1 辆维克斯 MK6 轻型坦克残骸。该馆展出的重型装备还包括：意军 M13/40 中型坦克和 AB40 装甲侦察车；英军“十字军”巡洋坦克、“格兰特”巡洋坦克和“谢尔曼”巡洋坦克；德军 3 号坦克、4 号坦克，Sdkfz.7 重型牵引车和 Sdkfz.135/1 150 毫米自行榴弹炮；英军“喷火”战斗机（机号 BR491），各种野战炮和反坦克炮。

个原因，隆美尔在战后 50 年代的公众声望极佳，并有幸跻身为 20 世纪最伟大的将领之一。

1944 年，蒙哥马利晋升为英国陆军元帅，其后于 1946 年被封为第一代阿拉曼子爵。1958 年，蒙哥马利出版了自己的个人回忆录。在书中，蒙蒂曾激烈抨击美国战时的战略方针，结果导致艾森豪威尔与他断绝了私人关系。50 年代末至 60 年代初，蒙哥马利又因批评美国的越南战争策略、支持南非实行种族隔离及对奥金莱克在阿拉曼战役中的无端撤退指控而备受冷遇，令其形象受到了很大损害，不得不发表公开广播演说来消除各种负面评价。

1967 年 5 月，英国的《星期日泰晤士报》邀请蒙哥马利和多位前英军将领前往埃及进行实地考察，以便整理出版有关阿拉曼战役的全新战史书籍《阿拉曼与沙漠战》（1967 年出版）。埃及政府十分配合这次考察，甚至为蒙蒂一行提供了专用直升机。

突尼斯战役中的轴心国作战序列（1943 年 5 月）

- 非洲集团军群（汉斯－于尔根·冯·阿尔尼姆大将）
  - 德军第 10 装甲师（弗里德里希·冯·布罗伊希中将）
    - 第 7 装甲团（鲁道夫·格哈特上校）
    - 第 69 装甲掷弹兵团（摩托化）（鲁道夫·朗上校）
    - 第 86 装甲掷弹兵团（摩托化）（汉斯·赖曼上校）
    - 第 90 装甲歼击营（摩托化）
  - 德军“冯·曼陀菲尔”师（卡尔·比洛维乌斯中将）
    - 德国空军猎兵团（瓦尔特·巴伦廷上校）

第 160 装甲掷弹兵团（摩托化）
德军“赫尔曼·戈林”师（约瑟夫·施米德少将）
第 504 重装甲营（加强）
“赫尔曼·戈林”第 1 掷弹兵团（摩托化）（赫伯特·埃弗特上校）
“赫尔曼·戈林”第 2 掷弹兵团（格哈德·席尔默少校）
“赫尔曼·戈林”防空团（摩托化）（维尔纳·胡尔曼中校）
德国空军第 1 猎兵旅（汉斯·克罗少校）
德军第 334 步兵师（弗里茨·克劳斯少将）
第 754 掷弹兵团
第 755 掷弹兵团
第 756 山地步兵团
第 334 炮兵团
德军第 999 轻非洲师（恩斯特－京特·巴德少将）
第 961 掷弹兵团（摩托化）
第 962 掷弹兵团（摩托化）
第 999 炮兵团
意军第 30 军（维托里奥·索尼奥中将）
意军第 1“苏佩尔加”突击登陆师（费尔南多·杰利克少将）
第 91 步兵团
第 92 步兵团
“圣马可”海军步兵团（摩托化）（加强）
第 5“苏佩尔加”炮兵团（摩托化）
意军第 50 特别旅（乔瓦尼·因佩里亚利少将）
“莱古约”步兵团（摩托化）
意大利第 1 集团军（德意志分部）（乔瓦尼·梅塞上将）
意军第 131“半人马座”装甲师（乔治·卡尔维·迪·贝尔戈洛少将）
第 31 装甲团
第 5 狙击兵团（摩托化）
第 131 炮兵团（摩托化）
意军非洲集团（阿尔贝托·曼内里尼少将）
德意志非洲军（汉斯·克拉默中将）
德军第 15 装甲师（维利巴尔德·博罗维茨少将）
第 8 装甲团（约瑟夫·伊尔肯斯上校）
第 115 装甲掷弹兵团（摩托化）（恩斯特－京特·巴德上校）
临时拼凑的装甲掷弹兵团（摩托化）

第 33 装甲炮兵团（摩托化）
德军第 21 装甲师（海因里希·赫尔曼·冯·许尔森少将）
第 5 装甲团（施滕克霍夫上校）
第 104 装甲掷弹兵团（摩托化）（海因茨·普法伊夫中校）（1943 年 5 月 3 日改名为第 192 装甲掷弹兵团）
第 47 装甲掷弹兵团（摩托化）（布泽上校）（1943 年 5 月 3 日撤编）
第 155 装甲炮兵团（摩托化）
意军第 20 军（塔代奥·奥兰多中将）
意军第 101“的里雅斯特”摩托化步兵师（弗兰奇斯科·拉·费拉少将）
意军第 136“法西斯青年”摩托化步兵师（尼诺·索扎尼少将）
德军第 90 轻非洲师（特奥多尔·冯·施波内克少将）
第 155 装甲掷弹兵团（摩托化）（科斯特上校）
第 200 装甲掷弹兵团（摩托化）（阿尔弗雷德·克斯特上校）
第 361 装甲掷弹兵团（摩托化）（阿尔贝特·潘岑哈根中校）
第 190 炮兵团（摩托化）
意军第 21 军（保罗·贝拉尔迪中将）
意军第 16“皮斯托亚”步兵师（朱塞佩·法卢吉少将）
意军第 80“拉斯佩齐亚”机降师（加维亚诺·皮佐拉托少将）
德军第 164 轻非洲师（库尔特·冯·莱本施泰因少将）
非洲装甲掷弹兵团（摩托化）（1943 年 5 月 3 日改名为第 125 装甲掷弹兵团）
第 382 装甲掷弹兵团（摩托化）
第 433 装甲掷弹兵团（摩托化）
第 220 炮兵团（摩托化）
德军第 2 航空军驻突尼斯境内的防空单位
德军第 19 防空师（戈特哈德·弗朗茨中将）（重建中）
德军第 20 防空师（格奥尔格·诺伊弗中将）

突尼斯战役中各国部队的编成及损失情况

参加卡塞林战役的德军部队
第 10 装甲师：
共出动 50 辆 3 号坦克和 4 号坦克
第 501 重装甲营的 6 辆“虎”式重型坦克、9 辆 3 号坦克

数量不明的“貂鼠”3型坦克歼击车

第242突击炮营第1连的4辆3号F8突击炮

第21装甲师：

共出动85辆坦克（64辆3号坦克、21辆4号坦克）

2月17日时共有69辆可用坦克

2月20日时共有48辆坦克（其中44辆待修）

第15装甲师（隶属德意志非洲军战斗群）：

共出动16辆3号坦克、10辆4号坦克

参加卡塞林战役的意军部队

意军第131“半人马座”装甲师

第31装甲团第17中型坦克营（22辆M14/41中型坦克、9辆75/18 M41自行火炮）

第5狙击兵团第14狙击兵营

第557自行火炮群（12辆75/18 M41自行火炮）

第204集团军属炮兵集团（65/17野战炮）

2个步兵团

参加卡塞林战役的英联邦部队

卡塞林方向：

戈尔特遣队

下辖来复枪旅第10营C连，第2洛锡安人及边民义勇骑兵团C中队，第93反坦克团，自由法国军队的一些75毫米野战炮车

斯比巴方向：

第1禁卫旅（第78步兵师）

第16/5女王皇家枪骑兵团（第6装甲师）

汉普郡步兵团第2营（缺1个连）

第72、第93反坦克团

法军轻机械化旅的部分轻型坦克

塔拉方向：

第26装甲旅（第6装甲师）

第17/21枪骑兵团

第2洛锡安人及边民义勇骑兵团（缺C中队）

尼克特遣队（临时抽调自各个单位）

莱斯特郡步兵团第2/5营（第46步兵师）

皇家东肯特步兵团第10营

汉普郡步兵团第 2 营的 1 个连
第 71 野战炮兵团
第 12 乘骑炮兵团
第 86 化学迫击炮连
第 23 集团军属野战炮兵团第 90、第 100 野战炮兵连
第 58 反坦克团第 229 反坦克连
第 1 禁卫旅（2 月 22 日加强）
第 16/5 女王皇家枪骑兵团（2 月 22 日加强）
泰贝萨方向：
第 1 德比郡义勇骑兵团
自由法国第 3 步兵营
法军“康斯坦丁”行进步兵师的 4 个炮兵连

卡塞林战役中美军第 1 装甲师作战编成

A 作战指挥部下辖：
- 第 1 装甲团第 3 坦克营（路易·海托华中校）（装备 M4A1 中型坦克）
- 第 6 装甲步兵团第 1 营
- 第 91 装甲野战炮兵营
- 第 81 装甲侦察营 B 连
- 第 26 步兵团第 1 营（加强自第 1 步兵师）
- 第 33 野战炮兵营（加强自第 1 步兵师）
- 第 19 战斗工兵团 C 连（加强）
- 第 701 坦克歼击营 A 连（加强）

B 作战指挥部下辖：
- 第 13 装甲团第 2 坦克营（亨利·加德纳中校）（装备 M3 中型坦克）
- 第 6 装甲步兵团第 2 营
- 第 27 装甲野战炮兵营
- 第 601 坦克歼击营 A、B 连（加强）
- 第 19 战斗工兵团 A 连（加强）

C 作战指挥部下辖：
- 第 1 装甲团第 2 坦克营（詹姆斯·阿尔杰中校）（装备 M4A1 中型坦克）
- 第 6 装甲步兵团第 3 营

第 13 装甲团第 3 坦克营 G 连

第 68 装甲野战炮兵营 C 连

第 701 坦克歼击营 B 连（加强）

D 作战指挥部下辖：

第 13 装甲团第 3 坦克营（缺）（装备 M3 中型坦克）

第 16 装甲工兵营 D 连（缺）

第 68 装甲野战炮兵营（缺）

第 701 坦克歼击营 C 连（加强）

第 1 装甲师预备队下辖：

第 1 装甲师师部

第 13 装甲团第 1 坦克营（缺）（装备 M3A1 轻型坦克）

第 16 装甲工兵营 B 连

突尼斯战役中美军第 1 装甲师的中型坦克配属情况

1943 年 2 月 13 日，共有 20 辆 M3 中型坦克、182 辆 M4 中型坦克，总计 202 辆中型坦克

1943 年 3 月 3 日，共有 93 辆 M3 中型坦克、100 辆 M4 中型坦克，总计 193 辆中型坦克

1943 年 3 月 9 日，共有 71 辆 M3 中型坦克、80 辆 M4 中型坦克，总计 151 辆中型坦克（推测）

1943 年 3 月 12 日，共有 77 辆 M3 中型坦克、97 辆 M4 中型坦克，总计 174 辆中型坦克

1943 年 3 月 22 日，共有 86 辆 M3 中型坦克、125 辆 M4 中型坦克，总计 211 辆中型坦克

1943 年 3 月 26 日，共有 86 辆 M3 中型坦克、120 辆 M4 中型坦克，总计 206 辆中型坦克

1943 年 5 月，共有 51 辆 M3 中型坦克、178 辆 M4 中型坦克，总计 229 辆中型坦克

突尼斯战役中美军第 1 装甲师的坦克配属情况

1942 年 12 月 9 日，共有 62 辆中型坦克、22 辆轻型坦克，总计 84 辆坦克（只包括 B 作战指挥部）

1943 年 1 月 29 日，共有 217 辆中型坦克、111 辆轻型坦克，总计 328 辆坦克

1943 年 2 月 2 日，共有 192 辆中型坦克、86 辆轻型坦克，总计 278 辆坦克

1943 年 2 月 6 日，共有 190 辆中型坦克、83 辆轻型坦克，总计 273 辆坦克

1943 年 2 月 14 日，共有 165 辆中型坦克、85 辆轻型坦克，总计 250 辆坦克

1943 年 2 月 19 日，共有 99 辆中型坦克、74 辆轻型坦克，总计 173 辆坦克

1943 年 3 月 3 日，共有 193 辆中型坦克、69 辆轻型坦克，总计 262 辆坦克

1943 年 3 月 12 日，共有 174 辆中型坦克、82 辆轻型坦克，总计 256 辆坦克

1943 年 3 月 24 日，共有 209 辆中型坦克、89 辆轻型坦克，总计 298 辆坦克

1943 年 6 月 8 日，共有 229 辆中型坦克、56 辆轻型坦克，总计 285 辆坦克

卡塞林战役中盟军和德军的坦克损失情况（1943 年 2 月 14 日至 2 月 22 日）

2 月 14 日：美军第 1 装甲师在西迪布齐德附近共损失 44 辆 M4 中型坦克和 15 辆 M3 轻型坦克

2 月 15 日：美军第 1 装甲师在西迪布齐德附近共损失 40 辆 M4 中型坦克，德军共损失 20 辆坦克

2 月 17 日：美军第 1 装甲师在斯贝特拉附近共损失 17 辆坦克，德军共损失 15 辆坦克

2 月 19 日至 2 月 20 日：美军第 1 装甲师第 13 装甲团共损失 8 辆 M4 中型坦克、4 辆 M3 中型坦克，英军戈尔特遣队共损失 11 辆坦克，德军第 15 装甲师在 2 月 20 日共损失 5 辆坦克

2 月 19 日：德军第 21 装甲师在斯比巴附近共损失 12 辆坦克，美军第 1 装甲师共损失 4 辆坦克

2 月 21 日：英军在塔拉附近共损失 38 辆坦克

2 月 22 日：英军在塔拉附近共损失 10 辆坦克

2 月 22 日：美军第 1 装甲师在布查布卡附近共损失 9 辆坦克，德军共损失 7 辆坦克

卡塞林战役中盟军和轴心国军的作战损失情况（1943 年 2 月 14 日至 2 月 24 日）

美军：5 000-6 000 人伤亡和被俘，共损失 183 辆坦克、194 辆半履带车、208 门火炮（包括半履带炮车和坦克歼击车）、512 辆其他作战车辆，其中第 1 装甲师在 1943 年 2 月 14 日至 2 月 21 日共有 94 辆坦克全损

英联邦军：约 600 人伤亡和被俘，共损失 64 辆坦克和数量不明的火炮

德意联军：约 2 000 人伤亡，其中德军共损失 59 辆坦克，其中 34 辆坦克全损，另外还损失了 61 辆作战车辆和 25 门火炮

突尼斯战役后期美军坦克的损失情况（1943 年 3 月 15 日至 5 月 9 日）

美军第 2 军共有 60 辆坦克全损

突尼斯战役中英联邦军的坦克损失情况（1943 年 1 月至 5 月）

英联邦军共损失 169 辆坦克，包括 2 辆轻型坦克、101 辆巡洋坦克和 140 辆步兵坦克

德军每月运往北非的坦克数量统计

“太阳花”行动阶段

1941 年 3 月 8 日至 3 月 10 日：第 5 轻装甲师共有 25 辆 1 号、45 辆 2 号、61 辆 3 号（10 辆在运输途中损失）、17 辆 4 号（3 辆在运输途中损失）、7 辆指挥坦克抵达北非

1941 年 4 月 24 日至 5 月 6 日：第 15 装甲师共有 45 辆 2 号、71 辆 3 号、20 辆 4 号、10 辆指挥坦克抵达北非

托卜鲁克攻防战阶段

1941 年 4 月 29 日：共有 10 辆 3 号、3 辆 4 号抵达北非（补充在运输船“勒沃库森”号火灾事故中损失的坦克）

1941 年 6 月 4 日：共有 15 辆 3 号、5 辆 4 号抵达北非（补充 4 月的战斗损失）

1941 年 6 月 30 日：共有 4 辆 2 号、6 辆 3 号抵达北非（补充“战斧”行动的战斗损失）

1941 年 7 月 10 日：共有 4 辆 3 号抵达北非（补充“战斧”行动的战斗损失）

“十字军”行动阶段

1941 年 12 月 13 日至 12 月 19 日：共有 11 辆 2 号、34 辆 3 号抵达北非（运输途中损失 11 辆 2 号、34 辆 3 号）

1942 年 1 月：共有 81 辆 3 号、18 辆 4 号抵达北非

1942 年 2 月：共有 75 辆 3 号、22 辆 4 号抵达北非

加扎拉战役及第一、第二次阿拉曼战役阶段

1942 年 3 月：共有 6 辆 3 号抵达北非（运输途中损失 3 辆 3 号）

1942 年 4 月：共有 14 辆 3 号抵达北非

1942 年 5 月：共有 33 辆 3 号、9 辆 4 号抵达北非（运输途中损失 6 辆 3 号）

1942 年 6 月：共有 2 辆 3 号抵达北非（运输途中损失 6 辆 3 号）

1942 年 7 月：共有 47 辆 3 号、10 辆 4 号抵达北非（运输途中损失 3 辆 3 号）

1942 年 8 月：共有 29 辆 3 号、10 辆 4 号抵达北非（运输途中损失 3 辆 3 号）

1942 年 9 月：共有 7 辆 3 号、12 辆 4 号抵达北非（运输途中损失 9 辆 3 号）

突尼斯战役阶段

1942 年 11 月至 12 月：第 190 装甲营共有 7 辆 2 号、52 辆 3 号、10 辆 4 号抵达北非（运输途中损失 7 辆 3 号）

第 10 装甲师共有 19 辆 2 号、89 辆 3 号、8 辆 4 号抵达北非（运输途中损失 2 辆 2 号、16 辆 3 号、12 辆 4 号）

第 501 重装甲营共有 20 辆“虎”式、25 辆 3 号抵达北非

1943 年 3 月至 4 月：第 504 重装甲营共有 11 辆“虎”式、19 辆 3 号抵达北非

“赫尔曼·戈林”装甲团第 3 装甲连共有 2 辆 3 号、8 辆 4 号抵达北非

1942 年 11 月 1 日至 1943 年 5 月 1 日的坦克补充数量：共有 68 辆 3 号、142 辆 4 号抵达

北非（运输途中损失 16 辆 3 号、2 辆 4 号）

结论

从 1941 年 3 月至 1943 年 5 月，德军运往北非的坦克总数为 1 455 辆，其中 139 辆在运输途中损失

意军运往北非的人员、装备数量统计

从 1940 年 6 月 10 日至 1943 年 5 月 13 日，共有 252 839 名官兵、9 314 挺机枪、1 530 门迫击炮、2 322 门反坦克炮、1 694 门各类火炮、16 494 辆卡车、1 960 辆坦克抵达北非

本书参考资料

The Rats of Tobruk,Captain John Devine,Halstead Press,1943.
African Trilogy,Alan Moorehead,Hamish Hamilton,1944.
I was an Eighth Army soldier,Robert Crawford,Victor Gollancz,1944.
The Tiger kills,published by His Majesty's Stationery Office,1944.
Alamein to Zem Zem,Keith Douglas,Editions Poetry London,1946.
El Alamein to the River Sangro,FieldMarshal the Viscount Montgomery of Alamein,Hutchinson & Co,1949.
The Rommel Papers,Edited by Sir Basil Liddell Hart,Collins,1953.
History of the Second World War,The Mediterranean and Middle East,volumes I,II,III and IV,MajorGeneral Ian Playfair,Her Majesty's Stationery Office,1954–1966.
Geoffrey Keyes of the Rommel Raid,Elizabeth Keyes,George Newnes,1956.
Northwest Afica:Seizing the Initiative in the West,George F.Howe,US Army in World War II,1957.
The Sidi Rezegh battles,John AgarHamilton and L.C.C.Turner,Oxford University Press,1957.
Alamein and the desert war,edited by Derek Jewell,Sphere Books,1967.
Desert Rats at war,George Forty,Purnell Book Services,1975.
Mit Rommel in der Wuste,Volkmar Kuhn,Motorbuch Verlag,1975.
Rommel,Richard D.Law & Craig W.Luther,James Bender Publishing,1980.
The Privite Afrikakorps Photogragh,Collection of Fritz Bayerlein,Patricia Spayd and Fritz DittmarBayerlein,Schiffer Military History,2004.
Afrikakorps in Colour,Bernd Peitz,Schiffer Military History,2005.
Tre Anni di Guerra in Africa Settentrionale,Gabriele Angelini and Andrea Santangelo,Angelini Editor,2007.
Battle Orders 020Rommel's ArmiesTobruk to El Alamein,Ospery Publishing,2006.
Battle Orders 023Desert Raiders:Axis and Allied Special Forces 1940–1943,Osprey Publishing,2007
Battle Orders 028Desert Rats British 8th Army in North Africa 1941–1943,Osprey Publishing,2007.
Battle Orders 017US Army Infantry Divisions 1942–1943,Osprey Publishing,2006.
Battle Orders 021US Armored Units in the North African and Italian Campaigns 1942–1945,Osprey Publishing,2006.
Campaign 073 Operation Compass 1940,Osprey Publishing,2000.
Campaign 080 Tobruk 1941,Osprey Publishing,2001.
Campaign 152 Kasserine Pass 1943,Osprey Publishing,2005.
Campaign 158 El Alamein 1942,Osprey Publishing,2005.
Campaign 196 Gazala 1942,Osprey Publishing,2008.
Campaign 220 Operation Crusader 1941,Osprey Publishing,2010.
Campaign 250 The Mareth Line 1943,Osprey Publishing,2012.
AAWSArmor of the Deutsches Afrikakorps,Concord Publishing,2000.
AAWSPanzers in North Africa,Concord Publishing,2004.
Panzer Truppen Volume 1:the Complete Guide to the Creation & Combat Employment of Germany's Tank Force 1933–1942,Schiffer Military History,1996.
Panzer Truppen Volume 2: the Complete Guide to the Creation & Combat Employment of Germany's Tank Force 1943–1945,Schiffer Military History,1996.
The National Archives of the United States,Microfilm.
T78R398,T78R404,T78R405,T78R406,T313R418,T313R423,T315R664,T315R668,T315R767,T315R768,T315R1157,T315R1474,T315R2276,T315R2277,T315R2278.